조선시대 여진인 내조 연구

조선시대 여진인 내조 연구

박정민

景仁文化社

필자의 고향은 전주이다. 그리고 필자는 태어나서 분가하기 전까지 한옥마을을 기점으로 반경 3km 이내를 벗어난 적이 없다. 여름이면 한벽당 앞의 전주천에서 동생들과 물놀이를 하고, 경기전·풍남문·객사 등은 등하굣길에 지나는 친숙한 곳이었다. 학창시절 소풍으로 갔던 만경대, 오목대와 이목대, 그리고 이곳과 관련된 이성계 이야기···. 그렇게 자연스럽게 필자는 조선에 관심을 두었다.

학부에서 역사를 공부하고, 대학원에 진학할 때에도 항상 '조선'과 '전주', '이성계'라는 주제가 머릿속에 맴돌았다. 그래서 대학원에 입학하면 위와 관련된 공부를 하겠다고 생각하였다. 그런데 대학원에서 조선시대 한일관계에 관한 수업을 몇 차례 들으면서 점차 대외관계사에 관심을 두었다. 특히, 조선이 대마도를 비롯한 일본의 중소 영주에게 구사하던 적극적인 외교 정책에 큰 매력을 느꼈다.

그렇다면 조선이 북방의 여진인에게도 같은 정책을 추진하였는지에 대해 궁금해졌다. 이 문제를 해결하기 위해 『朝鮮王朝實錄』을 보다가 빈번하게 발견되는 여진인의 來朝에 주목하였다. 조선은 건국 이전부터 여진인의 내조를 수용하였는데, 그 증감이 양자의 관계와 매우 밀접한 관련을 갖는 사실을 발견한 것이다. 예를 들어, 조선이 여진 정벌을 단행하면, 내조 횟수가 많이 감소한다. 반면, 조선이 이들을 회유하기 위해 노력하면 내조 횟수가 증가한다. 따라서 여진인이 조선에 내조한 사례를 종합적으로 찾아서 분석한다면 양자의 관계와 조선이 여진인에게 추구한 외교 정책을 파악할 수 있으리라고 생각하였다.

이러한 문제의식을 기반으로 필자는 태조, 태종대의 동북면 여진 정책으로 석사 논문을 작성하였다. 지금 생각해보면 태조 이성계의 세력기반이 동북면이었으니, 원래 마음먹은 대로 논문을 작성한 셈이다. 그 뒤 박사학위 논문을 작성하는 과정에서 여진인의 내조를 세력별, 월별로도 분석하여 조선과 여진의 관계 및 조선의 대여진 정책 등을 살펴보았다. 그리고 이 책은 박사학위 논문을 보완하여 출판하였다.

여진인이 남긴 자료가 전무하다시피 한 상황에서 양자의 상황을 정확히 파악하지 못하고, 조선의 입장만 서술한 점은 아쉬움으로 남는다. 그런데도 이 책을 출간한 것은 그동안 상대적으로 부족했던 조선 전기 대여진 관계사에 조금이라도 보탬이 될 수 있기를 바라기 때문이다. 부족한 내용이나 오류는 선·후배, 同學 여러분의 지도편달을 바란다.

미력한 필자가 지금까지 공부할 수 있는 것은 주변 많은 사람의 도움이 있었기 때문이다. 먼저, 지도교수님이신 한문종 선생님은 학부 때부터 한문과 일본어 등을 가르쳐주시며 연구의 기본 토대를 마련해 주셨고, 논문을 작성할 때도 세심하게 지도해주셨다. 또한, 학문뿐만 아니라 개인적인 고민을 들어주시는 등 모든 면에서 물심양면으로 도와주셨다. 이 자리를 빌려 감사하다는 말씀을 드리고 싶다.

큰 틀에서 조선시대 대외관계를 어떻게 바라봐야 하는지에 대한 가르침을 주신 하우봉 선생님, 학위논문을 꼼꼼히 검토해 주시면서 수준을 높여 주신 하태규 선생님, 명지대 한명기 선생님은 학위논문을 심사하면서 발전 가능성을 크게 평가해주셨고, 서강대 계승범 선생님은 학위논문의 세세한 부분을 꼼꼼하게 지적하며 미처 생각하지 못한 부분까지 가르쳐 주셨다. 이 자리를 빌려 여러 선생님께 다시 감사의 말씀을 올리고 싶다.

지금까지 학문의 길로 이끌어 주신 전북대 사학과 선생님들께도 감사드린다. 임지환, 김성규, 이용재, 송미령, 장준갑 선생님은 못난 제자를 깊은 관심과 신뢰로 보살펴 주셨다. 또한, 학부 시절부터 애정으로 보살펴주신 故 이경구 선생님께도 늦었지만 이 책을 올리고 싶다. 류호석 선생님을 비롯한 선배님들, 류빛나를 비롯한 후배들에게도 고마운 마음을 전하고 싶다. 특히, 장기재는 이 책에 포함된 각종 지도 등을 기꺼이 제작해주었고, 동기인 최우중은 필자가 힘들 때마다 곁에서 힘을 불어넣어 줬다.

일면식도 없던 필자를 선뜻 받아주시며 1년간 지도해주신 延邊大의 孫春日 교수님, 낯선 延吉 생활에 잘 적응할 수 있도록 도움을 주신 박영재, 금경숙, 金泰國, 鄭京日 선생님께도 감사드린다. 그리고 부족한 박사학위 논문에 관심을 가지고 출판을 제안해 주신 강원대 손승철 교수님과 출판을 허락해주신 경인문화사 한정희 사장님, 꼼꼼히 교정해 주신 실무진에게도 감사를 드린다.

지금까지 걱정만 끼쳐드린 부모님과 장인·장모님에게 이 책이 조그마한 위안이 되었으면 하는 바람이다. 못난 형 대신 집안의 장남 노릇을 한 정호에게도 고맙다. 그리고 10년 넘게 곁에서 큰 힘이 되어주고, 묵묵히 도와준 아내에게 진심으로 고마운 마음을 전하고 싶다. 마지막으로 공부한다는 핑계로 많이 놀아주지도 못한 아빠가 최고라며 밝고, 씩씩하게 자라 준 서현이와 주영이에게 이 책을 선물하고 싶다.

2015년 6월
박정민 씀

서론

조선 전기 동아시아는 明 중심의 국제질서에서 朝貢·冊封體制로 운영되었다.[1] 이러한 상황에서 조선이 주변국 혹은 세력과 외교를 맺는 것은 원칙적으로 불가능하였다.[2] 그럼에도 불구하고 조선 주변의 女眞·日本·琉球 등이 조선의 외교체제를 인정하여 土産物을 바치면, 조선국왕은 내조자에게 回賜品과 관직을 제수하였다. 이는 중화의 天子가 주변의 諸國에 행하는 조공·책봉체제와 같은 원리이다.[3] 즉 조선은 조공·책봉체제를 주변의 국가 혹은 세력에게 적용하여 명 중심의 국제질서에서 다시 조선 중심의 외교질서를 구축하고자 한 것이다.[4]

여진·일본·유구 등 제 세력 가운데 여진은 조선과 국경을 맞대고 있

---

1) 전해종, 『한중관계사연구』, 일조각, 1970, 26~58쪽 ; 한명기, 「조선과 명의 사대관계」, 『역사비평』 50, 2000, 304~307쪽 ; 권선홍, 『전통시대 동아시아 국제관계』, 부산외국어대학교출판부, 2004, 68~69쪽 ; 김한규, 『천하국가』, 소나무, 2005, 31쪽 ; 계승범, 「15-17세기 동아시아 속의 조선」, 『동아시아 국제질서 속의 한중관계사』, 동북아역사재단, 2010, 262~265쪽.

2) 조선이 명의 국제질서를 인정하는 상태에서 '人臣無外交'가 통용될 수밖에 없었다. 예를 들어, 명 洪武帝는 '無外의 원칙'을 근거로 황제가 정점에 있는 일원적인 위계질서를 관철하고자 하였다. 그는 명 국내뿐 아니라 외국에도 이를 적용하여 주변 세력을 명 질서 아래에 두고자 하였다.(岩井茂樹, 「明代中國の禮制覇權主義と東アジア秩序」, 『東洋文化』 85, 2005, 134쪽)

3) 김한규, 『한중관계사』 Ⅱ, 아르케, 1999, 598~603쪽.

4) 이에 대해서는 정다함, 「朝鮮初期 野人과 對馬島에 대한 藩籬·藩屛認識의 형성과 敬差官의 파견」, 『동방학지』 141, 2008의 각주 79번에 자세히 정리되어 있고, 필자도 동의한다. 다만 이러한 논지가 더 타당성을 확보하기 위해서는 더욱 구체적인 사례들을 살펴 보충할 필요가 있다고 생각한다.

을 뿐만 아니라 조선 건국 이전부터 한반도의 여러 국가와 깊은 관계를 맺어왔다.[5] 사실 고려 전기에도 여진인은 고려에 빈번하게 내조하였다.[6] 조선은 이러한 전통 위에 태조 이성계와 동북면 여진의 특별한 관계를 기반으로, 이들로부터 '事大'를 이끌어냈다.[7] 이후 여진인은 이성계가 정권을 획득한 이후부터 빈번하게 고려와 조선에 내조하였다.

조선 태종대에 조선의 주변에 거주한 여진의 대추장인 阿哈出과 童猛哥帖木兒, 劉把兒遜 등이 명에 入朝하자, 양자의 관계는 잠시 냉각되었다. 이후 이들은 다시 조선에 내조하며 조선과 명에 모두 속하는 양상을 보였다.[8] 조선은 이들을 비롯한 제 여진의 침입 방지와 영향력 확보 등을 위해 정벌로 대표되는 강경책과 來朝·授職 등의 회유책을 적절히 구사하였다. 조선은 그 중에서도 강경책보다 회유책인 내조를 주로 구사하였고, 이는 대여진 관계에 효율적으로 작용하였다.

그렇지만 여진인의 내조 증가는 조선에 경제적 부담을 초래하였다. 따라서 조선은 끊임없이 여진인의 내조 횟수와 인원, 시기, 상경로 등을 통제하고자 노력하였다. 구체적으로 조선은 여진인 내조자의 세력 強弱 등

---

5) 여진족의 연원과 그 역사적 전개 과정은 孫進己의 연구 성과에 잘 정리되어 있다.(孫進己 外, 『女眞史』, 吉林文化出版社, 1987 ; 孫進己 著/임동석 역, 『東北民族原流』, 동문선, 1992 ; 孫進己 外, 『女眞民族史』, 廣西師範大學出版社, 2010)

6) 고려시대 여진인의 내조는 다음의 연구를 참조할 수 있다.(박옥걸, 『고려시대 귀화인 연구』, 국학자료원, 1996, 180쪽) 고려는 八關會에서 宋의 상인과 黑水鞨鞨·女眞·日本 등 외국 상인들의 方物을 받고, 回賜하였다. 奧村周司는 이를 중국의 전통적인 조공질서에 대응하는 고려의 주체적인 외교인 '팔관회적 질서'라고 규정하였다.(「高麗における八關會的秩序と國際環境」, 『朝鮮史硏究會論文集』 16, 1979)

7) 정다함, 앞의 논문, 2008, 245~253쪽.

8) 박정민, 「조선 건국기 여진인 내조와 조선의 외교구상」, 『역사학연구』 49, 2013, 46쪽. 여진인이 명과 조선에 양속된 성격에 대해서는 다음 연구를 참고할 수 있다.(전해종, 「조선전기 한중관계의 몇가지 특징적인 문제」, 『동양학』 14, 1984, 523~525쪽 ; 한성주, 「조선초기 조·명 이중수직여진인의 양속문제」, 『조선시대사학보』 40, 2007)

을 고려하여 回賜品의 多少, 朝會할 때의 位次 등 접대와 관련한 제 규
정도 마련하였다. 궁극적으로 조선은 여진인 내조자가 조선의 규정을 준
수하도록 하여 이들을 '조선 중심의 외교질서'에 편입시키고자 하였다.

현재까지 진행된 조선시대 대여진 관계사의 연구를 정리해 보면 다음
과 같다. 첫째, 조선과 여진 제 세력(종족)의 관계에 집중한 연구,9) 둘째,

---

9) 津田左右吉,「朝鮮に於ける豆滿江方面の經略」,『朝鮮歷史地理』下, 南滿洲鐵道株
   式會社, 1913 ; 稻葉岩吉,「建州女直の原地及び遷住地」,『滿洲歷史地理』2, 南滿
   洲鐵道株式會社, 1913 ; 池內宏,「鮮初の東北境と女眞の關係」1·2,『滿鮮地理歷
   史硏究報告』1·2, 東京帝國大學校文學部, 1915·1916 ; 旗田魏,「吾都里族の部落
   構成-史料の紹介を中心として」,『歷史學硏究』5-2, 1935 ; 園田一龜,『明代建州女
   直史硏究』, 東京國立書院, 1948 ;『明代建州女直史硏究』(續), 東京國立書院, 1953
   ; 三田村泰助,「朝鮮側由史料より見た初の疆域」,『朝鮮學報』21·22, 1961 ; 河內良
   弘,「溫河衛考」,『朝鮮學報』37·38, 1965 ;「燕山君時代の朝鮮と女眞」,『朝鮮學
   報』81, 1976 ;「中宗·明宗時代の朝鮮と女眞」,『朝鮮學報』82, 1977 ;「阿速江衛
   について」,『內田吟風博士頌壽記念東洋史論集』, 1978 ;「李朝成宗時代の女眞と朝
   鮮」,『朝鮮學報』133, 1989 ; 이인영,『韓國滿洲關係史의 硏究』, 을유문화사,
   1954 ; 서병국,『宣祖時代女直交涉史硏究』, 교문사, 1970 ; 김구진,「吾音會의 斡
   朶里 女眞에 대한 연구」,『사총』17, 1973 ;「麗末鮮初 豆滿江流域의 女眞分布」,
   『백산학보』15, 1973 ;「初期 毛憐兀良合 硏究」,『백산학보』17, 1974 ;「骨看
   兀狄哈 여진 연구」,『사총』20, 1976 ; 김구진,「조선 초기에 韓民族으로 동화된
   土着女眞」,『백산학보』58, 2001 ; 김구진·한명기·나종우,「세종시대 대외 정책」,
   『세종문화사대계』3, 2001 ; 김구진,「조선전기 여진족의 2대 종족-兀良哈과 兀
   狄哈」,『백산학보』68, 2004 ; 방경일,『朝鮮前期 오도리族의 成長過程』, 한국학
   중앙연구원 박사학위논문, 2009 ; 김순남,「조선 成宗代 兀狄哈에 대하여」,『조선
   시대사학보』49, 2009 ;「조선 성종대의 建州三衛」,『대동문화연구』68, 2009 ;
   「조선전기 5진 藩胡 동향의 추이」,『역사와 실학』46, 2011 ; 리순신,「14세기말
   -15세기초 우리나라와 녀진과의 관계」,『력사과학』, 1967년 2호 ; 蔣秀松,「『李朝
   實錄』中的兀良哈」,『黑龍江文物叢刊』1983年 01期 ; 孫進己 外,『女眞史』, 吉林
   文化出版社, 1987 ; 黃枝連,『天朝禮治體系硏究』下, 中國人民大學出版社, 1995
   ; 刁書仁·張春,「論明初高麗王朝與明朝的關系」,『北華大學學報』1-1, 2000 ; 刁
   書仁·崔文植,「明前期中朝東段邊界的變化」,『史學集刊』2000年 2期 ; 苗威,「建
   州毛怜二衛設置后同李氏朝鮮的關系」,『東疆學刊』2001年 03期 ; 刁書仁,「元末
   明初朝鮮半島的女眞族與明·朝鮮的關系」,『史學集刊』2001年 3期 ;「論明前期斡
   朶里女眞與明·朝鮮的關系」,『中國邊疆史地硏究』12-1, 2002 ; 董萬崙,「明末淸

조선의 여진 정벌을 중심으로 그 배경·경과·결과·영향과 여기에서 파생된 대여진 인식 등에 관한 연구,[10] 셋째, 조선과 여진의 무역과 여진인

初圖們江內外瓦爾喀研究」,『民族研究』2003年 1期 ; 刁書仁,「論後金建立前與朝鮮的關系」,『社會科學戰線』2004年 01期 ; 王臻,『朝鮮前期與明建州女眞關係研究』, 中國文史出版社, 2005 ; 蔣秀松,「明代建州女眞興起原因略探」,『東北史地』2008年 05期 ; 刁書仁,「正統年間建州左衛西遷考實」,『東北中國邊疆史地研究』2010年 04期 ; 鄭岩,『明前期建州女眞歷史考察』, 中央民族大學 博士學位論文, 2010 ; 戴光宇,「兀狄哈諸部落及其分布」,『滿族研究』2011年 02期.

10) 河內良弘,「朝鮮の建州左衛再征と也先の亂」,『朝鮮學報』67, 1973 ;「朝鮮世祖の觀兵示威と成化3年の役」,『天理大學學報』93, 1974 ;「申叔舟の女眞出兵」,『朝鮮學報』71, 1974 ;「朝鮮世祖の字小主義とその挫折」,『朝鮮學報』73, 1974 ; 강성문, 「世宗朝 婆猪野人의 征伐硏究」,『육사논문집』30, 1986 ;「조선시대 여진 정벌에 관한 연구」,『군사』18, 1989 ; 강신엽,「조선중기 이일의 관방정책」,『학예지』5, 1997 ; 이홍두,「朝鮮初期 野人征伐과 騎馬戰」,『군사』41, 2000 ; 송우혜,「조선 선조조의 니탕개란 연구」,『역사비평』72, 2005 ; 장창하,『세종대의 여진 정벌에 관한 연구』, 한국학중앙연구원 박사학위논문, 2006 ; 박정민,「태종대 제1차 여진 정벌과 동북면 여진 관계」,『백산학보』80, 2008 ; 정다함,「朝鮮初期 野人과 對馬島에 대한 藩籬·藩屛認識의 형성과 敬差官의 파견」,『동방학지』141, 2008 ; 노영구,「세종의 전쟁수행과 리더십」,『오늘의 동양사상』19, 2008 ; 한성주,「朝鮮前期 '字小'에 대한 고찰-對馬島 倭人 및 女眞 勢力을 중심으로-」,『한일관계사연구』33, 2009 ; 계승범,『조선시대 해외파병과 한중관계』, 푸른역사, 2009 ; 이원명, 「조선중기 鹿屯島 확보와 北兵使 李鎰에 관한 일고찰」,『백산학보』83, 2009 ; 김순남,「조선 中宗代의 북방 野人 驅逐」,『조선시대사학보』54, 2010 ; 박정민,「조선초기의 여진 관계와 여진인식의 고착화」,『한일관계사연구』35, 2010 ; 정다함, 「'事大'와 '交隣'과 '小中華'라는 틀의 초시간적인 그리고 초공간적인 맥락」,『한국사학보』42, 2011 ; 한성주,「朝鮮前期 豆滿江流域에 나타나는 두 개의 '朝鮮'」, 『명청사연구』37, 2012 ;「조선 명종대 豆萬江 以北지역에 대한 '鎭' 설치 시도」, 『한일관계사연구』42, 2012 ; 윤호량,「선조 16년(1583) '尼湯介의 난'과 조선의 대응」,『군사』82, 2012 ; 정해은,「16세기 동아시아 속의 조선과『國朝征討錄』의 편찬」,『장서각』29, 2013 ; 정다함,「征伐이라는 戰爭/征伐이라는 祭祀-世宗代 己亥年 "東征"과 婆猪江 "野人征伐"을 중심으로-」,『한국사학보』52, 2013 ; 한성주, 「세조대(1467년) 朝鮮과 明의 建州女眞 협공에 대한 연구」,『한일관계사연구』45, 2013 ; 이규철,『조선초기의 對外征伐과 對明意識』, 가톨릭대학교 박사학위논문, 2013 ;「세조대 건주위 정벌과 명의 출병 요청」,『역사와 현실』89, 2013 ; 邊佐卿, 「試論丁亥之役」,『滿族研究』1994年 4期 ; 刁書仁,「成化年間明與朝鮮兩次征討建

의 경제적 양태에 관심을 기울인 연구,[11] 넷째, 조선과 여진뿐만 아니라 명·일본 등 주변국과의 관계를 고려하여 살펴본 연구,[12] 다섯째, 내조·수직·시위·접대규정 등 조선의 회유책을 제도적 측면에서 접근한 연구,[13] 여섯째, 조선 초기 북방 개척과 영토·방어 대책 등에 관한 연구,[14]

州女眞」, 『史學集刊』 1999年 2期 ; 于曉光, 『明朝與朝鮮圍繞女眞問題交涉硏究』, 山東大學 博士學位論文, 2006 ; 刁書仁, 「明成化初年對建州三衛用兵考述」, 『中國邊疆史地硏究』 18-4, 2008.

11) 이인영, 「鮮初女眞貿易考」, 『진단학보』 8, 1937 ; 이현희, 「朝鮮時代 北方野人의 社會經濟的 交涉考」, 『백산학보』 3, 1967 ; 김구진, 「명대 여진사회의 경제생활양식과 그 변화」, 『동양사학연구』 17, 1982 ; 이현희, 「對女眞貿易-對野人 交涉政策의 背景」, 『韓國史論』 11, 1982 ; 김구진, 「明代 女眞社會의 貢勅과 書契」, 『(宋甲鎬敎授停年退任)紀念論文集』, 1993 ; 「明代 女眞의 중국에 대한 公貿易과 私貿易」, 『동양사학연구』 48, 1994 ; 김종원, 『근세 동아시아관계사 연구』, 혜안, 1999 ; 김순남, 「16세기 조선과 野人 사이의 모피 교역의 전개」, 『한국사연구』 152, 2011 ; 남의현, 「다원적 경제구조를 통해 본 여진사회의 특징」, 『인문과학연구』 35, 2012 ; 河內良弘, 「忽剌溫兀狄哈의 朝鮮貿易」 上·下, 『朝鮮學報』 59·61, 1971 ; 河內良弘, 「明代東北アジアの貂皮貿易」, 『東洋史硏究』 30-1, 1971 ; 文鐘哲, 「淺談明代女眞族与朝鮮人之間的邊境貿易」, 『滿族硏究』 1996年 02期 ; 刁書仁, 「明代女眞与朝鮮的貿易」, 『史學集刊』 2007年 03期.

12) 전해종, 「조선전기 한중관계의 몇가지 특징적인 문제」, 『동양학』 14, 1984 ; 노기식, 「滿洲의 興起와 東아시아 秩序의 變動」, 『중국사연구』 16, 2001 ; 박원호, 『明初朝鮮關係史硏究』, 일조각, 2002 ; 노기식, 「元·明 교체기의 遼東과 女眞」, 『아시아문화』 19, 2003 ; 박원호, 「근대 이전 한중관계사에 대한 시각과 논점」, 『한국사 시민강좌』 40, 2007 ; 남의현, 『明代遼東支配政策硏究』, 강원대학교출판부, 2008 ; Kenneth R. Robinson, 「From Raiders to Traders : Border Security and Border Control in Early Chosŏn, 1392-1450」, 『Korean Studies』 16, 1992 ; 「Centering the King of Chosŏn : Aspects of Korean Maritime Diplomacy, 1392-1592」, 『The Journal of Asian Studies』 59, 2000 ; 姜龍范·劉子敏, 『明代中朝關係史』, 黑龍江朝鮮民族出版社, 1999 ; 荷見守義, 「咨文と勅書-成化三年の役をめぐる中朝關係」, 『社會文化史學』 41, 2000.

13) 河內良弘, 「李朝初期の女眞人侍衛」, 『朝鮮學報』 14, 1959 ; 「李朝時代女眞人の朝鮮入京について」, 『天理大學學報』 138, 1983 ; Kenneth R. Robinson, 「一四五五年三月の人名記錄にみる朝鮮王朝の受職野人」, 『年報朝鮮學』 6, 1997 ; 「朝鮮王朝-受職女眞人の關係と‘朝鮮’」, 『歷史評論』 592, 1999 ; 荷見守義, 「世祖靖難と女眞調査-一

일곱째, 거시적 관점에서 대여진 관계사를 분석한 연구,[15] 여덟째, 여진

四五五年四月の人名記錄に見る中朝關係」, 『明代史硏究會創立三十五年記念論叢』, 2003 ; 木村拓, 「十五世紀前半朝鮮の女眞人への授職と羈縻」, 『朝鮮史硏究會論文集』 46, 2008 ; 「朝鮮王朝世宗による事大·交隣兩立の企圖」, 『朝鮮學報』 221, 2011 ; 「朝鮮王朝世宗代における女眞人·倭人への授職の對外政策化」, 『韓國朝鮮文化硏究』 11, 2012 ; 이현종, 「朝鮮初期 서울에 온 倭野人에 對하여」, 『鄕土서울』 10, 1960 ; 이현희, 「朝鮮前期 來朝野人의 政略的 待遇에 對하여」, 『史學硏究』 18, 1964 ; 「朝鮮前期 留京侍衛野人攷」, 『鄕土서울』 20, 1964 ; 「朝鮮前期 野人의 誘京綏懷策攷」, 『一山金斗鐘博士 稀壽紀念論文集』, 1966 ; 「朝鮮王朝時代의 北平館 野人-그 綏撫策 一斑-」, 『백산학보』 11, 1971 ; 「朝鮮王朝의 向化野人 交涉考-接對問題의 用例-」, 『성신여자대학교 연구논문집』 10, 1977 ; 방기철, 「朝鮮初期 交隣國 使臣의 位次」, 『사학연구』 79, 2005 ; 김구진, 「조선시대 女眞에 대한 정책」, 『백산학보』 88, 2010 ; 박정민, 「세조대의 여진 관계와 정책-여진인 내조를 중심으로-」, 『한국사연구』 151, 2010 ; 한성주, 『조선전기 여진인 수직정책 연구』, 강원대학교 박사학위논문, 2011(『조선전기 수직여진인 연구』, 경인문화사, 2011) ; 박정민, 「조선 세조대의 여진인 내조와 여진인 귀속문제」, 『전북사학』 41, 2012 ; 「조선 건국기 여진인 내조와 조선의 외교구상」, 『역사학연구』 49, 2013 ; 「조선 성종대의 여진인 "來朝" 연구」, 『만주연구』 15, 2013 ; 「조선 세종대 여진인 통교체제의 정비」, 『한국사연구』 163, 2013 ; 何溥瀅, 「李朝初期對女眞的政策」, 『滿族硏究』, 1999年 02期.

14) 이장희, 「임난전의 서북변계 정책」, 『백산학보』 12, 1972 ; 김구진, 「公嶮鎭과 先春嶺碑」, 『백산학보』 21, 1976 ; 「尹瓘9城의 範圍와 朝鮮6鎭의 開拓-女眞 勢力 關係를 中心으로-」, 『사총』 21·22, 1977 ; 방동인, 『韓國의 國境劃定硏究』, 일조각, 1997 ; 국방부, 『國土개척사』, 국방군사연구소, 1999 ; 오종록, 「세종시대 북방영토개척」, 『세종문화사대계』 3, 세종기념사업회, 2001 ; 이상협, 『朝鮮前期 北方徙民硏究』, 경인문화사, 2001 ; 김구진, 「조선시대 6鎭 방어 전략-制勝方略체제의 연구-」, 『백산학보』 71, 2005 ; 박현모, 「세종의 변경관과 북방영토경영 연구」, 『정치사상연구』 13, 2007 ; 김순남, 「조선 燕山君代 여진의 동향과 대책」, 『한국사연구』 144, 2009 ; 민덕기, 「임진왜란 직전 조선의 국방 인식과 대응에 대한 재검토-동북방 여진에 대한 대응을 중심으로-」, 『역사와 담론』 57, 2010 ; 「이율곡의 십만양병설은 임진왜란용이 될 수 없다」, 『한일관계사연구』 41, 2012 ; 한성주, 「조선 세조대 '女眞和解事' 연구」, 『동북아역사논총』 38, 2012 ; 민덕기, 「임진왜란용이 되어버린 율곡의 십만양병설」, 『역사와 담론』 65, 2013 ; 刁書仁, 「中朝邊界沿革史硏究」, 『中國邊疆史地硏究』 2001年 4期.

15) 유봉영, 「王朝實錄에 나타난 李朝前期의 野人」, 『백산학보』 14, 1973 ; 조영록, 「壬亂前 明代時代의 滿洲女眞史」, 『백산학보』 22, 1977 ; 김성균, 「朝鮮中期의 對滿關係」, 『백산학보』 24, 1978 ; 전해종, 「조선전기 한중관계의 몇 가지 특징적인

족 대추장을 중심으로 조선과 여진의 관계를 살펴보거나,[16] 마지막으로, 向化人이 조선에 정착하는 양상에 초점을 둔 연구[17]로 유형화할 수 있다. 이러한 연구 성과는 조선과 여진의 관계를 이해하는 데 많이 기여하였다.

그러나 상당한 연구는 조선의 여진 정벌과 육진 개척 등에서 파생된 조선과 여진의 제 세력, 혹은 종족 간의 관계에 집중되어 있다. 여기에 명과 일본 등 주변국과의 관계까지 고려하여 살펴본 연구를 더하면 관계사에 초점을 두었다고 해도 무방하다. 조선의 대여진 정책에 征伐/征討 같은 강경책 못지않게 내조와 수직 등 회유책도 중요한 역할을 차지한

문제」, 『동양학』 14, 1984 ; 김구진, 『13C-17C 女眞 社會의 硏究』, 고려대학교 박사학위논문, 1989 ; 최호균, 『조선 중기 대여진 관계 연구』, 성균관대학교 박사학위논문, 1995 ; 한명기, 『임진왜란과 한중관계』, 역사비평, 1999 ; 한성주, 「조선초기 조·명 이중수직여진인의 양속문제」, 『조선시대사학보』 40, 2007 ; 한명기, 『정묘·병자호란과 동아시아』, 푸른역사, 2009 ; 김선민, 「한중관계사에서 변경사로」, 『만주연구』 15, 2013 ; 和田淸, 『東亞史硏究』(滿洲篇), 東京國立書院, 1954 ; 陳放, 『朝鮮與女眞·滿族諸政權關系變遷硏究』, 延邊大學 博士學位論文, 2012.

16) 서병국, 「李之蘭硏究」, 『백산학보』 10, 1971 ; 「童猛哥帖木兒의 建州左衛硏究」, 『백산학보』 11, 1971 ; 「凡察의 建州右衛硏究」, 『백산학보』 13, 1972 ; 왕영일, 『李之蘭에 대한 연구』, 고려대학교 박사학위논문, 2003 ; 한성주, 「조선 연산군대 童淸禮의 建州三衛 파견에 대하여」, 『만주연구』 14, 2012 ; 河內良弘, 「童凡察と建州左衛」, 『朝鮮學報』 66, 1973 ; 李善洪, 「猛哥帖木兒與朝鮮關系述略」, 『史學集刊』 1999年 03期 ; 王臻, 「明朝與李朝在郎葡爾罕問題上的政策之比較硏究」, 『史學集刊』 2006年 01期 ; 「建州女眞李滿住部與朝鮮王朝的關系探析」, 『滿族硏究』 2007年 04期 ; 「建州女眞凡察部與朝鮮關系述論」, 『東北史地』 2008年 01期 ; 「建州女眞童山部與朝鮮王朝的關係述論」, 『北方文物』 2008-3.

17) 임학성, 「17세기 전반 戶籍자료를 통해 본 귀화 野人의 조선에서의 생활 양상-蔚山戶籍(1609)과 海南戶籍(1639)의 사례 분석-」, 『고문서연구』 33, 2008 ; 서근식, 「朝鮮時代 '向化'개념에 대한 硏究」, 『동양고전연구』 37, 2009 ; 원창애, 「향화인의 조선 정착 사례 연구-여진 향화인을 중심으로」, 『동양고전연구』 37, 2009 ; 이선희, 「吉尙事件을 통해 본 17세기 초 向化胡人 관리 실태와 한계-『向化人膽錄』을 중심으로」, 『동양고전연구』 37, 2009 ; John B. Duncan, 「Hyanghwain : Migration and Assimilation in Chosôn Dynasty Korea」, 『Acta Koreana』 3, 2000.

다. 그럼에도 불구하고 조선의 대여진 회유책에 해당하는 내조·수직·시위·접대규정 등의 연구 성과는 전자에 비하면 부족한 편이다.

조선의 대여진 회유책 가운데 기본은 朝貢으로, 이는 冊封이 동반되는 외교 형식이다. 앞서 간략히 보았듯이 조선은 여진인이 내조하면 내조자의 세력에 따라 授職하였고, 각종 하사품도 주었다. 또한, 조선은 이들이 내조한 뒤 조선의 접대 제 규정을 따르게 하였고, 여진인의 侍衛를 허용하였다. 큰 틀에서 보면 수직·시위·접대규정 등은 모두 여진인의 조공에서 비롯된다.[18]

따라서 본고는 여진인 조공의 성격을 파악하되, 수직이 포함되는 넓은 범주의 조공보다 조선에 오는 경우, 즉 來朝[19]를 중심으로 분석하고자 한다. 또한, 조선의 여진 정벌, 혹은 대여진 정책과 이들의 내조는 긴

18) 그런데 授職에 대해서는 이미 자세한 연구가 있다.(한성주, 『조선전기 여진인 수직정책 연구』, 강원대학교 박사학위논문, 2011 ; 『조선전기 수직여진인 연구』, 경인문화사, 2011)

19) 來朝란 諸侯가 天子의 朝廷에 와서 朝會에 참여하는 것으로 『詩經』에서 유래한다.("君子來朝 何錫予之"『詩經』「小雅」魚藻之什) 기존의 연구자들은 『周禮』와 『禮記』에 조공의 최초 사료가 있다고 밝혔으나 이춘식은 『周禮』나 『禮記』는 西周시대 이후 작품이므로 조공에 관한 내용도 상당 부분 이 책이 편찬되던 시기의 사람들에 의해 이상화된 西周의 모습을 담고 있었을 것으로 보았다. 따라서 그는 더 신빙성 있는 『詩經』의 구절로 서주시대 제후의 천자에 대한 '朝'를 확인하였다.(이춘식, 『事大主義』, 고려대학교출판부, 1997, 131~139쪽) 비슷한 의미로 朝貢이 있는데, '朝'는 ① 천자를 알현한다. ② 방문·회동의 뜻이 있다. '貢'은 천자에 貢品·物産을 헌상한다는 뜻이다. 따라서 조공의 '朝'의 의미로 來·入·聘問 등이 쓰이고, 또 遣使 또는 遣某·奉使·詣闕 등도 내용상으로 '朝'를 뜻한다.(전해종, 「漢代의 朝貢制度에 대한 一考察」, 『동양사학연구』6, 1973, 3~4쪽) 한편, 최근 김병준의 연구에서 이러한 용례를 비판적으로 정리하여 조공에 대한 이해에 큰 도움을 준다.(「3세기 이전 동아시아 국제질서와 한중관계-조공·책봉의 보편적 성격을 중심으로」, 『동아시아 국제질서 속의 한중관계사』, 2010, 23~31쪽) 조선 전기에는 여진인 사절을 상경시켜 국왕에게 朝禮하게 하며, 進上과 回賜의 형태로 교역하여 조선의 접대 제 규정을 따르게 하였다. 이는 위의 조공의 개념과 크게 다르지 않기 때문에, 본고에서는 『조선왕조실록』에 來朝·朝會·來·來聘·來獻土物·來獻土宜 등과 이들의 내조가 확실한 사례를 내조라고 보겠다.

밀한 관계를 가지고 있다. 이처럼 여진인 내조는 조선과 여진의 관계에서 중요한 의미를 지닌다.

본고는 전통시대 동아시아의 외교체제인 조공제도를 통하여 조선과 여진 관계의 구조와 성격을 고찰할 수 있을 것이다. 이를 위해 여진인이 조선에 내조한 것을 가장 자세하게 기록한 『朝鮮王朝實錄』을 면밀히 분석하였다.[20] 그 결과 조선시대 여진인의 내조가 총 1,282회에 달한 사실을 확인하였다.[21] 이를 토대로 본고는 여진인의 내조 세력, 현황, 시기 등을 분석하고자 한다.

앞서 살펴본 것처럼 선학들에 의하여 조선의 여진 회유책에 관한 상당한 연구가 진척되었다. 하지만 여진인의 조공 자체를 파악한 연구는 그리 많지 않고, 세 가지 측면에서 보완할 필요가 있다.

첫째, 여진인의 내조 성격을 조선과 여진의 무역에 집중하여 양자의 관계를 파악하였다.[22] 이러한 연구의 기본 시각은 조선이 국방 안정을 위해 그들의 경제적 욕구를 충족시켜주었다는 입장을 견지한다. 사실 조선은 국내·외 정세와 국왕의 입장, 여진 관계에 따라 탄력적으로 이들의

---

20) 여기에 내조 기록이 누락되었을 가능성도 있고, 이를 통해 여진인 내조의 경향을 재단하는 것은 일반화의 오류를 범할 위험성도 있다. 하지만 조선시대 여진인 내조의 전체적인 맥락을 이해하는 데 유용하다고 생각한다.

21) 김구진의 연구에 의하면 태조대부터 인조대까지 1,098회의 여진인의 내조가 있었다.(「여진과의 관계」, 『한국사』 22, 1995, 350쪽) 그 횟수에서 필자와 많은 차이가 나는데 이는 산정방식의 차이 때문이다. 그리고 필자는 본고에서 분석한 1,282회에 기록에서 누락된 횟수까지 포함한다면 더 많은 여진인의 내조가 있었다고 생각한다.

22) 이인영, 앞의 논문, 1937 ; 이현희, 앞의 논문, 1982 ; 王臻, 앞의 논문, 2002 ; 刁書仁, 앞의 논문, 2007. 필자 역시 기본적으로 이러한 관점에 동의하지만, 江嶋壽雄이 지적한 것처럼 명은 여진을 羈縻지배의 방식으로 조공제도를 이용하였고, 여진인의 조공은 명의 지배에 복종하는 형태를 보이기 때문에 정치적 의도가 강하다고 보인다.(江嶋壽雄, 「明代女直朝貢貿易の槪觀」, 『史淵』 77, 1958, 1~3쪽) 조선 동일한 방식으로 이들의 조공을 허락하였다.

내조를 수용하였으나, 기존의 연구 성과는 이러한 모습을 담지 못하였다고 생각한다. 특히 여진인의 내조가 단순히 이들의 경제적 욕구 충족이라는 논리적 귀결은 재고할 필요가 있다.

둘째, 연구 대상의 시기가 한정적이거나, 지나치게 넓다. 많은 연구자는 여진인의 내조가 집중된 시기 혹은 특정 세력 등에만 관심을 기울이거나,[23] 조선 전기를 폭넓게 살펴보았다.[24] 전자는 각 세력 혹은 왕대별 특징이 잘 드러나지만, 여진인의 내조가 있었다고 보이는 약 200여 년간의 특색이 잘 드러나지 않는다. 후자는 한편의 논문에서 긴 시간을 다루다 보니 전체적인 특성 혹은 세부적인 사실관계 등에서 아쉬움을 보인다. 따라서 여진인 내조의 시대별 특징과 변화 과정 등에 대한 세밀한 연구와 전체적인 맥락의 이해를 위해 연구 범위의 확대가 불가피하다.

셋째, 제도적인 측면에 집중하여 조선의 내조자에 대한 대우·수직·시위·접대규정 등에 대한 연구는 상당히 진전되었다.[25] 그러나 이러한 연구들은 조선이 어떻게 운용했는지보다 제도 자체에 초점을 두었다. 또한, 각 지역 혹은 부족 등의 내조자에 대한 인적 사항이나 지역별 분포, 이들과 조선의 관계, 접대 규정의 변화 과정 등에 대한 전반적인 정리가 부족하다. 따라서 조선과 여진의 관계를 파악하기 위해서는 실제로 여진인의 내조가 어떠하였는지에 대한 실증적인 연구가 선행되어야 한다.

이러한 문제의식을 가지고, 조선시대 여진인의 내조를 살펴보기 위해 연구 범위는 조선 건국부터 인조연간까지로 설정하였다. 연구 대상은 조선과 가장 밀접한 관계를 맺은 두만강 유역[26]에 거주하는 여진인을 중

---

23) 河內良弘, 앞의 논문, 1971 ; 김순남, 앞의 논문, 2009a ; 김순남, 앞의 논문, 2009b ; 박정민, 앞의 논문, 2012 ; 박정민, 앞의 논문, 2013a ; 박정민, 앞의 논문, 2013b ; 박정민, 앞의 논문, 2013c.

24) 김구진, 앞의 책, 1995.

25) 각주 13번 참조.

26) 본고에서 언급하는 두만강 유역이란 한반도의 회령·종성·온성·경원·경흥, 중국

심으로 압록강 이북의 建州衛, 松花江 유역의 忽刺溫兀狄哈, 牡丹江과 綏芬河 유역의 嫌進(尼麻車)와 南訥兀狄哈 등을 포함하였다. 이를 통하여 조선과 여진의 관계에 대해서 밝히고, 명 중심의 동아시아 국제질서에서 조선의 위상을 살펴보겠다. 한발 더 나아가 조선 역시 명의 질서를 거스르지 않으면서 조선을 중심으로 하는 외교질서를 구축하려 했다는 사실을 구체적이고, 실증적으로 규명하고자 한다.

제Ⅰ장에서는 고려말 이성계가 정권을 잡은 이후부터 태종대까지의 여진인 내조를 살펴보고, 태조대에 원만했던 양자의 관계가 태종대에 明 永樂帝의 여진 초유 등으로 변화된 과정 등을 검토하고자 한다. 아울러 태종 10년에 단행한 제1차 여진 정벌이 이후의 여진인 내조뿐만 아니라 외교관계에 어떠한 영향을 끼쳤는지 고찰하고자 한다. 그리고 여진인 내조의 의미와 이를 통해 조선이 구상한 외교질서가 무엇이었는지를 밝히고자 한다.

제Ⅱ장에서는 세종대를 중심으로 시기별 여진인의 내조 현황을 분석하여 그 경향과 의미를 밝혀보고자 한다. 이러한 시기별 특징을 통해 양자 관계의 변화 양상과 조선의 여진인 내조 정책 등을 검토할 수 있을 것이다. 또한, 조선이 실시한 여진인 통교체제 확립과정을 일본과의 '癸亥約條'와 연계하여 살펴보고자 한다. 이는 조선이 구축하고자 했던 외교질서를 파악하는 데 유용하게 작용할 거라고 기대한다.

제Ⅲ장에서는 집권과정에서 약점을 안고 있는 세조가 여진인의 내조를 어떻게 이용하였는지 검토하고자 한다. 세조는 원년에 세종대의 여진인 내조 규정보다 많은 내조를 수용하였다. 이후 그는 한동안 관계가 단절되었던 건주삼위와 홀라온올적합의 내조까지 수용하였다. 세조는 명

의 吉林省 延邊朝鮮族自治州의 安圖·和龍·龍井·延吉·圖們·琿春, 러시아의 하산 (Хасанский рай он)과 포시예트만(Залив Посьета, Posyet Bay)을 포함하는 지역이다.

의 간섭으로 건주삼위와 관계를 단절한 뒤에는 적극적으로 두만강 유역
의 여진인에 대한 영향력을 확대하였다. 이를 시기별 특징과 함께 각 세
력의 내조자 분석을 하면, 조선이 이들에게 영향력을 얼마나 미쳤는지
밝힐 수 있을 것이다.

제Ⅳ장에서는 성종대 여진인 내조를 살펴볼 것이다. 성종은 선왕대의
대여진 정책을 계승하여 제도적 완비를 이루었다. 하지만 끊임없이 변화
하는 대여진 관계에서 기존의 정책, 혹은 규정을 재조정할 필요가 있었
다. 이를 위해 여진인의 내조를 시간의 추이와 조선의 대응에 초점을 두
고 살펴봄으로써 성종대 대여진 정책의 향방을 밝힐 것이다. 또한, 세력
별·월별 분석을 통하여 조선이 재정비한 규정들이 얼마나 잘 지켜졌고,
조선의 영향력이 이들에게 어떻게 미쳤는지에 대해 검토하고자 한다.

제Ⅴ장에서는 여진인에 대한 기록이 잘 보이지 않는 연산군대부터 명
종대까지를 살펴보고자 한다. 기존의 연구는 이때부터 조선과 여진의 관
계에 변화가 생겨 내조가 감소한 것으로 보고 있다.[27] 그렇다면 여진인
내조의 빈도 혹은 실제로 내조 자체가 있었는지를 규명하지 않은 상태에
서 여진인 내조의 의의를 밝히는 것은 무의미하다고 할 수 있다. 따라서
연산군·중종·인종·명종으로 이어지는 시기의 내조 양상과 변화 과정 등
에 대해서는 내조 빈도와 함께 존재 여부가 먼저 규명되어야만 한다고
생각한다. 여기에서는 그 사례와 경향을 찾아서 이 시기에도 여진인의
내조가 있었는지를 확인하는데 초점을 맞추고, 왜 이러한 현상이 나타났
는지에 대해 검토하고자 한다.

제Ⅵ장에서는 선조대를 중심으로 기존의 조선의 대여진 정책의 문제
점에서 비롯된 '尼湯介의 亂' 등 藩胡의 반발과 조선의 대응, 이후 壬辰
倭亂이란 대전란시기에 조선이 번호를 대한 태도와 정책 등을 살펴보고
자 한다. 그리고 임진왜란 이후 여진인 내조의 성격이 기존과 달리 변질

---

27) 김구진, 앞의 책, 1995, 349~367쪽 ; 김순남, 앞의 논문, 2011a, 100~105쪽.

되고, 종식되는 과정을 고찰해 보고자 한다. 또한, 임진왜란 이후 누르하치의 통일 과정에서 나타난 두만강 유역 번호의 쟁탈 과정과 조선의 번호 상실 등을 중심으로 규명하고자 한다.

이 연구를 통해 조선시대 여진인 내조의 양상과 추이뿐만 아니라 대여진 관계와 정책의 운용 과정, 실상 등을 확인할 수 있을 것이다. 또한, 대여진 외교의 구조와 성격 등을 명확하게 밝힐 수 있을 것이며, 명을 중심으로 한 국제질서에서 조선이 추구한 외교질서의 실체를 이해하는 데 도움이 될 것으로 기대한다.

제Ⅰ장.
태조~태종대 女眞人 來朝와 조선의 외교구상

제1절. 태조대의 여진인 내조

태조 이성계의 가문과 東北面[1])의 여진인은 고려말부터 밀접한 관계를 맺고 있었다. 그의 고조부인 李安社(穆祖)가 두만강 건너편인 斡洞에 정착하여 訓春·慶興·慶原 지방에서 기반을 닦았고, 증조부 李行里(翼祖)는 咸州·登州·和州 등지에 정착하여 입지를 다졌다. 이처럼 이성계와 李子春(桓祖)은 동북면에서 상당한 세력으로 성장한 후 공민왕 5년 (1356)에 고려에 來附하였다. 이듬해 그는 고려의 雙城摠管府 회복에 큰 역할을 하였다.

이성계는 공민왕 10년 9월의 '朴儀의 난' 평정을 비롯하여 수많은 승전을 거두었다. 그는 공민왕 12년에도 納哈出의 침입을 격퇴하고, 이듬해 三善·三介의 난을 진압하였다. 이성계는 우왕 9년(1383)과 이듬해까지 이어진 胡拔都의 침입도 막아내며 동북면에서 입지를 더욱 단단하게 구축하였다. 게다가 이성계는 당시 고려의 멸망에 주요 원인이 될 정도로 극심한 왜구의 침입에도 대부분 승전을 거두며 전국적인 명성을 얻었다.[2])

---

1) 동북면은 일반적으로 지금의 함경도 일대를 말한다. 조선시대 동북면의 명칭은 1398년에 安邊 이북 靑州 이남을 永興道, 端州 이북 孔州 이남을 吉州道,(『태조실록』 권13, 7년 2월 경진) 1413년에 永吉道,(『태종실록』 권26, 13년 10월 신유) 1416년에 咸吉道(『태종실록』 권32, 16년 9월 정유)로 변화되었다. 이후 1470년에 永安道,(『성종실록』 권3, 원년 2월 병인) 1498년에 咸鏡道(『연산군일기』 권29, 4년 4월 기사)로 개칭되었다.

이성계의 승전에는 이지란을 비롯한 동북면 여진인이 중요한 역할을
하였다.3) 따라서 『태조실록』과 『용비어천가』 등의 편찬자들은 동북면
여진인이 태조를 좌우에서 가까이 모시고, 東征西伐하며 뛰어난 활약을
펼쳤던 점을 강조하고 있다.4) 이처럼 이성계와 동북면의 여진인은 밀접
한 연관을 가지고 있었고, 조선 건국에도 일정 정도 기여하였다.

이성계는 위화도 회군으로 정권을 획득한 뒤부터 적극적으로 두만강
유역에 거주하는 여진인을 초유하였다. 원래 이 지역 여진인은 元代에
水達達路에 속하며 원의 통제를 받았다. 하지만 원의 멸망과 納哈出·胡
拔都 등의 침입으로 여진 세력이 와해되었고, 멀리 三姓 지방(현 黑龍
江省 依蘭縣)에서 이주한 火兒阿·斡朶里·托溫 등이 동북면에 이주하
는 등 혼란과 힘의 공백의 상태에 처해있었다.5) 이러한 가운데 이곳의
일부 여진인이 이성계의 초유에 응하였다.

恭讓王 3년(1391) 7월에 이성계가 李必을 보내 豆萬 등지를 초유하
자, 8월에 兀良哈이 내조하였다.6) 이성계가 동년 9월에 前祥原郡事 李
龍華를 파견하여 吾(斡)都里와 올량합을 선위하자, 이듬해 2월에 이들

---

2) 이상의 내용은 다음을 참고할 수 있다.(허흥식, 「고려말 이성계(1335-1408)의 세력
   기반」, 『고병익 선생 회갑 기념사학논총』, 1984 ; 유창규, 「李成桂의 軍事的 基盤」,
   『진단학보』 58, 1984 ; 최재진, 「고려말 동북면의 정치와 이성계 세력 성장」, 『사학
   지』 26, 1993 ; 송기중, 「조선조 건국을 후원한 세력의 지역적 기반」, 『진단학보』
   78, 1994 ; 허인욱, 「李安社의 全州 出去에 관한 연구」, 『한국인물사연구』 21,
   2014)

3) 당시 이지란의 세력 형성과 이성계에 귀부 과정, 조선 건국의 활약상에 대해서는
   다음 연구 성과를 참고할 수 있다.(서병국, 「李之蘭硏究」, 『백산학보』 10, 1971
   ; 왕영일, 『李之蘭에 대한 연구』, 고려대학교 박사학위논문, 2003)

4) 『태조실록』 권8, 4년 12월 14일 계묘 ; 『용비어천가』 권7, 53장.

5) 池內宏, 「鮮初の東北境と女眞の關係」, 『滿鮮地理歷史硏究報告』 2, 1916, 224~
   264쪽 ; 김구진, 『13C-17C女眞 社會의 硏究』, 고려대학교 박사학위논문, 1988,
   37~38쪽.

6) 『고려사』 권46, 세가, 공양왕 4년 3월 경자.

이 내조하였다.[7]

공양왕은 4년 3월에 내조한 올량합과 오도리의 추장들을 등급에 따라 각각 萬戶·千戶·百戶 등에 제수하고, 쌀과 의복을 내렸다. 또한, 이들을 국경 내로 이주시켜 나라의 울타리(藩屛)으로 삼았다. 더불어 여러 부락에 榜文을 붙여 아직 귀순하지 않은 자들도 빨리 귀순하도록 종용하였다.[8] 즉 이성계는 두만강 유역에 거주하는 여진인을 회유하기 위해 추장이 내조하면 관직을 주고, 각종 하사품을 내려 조공관계를 맺은 것이다.

1392년 7월 17일에 태조는 壽昌宮에서 왕위에 올랐다. 그는 조선을 건국한 뒤에도 두만강 유역의 여진인과 관계를 공고히 해나갔고, 이들의 내조도 계속되었다. 태조대의 여진인 내조를 연도별, 세력별로 구분해보면 다음 <표 1-1>과 같다.

〈표 1-1〉 태조대 연도별, 세력별 내조 현황[9]

재위	吾都里	兀良哈	骨看兀狄哈	土着女眞	미상	합계
태조 1(1392)	1	2				3
태조 2(1393)		2				2
태조 3(1394)	1				1	2
태조 4(1395)	2	3	1			6
태조 5(1396)	1					1
태조 6(1397)	2	2				4
태조 7(1398)						0
합계	7	9	1	0	1	18

7) 『고려사』 권46, 세가, 공양왕 3년 9월 병오 ; 4년 2월 정축 ; 무인.

8) 『고려사』 권46, 세가, 공양왕 4년 3월 경자.

9) 고려 말·조선 전기의 여진인을 明은 지역별로 建州女眞, 海西女眞, 野人女眞으로 구분하고 있다. 『조선왕조실록』은 조선의 근경에 거주한 諸種女眞을 兀良哈(吾郞哈), 吾都里(斡朶里), 兀狄哈 및 女眞(토착여진)으로 나누고 있다. 여진의 제종에 대한 자세한 내용은 김구진과 孫進己의 연구 성과를 참조할 수 있다.(「조선전기 대여

<표 1-1>을 참고하면 태조대의 여진인 내조는 18회로 연평균 약 2.7 회이다. 이들이 가장 많이 내조한 해는 태조 4년이고, 7년에는 없었다. 세력별로 보면 오도리가 7회, 올량합이 9회, 골간올적합이 1회, 세력 미상이 1회이다. 이를 통해 태조대 조선과 긴밀한 관계를 맺었던 세력은 올량합과 오도리임을 알 수 있다.

가장 먼저 발견되는 내조 사례는 태조 1년 8월 15일에 올량합이 온 기록이다.[10] 이들은 9월 11일에 琉球國 사신과 함께 朝會에 참여하였고, 유구국 사신보다 더 높은 위치에 배열되었다.[11] 이를 보면 조선은 올량합을 유구의 사신보다 우대하였음을 알 수 있다.[12] 그리고 윤12월 14일에도 올량합이 조선에 와서 方物을 바쳤다.[13]

이듬해 1월 1일의 正朝賀禮에 오도리가 참석하여 산 호랑이(生虎)를 바쳤다.[14] 이날은 조선을 개국한 뒤 처음으로 맞이하는 정조하례이다.

진 관계와 여진사회의 실태」,『동양학』14, 1984, 42~45쪽 ;『東北民族原流』, 黑龍江人民出版社, 1989, 347~356쪽) 본고는『조선왕조실록』의 기록에 의거하여 오도리(알타리), 올량합, 올적합, 토착여진으로 서술하겠다. 다만 오도리는 알타리와 혼용되는데, 세종대부터 알타리로 쓰이는 빈도가 높다. 따라서 Ⅲ장부터 오도리를 알타리라고 기재하겠다. 또한, 본고는 부족들의 집합체에 해당하는 세력집단일 때는 여진으로, 개별 부족, 혹은 개인일 때는 여진인으로 사용하겠다. 그리고 사료에 '野人'이라 기재된 부분이 많다. 본문에서는 사료를 직접 인용할 때는 '야인'으로 기술하지만, 그렇지 않은 때는 여진인으로 바꿔 서술하겠다.

10)『태조실록』권1, 1년 8월 15일 갑자.

11)『태조실록』권2, 1년 9월 11일 기축.

12) 방기철,「朝鮮初期 交隣國 使臣의 位次」,『사학연구』79, 2005, 54쪽.

13)『태조실록』권2, 1년 윤12월 14일 경인.

14)『태조실록』권3, 2년 1월 1일 정미. 아마 이들은 태조 1년 윤12월에 내조하였을 것이다. 【별표】에는 2년 1월 1일에 넣었지만, 횟수 산출 시 1년 12월로 계산하였다. 앞으로 이처럼 이전에 온 기록이 없이 1월 1일의 정조하례에 참석한 기록이 있으면 위와 같은 식으로 처리하겠다. 한편, 이날 오도리가 보이는 이유는 楊廣道 按廉使 趙璞과 交州江陵道按廉使 鄭擢처럼 특이한 방물을 바친 이들만이 기록되어 있는데, 오도리 역시 산 호랑이를 바쳤기 때문이다. 또한, 이날의 기록에는 보이지 않지만, 태조 1년 윤12월 14일에 내조한 올량합도 이 자리에 참석했을 것이다.

태조는 中外의 관원에게 朝賀를 받았고, 都評議使司 및 각도의 都節制使 등이 箋文을 올리고 방물을 바쳤다. 여진인의 정조하례 참석은 양자 관계가 긴밀했음을 보여주고, 조선 건국의 정통성 확보에도 일정한 도움을 주었다고 생각한다. 또한, 이들이 조선의 질서를 인정한다는 의미도 있다.

태조는 2년 5월에 올량합 5명에게 의복을 각기 한 벌씩 내려주었다. 다음날 태조는 宮富大를 同(東)良 等處 上萬戶로 삼고, 직첩을 주었다.15) 이에 의하면 동량(북)의 유력한 추장인 올량합 궁부대가 5월 16일 이전에 내조한 사실을 알 수 있다. 이는 여진인 내조자에 대한 최초의 수직 기록이기도 하다.

한편, 태조는 2년 8월에 이지란을 東北面都安撫使로 삼았다.16) 그는 임지에 부임한 뒤 두만강 유역의 여진인에 대한 상세한 정보를 파악한 것으로 보인다. 그 결과 태조 4년 12월의 기사에 이 지역 유력 추장들의 이름과 거주 지역이 기재되어 있다. <표 1-2>에서 확인되듯이 이들은 동북면뿐만 아니라 牡丹江과 綏芬河, 三姓 지역에 거주하는 자도 포함되어 있다. 이는 이지란이 동북면뿐만 아니라 이 지역에 거주하는 여진인에 대한 이해도가 높기 때문에 가능했다고 생각한다. 더불어 이지란은 동북면의 풍속을 교화하고 조선의 영향력 아래에 편입하는데 지대한 공을 세웠다.17)

---

15) 『태조실록』 권3, 2년 5월 16일 경신 ; 17일 신유.
16) 『태조실록』 권4, 2년 8월 2일 을해.
17) 『태조실록』 권8, 4년 12월 14일 계묘. 이 내용과 거의 비슷하게 『용비어천가』에도 기재되어 있다.(『용비어천가』 권7, 53장)
18) 豆漫은 萬戶, 都達魯花赤은 都다루가치, 猛安은 千戶, 唐括은 百戶를 가리킨다.(송

〈표 1-2〉『태조실록』 4년 12월의 기사에 기재된 여진 포상자 명단

종족	지역·부족명	관명18)	성명
女眞	斡朶里	豆漫	夾溫猛哥帖木兒(童猛哥帖木兒)
	火兒阿	豆漫	古論阿哈出(阿哈出)
	托溫	豆漫	高卜兒閼
	哈蘭	都達魯花赤	奚灘訶郎哈
	參散	猛安	古論豆闌帖木兒(李豆蘭)
	移闌豆漫	猛安	甫亦莫兀兒佳
	海洋	猛安	括兒牙火失帖木兒(金火失帖木)
	阿都哥	猛安	奧屯完者
	實眼春	猛安	亥灘塔斯
	甲州	猛安	雲剛括
	洪肯	猛安	括兒牙兀難(王兀難)
	海通	猛安	朱胡貴洞(童貴洞)
	禿魯兀	猛安	夾溫不花
	斡合	猛安	亥灘薛列(劉薛列)
	兀兒忽里	猛安	夾溫赤兀里
	阿沙	猛安	朱胡引答忽(朱引忽)
	紐出闊失	猛安	朱胡完者
	吾籠所	猛安	暖禿古魯
			亥灘孛牙
	土門	猛安	古論孛里
	阿木剌	唐括	亥灘古玉奴
兀良哈	土門		括兒牙八兒速(劉把兒遜)
嫌眞 兀狄哈	古州		括牙兒乞木那(金文乃)
			答比那
			可兒答哥
南突 兀狄哈	速平江		南突阿剌哈伯顔
闊兒看 兀狄哈	眼春		括兒阿禿成改(金豆稱介)

이지란이 이러한 성과를 거둘 수 있었던 이유는 자신이 동북면 출신 대추장이기 때문이다. 따라서 이지란은 동북면의 조선인뿐만 아니라 여진인을 다스리는데 그 누구보다 적합한 인물이었다. 태조는 이러한 점을 고려하여 정도전 후임으로 그를 동북면도안무사에 임명한 것이다.

이지란은 이 지역 여진인의 정보 파악뿐만 아니라 유력 추장들의 내조에도 영향을 끼쳤다. 태조 4년 1월에 당시 豆門(종성, 온성과 그 對岸) 일대에 거주하던 萬戶 波所(劉把兒遜), 동년 윤9월에 會寧 일대를 중심으로 한 오도리의 上萬戶 童猛哥帖木兒[19] 등 5명이 조선에 내조하였다.[20] 또한, 태조 4년 12월에 올량합과 水吾狄介가 내조하였다. 수오적개는 지금의 연해주 남부 일대와 두만강 하류에 거주했던 골간올적합으로 공양왕대의 초유에도 내조한 기록이 없었으나 이때 내조하였다.[21] 이처럼 이 지역 유력 추장들의 내조 역시 이지란과 관계가 있고 생각한다.

사료상 태조대에 가장 많이 내조한 인물은 오도리의 童所乙吾이다. 그는 3년 12월에 所吾, 5년 10월에 所乙이라고 기재되었고, 6년 1월에는 童所吾라고 기재되어 있다.[22] 이를 통해 동소을오는 태조대에 세 차례 내조한 것으로 보인다. 따라서 童所乙吾가 본래 이름이었으나 사료에서는 所乙, 所吾라고 기재했을 가능성이 높다고 생각한다.[23]

---

19) 그는 오도리의 추장으로, 후일 淸을 건국한 태조 누르하치의 6대조라고 한다. 하지만 이에 대해서는 자세한 검토가 필요하다.

20) 이들은 두만강 유역의 대추장들로 고려 공양왕대에 내조한 올량합과 오도리가 바로 이들과 관련이 있다.

21) 김구진, 「골간 올적합 연구」, 『사총』 20, 1976.

22) 태조 6년 1월에 조선은 吾郎哈의 八乙速(유파아손), 甫里, 仇里老, 甫乙吾, 高里多時 等 5人과 吾都里의 童猛哥帖木兒, 童所吾, 馬月者, 童於割周, 豆乙於 等 5명에게 각각 綵紬絹, 綵緜布, 苧布를 차등 지급하였다.(『太祖實錄』 권11, 6년 1월 24일 정축) 이들이 내조한 기록은 없지만, 여진인이 내조하여 방물을 바치면 하사품을 내려주었던 경향을 보면 이때 이들의 내조는 분명히 있었다고 생각한다.

23) 『조선왕조실록』에 기재되어 있는 족명, 인명, 지명 등은 여러 종류의 문서를 바탕으로 한 사초를 옮겨 적은 것이므로 동일한 족명이나 인명 등이 다양한 표기로

지금까지 살펴본 것처럼 태조대에 내조한 여진인은 대부분 두만강 유역에 거주하고 있었다. 특히 태조는 두만강 하류의 골간올적합부터 중상류의 오도리·올량합과 적극적인 관계를 맺었다. 이때에는 두만강 하류 지역만 조선의 영토에 속하였지만,[24] 그 외의 지역에 거주하는 여진인은 내조의 방식으로 조선과 우호적인 관계를 맺었다. 또한, 당시 왜구가 무려 58회나 조선에 침입한 것[25]과 달리 여진인은 단 한 차례도 침입하지 않았던 사실도 양자 간의 관계가 원만했음을 증명한다.[26]

태조대의 내조 여진인을 월별로 분석하면 <표 1-3>과 같다.

〈표 1-3〉 태조대 내조 여진인의 월별 분석

	1월	2월	3월	4월	5월	6월	7월	8월	9월	10월	11월	12월	합계
1								1				2	3
2					1						1		2
3												2	2
4	2	1							1			2	6
5										1			1
6	2											2	4
7													0
합계	4	1			1			1	1	1	1	8	18

나타난다.(김주원, 『조선왕조실록의 여진족 족명과 인명』, 서울대학교출판부, 2008, 2쪽)

24) 방동인, 『韓國의 國境劃定硏究』, 일조각, 1997, 219~220쪽.

25) 왜구의 침입에 대해서는 한문종, 「朝鮮初期의 倭寇政策과 對馬島征伐」, 『전북사학』 19·20, 1997, 표2 참조. 한편, Kenneth R. Robinson은 조선이 왜인과 야인의 침입자들을 평화적 통교자로 바꾸기 위해 내조·향화·시위·수직 등을 허용했다고 보았다.(「From Raiders to Traders: Border Security and Border Control in Early Chosŏn, 1392-1450」, 『Korean Studies』 16, 1992) 하지만 지금까지 살펴본 것처럼 태조대 조선과 여진의 관계가 긴밀했고, 이들의 침입이 없었음에도 불구하고 이렇게 설명하는 것은 무리라고 생각한다.

26) 태조 7년 윤5월 15일에 陸靑亏知介의 침입 보고가 있었지만 실재는 알 수 없다.

위의 사례가 적지만 일단 분석해보면, 여진인의 내조는 12월이 8회로 가장 많고, 1월이 4회로 그 뒤를 잇는다. 일반적으로 조선은 농번기인 여름과 가을에 내조를 잘 받아주지 않았다. 그래서 여진인의 내조는 늦가을과 겨울, 초봄에 해당하는 11, 12월이나 1월에 많다.

이 외의 시기에 내조한 사례를 살펴보면, 8월의 내조는 조선의 건국 소식을 듣고 오(올)량합이 바로 온 것이다. 5월의 내조는 올량합 궁부대를 동량등처상만호로 삼은 것이고, 9월의 사례는 오도리의 대추장인 동맹가첩목아의 내조이다. 조선은 건국을 축하하러 오거나, 두만강 유역의 대추장이 내조하면, 시기에 상관없이 내조를 수용하였다. 이러한 사례를 제외하면 대부분 1, 11, 12월에 여진인의 내조가 집중되었다.

정종대에는 1년(1399) 1월에 올적합 2명과 (토착)여진 2명, 오도리 만호 동소로의 내조 외에 보이지 않는다.[27] 정종은 吉州都鎭撫 辛奮을 보내 愁州(종성)의 올량합 만호 劉八八禾(劉把兒遜)과 吾音會(회령) 만호 동맹가첩목아, 多甫(두만강 하류)의 水兀狄哈 등에게 술을 하사하였다.[28] 이들은 태조대에 내조한 두만강 일대의 유력한 추장들이었다. 이러한 사실은 정종대에도 이들과 원만한 관계를 유지하기 위해 노력했음을 보여준다.

한편, 정종 2년 5월 17일에 올량합이 慶源萬戶 李淸을 살해한 사건이 있었다.[29] 하지만 이는 뒤에 큰 사건으로 비화하지 않았다. 조선은 변장이 살해당하거나 모욕을 받으면 반드시 응징하였다. 이러한 점을 보았을 때, 이때의 사건은 개인적 원한, 혹은 우발적 사건이었다고 생각한

---

27) 『정종실록』 권1, 1년 1월 9일 경진.

28) 『정종실록』 권1, 1년 1월 19일 경인.

29) 『정종실록』 권4, 2년 5월 17일 신사 ; 刁書仁은 이 사건을 통해 아직 조선이 이 지역에 대한 영향력이 공고하지 못했음을 보여준다고 보았다.(刁書仁·崔文植,「明前期中朝東段邊界的變化」,『史學集刊』, 2000年 2期, 25~26쪽) 이후 간행한 논문들에서도 이러한 견해를 유지하고 있다.

다.30) 이후 정종의 짧은 통치 기간 때문에 여진인과의 교류는 보이지 않는다.

제2절. 태종의 집권과 대여진 관계의 변화

태종의 즉위 후에도 여진인 내조는 계속되었다. 태종 2년(1402) 1월 1일의 正朝宴에 올량합 5명이 毛皮와 箭羽를 바쳤고, 1월 4일에도 올량합 8명이 와서 토산물을 바쳤다.31) 태종은 3년 1월에도 오도리 만호가 상경을 요청하자 수용하였고, 2월에도 올량합이 내조하였다가 돌아갔다.

이처럼 비교적 안정적으로 구축된 조선과 여진의 관계는 明 永樂帝의 등장으로 변화하였다.32) 永樂帝는 北元 문제를 해결하기 위해 즉위 초부터 명의 서북지방과 동북지방의 경략에 집중하였다. 동북지방인 요동의 여진에 대한 경략은 두 가지 방향으로 진행되었다. 첫 번째는 永樂 元年(1403)에 海西지구로 북상하여 黑龍江 유역에 이르는 여진 각 부의 초유이고, 두 번째는 두만강 유역의 여진인 초유였다.33)

영락 원년 11월에 개설된 建州衛34)의 추장은 『태조실록』과 『용비어천가』에 등장하는 阿哈出이다. 그는 당시 명의 開原에 거주하고 있었지

---

30) 이청은 토호출신 만호일 가능성이 높다.
31) 『태종실록』 권3, 1년 1월 1일 갑신 ; 4일 정해.
32) 선행 연구는 태종 2년 11월 5일부터 27일까지 전개되었던 '조사의의 난' 때문에 조선과 여진의 관계가 악화되었다고 보았다. 하지만 여진인이 조사의의 난에 참여했다는 정확한 증거도 없고, 오히려 태종이 여진인에게 펼친 정책을 보면 이들이 참가하지 않았을 가능성이 높다. 자세한 내용은 다음을 참조할 수 있다.(박정민, 「태종대 제1차 여진 정벌과 동북면 여진 관계」, 『백산학보』 80, 2008, 248~251)
33) 박원호, 「永樂年間 明과 朝鮮間의 女眞問題」, 『亞細亞研究』 85, 1991, 237~247쪽.
34) 『明太宗實錄』 卷25, 永樂 元年 11月 辛丑.

만, 그 이전에 잠시 두만강 유역에 거주하며 동맹가첩목아를 비롯한 여진인 뿐만 아니라 조선과도 일정한 관계를 맺었다.[35] 이러한 인연으로 건주위는 명이 조선의 동북면을 초유할 때 전초기지 역할을 한 것으로 보인다.

영락제가 본격적으로 조선의 동북면 일대를 초유한 것은 태종 3년 6월경이었다. 이때 영락제가 오도리와 올량합, 올적합 등에게 조공하라고 칙유한 내용을 조선이 입수하였다. 태종은 三府에서 대책회의를 하는 등 명의 초유를 민감하게 받아들였다.[36] 한편, 이 사건은 태종 3년 6월 이전에 영락제가 동북면 여진을 초유할 때, 여진인이 명의 초유에 응하지 않고, 오히려 조선에 그 내용을 알린 것으로 해석할 수 있다. 즉 이때까지 조선과 이들의 관계가 원만했음을 보여준다.

이런 상황에서 오도리의 동맹가첩목아 등이 조선에 내조하였다. 태종은 그를 上護軍, 崔也吾乃를 大護軍으로 삼는 등 7명에게 관직을 제수하였다. 태종은 이외에도 의복, 삽화은대, 갓, 신 등을 하사하였고, 그들을 따라온 사람들에게까지 布帛을 하사하며 후대하였다.[37] 이는 본격적으로 시작된 명의 초유에 동맹가첩목아가 응하지 않도록 회유하기 위해서이다.

태종은 내조하지 않은 올량합의 劉波乙所(유파아손) 등에게 上護軍 金廷雋을 보내 의복과 포 등을 하사하며, 명 사신에게 응대할 事宜를 일러주었다. 이는 명의 遼東千戶 王可仁이 동북면 여진인의 초유를 위해 곧 도착하기 때문이었다. 또한, 태종은 하륜과 권근 등에게 史庫를 열어

---

35) 池內宏, 「鮮初の東北境と女眞の關係」, 『滿鮮地理歷史硏究報告』 2, 1916, 255쪽 ; 董萬崙, 『東北史綱要』, 黑龍江人民出版社, 1987, 352~354쪽 ; 河內良弘, 『明代女眞史の硏究』, 同朋舍, 1992, 141~142쪽 ; 蔣秀松, 「明代建州女眞興起原因略探」, 『東北史地』 2008年 05期, 69쪽.

36) 『태종실록』 권5, 3년 6월 25일 신미.

37) 『태종실록』 권7, 4년 3월 7일 무신 ; 18일 갑인 ; 21일 기미.

고려『예종실록』에서 윤관이 동여진을 치고 비를 세운 사실을 조사하게
하는 등 명의 여진 초유에 대한 방비책을 찾기 위해 고심하였다.[38]

동북면 여진에 대한 왕가인의 초유는 조선의 노력과 여진인의 불응으
로 실패하였다. 태종은 金瞻을 計稟使로 명의 수도에 파견하여 다양한
증거를 제시하며 동북면 11처 인민의 영유권을 인정해 달라고 요청하였
다. 결국, 영락제는 參散千戶 李亦里不花 등 10처 인민의 관할을 허락
하였다.[39]

태종의 반발에도 불구하고 영락제는 여전히 동북면 여진 초유에 관심
을 기울이며, 계속 사신을 보냈다.[40] 태종도 동맹가첩목아와 유파아손
등에게 자주 사신을 파견했고, 그들에게 물품을 하사하며 명의 초유에
응하지 않도록 선유하였다. 그 결과 동맹가첩목아와 유파아손 등이 명의
초유를 거부하고 조선을 섬기겠다고 맹세하였다.[41]

그러나 동맹가첩목아는 조선의 노력에도 불구하고 끊임없는 명의 회
유에 응하였다. 그는 태종 5년 9월 13일에 王敎化的과 함께 京師에 내
조하였고, 동월 22일에 올량합 유파아손 등도 명에 조회하겠다고 합의하
였다.[42] 실제로 유파아손 등 64명은 동년 12월에 내조하여 毛憐衛를 개
설 받고, 指揮·千戶·百戶 등의 관직과 誥印·冠帶·襲衣 등을 차등 지급
받았다.[43]

---

38)『태종실록』권7, 4년 4월 3일 계유 ; 4일 갑술 ; 27일 정유.
39)『태종실록』권7, 4년 5월 5일 을사 ; 19일 기미 ; 권8, 4년 10월 1일 기사. 최근
　　10처 여진인의 귀속 문제들에 관한 연구가 있어 주목된다.(王臻,「朝鮮太宗與明朝
　　爭奪建州女眞所有權述論」,『延邊大學學報』社會科學版 36-3, 2003 ; 유재춘,「麗
　　末鮮初 朝·明간 女眞 귀속 경쟁과 그 意義」,『한일관계사연구』42, 2012 ; 남의현,
　　「元末明初 朝鮮·明의 요동쟁탈전과 국경분쟁 고찰」,『한일관계사연구』42 , 2012)
40)『태종실록』권9, 5년 1월 3일 경자 ; 3월 11일 병오 ; 4월 20일 을유 ; 4월 25일.
41) 이때 그는 다른 여진인과 함께 "본래의 뜻을 변치 말고 조선을 우러러 섬기는데
　　두 마음을 갖지 말자"고 약속하였다.(『태종실록』권9, 5년 4월 20일 을유)
42)『태종실록』권10, 5년 9월 13일 을사 ; 22일 갑인.

〈그림 1〉건주위·서)모련위 가계도44)

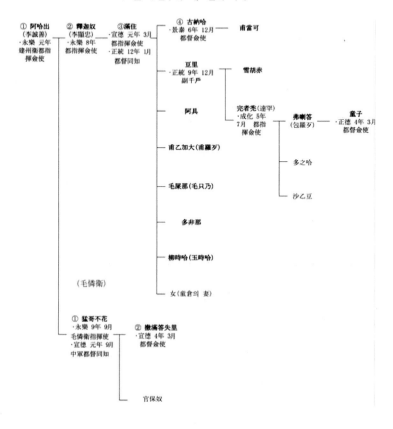

---

43) 『明太宗實錄』 卷39, 永樂 3年 12月 22日 甲戌. 1933년에 길림성 연변의 和龍縣
智新鄉 長財村에서 모련위의 관인이 발견되었다. 印文은 篆書로 된 "毛憐衛指揮使
司之印"이고, 뒷면에 "禮部造 永樂三年十二月 ○ 日"이라 쓰여 있어 앞의 사료와 일
치한다. 자세한 내용은 稻葉岩吉, 「明代毛憐衛指揮使司之印の出土」, 『靑丘學叢』
15, 1934, 207～209쪽을 참조.

44) ① 건주본위, 좌우위, 서모련위의 추장은 명의 관직을 받았으므로 명의 관직을 우
선하여 기재함
② 이름 아래에 初職과 終職을 기재함

〈그림 2〉건주 좌·우위 가계도

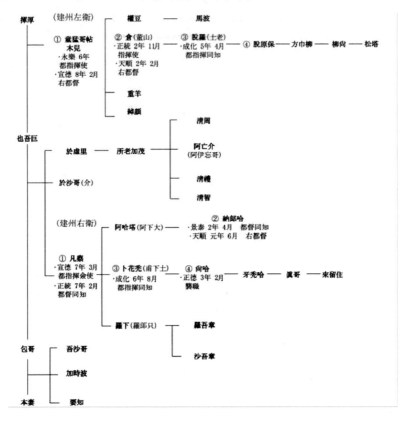

　　지금까지 살펴본 것처럼 태종 3년 6월부터 5년 9월까지 동북면 여진
을 둘러싸고, 조선과 명이 치열한 외교전을 펼치고 있었다. 당시 태종이
여진인에게 많은 물품을 내렸으므로 이들은 굳이 조선에 내조할 필요가
없었다. 따라서 이 시기 여진인의 내조는 태종 4년 3월의 동맹가첩목아,
동왕 5년 9월의 토착여진밖에 보이지 않는다.

　　태종은 동맹가첩목아 등이 명의 초유에 응하자 慶原貿易을 중단하며
여진인에게 경제적 압박을 가하였다. 이에 경원무역소에서 牛馬 등으로
소금·철 등 생필품을 교역했던 여진인은 생활에 곤경을 겪게 되었다. 결

국 태종 6년 2월에 嫌進兀狄哈 金文乃 등이 경원을 침략하였다.[45] 이
는 조선 건국 이후 최초의 여진 침입으로, 이를 기점으로 태조대부터 우
호적이었던 대여진 관계는 침략과 방어의 관계로 전환되었다.[46]

　동맹가첩목아와 유파아손이 명에 내조했을 때 일부 세력들은 조선에
내조한 것으로 보인다. 왜냐하면 태종 6년 1월 1일의 정조하례에 오도리
와 올량합, 일본의 客使가 모두 朝賀에 참여한 기록이 보이기 때문이다.
이후 태종은 1월 21일에 올량합 萬戶 甫里와 동생인 千戶 古里 등 3명
이 하직하자 각각 갓과 신 등을 하사하였는데, 이들이 바로 정조하례에
참석한 올량합일 것이다. 또한, 이날 오도리 천호 金回大와 올량합 천호
金著化 등 6명도 내조하였다.[47]

　태종 6년 1월 21일에 하직했던 올량합 甫里[48]는 4월에도 동생 고리
를 보내 내조하였다.[49] 그는 유파아손과 더불어 올량합의 강력한 추장
중 한 명이었지만, 다른 올량합과 함께 명에 내조하지 않고, 오히려 조선
에 내조하여 조선으로부터 긍정적인 평가를 받았다. 그러므로 태종은 그
와 고리에게 각종 물품을 하사하며 후대하였다.[50]

　보리와 고리의 내조 목적은 무역소의 재설치를 위해서였다고 생각한
다. 왜냐하면 동맹가첩목아와 유파아손 등이 명에 내조했을 때, 이들은

---

45)『태종실록』권9, 6년 2월 18일 기묘.

46) 박정민, 앞의 논문, 2008, 252쪽.

47)『태종실록』권11, 6년 1월 21일 임자.

48) 그는『태조실록』과『용비어천가』에 기재되어 있는 여진 추장 중 土門猛安 古論孛
　里이다.(리순신,「14세기말-15세기초 우리 나라와 녀진과의 관계」,『력사과학』
　1967년 2호, 2쪽 ; 김구진,「초기 모련 올량합 연구」,『백산학보』17, 1974. 175
　쪽)『태조실록』과『용비어천가』에 그는 여진으로 분류되어 있으나, 그가 거주한
　토문은 올량합의 중심지이고, 이후의 기록에도 올량합으로 기재되어 있어 필자는
　그를 올량합으로 보았다.

49)『태종실록』권11, 6년 4월 21일 신사.

50)『태종실록』권11, 6년 5월 8일 정유.

조선에 내조하여 신뢰를 쌓았다. 그리고 이들은 다시 내조하여 무역소의
재설치를 요청했을 개연성이 크다. 태종은 무역소 폐지가 혐진올적합의
침입에 직접적 원인으로 작용한 만큼 이를 방지하기 위해서 6년 5월에
경성과 경원에 무역소를 재설치하였다.[51]

한편, 동맹가첩목아 등이 명에 입조한 것은 그 질서에 편입함을 의미
한다. 따라서 그들은 조선에 내조할 수 없었다.[52] 그러므로 태종 6년 6
월에 동맹가첩목아의 관하인 童所乙吾 등 7명이 조선에 온 사례를 제외
하고 한동안 이들의 내조는 보이지 않는다. 그런데 이 역시 내조로 볼
수 없다. 왜냐하면 동년 4월에 영락제가 동맹가첩목아의 親屬 完者 등
11명과 家屬이 현재 조선에 있다며 동맹가첩목아에게 完聚하도록 명령
하였다. 즉 이 문제를 해결하기 위해 동소을오 등이 조선에 온 것이다.[53]

동맹가첩목아는 계속해서 조선에 거주하는 자신의 관하인을 송환해
달라고 명에 요청하였다. 예를 들어, 태종 7년 정월에 東寧衛 천호 陳敬
이 가져온 禮部의 咨文에 建州衛 女眞 萬戶 佟鎖魯阿의 가족 64口를
송환하라는 내용에 따라 조선은 동년 4월에 이들을 건주위에 보냈다.[54]
또한, 건주위의 莽哥不花(맹가불화 ; 아합출의 작은아들)도 당시 崔咬納
의 관할 하에 있는 楊哈剌의 송환을 요구하였다. 조선은 그를 보내지
않기 위해 노력했으나, 결국 태종 8년 2월에 보내줄 수밖에 없었다.[55]

---

51) 『태종실록』 권11, 6년 5월 10일 기해.

52) 河內良弘, 앞의 책, 1992, 52~54쪽 ; 刁書仁, 「明初毛怜衛與朝鮮的關係」, 『明史
研究』 7, 2001 ; 「論明前期斡朶里女眞與明,朝鮮的關係」, 『中國邊疆史地研究』
12-1, 2002, 48쪽.

53) 『태종실록』 권11, 6년 4월 19일 기묘 ; 『태종실록』 권12, 6년 7월 22일 기유.

54) 『태종실록』 권13, 7년 1월 26일 신사 ; 4월 19일 계묘.

55) 『태종실록』 권13, 7년 3월 15일 기사 ; 4월 28일 임자 ; 권14 7년 9월 7일 정사
; 권15 8년 2월 7일 병술. 이때 본 거주지로 송환된 양합라는 이듬해 3월, 명에
내조하였다. 그는 지금의 길림성 연길 지역에 거주하였는데, 명에 내조했을 때, 영
락제는 그 지역을 건주위에 병합하였다.(池內宏, 「鮮初の東北境と女眞の關係」, 『滿

동맹가첩목아가 조선 내에 거주하던 관하인을 회수한 사건은 당연히 태종의 심기를 불편하게 하였다. 따라서 이 시기 태종은 동맹가첩목아를 비롯한 여진인의 내조를 수용하지 않고, 이들도 조선에 내조하지 않았을 것이다. 이렇게 냉각된 양자의 관계는 쉽사리 풀리지 않았다. 태종 7년 9월에 동북면 도순문사 李稷은 靑州(북청) 이북에 公引(文引)이 없는 인물의 왕래를 금지하도록 요청하였다.[56] 또한, 조선은 태종 8년 2월에 여진 지역을 탐지하기도 하였다.[57]

특히 公引이 없는 인물의 왕래 금지는 여진인의 생활을 곤란하게 만든 것으로 보인다. 그러므로 태종 9년 4월에 여진인이 다시 경원의 雍丘站을 침입하였다.[58] 이때 침입을 주도한 자들은 仇老와 甫也로, 이들은 동맹가 첩목아와 유파아손 등이 명에 내조할 때도 명의 초유를 거부했었다.[59]

명의 초유에도 응하지 않았던 구로와 보야 등이 조선을 침략한 까닭은 조선의 여진인 내조 거부로 경제적 타격을 받았기 때문이다.[60] 더불어 경성과 경원의 개시도 실질적인 시장의 기능을 하지 못했을 가능성이 있다. 따라서 여진인은 조선과 관계 개선을 통하여 다시 경제적 욕구를 충족시킬 필요가 있었다. 조선 역시 그들의 침입 방지를 위해 다시 내조를 수용하였다.

鮮地理歷史硏究報告』1, 1915, 238~239쪽 ; 孫進己 外, 『女眞史』, 吉林文化出版社, 1987)

56) 『태종실록』 권14, 7년 9월 27일 정축. 河內良弘은 이 사건을 江戶시대 일본과 명 사이의 쇄국과 같은 성격이라고 파악하며, 마천령이 실재 국경이라고 주장하였다.(앞의 책, 1992, 53쪽) 刁書仁 역시 마천령이 실재 국경이라고 보았다.(앞의 논문, 2002, 49쪽)

57) 『태종실록』 권15, 8년 2월 20일 기해.

58) 『태종실록』 권17, 9년 4월 5일 정축.

59) 『태종실록』 권10, 5년 9월 30일 임술.

60) 刁書仁은 여진인이 조선에 침입한 것은 조선이 두만강 일대의 여진에게 압박을 가했기 때문에 이들이 불만을 가지고 반항한 것으로 보았다.(刁書仁·崔文植, 앞의 논문, 2000, 25~26쪽)

이처럼 한동안 단절되었던 여진인의 내조는 태종 9년 12월에 건주위
지휘 동맹가첩목아가 사자를 보내 예물을 바치면서부터 재개되었다.[61]
태종은 이듬해 1월에 謙眞(혐진)올적합 만호 於應朱의 내조를 허락했고,
동맹가첩목아가 또 사신을 보냈으며, 모련위 올량합의 지휘 寶乙者(보
을오), 천호 吾哈主 등 9명의 내조가 있었다.[62] 즉 태종은 두만강 유역
의 유력자들인 동맹가첩목아 등과 심지어 혐진올적합의 내조까지 허락
하였다.

명의 국제질서에 편입한 오도리와 모련위가 다시 조선에 내조한 점은
큰 의미가 있다. 이들은 여러 가지 이유로 명에 내조하였지만, 지리적으
로 더 가까이에 있는 조선과 대립각을 세우는 것은 결코 그들에게 유리
하지 않다고 판단하였을 것이다. 따라서 이들은 내조라는 형식으로 조선
과 원만한 관계를 맺고, 경제적 어려움을 타개하고자 한 것으로 보인다.
이때부터 두만강 유역의 여진인은 명과 조선에 모두 속하는 양속적 관계
를 맺었다고 볼 수 있다.[63]

제3절. 太宗代 女眞征伐과 영향력 회복

태종의 즉위 이후 변화무쌍하게 전개되던 조선과 여진의 관계는 여진
인의 내조 재개로 점차 안정을 찾아갔다. 그러나 태종 10년(1410)의 여
진 정벌로 양자의 관계에 변화가 나타난다. 이는 이후의 대여진 관계에

---

61) 『태종실록』 권18, 9년 12월 29일 병인.
62) 『태종실록』 권19, 10년 1월 3일 경오 ; 10일 정축 ; 26일 계사.
63) 조선과 명에 양속적 관계를 맺은 것에 대해서는 시대는 다르지만, 다음 논문을
참고할 수 있다.(전해종, 「조선전기 한중관계의 몇가지 특징적인 문제」, 『동양학』
14, 1984, 523~525쪽 ; 한성주, 「朝鮮初期 朝·明 二重受職女眞人의 兩屬問題」,
『조선시대사학보』 40, 2007)

큰 영향을 미쳤는데, 다음 <표 1-4>를 보면 더 명확하게 알 수 있다.

〈표 1-4〉 태종대 연도별, 세력별 내조 현황

	吾都里	兀良哈	諸種兀狄哈	土着女眞	합계
태종 1(1401)		1			1
태종 2(1402)		1			1
태종 3(1403)	1	1			2
태종 4(1404)	1				1
태종 5(1405)	1	1	2	1	5
태종 6(1406)	1	2			3
태종 7(1407)					0
태종 8(1408)					0
태종 9(1409)	1				1
태종 10(1410)	4	2	2		8
태종 11(1411)	5	4	3		12
태종 12(1412)	4	2	2		8
태종 13(1413)	4	3	1	1	9
태종 14(1414)	5	6	7		18
태종 15(1415)		2	1		3
태종 16(1416)					0
태종 17(1417)		1	1		2
태종 18(1418)		1	2		3
합계	27	27	21	2	77

위의 표를 보면 태종대의 여진인 내조는 77회로, 연평균 약 4.2회이다. 오도리와 올량합이 각각 27회이고, 제종올적합은 21회, 토착여진은 2회이다. 연도별로 분석해보면, 10년부터 14년 사이에 55회로 이 기간의 내조가 전체의 약 71.4%를 차지한다. 태종 9년까지 연평균 약 2.2회지만, 10년 이후는 약 5.5회로 증가한다. 따라서 여진인 내조는 태종 10년을 기점으로 나눌 수 있다.

그렇다면 태종 10년부터 이들의 내조가 급증한 이유는 무엇일까? 바

로 태종이 10년 3월에 단행한 제1차 여진 정벌 때문이다. 태종 10년 2월
에 혐진올적합 金文乃·葛多介가 오도리·올량합의 일부와 연합하여 경
원부를 침략하였고, 병마사 韓興寶가 이들과 싸우다 전사하였다.[64] 한흥
보의 전사 사실을 안 태종은 대신들과 회의 끝에 정벌을 결정하였다.[65]

당시 明 永樂帝는 蒙古親征 중이었다. 태종 9년에 영락제가 丘勝(福)
을 대장군으로 임명하여 10만 대군으로 北征하였으나 패배하였다.[66] 이
를 계기로 영락제는 親征을 결정하여 조선에 말 1만 필을 제공하도록
요구하였고, 태종은 이를 수용하였다.[67] 또한, 명에 사신으로 다녀온 유
정현도 태종 10년 2월 15일에 영락제의 친정을 보고하였다.[68] 이러한
정보수집으로 태종은 이미 명의 북정 사실을 알고 있었을 것이다. 따라
서 태종이 영락제의 타타르(韃靼) 공격을 기회로 여진인을 정벌했을 가
능성도 배제할 수 없다.

吉州道察理使 趙涓은 태종 10년 2월 29일에 길주를 출발하여 軍馬
1,150명을 거느리고 정벌에 나섰다.[69] 정벌군은 3월 9일에 豆門(土門)에
도착하여, 哈阿非를 붙잡아 조선에 침략한 자들의 거처를 물었다. 그러
나 조선을 침략한 혐진올적합 金文乃 등은 이미 산속에 숨은 후였다. 조
연은 부득이하게 원래의 계획을 수정할 수밖에 없었다. 조연은 유인작전
을 펼쳐 毛憐衛 指揮使 阿古車, 指揮僉使 劉把兒遜 등 8指揮와 부락민
160여 명을 죽이고, 27명을 생포한 뒤 경원의 蘇多老에 주둔하였다.[70]
조선군이 김문내가 아닌 모련위 올량합을 정벌한 이유는 이들이 올적

---

64) 『태종실록』 권19, 10년 2월 3일 경자.
65) 『태종실록』 권19, 10년 2월 10일 정미.
66) 『태종실록』 권18, 9년 8월 23일 임술 ; 『明太宗實錄』 卷96, 永樂 7年 9月 甲戌
   ; 『태종실록』 권18, 9년 10월 12일 경술.
67) 『태종실록』 권18, 9년 10월 21일 기미 ; 22일 경신.
68) 『태종실록』 권19, 10년 2월 13일 경술.
69) 『태종실록』 권19, 10년 3월 6일 임신 ; 9일 을해.
70) 『태종실록』 권19, 10년 3월 9일 을해.

합과 함께 조선의 변경을 침입한 점도 있다. 하지만 올량합이 조선의 영
향력에서 벗어나 명에 내조했던 점이 주요한 원인이라고 생각한다. 즉
정벌이라는 방식으로 이들에게 조선의 위력을 보여 굴복시키고, 다시 조
선의 세력권으로 복귀하고자 한 측면도 고려해야 한다.[71)

여진 정벌 이후에 동맹가첩목아 등은 조선을 계속 침략하였다.[72) 태
종은 이들의 침입에 경원의 德陵과 安陵을 옮기고 郡을 폐하여 경성으
로 물러나 지키게 하였다. 하지만 태종대 여진 정벌은 이와 같은 부정적
인 측면만 있었던 것은 아니다. 여진 정벌의 승리로 조선은 다시 두만강
유역 여진인에 대한 지배권의 우위를 확립하고, 침략을 최소화할 수 있
었다.[73)

한편, 조선이 명에 입조하여 衛所를 개설 받고, 관직까지 받았던 유파
아손 등을 죽인 것은 명과 외교분쟁으로 치달을 가능성을 내포한다. 조
선조정은 정벌 후 유파아손 등이 명조정의 職事를 받았기 때문에 奏聞
하는 것이 합당하다며 발 빠르게 명에 모련위를 정벌한 내용을 보고하였
다.[74) 하지만 영락제는 당시 북정 중이었기에 이 奏本을 보지 못했다.[75)
그는 나중에 북정을 축하하러 북경에 온 한상경에게 모련위 정벌의 정황

---

71) 정다함은 조선이 여진과 대마도에 대규모로 정벌을 시도하고 이들을 조선의 번리
·번병으로 파악하면서, 소위 '事大'를 강요하는 폭력적 양상이 나타난다고 보았
다.(「'事大'와 '交隣'과 '小中華'라는 틀의 초시간적인 그리고 초공간적인 맥락」,
『한국사학보』 42, 2011, 304~307쪽)

72) 津田左右吉, 「朝鮮に於ける豆滿江方面の經略」, 『朝鮮歷史地理』 下, 1913, 319~
320쪽 ; 김구진, 「여진과의 관계」, 『한국사』 22, 국사편찬위원회, 1995 ; 강성문,
「조선시대 여진 정벌에 관한 연구」, 『군사』 18, 1989. 동맹가첩목아는 조선을 돕
는다는 핑계로 군사를 거느리고 경원 등을 여러 차례 약탈하였고,(『태종실록』 권
19, 10년 3월 9일 을해 ; 4월 5일 신축 ; 13일 기유) 올적합 등도 여전히 경원
등지를 침입하였다.(『태종실록』 권19, 10년 4월 13일 기유 ; 5월 15일 신사)

73) 박정민, 앞의 논문, 2008, 257~262쪽.

74) 『태종실록』 권19, 10년 3월 25일 신묘 ; 4월 28일 갑자.

75) 당시 영락제는 영락 6년 2월부터 7월까지 本雅失里를 친정하였다.

을 들은 후 조선을 옹호하였다.[76]

이처럼 명 영락제로부터 여진 정벌에 대해 문책 받지 않은 이후, 태종은 더욱 적극적으로 여진 정책을 추진해 나갈 수 있었다. 실제로 영락제는 이후 4차례에 걸쳐 북정을 단행하여,[77] 두만강 유역의 여진인에게 관심을 쏟을 여력이 없었다. 그러므로 조선은 당시의 정세를 적극적으로 이용하여 이들에 대한 영향력을 회복할 수 있는 계기를 마련하였다.

앞서 본 것처럼 정벌 이후, 동맹가첩목아는 조선을 자주 침략하였다. 그는 조선과 관계가 악화될 것을 우려하여 태종 10년 5월에 李大豆를 보내 자신들이 경원 등지를 침입한 것은 고의가 아니었다고 변명하였다.[78] 하지만 태종은 그를 믿지 않고, 계속 압박을 가하였다.

결국, 동맹가첩목아는 태종 11년 4월에 아합출의 건주위가 있는 開原으로 이주하였다.[79] 그 후 한동안 조선과 이들의 왕래는 보이지 않는다. 오히려 동맹가첩목아는 명조에 더 자주 내조하여,[80] 명으로부터 건주좌위를 개설 받았다.[81]

---

76) 『태종실록』 권20, 10년 9월 3일 정묘. 이는 박원호의 지적처럼 여진이 침략하는 경우, 조선이 단독으로 혹은 명과 연합하여 군사적인 응징을 가할 수 있다는 뜻으로 이해할 수 있다.(앞의 책, 2002, 189쪽)

77) 영락제는 이후에도 영락 12년, 20년, 21년, 22년에 馬哈木과 阿魯台 등을 친정하였다.(李建才, 『明代東北』, 遼寧人民出版社, 1986, 11~15쪽 ; 남의현, 「永樂帝의 "漠北親征"의 정치사적 의의」, 『강원사학』 10, 1994, 137~148쪽)

78) 『태종실록』 권19, 10년 5월 1일 정묘.

79) 『태종실록』 권21, 11년 4월 26일 병진.

80) 『明太宗實錄』 卷90, 永樂 11年 10月 甲戌 ; 卷100, 14年 2月 壬午 ; 卷104, 15年 2月 己巳 ; 卷116, 18年 閏正月 甲戌 ; 卷224, 20年 11月 丙辰 ; 卷5下, 22年 12月 甲子.

81) 건주좌위의 설립 시점에 대해서는 여러 학자 사이에 이견이 있다. 여러 정황을 봤을 때, 永樂 11년 6월에서 14년 2월 사이에 개설되었을 것이라는 김구진의 의견이 설득력이 있다. 자세한 내용은 다음 논문을 참조할 수 있다.(「吾音會의 斡朵里 女眞에 대한 연구」, 『사총』 17, 1973, 116~118) 동맹가첩목아가 개원으로 이주하기 직전인 태종 11년 3월에 童於虛出이 아들과 내조하였는데, 이는 於虛出(아

동맹가첩목아가 이주할 때, 오도리의 모든 부족원이 응한 것은 아니었다. 오히려 상당수는 회령 일대에 잔류하였다. 태종 11년 12월에 천호 崔於夫介 등의 내조를 시작으로, 이들은 4년간 16회의 내조를 하였다. 이를 통해 아직 상당수의 오도리가 본 거주지인 회령 일대에 남아있었고, 이들은 조선에 순종하는 쪽을 택했음을 보여준다고 생각한다.

예를 들어, 태종 12년(1412) 12월에 오도리 지휘 李好心波 등 17家는 동맹가첩목아를 따라가지 않고, 계속 머물러 있어 생계가 곤란하다며 동북면도순문사에게 告狀을 보냈다. 조선조정은 이들에게 糧米를 주었고, 내조를 허락하였다.[82]

정벌의 대상이었던 올량합은 정벌 이후에 20회의 내조를 하였다. 한편, 올량합 중 일부는 건주위로 이주한 듯하다. 영락 10년(1412) 6월에 "이현충이 새로 귀부한 塔溫 백성들의 식량이 모자란 것을 보고 조정에 구제를 청하였다"[83]는 기록이 있다. 여기서 탑온의 백성들은 바로 타온, 지금의 온성과 그 對岸으로 바로 모련위의 올량합이 주로 거주하는 지역이다. 즉 올량합의 일부도 조선의 압박을 피하여 개원의 건주위로 이주한 것이다. 여기에는 동맹가첩목아의 이주가 큰 영향을 주었을 것이다.[84]

합출)이 아니라 於虛里(동맹가첩목아의 동생)의 誤記이다.(姜龍范·劉子敏, 『明代中朝關係史』, 黑龍江朝鮮民族出版社, 1999, 166쪽) 어허출의 사망 시기는 정확히 기재되어있지 않지만, 『명실록』에 永樂 6년부터 7년까지 그의 이름이 보이다가 8년 이후부터는 그의 아들인 釋家奴의 이름만 보이기 때문에 당시 사망했다고 추정된다.(김구진, 앞의 논문, 1973, 114쪽 ; 孫進己 外, 앞의 책, 1987, 189쪽) 따라서 죽은 어허출이 내조했을 리 만무하고, 동어허리의 내조를 잘못 기록한 것으로 보인다.

82) 『태종실록』 권22, 12년 12월 15일 병인 ; 권23, 13년 1월 12일 임진.
83) 『明太宗實錄』 卷83, 永樂 10年 6月 辛酉.
84) 그 전해인 1411년 9월에 "건주위 지휘첨사 맹가불화 등 18명을 모련 등 위의 지휘사, 천호, 백호 등에 임명하고, 초폐를 하사하였다. 이는 건주위의 도지휘 이현충의 추천에 따른 것이다"는 기록이 있다.(『明太宗實錄』 卷79, 永樂 9年 9月 辛酉) 이현충은 모련위가 조선의 정벌로 큰 타격을 받은 것을 알고, 이때 자신의 동

일부 올량합이 건주위로 이주하기도 했지만, 대부분은 여전히 두만강 유역에 거주하였다. 이는 정벌 이후에도 이들이 그전보다 많이 조선에 내조했던 점을 통해 알 수 있다. 올량합은 당장 거주지 등이 파괴된 상황에서 조선에 대항할 수 없고, 또다시 조선의 정벌을 당할 위협에 노출되었다. 그러므로 올량합은 내조를 통해 조선의 권위를 인정하며 그 영향력 아래에 편입하는 방식을 선택한 것이다. 조선도 올량합의 침입 방지와 더불어 이들을 조선의 외교질서 안에 편입시킬 수 있었기 때문에 내조를 적극적으로 수용하였을 것이다.

태종대 제종올적합은 21회의 내조를 하였다. 혐진올적합은 태종 5년 1월과 10년 1월로 2회, 골간올적합은 15회의 내조를 하였다.[85] 이외 그냥 올적합이라 기재된 사례는 4회가 있다.[86] 혐진은 태종 6년의 조선 침략과 더불어 태종 10년 정벌의 단초를 제공한 만큼 이후 조선에 내조할 수 없었다.

골간올적합은 이때까지 태조 4년과 정종 1년, 태종 5년에 한 차례씩 조선에 내조하였다. 올량합이나 오도리와 비교하면 그 내조 횟수는 매우 적어, 당시까지 조선과 그리 긴밀한 관계를 맺은 것 같지 않다. 골간은 명이 동북면 여진을 초유할 때도 계속 거부하며 독자적인 세력을 형성한 것으로 보인다. 하지만 태종 7년(영락 5) 정월에 명에 내조하여 喜樂溫河衛를 개설 받고, 土成哈(豆稱介) 등 225명은 위소의 지휘, 천호, 백호 등의 관직과 誥印을 받았다.[87]

생을 모련위 지휘사로 추천했다고 생각한다.

85) 골간올적합은 태종 5년에 1회, 10년에 1회, 11년에 3회, 12년에 2회, 13년에 1회, 14년에 5회, 18년에 2회의 내조를 하였다.

86) 태종 14년에 2회, 15년에 1회, 17년에 1회이다.

87) 『明太宗實錄』 卷47, 永樂 5年 正月 戊辰. 이듬해 3월에도 喜樂溫河 등의 千戶 喜省哥 등이 내조하여 京師에 거주하고 싶다고 하여 허락을 받았다.(『明太宗實錄』 卷55, 永樂 6年 3月 己未)

이후 골간올적합과 명의 관계는 원활하지 않은 것으로 보인다. 왜냐하면 태종 8년에 撼旗 楊失里吉과 小旗 張五十六, 羅仁保 등 6명이 골간 등을 招安하려 했는데, 11월에 希剌溫衛(골간)의 趙籠介 등이 양실리길을 활로 쏴서 죽이고, 장오십륙 등도 죽이려 한 사건 때문이다. 후일 조선조정은 구사일생으로 탈출한 장오십육 등을 곧바로 명에 송환하였다.[88]

골간올적합의 추장 김두칭개는 이 사건과 더불어 조선의 모련위 정벌 소식을 듣고 海島에 들어가 피신한 뒤, 가끔 경원의 조선군에게 여진인의 사정을 알려줬다. 태종은 이 기회를 이용하여 골간 출신인 金同介를 파견하여 그를 초유하여 그해 7월에 두칭개 등이 내조하였다.[89]

골간올적합은 이후 조선에 자주 留京侍衛했고,[90] 세종과 세조, 성종대까지 조선에 충순하여 세종으로부터 "골간올적합은 우리 祖宗때부터 가까이 慶興地面에 살면서 우리나라의 동쪽 울타리(東藩)가 되어 정성을 바쳐 힘써 오기를 오늘까지 이르고, 오래될수록 더욱 독실하다"[91]는 평가받을 정도였다.

두칭개의 내조 이후 양자는 우호적인 관계로 전환되었다. 그런데 태종 13년에 골간지역을 비롯한 두만강 유역에 흉년이 든 듯하다. 그해 12월에 골간올적합 남녀 300여 명이 경성에 와서 식량을 요구하자, 조선은 이들을 구제해주었다.[92] 게다가 태종 14년 1월에 골간의 추장인 두칭개가 직접 조선에 내조하였다.[93] 이는 조정이 내조를 통하여 두만강 유역 여진인을 구제한 것이다.

---

88) 『태종실록』 권19, 10년 4월 6일 임인 ; 25일 신유.
89) 『태종실록』 권19, 10년 5월 1일 정묘 ; 권20, 10년 7월 13일 무인.
90) 김구진, 앞의 논문, 1976, 188~192쪽.
91) 『세종실록』 권93, 23년 7월 1일 을미.
92) 『태종실록』 권26, 13년 12월 23일 무진.
93) 『태종실록』 권27, 14년 1월 16일 신묘.

여진 정벌 이후 여진인의 내조 급증은 조선에 부담을 주었다. 따라서 태종 13년 1월에 의정부는 여진인이 많이 내조하여 그 폐단이 적지 않다고 지적하였다. 그러면서 의정부는 이때부터 10여 戶 이상을 거느린 자의 使送人 이외에는 赴京을 허락하지 말고, 길주와 경성 등처에서 우대하여 돌려보내게 하였다.[94] 이는 조선 건국 이후 최초의 여진인 내조 규정이다. 하지만 이해는 두만강 유역에 흉년이 들었기 때문에 조정은 어쩔 수 없이 내조를 수용하였다.

이후에도 조선은 올량합 등이 거짓으로 進上한다 핑계하고, 왕래하면서 여러 폐단을 일으킨다며 상경 중에 말을 내주지 않기로 하였다.[95] 조정에서 강력한 제한을 가하자 태종 15년(1415)부터 두만강 유역 여진인의 내조가 감소하였다. 이러한 점은 조선에서 이들의 내조를 적극적으로 조절했던 사실을 반영한다.

지금까지 살펴본 것처럼 태종대 제1차 여진 정벌 이후 이들의 내조는 여러 의미를 갖는다. 조선은 내조를 통해 이 지역에 대한 영향력을 강화하였고, 이들의 경제적 욕구를 충족시켜주어 침입을 방지하였다. 반면 두만강 유역 여진인은 조선에 내조하여 경제적 욕구를 충족하고, 조선을 중심으로 한 외교질서에 편입하여 안전을 보장받았다.

제4절. 여진인 내조의 의미와 조선의 외교구상

朝貢은 동방의 특유한 외교형식으로, 동아시아 각국이 中華를 중심으로 국제질서를 형성하여 상호 교류·접촉한 것이다. 중화의 황제는 주변

---

94) 『태종실록』 권25, 13년 1월 16일 병신.
95) 『태종실록』 권28, 14년 8월 13일 계축.

여러 국가에 조공과 책봉을 통하여 자신의 정통성을 강조하였다.[96] 이는 唐代에 법제화되어 후대의 전범이 된『大唐開元禮』를 통해 알 수 있는데, 당의 황제들은 正朝와 冬至에 중앙관, 지방의 朝集使, 藩客 등에게 축하를 받는 元會儀禮를 중시하였다는 점을 주목할 수 있다.[97]

이는 명대에도 계승되어 명은 建州三衛와 海西女眞의 내조를 매년 10월 초부터 12월까지 수용하였다.[98] 이 역시 이들의 내조 시기가 冬至나 正朝에 참석시키기 위해서였음을 나타낸다고 할 수 있다.[99] 이처럼 내조란 중심 국가를 향해 주변국 혹은 세력이 그 권위를 인정하고, 교류하는 것이다.

조선은 조공질서를 근간으로 中國의 天子에게 조공하는 事大의 예를 여진과 일본·유구에 그대로 적용하여, 조선 중심의 상하관계를 수립하려고 하였다.[100] 즉 조선은 중화의 조공제도를 준용하여 명에 사대하는 원칙을 지키되, 여진 등 주변 세력의 내조를 수용하여 명 중심의 국제질서에서 다시 조선을 중심으로 하는 질서를 구현한 것이다.[101]

---

96) 이춘식,「朝貢의 基源과 그 意味」,『中國學報』10, 1969, 6~7쪽.

97) 渡辺信一郎 著/문정희·임대희 공역,『천공의 옥좌』, 신서원, 2007.

98) 萬曆『大明會典』卷107, 禮部 65, 海西, 建州 貢物.

99) 洪熙 元年(1425) 12월에 建州衛의 李滿住 등이 貢馬 및 方物을 바쳤고, 이들을 비롯한 遠夷가 正旦 조회에 참여했던 사실에서도 원회의례의 중요성을 엿볼 수 있다고 생각한다.(『明宣宗實錄』卷12, 洪熙 元年 12月 甲午) 하지만 江嶋壽雄은 이를 농번기를 피하기 위한 조치로 보았다.(「明正統期に於ける女直朝貢貿易の制限」,『明代淸初の女直史硏究』, 中國書店, 1999, 129~147쪽) 이에 대해서는 후일 다시 검토하겠다.

100) 김구진, 앞의 책, 1995, 350쪽.

101) 이미 이러한 관점에 대해 많은 학자들이 공감하고 있다. 대표적으로 하우봉은 조선이 '小中華意識'을 가지면서 조선을 중심으로 한 세계관을 확립하였다고 보았다. 그 근거로 조선이 여진과 대마도를 조선의 기미권 내에 편입시키면서 조공질서를 지키도록 강제한 사실을 들고 있다.(『조선시대 한국인의 일본관』, 혜안, 2006, 23~24쪽) 정다함은 조선이 여진, 대마도, 막부 등에 대해 맺은 관계성은 수평·호혜적이지 않고, 층위가 설정되어 조선을 중심으로 하는 '국제적 질서'를

조선국왕이 내조 여진인과 왜인에게 朝賀를 받는 것은 형식상 이들이 조선의 신하라는 사실을 보여준다. 또한, 조선은 여진을 비롯한 주변 세력에게 명을 제외하고, 예의와 문명의 수준이 높은 또 하나의 중심국이라는 의식을 갖게 한다.[102]

기존의 조선과 여진의 관계는 '교린'으로 설명되었다. 대표적으로 손승철은 일본의 바쿠후(幕府)와 중소영주에 대한 조선의 교린을 '대등교린'과 '기미교린'으로 구분하여 살펴보았다.[103] 한성주는 이를 따르면서 조선과 여진의 관계가 기미교린에 해당한다고 설명하였다.[104] 하지만

구축하고 있다고 지적하였다.(「朝鮮初期 野人과 對馬島에 대한 藩籬·藩屛 認識의 형성과 敬差官의 파견」,『동방학지』141, 2008, 62~264쪽) 한편, 국내외 많은 학자들은 당시 조선을 중심으로 한 국제질서에 대해 여러 용어를 사용하였다. 대표적으로 高橋公明은 '朝鮮外交秩序'(「外交儀禮よりみた室町時代の日朝關係」,『史學雜誌』91-8, 1982 ; 「朝鮮外交秩序と東アジア海域の交流」,『歷史學硏究』573, 1987), 손승철은 '羈縻交隣'(『朝鮮時代 韓日關係史硏究』, 지성의 샘, 1994 ;『조선시대 한일관계사 연구』, 경인문화사, 2006), 黃枝連은 '小天朝'(『天朝禮治體系硏究』下, 中國人民大學出版社, 1995), 민덕기는 '春秋的 交隣'(「조선시대 交隣의 理念과 국제사회의 交隣」,『민족문화』21, 1998), 계승범은 '朝鮮秩序'(「16-17세기 明·朝鮮 관계의 성격과 조선의 역할」,『정치와 평론』10, 2012) 등으로 규정하였다. 이외에 다른 학자들도 용어는 사용하지 않았지만, 이와 비슷한 논지를 보인다.(河內良弘,「朝鮮世祖の字小主義とその挫折」,『天理大學學報』93, 1974 ; Kenneth R. Robinson,「Centering the King of Chosŏn : Aspects of Korean Maritime Diplomacy, 1392-1592」,『The Journal of Asian Studies』59, 2000 ; 王臻,『朝鮮前期與明建州女眞關係硏究』, 中國文史出版社, 2005 ; 于曉光,『明朝與朝鮮圍繞女眞問題交涉硏究』, 山東大學 博士學位論文, 2006 ; 木村拓,「十五世紀前半朝鮮の女眞人への授職と羈縻」,『朝鮮史硏究會論文集』46, 2008 ;「朝鮮王朝世宗による事大·交隣兩立の企圖」,『朝鮮學報』221, 2011 ; 陳放,『朝鮮與女眞·滿族諸政權關系變遷硏究』, 延邊大學 博士學位論文, 2012)

102) 이런 측면에서 隣國에게 賓禮의 의식을 통해 조선 중심의 세계관을 표현하였다는 주장이 주목된다.(한형주,「대명의례를 통해서 본 14세기 明-朝관계」,『역사민속학』28, 2008)

103) 손승철, 앞의 책, 2006.

104) 한성주,『조선전기 수직여진인 연구』, 경인문화사, 2011. 木村拓도 조선과 여진의 관계를 羈縻交隣으로 설명하였다.(앞의 논문, 2008 ; 2011)

이에 대해서 최근 비판적인 의견이 대두되었다. 즉 당시 조선과 여진의 관계가 과연 기미교린으로 설명될 수 있느냐에 집중된 것이다.[105]

이러한 비평은 기존의 '事大交隣'으로 설명되던 조선의 대외 정책에 새로운 관점을 제공하였다고 생각한다. 특히 교린이 여진과 일본, 유구 등과의 관계를 설명할 수 있는 용어로 적합한지에 대해 재고할 수 있다.

본고에서 살펴본 내용에서도 최근에 논의되고 있는 것처럼 조선과 여진의 관계를 기미교린으로 설명하기에 아쉬운 점이 나타난다.[106] 조선은 최소한 두만강 유역의 여진에 대해서 명 못지않게 이들에게 조선의 질서를 강제하였다. 조선은 여진인의 내조를 통하여 '조선 중심의 외교 질서'를 상정한 것이다. 이러한 현상은 대마도 등과의 관계에서도 잘 나타난다.

조선은 건국 초부터 왜구의 금압과 피로인 쇄환을 위해 일본 막부와 적극적으로 교섭하였다. 하지만 조선은 일본 막부의 비협조로 목적을 달성할 수 없게 되자 대마도를 비롯한 일본 열도의 서부지역에 거주하는 다이묘(大名) 등과 직접 통교하였다. 이는 다원적 통교체제의 기반이 되었고, 조선은 이들을 점차 조선의 통교체제 안에 편입하였다. 조선은 이를 통해 조선을 중심으로 하는 외교질서를 구축할 수 있었다.[107]

당시의 국제질서에서 조선이 여진인과 왜인[108]의 내조로 '조선 중심

105) 정다함, 앞의 논문, 2011 ; 이규철, 『조선초기의 對外征伐과 對明意識』, 가톨릭대학교 박사학위논문, 2013, 6쪽 ; 계승범, 「조선 전기사 연구의 현황과 과제(2011-2012)」, 『역사학보』 219, 2013, 101~102쪽.

106) 필자 역시 지금까지 발표한 논문에서 이 용어를 사용하였다.

107) 한문종, 『朝鮮前期 對日外交政策 研究』, 전북대학교 박사학위논문, 1996 ; 「조선전기 한일관계와 1407년의 의미」, 『지역과 역사』 22, 2008 ; 「조선전기 한일관계와 對馬」, 『동북아역사논총』 41, 2013.

108) 본고에서 사용하는 왜인은 對馬·壹岐·肥前松浦를 축으로 하는 넓은 대마해역으로 室町幕府의 통제가 미치지 않는 왜인의 생활권을 의미한다.(木村拓, 「朝鮮王朝世宗代における女眞人·倭人への授職の對外政策化」, 『韓國朝鮮文化研究』 11, 2012, 3쪽)

의 외교질서'를 구축하였다면 이에 대한 실증이 필요하다.[109] 먼저 여진인의 내조 시점을 살펴보겠다. 조선에 내조한 여진인이 겨울철에 집중된 이유는 농번기를 피하기 위한 점도 있다. 하지만 명이 冬至와 正朝 등에 외국사신을 참석하도록 한 것과 같이 조선도 이들을 冬至와 正朝 등에 참석을 유도하기 위해서라고 볼 수 있다. 이는 正朝賀禮 등을 행할 때 여진인과 왜인들이 참석했던 사실을 통해서도 알 수 있다.[110]

정조하례에 여진인이 참석했는지를 검증하기 위해 태종대 여진인의 월별 내조 현황을 분석해보면 <표 1-5>와 같다. <표 1-5>를 보면 12월이 23회로 가장 많고, 1월이 22회, 그리고 2월, 11월 순이다. 가장 많은 12월과 1월은 전체의 약 58.4%를 차지하고, 그 범위를 11월부터 2월까지 넓힌다면 60회로 전체의 약 77.9%를 차지한다. 즉 이 시기에 내조가 집중된 것이다. 이는 태조대의 여진인 내조 경향과 유사하다.

〈표 1-5〉 태종대 내조 여진인의 월별 분석

	1월	2월	3월	4월	5월	6월	7월	8월	9월	10월	11월	12월	합계
1												1	1
2	1												1
3	1	1											2
4			1										1
5	2								1			2	5
6	2			1									3
7													0

109) 왜인의 경우 자세한 연구 성과가 있으므로 생략하겠다.(한문종, 앞의 논문, 1996)
110) 동지에 내조한 사람이 정조에도 참석했을 가능성도 있다. 이를 검증하기 위해 11월에 내조한 자들이 돌아가는 시점을 찾았으나 기록에 없어서 정확히 단정을 내리기 어렵다. 하지만 다른 기간에 내조한 여진인이 조선에 머무른 기간을 살펴보면 대략 1개월가량이다. 물론 최대 2개월까지 머무는 사람도 있지만, 대부분은 그 전에 돌아가기 때문에 동지하례에 참석했던 사람이 정조하례까지 참석하는 사례는 거의 없을 것이다.

8												0
9											1	1
10.3	3											3
10.4				1		2				1	1	5
11		1	1			2				1	7	12
12			2	1						3	2	8
13	3				1					1	4	9
14	4	6	1	1				1		1	4	18
15	1								1		1	3
16												0
17	2											2
18	3											3
합계	22	8	5	3	1	1	4	0	2	1	7	23	77

　여진인이 12월에 내조하는 것은 이듬해 1월 1일의 정조하례에 참석하기 위해서였다. 그렇다면 1월은 어떻게 설명할 수 있을까? 이에 대해 중요한 정보를 제공하는 사료가 있다.

　　오도리 천호 金回大·올량합 천호 金著化 等 6인이 와서 正朝의 예물로 土物을 바치니, 각각 綿布와 苧布 각각 1필씩을 하사하였다.[111]

　위의 내용은 1월 1일의 正朝賀禮에 여진인이 참석하지 못하더라도 1월의 내조 자체가 정조에 하례하기 위해서였음을 보여준다.[112] 따라서 12월과 1월의 내조는 정조의 예를 행하기 위해서였다고 볼 수 있다. 그러므로 12월과 1월의 내조 비율이 높은 것은 여진인이 조선의 외교질서에 편입하는 강도가 강함을 보여준다고 할 수 있다.
　그렇다면 정조하례가 가지는 의미는 무엇일까? 朝會는 유교 이념이

---

111) 『태종실록』 권11, 6년 1월 21일 임자.
112) 여진인이 2월에 내조하는 것도 같은 양상이라고 생각한다.

지배하는 국가에서 가장 높은 가치인 충성을 다짐하고 친함을 과시하는
의례이자, 正朝와 冬至, 誕日의 慶事에 국왕에게 올리는 하례이다.[113]

조선 건국 직후의 국가의례는 고려의 국가 전례를 답습하거나 부분적
인 개정을 통해 실행되었다. 이후 태종대에는 국가의례의 정비를 본격화
하여 태종 10년 8월에 儀禮詳定所가 설치되었다.[114] 이듬해 예조에서
正朝·冬至에 朝賀하는 儀注를 올렸고,[115] 태종 12년에도 예조에서 동
지·정조·탄일의 君臣同宴儀注를 詳定하였다.[116] 국가의례의 정비가 본
격화되면서 이 기간에 정조·동지·탄일에 조하하는 의례가 정비되는 과
정을 보인다.

정조는 새해의 시작으로 정조하례는 일찍이 삼국시대부터 행해졌다.
정조하례는 궁궐에서 행하는 신년 축하 행사로 문무 대신들은 궁궐에 나
가 국왕에게 새해 문안을 드리고, 신년을 하례하는 箋文과 表裏를 바치
며, 正殿 뜰에 나가 조하례를 올렸다.[117] 실제로 태종 10년까지 정조에
망궐례를 모두 실시하였고, 하례도 큰 눈이 내리는 등 기상이변이 아니
면 거의 실행하였다.[118] 이처럼 정조하례는 특별한 의미를 지니고 있기
에 조선은 이를 중시하고, 대부분 실행하였다.

반면 동지하례는 비교적 덜 지켜졌다. 기록에 누락되었을 가능성도
있지만, 태조대에는 2차례의 동지하례 의식이 보인다. 즉 2년 11월과
7년 11월의 동지에 賀禮 의식을 거행한 것이다. 정종 1년에는 동짓날
큰비가 내려 조하를 취소하였다.[119] 태종 초년에도 1년과 5년에만 동지

---

113) 임민혁, 「조선 초기 국가의례와 왕권」, 『역사와 실학』 43, 2010, 59쪽.
114) 임민혁, 앞의 논문, 2010, 47쪽.
115) 『태종실록』 권22, 11년 11월 27일 갑신.
116) 『태종실록』 권24, 12년 11월 5일 병술.
117) 국립민속박물관, 『조선대 세시기』 1, 국립민속박물관, 2003.
118) 정조에 朝賀(賀禮)를 받지 않은 해는 태조 6년과 태종 7년밖에 없다. 또한, 태조
    1년과 2년, 태종 2년과 6년에는 여진인이 정조하례에 참석하였다.
119) 『정종실록』 권2, 1년 11월 16일 임오. 동지는 <표 1-6>과 같이 대개 음력 11월

하례 기록이 보인다.

그런데 태종 7년부터 동지하례도 잘 지켜지는 양상을 보인다. 동년 11월에 태종이 "冬至는 陽氣가 생기는 날이고, 君子가 즐거워하는 때이니, 이날부터 大朝會를 하고, 또 君臣이 함께 하는 연회를 베풀겠다"고 말하였다.[120] 이는 앞으로 동지에 大朝會를 실시하겠다는 의지를 피력한 것이다. 이를 확인하기 위해 태종대에 동지하례를 실시한 상황을 살펴보면 다음과 같다.[121]

<표 1-6> 태종대 동지하례 실시 현황

연번	연월일	비고
1	1년 11월 9일 계사	
2	5년 11월 22일 갑인	
3	7년 11월 14일 갑자	甲子醮祭로 齋戒
4	8년 11월 26일 경오	
5	9년 11월 7일 을해	
6	10년 11월 18일 경진	
7	11년 11월 26일 계미	西方의 흉년이 심하다며 헌수를 받지 않음
8	12년 11월 10일 신묘	
9	13년 11월 20일 병신	冬至, 氣暖無水. 하례가 있었는지 알 수 없음
10	14년 11월 20일 신축	
11	15년 11월 13일 병오	
12	16년 11월 25일 임자	
13	17년 11월 26일 정사	

에 든다. 조선은 元旦과 동지를 가장 으뜸 되는 축일로 생각하여 동짓날 君臣과 王世子가 모여 잔치를 하는 會禮宴을 베풀었다. 또한, 해마다 명에 예물을 갖추어 冬至使를 파견하여 이날을 축하하였고, 지방의 官員들은 임금에게 箋文을 올려 陳賀하였다.(국립민속박물관, 앞의 책, 2003)

120) 위와 같음.

121) 그러나 태종은 7년 11월의 동짓날에 甲子醮祭로 齋戒를 이유로 하례를 받지 않았다.(『태종실록』 권14, 7년 11월 14일 갑자)

앞의 표에서 확인되듯이 태종 즉위 이후 7년까지 동지하례가 매년 실
시된 것은 아니었다. 하지만 태종 7년의 발언 이후에 동왕 11년과 13년
과 같이 별다른 사건이 발생하지 않으면 동지하례를 실시하였다.[122] 이
때 여진인의 참석여부는 기록에 나타나지 않아 정확히 알 수 없다. 하지
만 동지 전에 도착한 여진인은 이 의례에 참석했을 가능성이 높다. <표
1-5>에서 보이듯 태종 10년의 여진 정벌 이전에 11월에 내조한 여진인
이 없었으나, 정벌 이후에는 11월에도 내조하는 자들이 있었다.[123]

이와 같이 태종이 의례에 관심을 가지고 정비하는 시기에 여진인의
내조가 급증하였다. 태종이 정조 및 동지의 조회에 여진인을 참석하게
한다면 국왕의 권위 강화뿐만 아니라 유교 국가의 이념을 투영할 수 있
다. 조선의 국왕은 정조와 동지하례를 통하여 조선의 군신뿐만 아니라
주변의 外夷에게도 군왕으로 인정을 받는 것이다.

이러한 의식 절차의 정비에 따라 조회의 의식 절차는 철저하게 중국
적 모델에 따랐고, 그 결과 적어도 조선의 조회는 15세기의 국제 사회에
서 의례적 볼거리로의 기능을 충분히 발휘하였다.[124] 이처럼 조선은 구
체적인 조회의식에서도 중국의 제도를 준용하며 자신의 위상을 강화하
였다.

따라서 의례의 정비와 여진인의 내조 수용은 일정한 상관관계가 있으
리라고 생각한다. 그러므로 11월부터 2월까지의 내조는 동지와 정조에
맞추어서 내조하였다고 볼 수 있다. 실제로 태종 11년 이후의 여진인 내
조 55회 중 이 시점의 내조가 44회로 80%를 차지한다.

---

122) 태종 18년은 그가 8월에 세종에게 왕위를 물려주었기 때문에 산정하지 않았다.
하지만 세종 즉위년 11월의 동지하례는 실시되었고, 이때 왜인 50명도 참석하였
다.(『세종실록』 권2, 즉위년 11월 16일 임술)
123) 11월의 내조 7회 중, 12년 11월 16일의 2회, 14년 11월 21일의 1회는 동지 이후
에 이루어졌고, 나머지는 모두 동지 이전에 이루어졌다.
124) 강제훈, 「조선 초기의 조회 의식」, 『조선시대사학보』 28, 2004, 43쪽.

그 이외의 사례인 3월부터 10월의 내조도 ① 명의 초유에 응하지 않도록 조선이 적극적으로 수용, ② 유력한 여진 추장의 使人 파견, ③ 여진 정벌 이후에 수용한 경우가 대부분이었다. 이를 통해 조선은 여진인의 내조를 동지와 정조하례에 참석하는 쪽으로 유도하였고, 비상한 일이 발생하면 시기에 상관없이 받아들였던 점을 알 수 있다. 이는 조선이 능동적으로 여진인의 내조를 주도했고, 이들을 조선의 외교 체제에 편입하였음을 보여준다.[125]

조선은 이때의 여진인 내조 수용 및 관련 접대 규정 등을 통해 '조선 중심의 외교질서'를 구상하였다. 특히 조선은 명의 질서를 거스르지 않고, 오히려 그 제도를 준용하였다. 그리고 이러한 제도 및 의식들은 후대에 계승되어 보완되었고, 여진인과 왜인의 내조는 '조선 중심의 외교질서'를 성립하는 중요한 전제조건이었다. 여진인 역시 명에 조공하는 한편, 조선에도 내조하며 조선의 외교질서에 순응하였다.

---

125) 黃枝連은 중화 중심의 "天朝禮治體系"가 정상 작용을 하고 있을 때에도 중국뿐만 아니라 "藩屛"에서도 이를 수용하고 적극적으로 구사하였다고 보았다. 특히 조선은 자신을 "小天朝"로, 명을 "大天朝"로 구분한 뒤 여진에게 이러한 관념을 적용한 것으로 보고 이에 대해 논증하였다.(『天朝禮治體系硏究』 下, 中國人民大學出版社, 1995, 1~135쪽)

제Ⅱ장.
세종대 여진인
통교체제의 정비

제1절. 조선의 여진인 내조 규정 제정

세종은 1418년 8월에 부왕인 태종의 禪位를 받아 즉위하였다. 그는 형 李褆(讓寧大君) 대신 왕위에 오를 정도로 군주가 지녀야 할 자질과 학문 등에서 두각을 나타냈다. 실제로 세종은 정치·사회·경제·문화 등에서 괄목할만한 성과를 거두었고, 우리 역사상 가장 뛰어난 군주로 추앙받을 정도이다.

하지만 세종의 집권창기에 태종이 上王으로 존재하였고, 그는 병권과 외교권을 여전히 장악하고 있었다. 따라서 태종이 사망하는 세종 4년 5월경까지 태종 말의 국정운영 방식이 거의 그대로 행해졌다.[1] 여진과의 관계 역시 태종대의 정책을 계승하여 이때까지 여진인 내조 현황은 태종대와 유사한 양상을 보인다. 다만 세종 1년은 여진인 내조가 8회로 약간 많은데, 이는 세종의 즉위를 축하하기 위해서였다고 생각한다.

세종 1년을 비롯하여 세종대 여진인의 내조 증감을 명확하게 파악하기 위하여 표로 작성하면 다음과 같다.

---

1) 최승희, 「世宗朝의 王權과 國政運營體制」, 『朝鮮初期 政治史研究』, 지식산업사, 2002, 143~150쪽.

〈표 2-1〉 세종대 연도별, 세력별 내조 현황[2]

	兀良哈	兀狄哈	斡朶里	土着女眞	建州本衛 (西毛憐)	野人 (미상)	합계
세종 1(1419)	3	3	2				8
세종 2(1420)	2	2	1	1			6
세종 3(1421)	1					1	2
세종 4(1422)	10	3	1	1			15
세종 5(1423)	7	5	5				17
세종 6(1424)	5	5	4				14
세종 7(1425)	9	4	6	3			22
세종 8(1426)	6	1	5	0			12
세종 9(1427)	5	3	4	3			15
세종 10(1428)	6	4	14				24
세종 11(1429)	2	1	1	2			6
세종 12(1430)			1				1
세종 13(1431)	6	5	7	2			20
세종 14(1432)	2		1				3
세종 15(1433)	1		1		4		6
세종 16(1434)			1		5	3	9
세종 17(1435)	8	4	2	1	6		21
세종 18(1436)	3	3	1	2	5	1	15
세종 19(1437)	4	11(8)	6				21
세종 20(1438)	4	27(23)	7				38
세종 21(1439)	3	68(66)	5		2		78
세종 22(1440)	7	7(7)	5				19
세종 23(1441)	11	15(9)	9	5	1		41
세종 24(1442)	10	9(6)	10	1			30
세종 25(1443)	2	7(6)	5	1			15
세종 26(1444)						1	1
세종 27(1445)	4		1				5
세종 28(1446)	2	5	5				12
세종 29(1447)	1	2	2				5

세종 30(1448)	2					2
세종 32(1450)	1	(1)	1			3
합계	127	195(126)	113	22	23	6	486

<표 2-1>을 참조하면 세종대 여진인의 내조는 총 486회로 연평균 약 15.2회에 달한다. 여진인의 내조를 세력별로 보면 諸種兀狄哈이 195회로 가장 많았고, 兀良哈이 127회, 斡朶里가 113회, 西毛憐衛[3]를 포함한 建州本衛가 23회, 土着女眞이 22회, 野人이라고 기재되어 세력을 알 수 없는 자들이 6회이다. 여진 각 세력의 내조를 다시 점유율로 분류하면 <그림 3>과 같다.

태종대에는 오도리(알타리)와 올량합이 가장 많은 점유율을 차지했지만, 세종대에 이르면 제종올적합의 내조가 약 40.1%로 가장 높다. 제종올적합의 내조를 다시 종족별로 살펴보면, 세종 19년부터 약 7년간 125회나 내조한 忽刺溫兀狄哈이 대부분을 차지한다. 이들을 제외한 骨看·嫌進·南訥溫兀狄哈은 총 69회에 불과하다. 그나마 이 가운데 골간이 57회이다. 한편, 태종대에 내조하지 않았던 건주본위도 세종 15년 이후 23회에 걸쳐 조선에 내조하였다.

---

2) 『조선왕조실록』은 諸種女眞을 兀狄哈과 兀良哈, 吾都里(斡朶里) 및 女眞(토착여진)으로 나누고 있다. 하지만 세종대에는 두만강 유역의 여진과 압록강 유역의 건주본위에 대한 관계와 정책이 달랐기 때문에 <표 2-1>에 이들을 별도의 항목으로 넣었다. 서모련위는 건주본위와 같은 항목으로 처리하였다. 한편, 올적합의 ( )안 숫자는 홀라온올적합의 내조 횟수이다. 건주좌위의 동맹가첩목아는 세종 5년에 회령으로 이주해 왔다. 그가 사망한 뒤 동생 凡察가 파저강 유역으로 이주할 때까지 두만강 유역에 머물기 때문에 알타리에 합산하였다.

3) 모련위는 두만강 유역에 있던 동모련위(올량합)와 이만주의 건주본위와 함께 있던 서모련위로 구분된다. 당시 서모련위의 추장은 李撒滿答失里로 이만주의 거주지 가까이 거주한 것으로 보인다. 모련위에 대해서는 다음 연구 성과를 참조할 수 있다.(蔣秀松, 「毛怜衛의 變遷」, 『社會科學輯刊』 1984年 1期, 100~102쪽 ; 남의현, 『明代遼東支配政策研究』, 강원대학교출판부, 2008, 214쪽)

〈그림 3〉세종대 여진 세력의 내조 점유율

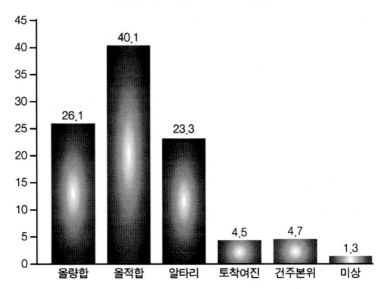

두만강 유역에 주로 거주했던 올량합과 알타리, 토착여진, 골간올적합의 내조는 319회로 전체의 약 66%를 차지한다. 태종대에는 대부분의 여진인 내조자가 두만강 유역에 거주하는 여진인이었지만,[4] 이때에는 그 외의 지역에 거주하는 여진인의 내조 비율이 급증하였다. 이처럼 세종대 여진인 내조의 증감, 여진 세력의 내조 점유율이 달라지는 배경은 기본적으로 대여진 관계의 변화와 밀접한 관련이 있다. 여기에서는 세종대에 발생한 중요사건과 이에 대한 조선의 대응 등을 통해 여진인의 내조를 살펴보겠다.

세종대 최초의 여진인 내조 사례는 1년(1419) 1월 5일에 吾都里(斡朶

---

4) 태종대 77회의 여진인 내조자 가운데 두만강 유역에 거주하지 않았음이 확실한 혐진올적합 2회를 제외하면 대부분 이 지역에 거주하고 있었을 것이다. 또한, 종족명이 기재되어 있지 않아 정확히 알 수 없는 올적합의 내조 4회가 있지만, 이들을 제외하더라도 약 92% 이상이 두만강 유역에 거주하였다.

里) 指揮 李好心波·兀良哈 指揮 謝伊帖木兒·骨看兀狄哈 指揮 豆稱
哈·嫌進兀狄哈 指揮 巨兒帖哈·東良北吾都里 李都兒赤 등이 조선에
와서 朝會에 참여하고 토산물을 바친 것이다.[5] 이들은 두만강 유역에
거주하는 유력한 추장들로 세종 즉위 전에는 직접 내조한 경우가 드물었
으나, 이때 상경한 것이다.

특히 혐진올적합의 거아첩합은 태종대 조선을 침입하며 제1차 여진
정벌의 단초를 제공했던 葛多介이다.[6] 그런데 세종은 태종의 정벌 이후
내조하지 않던 거아첩합까지 수용하였다. 또한, 세종 1년에 내조한 여진
인은 그 전후 시기보다 많았다.[7] 이와 같이 세종 1년에 여진인의 내조가
많았던 이유는 세종의 즉위를 賀禮하기 위해서였다고 생각한다. 따라서
세종은 다른 해에 비해 비교적 내조를 많이 수용하였고, 내조자도 추장
급이었다.

세종 4년(1422)에도 여진인의 내조가 증가하는데, 그 원인은 크게 두
가지이다. 먼저, 세종 4년 5월에 상왕인 태종의 昇遐를 꼽을 수 있다.
세종 초반기는 태종의 영향력이 국방과 외교에서 강하게 발휘되었다. 태
종이 승하한 뒤 세종은 비로소 태종의 정책 위에 자신이 구상한 대외
정책을 추진하였다. 그러므로 여진인의 내조가 <표 2-1>과 같이 세종
4년 이후부터 증가하는 양상을 보인다.[8]

다음으로 주목할 점은 여진인의 침입이다. 세종 4년 9월에 혐진올적
합 巨乙加介가 100여 명을 거느리고 慶原府를 침입하였다. 이때 이들은
두 사람을 죽이고, 한 사람을 활로 쏘았다.[9] 동년 10월에도 올량합 200

---

5) 『세종실록』 권3, 1년 1월 5일 경술.
6) 河內良弘, 『明代女眞史の硏究』, 同朋舍, 1992, 581~583쪽 ; 戴光宇, 「兀狄哈諸
　部落及其分布」, 『滿族硏究』 2011年 02期, 45쪽.
7) 세종 1년에 여진인은 모두 8회의 내조를 했는데, 태종 15년의 3회, 17년의 2회,
　18년의 3회, 세종 2년의 6회, 3년의 2회에 비하면 비교적 많은 횟수이다.
8) 세종 4년의 내조도 거의 12월에 집중되었다.

여 명이 경원부를 공격하자, 僉節制使 전시귀가 이들을 내쫓고, 적의 머리 1급을 베었다.[10) 조선은 이들을 막을 계책을 의논하며 올량합을 초유하는 데 주력하였다.[11)

세종은 여진인 司直 馬邊者를 東良北에 보내 올량합을 타이르게 하였다.[12) 이는 성공을 거두어 동년 11월에 동량북의 올량합 甫古金 등이 조선에 내조하였다.[13) 이후 12월과 이듬해 1, 2월의 내조자 역시 모두 올량합이었다. 즉 세종은 올량합의 내조를 적극적으로 수용하여 이들의 침입을 방지하고자 한 것이다.

이러한 상황에서 대여진 관계에 중요한 변수가 발생하였다. 바로 세종 5년에 일어난 童猛哥帖木兒의 會寧 還去와 李滿住의 婆猪江 이주이다. 이들은 태종대에 조선과 관계를 단절하고, 명에 조공하며 영락제의 北征에도 참전하는 등 명과 우호 관계를 맺고 있었다. 하지만 이들은 영락제의 북정에 참전한 뒤, 타타르(韃靼)에게 보복을 받을 것을 염려하였다. 결국 세종 5년(1423)에 동맹가첩목아는 아목하(회령) 일대로 귀환하였고, 이듬해 이만주도 파저강 유역(지금의 요녕성 환인)으로 이주하였다.[14)

조선은 동맹가첩목아의 회령 환거에 비교적 우호적이었다. 동맹가첩

---

9)『세종실록』권17, 4년 9월 24일 무인.

10)『세종실록』권18, 10월 2일 병술.

11) 혐진올적합의 침입자 거을가개는 세종 1년에 내조한 거아첩합으로 이들이 왜 조선에 침입했는지 정확히 알 수 없다. 그리고 조선도 이들에 대한 대책 마련에 소극적인 이유는 사료에 나타나지 않아 알 수 없다.

12)『세종실록』권18, 10월 8일 임진. 이후에도 여진인의 방비를 위해 要路인 高郞岐伊 등지에 목책을 설치하고, 군사를 보내 지키게 하였다.(10일 갑오)

13)『세종실록』권18, 4년 11월 17일 경오 ; 23일 병자.

14) 영락제의 북정과 동맹가첩목아와 이만주 등의 종군, 이에 따른 이주 등에 대한 자세한 내용은 다음을 참조할 수 있다.(園田一龜,『明代建州女直史研究』, 東京國立書院, 1948 ; 河內良弘, 앞의 책, 1992 ; 박원호,『明初朝鮮關係史研究』, 일조각, 2002)

〈지도 1〉 세종대 여진의 분포와 동맹가첩목아, 이만주의 이주[17]

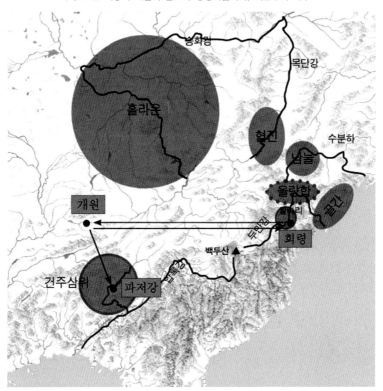

목아는 회령으로 돌아오기에 앞서 管下人 童家吾下 등을 조선에 보내 귀환 의사를 밝히고, 상경을 요청하였다.[15] 조선은 동맹가첩목아의 내조 수용이후 식량을 주어 정착에 도움을 주었다.[16]

---

15) 『세종실록』 권20, 5년 4월 25일 을해 ; 6월 17일 병인. 이때 동가오하 등 4명이 한양에 도착하였다. 이후에도 동맹가첩목아는 7월에 천호 也叱大 등을 보냈다. (『세종실록』 권21, 5년 7월 3일 신사)

16) 『세종실록』 권20, 5년 4월 25일 을해 ; 5년 6월 27일 병자. 반면 세종은 그와 함께 이주해온 楊木笒兀을 우호적으로 대우하지 않았다. 그의 내조는 허락하지 않았을 뿐만 아니라 식량의 청구도 허락하지 않았다. 또한, 그가 온 사유에 대해서도 명에 아뢰었다.(『세종실록』 권21, 5년 8월 3일 신해)

동맹가첩목아는 태종 11년(1411)에 개원으로 이주하기 전부터 조선과 밀접한 관계를 맺었다. 그가 이주한 사이 조선은 잔류한 알타리 등의 내조를 수용하며 이 지역에 상당한 영향력을 확보하였다.[18] 그런데 조선이 동맹가첩목아의 이주를 승인해주지 않고, 대립각을 세운다면 비교적 안정적으로 구축한 두만강 유역 여진과의 관계가 어그러질 가능성이 높았다. 그러므로 조선은 동맹가첩목아의 이주를 인정하고, 그가 다시 내조하기를 기대하였다.

반면 이만주의 건주본위는 조선과 우호 관계를 맺지 못하였다. 건주본위는 일찍부터 조선의 영향력에서 벗어나 명을 따랐다. 그리고 永樂帝가 동북면 여진인을 초유할 때 이들이 전초기지의 역할까지 했던 사실을 고려한다면 조선은 이들과 통교할 필요가 없었다.[19]

조선은 이만주에게 식량을 조금 지급하는 정도에 머물렀다. 조정은 이만주가 상경하여 숙배하겠다고 할 경우, "너희는 중국의 백성으로 聖旨도 없이 사사롭게 교통할 수 없으므로 올려보내기 곤란하다"[20]며 거절할 대책을 마련하였다. 조정의 예상처럼 세종 6년(1424) 7월과 11월에 이만주는 사람을 보내 조선에 상경하고자 하였으나, 거절당하였다.[21] 따라서 이 기간 이만주의 관하인 중 조선에 내조한 사람은 보이지 않는다.

이만주는 파저강 유역에 정착한 지 얼마 되지 않아 몹시 곤궁했고, 조선에 내조도 기대할 수 없었기 때문에 교역이라도 하고자 하였다. 이만주는 세종 7년 7월에 평안도관찰사에게 무역의 허가를 요청하였다. 하지만 조선은 황제의 성지가 없으면 사사로이 통할 수 없다며 거절하였

---

17) 여기에서 각 세력의 분포는 대략적인 범위를 나타낸 것이다.
18) 박정민, 「조선 건국기 여진인 내조와 조선의 외교구상」, 『역사학연구』 49, 2013a, 50~51쪽.
19) 박정민, 앞의 논문, 2013a, 41쪽.
20) 『세종실록』 권24, 6년 4월 27일 임신.
21) 『세종실록』 권25, 6년 7월 2일 을해 ; 권26 11월 13일 갑신.

다.22) 또한, 조선은 건주본위에서 도망간 노비를 송환해주지 않으며 양자의 관계가 악화되었다.23) 조선은 표면적으로 건주본위의 통교 요청을 명의 성지가 없다며 모두 거절하였지만, 실상은 이들과 통교를 원하지 않았기 때문이다.

이만주는 조선과의 교역에 어려움을 겪고, 관계도 악화되자 명에 적극적으로 내조하였다. 실제로 『명실록』에 기재된 건주본위의 내조 사례를 살펴보면, <표 2-2>와 같이 이만주가 파저강 유역으로 이주한 뒤부터 증가한다.24)

〈표 2-2〉『明實錄』에 근거한 永樂·宣德 연간의 建州衛의 내조 현황

연도	建州本衛	西毛憐衛	建州左衛	합계	비고
세종 1(永樂 17)	1			1	
세종 2(永樂 18)	1		1	2	
세종 3(永樂 19)		1		1	
세종 4(永樂 20)		1	1	2	
세종 5(永樂 21)				0	
세종 6(永樂 22)		1	1	2	
세종 7(洪熙 元)	4	1	1	6	
세종 8(宣德 元)	3	2		5	11
세종 9(宣德 2)	4	1		5	8
세종 10(宣德 3)	1		2	3	5
세종 11(宣德 4)	3	1		4	9
세종 12(宣德 5)	1	1		2	4

22) 『세종실록』 권29, 7년 7월 4일 신미.
23) 강성문, 「世宗朝 婆猪野人의 征伐研究」, 『육사논문집』 30, 1986 ; 박원호, 앞의 책, 2002 ; 박정민, 「조선초기의 여진 관계와 여진인식의 고착화」, 『한일관계사연구』 35, 2010.
24) 비고는 蔣秀松이 선덕제때 건주, 모련 등위가 명에 朝貢, 受賞, 陞職한 횟수를 모두 산정한 것이다.(「從兀良哈與兀狄哈的比較中看女眞各部發展的不平衡性」, 『社會科學戰線』 1984年 1期, 208쪽)

세종 13(宣德 6)	1	2	2	5	10
세종 14(宣德 7)	1		1	2	9
세종 15(宣德 8)	3		1	4	11
세종 16(宣德 9)		2	2	4	7
세종 17(宣德 10)	1	2	1	4	8

<표 2-2>에서 확인되듯이 건주본위가 명에 내조한 사례는 세종 7년 부터 증가하였다. 또한, 건주위와 가까운 곳에 거주한 (서)모련위도 7년 에 1회, 8년에 2회, 9년 1회 내조를 하였다. 이러한 점은 이만주가 파저 강으로 이주한 뒤 조선과의 교역도 쉽지 않은 상황에서 기댈 곳은 명밖 에 없었다는 사실을 보여준다고 할 수 있다.[25]

그렇지만 이만주는 명보다 더 가까이에 있는 조선과의 교역에 미련을 버리지 않았다. 이만주는 조선의 요구조건인 황제의 성지를 획득하기 위 해서 세종 12년(선덕 5) 4월에 선덕제에게 조선과 무역을 하고 싶다는 의사를 피력하였다. 하지만 선덕제는 그 요청을 거절하였고, 만일 교역 을 하고자 한다면 요동에서 하라고 대답하였다.[26] 선덕제는 이만주와 조선의 연계를 미연에 방지하고자 교역조차 허락하지 않은 것이다.

세종 7년경에 이르러 동맹가첩목아를 비롯한 두만강 유역에 거주한 여진인은 조선에 빈번하게 내조하였다. 이에 조선은 이들에 대한 규정을 강구하기 시작하였다. 먼저, 戶曹에서 말을 바친 여진인에게 답례품을 차등 지급하는 기준을 정하였다.[27] 또한, 일본인과 여진인이 그동안 조

25) 이규철은 이만주가 파저강 유역으로 이주 한 뒤 조선과 관계를 개선하기 위해 별 로 노력하지 않았다고 보았다. 그리고 실질적인 노력을 경주한 시기를 제1차 파저 강 정벌 이후라고 주장하였다.(이규철, 앞의 논문, 2013, 87쪽) 하지만 본고에서 살펴보듯이 이만주는 파저강 유역으로 이주한 직후부터 조선과 관계를 맺기 위해 적극적으로 노력하였다.
26) 『明宣宗實錄』 卷65, 宣德 5年 4月 己卯.
27) 『세종실록』 권31, 8년 1월 7일 임인.

선의 冬至와 正朝의 望闕禮와 賀禮에 참여하였다.[28] 조선은 조회하는
날 왜사는 동쪽, 여진인은 서쪽으로 반열을 나누어 예를 행하게 하였
다.[29] 이러한 규정을 제정한 시기는 모두 세종 8년으로, 전년의 여진인
내조 급증과 맥락을 같이한다.

세종 7년과 8년에 여진인의 내조가 증가하자, 세종 9년(1427) 4월에
예조판서 申商이 내조자의 숫자를 제한하자고 청하였다. 세종은 내조자
를 指揮 이상으로만 한정하고, 그 나머지는 내조할 만한 자만 가려서 올
려보낸다면 1년에 100명을 넘지 않을 것이라며 邊將에게 이것을 관례로
삼도록 하였다.[30]

하지만 이듬해 1, 2월의 내조자는 대부분 千戶와 指揮의 직을 가졌음
에도 불구하고 20회에 달한다. 이를 통해 당시의 내조 인원을 정확히 알
수 없지만 100여 명을 웃도는 것은 분명하다. 이처럼 여진인 내조자의
증가는 조선에 부담으로 작용하여, 조정이 이후에 내조 횟수를 적극적으
로 조절하는 요인으로 작용하였다. 그러므로 <표 2-1>처럼 세종 11년
과 12년에 내조자가 감소하였다.

그런데 세종 13년(1431)에 갑자기 여진인의 내조가 급증하였다. 이는
전년에 알타리가 조선을 침입하려 한 사실과 관련 있다.[31] 조선은 골간
올적합의 보고로 미리 방어 대책을 갖추었다.[32] 조선은 침입을 기도한
알타리를 주시하며 평소와 달리 내조도 수용하지 않았을 것이다. 그러므
로 동맹가첩목아의 장남인 權頭가 직접 내조하여, 전년의 침입 시도를
사죄한 뒤에야 알타리의 내조가 증가하였다.

---

28)『세종실록』권34, 8년 11월 15일 갑진.
29)『세종실록』권34, 8년 12월 29일 무자.
30)『세종실록』권36, 9년 4월 18일 병자.
31)『세종실록』권48, 12년 5월 23일 임술.
32)『세종실록』권51, 13년 1월 18일 계미. 따라서 알타리가 침입하지 못한 것으로
　　보인다.

골간올적합은 원래부터 조선에 충순했고, 위의 사변 등을 알린 공으로 내조할 수 있었다. 이외에도 세종 13년 3월에 혐진올적합이 鏡城郡 관내에서 海菜를 채취하던 軍丁 8명을 납치하였다. 이들 중 7명이 도망쳐 중간에 2명이 죽고, 나머지는 豆稱介의 막사에 도착하였다. 두칭개는 이들에게 음식을 주고, 경원으로 호송하였다.[33] 이에 조선은 골간의 내조를 허락하여 이들의 내조가 전보다 증가하였다.

세종 13년 초에 여진인 내조가 증가하자 조선은 이들의 내조 및 조회 규정을 다시 제정하였다. 동년 1월 20일에 예조는 여진인의 都指揮는 종3품, 指揮는 정4품, 千戶·百戶는 정5품으로 하여 그 반열에 따라 肅拜하도록 하였고,[34] 다음날에 일본인과 여진인의 使客이 衙會에 참예할 때 東西로 나누어 서게 하였다.[35] 이는 여진인이 상경한 후 조선의 朝會에 참석하여 왕을 謁見하고 있었음을 강력히 시사한다.

한편, 세종 13년부터 14년까지 명의 사신이 두만강 유역에 파견되었다. 이는 세종 14년의 여진인 내조 감소에 큰 영향을 끼쳤다. 당시 宣德帝는 동맹가첩목아가 이주할 때, 開陽城(開原)을 약탈한 楊木答兀로부터 피로인을 돌려받기 위해 세종 13년 8월에 內官 昌盛 등을 毛憐衛 등지로 파견하였다.[36] 이후 창성 등은 凡察과 그 관하 11명 및 피로인 82명을 인솔하고 귀환하였다.[37]

---

33) 『세종실록』 권51, 13년 3월 18일 임오 ; 권52, 13년 4월 10일 갑진. 처음 보고에는 활아간(골간)이 납치한 것으로 기재되었으나 사실은 혐진올적합이다.
34) 『세종실록』 권51, 13년 1월 20일 을유. 조선이 명의 관직자에게 관직을 내려주는 것은 원칙적으로 불가능하였다. 하지만 조선은 명으로부터 受職한 여진 추장의 내조를 수용하고, 이들에게 조선의 관직을 주었다. 또한, 위와 같이 명의 관품에 의거하여 조선의 품계를 내렸다. 이에 대한 내용은 木村拓, 「十五世紀前半朝鮮の女眞人への授職と羈縻」, 『朝鮮史研究會論文集』 46, 2008에 잘 정리되어 있다.
35) 『세종실록』 권51, 13년 1월 21일 병술. 이는 앞서 본 것처럼 세종 8년 12월에 정한 규정과 같은 내용이다.
36) 박원호, 앞의 책, 2002, 204~208쪽 ; 王兆蘭, 「明廷對楊木答兀叛逃官兵的招撫」, 『長春師範學院學報』, 1994年 03期.

세종 14년(1432) 2월에도 宣德帝는 창성 등을 다시 파견하였고, 이들은 약 10개월 가량 두만강 유역에 머물렀다. 이때 창성 등의 임무는 피로인 쇄환과 더불어 두만강 유역 여진인의 초유로 보인다. 왜냐하면, 창성 등이 명에 돌아갈 때 동맹가첩목아 등 유력 여진인 추장들과 동행했고, 이들은 명으로부터 후한 賞賜와 관직을 받았기 때문이다.[38]

동맹가첩목아 등도 이 기회를 통해 명에 내조할 수 있었기 때문에 창성 등의 초유에 응했다고 볼 수 있다. 이는 여진인의 조선 내조에도 영향을 끼쳐 세종 14년에 여진인의 내조가 감소한 주요 원인으로 작용하였다.

---

37) 『세종실록』 권54, 13년 12월 2일 계사. 한편, 범찰은 선덕 7년 2월에 명에 내조하여, 戊戌에 각종 물품을 하사받았고, 3월 壬戌에 指揮僉使에서 都指揮僉使로 승진하였다.(『明宣宗實錄』 卷89, 宣德 7年 2月 丁酉 ; 戊戌 ; 3月 壬戌)

38) 박원호, 앞의 책, 2002, 209쪽. 이때 명에 입조한 이 지역추장들의 명단은 다음과 같다.
① 喜樂溫河衛 指揮同知 出兒不花, 卜洽을 指揮使로, 正千戶 亦昻哈, 亦稱哈을 指揮同知로, 副千戶 吉宋哈을 正千戶로, 阿眞河衛 지휘동지 撒兒乞灘, 撒里亦荅을 지휘사로, 速平江衛 指揮僉使 羊加瓜, 英哥를 지휘동지로 승진시켰다.(『明宣宗實錄』 卷99, 宣德 8年 2月 庚戌)
② 건주위지휘첨사 不顔禿을 지휘동지로, 정천호 迷卜을 지휘첨사로, 모련위지휘사 卜兒客을 都指揮僉使로, 지휘동지 哈兒禿을 지휘사로, 지휘첨사 阿力을 지휘동지로, 그리고 천호 이하도 각기 한 등급씩 승진시켰다.(『明宣宗實錄』 卷99, 宣德 8年 2月 壬子)
위의 인물 가운데 조선과 관계를 맺었던 인물의 이름과 정확히 상응하는 사람은 없지만, 희락온하위는 골간올적합으로 지휘동지 복흡이 골간올적합 두칭개의 아들인 卜同哈(介)와 상당히 비슷하다. 세종 15년 11월에 복동합이 자기 아들 古邑同介를 조선에 보내 "작년 겨울에 張大人과 같이 북경에 갈 때"라고 말한 점에서도 그가 이때 입조했음은 분명하다. 또한, 모련위지휘사 복합객은 바로 낭발아한으로 그 역시 당시 동량북 지역에 거주하고 있었다. 따라서 골간올적합과 올량합 등 두만강 유역의 여진인 추장들이 이때 명에 입조하였다고 보는 것이 합리적이라고 생각한다.

제2절. 대여진 관계의 변화와 조선의 대응

세종은 재위 초반 동맹가첩목아의 이주 등으로 급증하는 여진인 내조에 탄력적으로 대응하며 안정적으로 대여진 관계를 구축하였다. 그렇지만 그의 치세 중반기에 이르러 향후 대여진 관계에 큰 변화를 초래할 사건들이 연이어 발생하였다. 여기에서는 이에 대한 조선의 대응을 중심으로 살펴보겠다.

세종 14년(1432) 12월에 野人 400여 기가 평안도 閭延을 침입하였다. 이는 후에 이만주의 소행으로 밝혀졌고, 세종은 이듬해 4월에 정벌을 단행하였다.[39] 조선조정은 정벌 이후 전후처리 과정에서 건주본위와 교섭을 시작하였다. 이때 이만주는 조선에 뺏긴 家産을 돌려받겠다며 王半車 등 4명을 평안도 도안무사 최윤덕에게 파견하였다. 그중 왕반차 등 2명이 상경을 요청하였고, 조정은 논의 끝에 상경을 허락하였다.[40]

왕반차 등 2명은 세종 15년 9월 7일에 상경하였다.[41] 이들의 상경 목적은 조선으로부터 教旨를 받기 위해서였다. 하지만 이는 전례에 없는 일이기 때문에 세종은 즉각 신하들의 의견을 수렴하였다. 세종은 "만일 마음을 고치고 정성을 바친다면 반드시 예전과 같이 대접할 뜻을 보인 첩문을 보내고, 지금부터 와서 조회하는 자와 자제로서 들어와 시종하겠

---

39) 파저강 정벌에 관련된 연구는 다음과 같다.(강성문, 앞의 논문, 1986 ; 박원호, 앞의 책, 2002 ; 노영구, 「세종의 전쟁수행과 리더십」,『오늘의 동양사상』, 2008 ; 이규철, 앞의 논문, 2013, 55∼96쪽 ; 정다함, 「征伐이라는 戰爭/征伐이라는 祭祀-世宗代 己亥年 "東征"과 婆猪江 "野人征伐"을 중심으로-」,『한국사학보』52, 2013) 반면 세종 14년의 여연 침입의 주체는 이만주의 소행이 아니라 홀라온올적합이 주도했을 것이라는 의견도 있다.(河內良弘, 앞의 책, 1992, 273∼293쪽 ; 王臻,『朝鮮前期與明建州女眞關係硏究』, 中國文史出版社, 2005, 79∼83쪽)

40)『세종실록』권61, 15년 윤8월 29일 기묘 ; 9월 7일 병술.

41)『세종실록』권61, 15년 9월 7일 병술.

다는 자는 모두 다 허락하자"는 맹사성 등의 의견을 채택하였다.[42] 이때
부터 세종은 건주본위의 내조를 허락한 것이다.

세종은 그동안 건주본위의 계속된 통교 요청에 '무시'에 가까운 태도를
보였었다. 하지만 세종은 정벌 이후 이들의 내조를 수용하며 새로운 관계
를 설정하였다. 세종이 그동안의 태도를 바꾼 것은 파저강 정벌에서 승리
를 거둔 자신감에서 비롯되었을 가능성이 크다. 이는 조선 초에 대마도와
여진 정벌 이후 적극적으로 대외정책을 추진했던 점도 뒷받침한다.[43]

이후 건주본위의 내조 현황을 살펴보면, <표 2-1>과 같이 제1차 파
저강 정벌 이후 약 4년간 19회로 이들의 내조가 두드러진다. 하지만 세
종 17년(1435) 정월에 야인 2,700여 기가 여연을 공격[44]하며 비교적 안
정적으로 유지되던 양자의 관계에 균열이 생겼다. 이후에도 건주본위가
여러 차례에 걸쳐 조선을 침입하자, 세종은 19년 9월에 재정벌하였다.[45]

조선의 재정벌 이후 건주본위의 내조는 세종 21년(1439)과 23년을 제
외하고, 거의 보이지 않는다.[46] 즉 제2차 파저강 정벌을 계기로 한동안
건주본위와 조선의 관계가 단절되다시피 한 것이다.

한편, 세종 15년을 전후한 시기에 두만강 유역 여진인의 조선 내조에
도 변화가 보인다. 세종 15년 1월에 올량합, 6월에 동맹가첩목아가 馬佐

---

42) 『세종실록』권61, 15년 9월 10일 기축.

43) 한문종, 「朝鮮初期의 倭寇政策과 對馬島征伐」, 『전북사학』19·20, 1997 ; 정다함,
「朝鮮初期 野人과 對馬島에 대한 藩籬·藩屛 認識의 형성과 敬差官의 파견」, 『동
방학지』141, 2008 ; 박정민, 「태종대 제1차 여진 정벌과 동북면 여진 관계」, 『백
산학보』80, 2008 ; 이규철, 앞의 논문, 2013 ; 정다함, 앞의 논문, 2013.

44) 『세종실록』권67, 17년 정월 18일 경인.

45) 강성문, 앞의 논문, 1986, 169~173쪽 ; 이규철, 앞의 논문, 2013, 78~90쪽.

46) 세종 23년 11월의 내조자 朱甫非는 원래 이만주의 관하인이었으나 이때 조선에
投化하였다. 이날 그는 근정문에서 조회하였고, 귀화인에게 내려주는 특전을 받았
다.(『세종실록』권94, 23년 11월 16일 기유) 엄밀히 보면 그의 내조는 이만주와
상관이 없다. 다만 필자는 그가 조회하였으므로 통계에서 내조로 처리했다.

和를 보낸 이후 두만강 유역 여진인의 내조는 한동안 보이지 않는다. 그해 10월에 동맹가첩목아가 양목답올과 七姓野人(혐진올적합)에게 살해당했기 때문이다.[47] 이를 계기로 동맹가첩목아의 건주좌위는 몰락의 위기를 겪었다.

동맹가첩목아가 혐진올적합에게 살해된 사건은 두만강 유역 여진인에게 큰 충격을 주었다. 이 지역의 가장 큰 세력이었던 그가 혐진에게 살해당하자 올량합과 골간올적합 등은 자신의 안위부터 지키고자 하였다. 따라서 이듬해까지 알타리를 비롯한 올량합과 골간 등의 내조가 보이지 않는다.

알타리를 비롯한 두만강 유역 여진인이 혼란에 빠졌을 때, 세종은 이 기회를 이용하여 육진 개척의 초석을 마련하였다. 세종은 동맹가첩목아의 살해 소식을 듣고, 그들의 거주지인 斡木河에 寧北鎭을 설치하고, 慶源府를 蘇多老로 옮겨 옛 영토를 회복하여 祖宗의 뜻을 잇겠다는 의지를 표명하였다.[48] 세종은 동년 12월에 김종서를 함길도관찰사에 임명하여 육진 개척을 본격적으로 추진하였다.[49]

실제로 세종 16년 2월에 영북진을 현재의 行營으로 이주하는 것을 시작으로 회령진과 孔州鎭, 17년에 鐘城鎭, 19년에 慶興郡(孔州縣이 승격), 20년에 穩城郡의 설치 등이 이루어졌다. 이후 세종 23년 경에는 종성과 온성이 都護府로, 세종 25년에 경흥이 도호부로 승격되었다. 마지막으로 세종 31년에 옛 石幕에 富寧都護府가 설치되며 육진의 설치는 마무리되었다.[50]

---

47) 『세종실록』권62, 15년 11월 19일 무술 ; 26일 을사. 동맹가첩목아는 명 사신의 초유에 응하여 양목답올에게 도망친 피로인을 명에 보내고, 양목답올도 명의 초유에 응하도록 압박하였다. 이에 양목답올은 칠성야인과 연합하여 동맹가첩목아를 살해하였다.

48) 『세종실록』권62, 15년 11월 19일 무술 ; 21일 경자.

49) 『세종실록』권62, 15년 12월 9일 무오.

이와 같이 세종은 동맹가첩목아 사후 적극적으로 육진을 개척하였고, 이에 두만강 유역에 거주하는 알타리를 비롯한 올량합 등은 압박을 느꼈다. 여기에 혐진올적합이 조선의 변경뿐만 아니라 이들도 공격하고 있었다. 때문에 두만강 유역의 여진인은 진퇴양난에 처해있었다고 해도 무리가 아니었다. 따라서 이들은 조선과 새로운 관계를 모색할 수밖에 없었다.

이때 건주좌위의 위기를 수습한 자는 凡察이었다. 그는 동맹가첩목아의 동생으로 세종 16년 2월에 명으로부터 建州左衛 都督僉事로 임명받아 건주좌위의 주도권을 장악하였다.[51] 이후 범찰은 동년 8월에 童昆赤 등 2명을 조선에 보냈다.[52] 하지만 이때 건주좌위의 알타리는 조선의 분열 정책과 혐진올적합의 위협 등에 노출되어 있었다. 범찰은 이러한 어려움을 타개하기 위해 이만주의 건주본위와 합류하려 하였으나 조선의 방해로 그 뜻을 이루지 못하였다.[53]

결국 범찰은 조선과 우호적인 관계를 맺을 수밖에 없었다. 세종 19년(1437) 7월에 범찰은 조선에 내조하였고, 동년 12월에 아들 阿下大를 보냈다.[54] 이처럼 범찰이 조선에 순응하는 모습을 보이자 세종은 그가 이주하지 않을 것이라고 확신하였다.[55] 이러한 기류에 편승하여 알타리는 세종 19년과 20년에 비교적 많은 내조를 하였다.

그렇지만 건주좌위는 세종의 기대와 달리 세종 22년 6월에 이만주의 건주본위로 이주하였다.[56] 그 직후인 동년 7월에 잔류한 알타리 마좌화

---

50) 이에 대한 내용은 방동인, 『韓國의 國境劃定硏究』, 일조각, 1997, 225〜227쪽 참조.
51) 『明宣宗實錄』 卷108, 宣德 9年 2月 癸酉.(<그림 2> 참조)
52) 『세종실록』 권65, 16년 8월 6일 경술. 이는 범찰이 명으로부터 건주좌위의 지배권을 승인받았음을 공식적으로 조선에 알리기 위해서였을 것이다.
53) 범찰이 건주본위에 합류하는 자세한 내용은 다음의 연구를 참고할 수 있다.(서병국, 앞의 논문, 1972 ; 河內良弘, 앞의 논문, 1973 ; 王臻, 앞의 논문, 2008)
54) 『세종실록』 권78, 19년 7월 1일 기축 ; 권79, 19년 12월 19일 병자.
55) 『세종실록』 권80 20년 1월 19일 갑진.
56) 범찰은 이만주의 장인 李薦家의 딸과 결혼하였다. 또한, 동맹가첩목아의 아들인

·馬仇音波·童也吾他·哥哥時波, 올량합 仇赤 등이 조선에 내조하였다.
세종은 범찰 등을 비난하고, 이들이 범찰을 따라가지 않은 점 등을 칭찬
하며 具州(혐진)올적합의 침입으로부터 지켜 주겠다고 약속하였다.[57] 세
종은 잔류한 두만강 유역 여진인에게 회유정책을 펼쳤고, 그 일환으로
이들의 내조를 적극적으로 수용하였다.

조선의 부단한 노력에 알타리 가운데 범찰 등에게 이주하는 인원이
주춤하게 되었다. 이에 범찰은 잔류 알타리의 이주 문제에 명이 개입해
달라고 요청하였다. 명은 이를 수용하여 남아있는 알타리의 去留情願을
심사하기 위해 錦衣衛指揮僉使 吳良 등을 조선에 파견하였다.[58] 조정
은 명의 사신이 온다는 사실을 미리 알고 잔류한 알타리를 상경시켰다.
이후 오량이 알타리에게 범찰에게 이주할지, 원 거주지에 머물지를 묻자
모두 후자를 선택하였다.[59]

이처럼 조선이 거류정원 문제로 알타리 추장들을 상경시켰기 때문에
세종 23년 말부터 24년 초의 내조자는 알타리가 대부분을 차지한다.[60]
그 뒤에도 세종은 알타리에게 곡식이나 農牛을 하사하고, 한양에서 侍
衛하는 자들에게 노비를 더 주었다. 심지어 향화한 알타리의 田稅와 差
役을 면제하는 등 후대하였다.[61]

동창은 이만주의 딸과 혼인하였고, 이만주도 동맹가첩목아의 딸과 혼인하였다. 즉
이들은 서로 중첩된 혼인관계를 맺고 있는 매우 가까운 사이였다.

57)『세종실록』권90, 22년 7월 21일 신유.

58)『세종실록』권94, 23년 윤11월 27일 경인.

59) 서병국, 앞의 논문, 1972, 56~59쪽. 이 시기 이만주와 범찰의 사인이 내조하였
다.(윤11월 12일 을해) 그들은 거류정원의 일로 왔기 때문에 여기는 내조로 포함
하지 않았다.

60)『세종실록』에 의하면 오량 등이 거류정원을 물은 알타리는 10회에 걸쳐 79명이
다. 그중 절반은 내조한 기록이 있으나 나머지는 내조한 기록은 없다. 따라서 이
외의 알타리도 분명 내조했을 가능성이 농후하나 사료에 기재되어 있지 않아 횟
수 산정에서 제외하였다.

61)『세종실록』권95, 24년 1월 7일 기사 ; 9일 신미 ; 15일 정축 ; 24일 병술 ; 26일

한편, 올량합은 동맹가첩목아의 사망 이후부터 세종 25년까지 두만강 유역 여진인 가운데 조선에 가장 많이 내조하였다. 올량합의 내조 양상을 보면 세종 15년(1433) 동맹가첩목아의 사망 직후 불안한 이 지역 정세로 내조가 보이지 않다가 세종 17년 2월부터 증가한다.

주목할 점은 이 기간 浪孛兒罕과 都乙溫·吾看主 등 이 지역 유력 추장이 자주 조선에 내조한 것이다.[62] 특히 낭발아한은 이 지역 모련위의 추장으로, 이때 활발하게 조선에 내조하여 올량합 추장 가운데 가장 많은 내조를 하였다.[63] 낭발아한 등은 조선의 육진 개척에 압박을 느끼고 조선의 영향력 아래에 편입하는 길을 선택한 것으로 보인다. 한편, 조선은 여진인의 내조를 수용하여 이들에 대한 통제를 강화하고, 침입을 방지하고자 노력하였다.

특히 세종 23년(1441)과 24년은 다른 해에 비해 올량합의 내조가 비교적 많았다. 이는 22년 6월에 범찰 등의 이주로 인한 알타리뿐만 아니라 올량합 등의 동요를 막기 위한 조치였다고 생각한다. 뿐만 아니라 세종 22년에 태종 10년(1410)의 제1차 여진 정벌로 살해당한 모련위 지휘 阿古車의 아들 仇赤이 처음으로 내조하였다. 조선은 그를 올량합의 대추장인 도을온, 낭발아한의 예로 후대하였다.[64]

仇赤을 비롯한 올량합 추장들이 내조한 이유는 조선의 후대와 더불어 앞서 본 것처럼 구주(혐진)올적합의 위협에 노출되었기 때문이었다. 세

무자 ; 2월 1일 임진 ; 6일 정유 ; 8일 기해.

62) 『조선왕조실록』에서 낭발아한은 劉甫兒看, 劉卜兒罕, 劉卜兒看, 劉甫乙看, 浪甫乙看 등으로 기재되어 있다.(김주원, 『조선왕조실록의 여진족 족명과 인명』, 서울대학교 출판부, 2008, 148~155쪽)

63) 그는 9년 2월 25일 ; 17년 9월 8일 ; 18년 1월 6일 ; 19년 10월 1일 ; 20년 8월 1일 ; 21년 윤2월 1일 ; 22년 7월 27일 ; 23년 9월 1일 ; 26년 1월 1일 ; 27년 3월 11일에 내조한 기록이 보인다. 이를 통해 낭발아한은 이 기간 거의 매년 조선에 내조했음을 알 수 있다.

64) 『세종실록』 권90, 22년 7월 6일 병오 ; 21일 신유.

종은 육진 개척이 어느 정도 마무리 되자, 혐진의 침입으로부터 이들을 지켜주겠다고 약속하였다. 따라서 이 시기 올량합의 내조 증가는 조선과 이들의 이해관계 일치에 기인한다고 해석할 수 있다.

마지막으로 세종 15년부터 25년까지 제종올적합의 내조는 26회이다. 이들은 올량합이나 알타리에 비하여 조선에 내조하는 횟수가 적었다. 그 가운데 골간올적합이 19회로 가장 많이 내조하였고, 남눌올적합과 혐진 올적합이 각각 3회, 그냥 올적합이라 기재되어 정확한 소속을 알 수 없는 자들이 1회이다. 이를 통해 태종대와 마찬가지로 제종올적합 가운데 골간이 조선과 가장 밀접한 관계를 맺었음을 알 수 있다.[65] 또한, 이들은 다른 세력과 달리 내조의 증감이 두드러지지 않았던 점도 특징이다.

반면 혐진올적합은 동맹가첩목아의 패망에 영향을 끼쳤고, 이후 두만 강 유역의 알타리, 올량합 등에게 위협을 가하였다. 또한, 이들은 조선의 변경을 침입하였기 때문에 이들의 내조가 보이지 않는다. 하지만 세종은 적극적으로 이들의 내조를 수용하고자 하였고, 결국 23년 5월에 厑乙可 介의 아들인 吐豆와 亏豆 등이 조선에 내조하였다.[66] 이들은 동왕 25년 4월, 29년 12월에도 내조하며 조선과 우호적인 관계로 전환되었다.[67]

세종 집권 중반기에는 제1, 2차 파저강 정벌과 동맹가첩목아의 사망에 따른 육진 개척과 이 지역 여진에 대한 영향력 강화뿐만 아니라 주목할 만한 사실이 있다. 바로 홀라온올적합의 내조이다.

『조선왕조실록』의 홀라온올적합은 명의 海西女眞으로 지금의 길림 성 중·북부와 흑룡강성 남부 등지를 중심으로 거주하고 있었다.[68] 세종은 처음에 홀라온의 거주지가 비교적 멀었기 때문에 이들에게 관심을 두

---

65) 박정민, 앞의 논문, 2013a, 52쪽.
66) 『세종실록』 권93, 23년 5월 21일 병진.
67) 이들은 세조대에도 조선에 자주 내조하였다.
68) 孫進己 外, 『女眞史』, 吉林文化出版社, 1987, 210~214쪽 ; 楊暘 外, 『明代東北疆域研究』, 吉林人民出版社, 2008, 257~269쪽.

지 않았다. 그러나 세종 14년(1432)의 여연 침입에 홀라온이 직·간접적
으로 연관되고, 이를 해결하는 과정에서 조선은 이들에 관한 관심을 기
울였다.

조선과 홀라온의 관계는 당시 조선의 육진 개척을 고려해야 한다. 조
선은 이전에 동북면의 번리를 자처했던 동맹가첩목아의 존재로 두만강
방면에서 홀라온과 직접적인 교류를 맺을 일이 별로 없었다. 하지만 동
맹가첩목아의 사망으로 조선의 울타리가 사라지게 되었다. 물론 조선과
홀라온 사이에는 범찰과 올량합 등 있었지만, 조선은 적극적으로 육진을
개척하며 홀라온과 직접 교섭할 가능성이 높아졌다.

실제로 홀라온올적합은 혐진올적합과 연합하여 조선과 두만강 유역
의 여진을 위협하였다. 이에 세종은 18년(1436) 7월부터 본격적으로 홀
라온에 대한 정보수집을 지시하였다.[69] 하지만 동년 9월에도 홀라온이
회령과 경원을 포위하는 등 계속 조선을 침입하였다.[70] 따라서 조선은
홀라온의 침입을 방지하기 위한 대책이 필요한 시점이었다.

세종 19년 8월에 함길도감사와 도절제사가 혐진올적합과 홀라온올적
합의 연계를 방지하기 위해서 홀라온의 귀순을 장려하자고 주장하였
다.[71] 당시 조선은 제2차 파저강 정벌을 단행한 시점이었음에도 홀라온
에 대해 적극적으로 논의하였다.[72] 그 결과 동년 9월에 嘔罕衛와 肥河
衛 추장의 使人이 내조하였다.[73] 이후 홀라온의 내조는 <표 2-1>에서
확인되듯이 급증하였다. 이때 조선에 내조한 여진위소는 肥河衛, 嘔罕
衛, 兀者左·右衛 등 60여 위였다.[74]

69) 『세종실록』 권74, 18년 7월 18일 신해.
70) 『세종실록』 권74, 18년 9월 7일 기해 ; 권75, 10월 12일 갑술.
71) 『세종실록』 권78, 19년 8월 29일 병술.
72) 『세종실록』 권78, 19년 9월 9일 병신 ; 17일 갑진 ; 25일 임자.
73) 『세종실록』 권78, 19년 9월 11일 무술.
74) 김구진, 『13C-17C女眞 社會의 硏究』, 고려대학교 박사학위논문, 1988, 92～99쪽.

조선의 정책 변화에 홀라온올적합도 조선과의 직접 통교가 유리하다
고 판단했을 것이다. 게다가 세종 19년 6월 그믐께 홀라온 지방에 눈이
한자나 내리고 초목이 어는 기상 이변이 발생하였다.[75] 홀라온은 자연
재해라는 위기 상황을 극복하기 위해 적극적인 노력을 기울였고, 그 중
하나가 조선에도 내조하여 경제적 안정을 찾는 것이었을 것이다. 이러한
점도 홀라온이 조선에 전격적으로 내조한 정황을 뒷받침한다.

조선은 홀라온올적합의 내조 급증으로 여러 폐단이 발생하자 이들의
내조 수용을 재고하였다. 특히 홀라온의 내조가 폭발적으로 증가했던 세
종 21년에 이러한 논의가 자주 등장하였다. 먼저, 동년 4월에 예조에서
홀라온 가운데 印信과 書契가 없는 자는 도절제사가 올려보내지 말고
현지에서 특별히 후하게 대접하여 돌려보내고, 부득이 접견할 자만 적당
히 상경하게 하였다.[76]

홀라온올적합의 내조가 계속되자, 동년 9월에 신료들은 여진인의 入
朝로 인한 驛路의 폐단을 덜자는 상소를 올렸다.[77] 여기에 홀라온이 書
契를 위조한 사례까지 발견되자, 조선은 이들의 내조를 제한하기로 하였
다.[78] 이는 다른 여진에게도 영향을 끼쳐 동월 14일에 의정부는 여진인
왕래자의 수를 줄이자는 의견을 개진하였다.[79] 그 결과 세종 22년부터

그는 이 논문에서 명의 여진위소 184위 중 79위가 조선에 내조하였고, 이는 전체
의 약 48%를 차지한다고 하였다. 그중 60여 위가 세종대에 내조한 홀라온올적합
이었다.(앞의 논문, 1988, 75쪽)

75) 『세종실록』 권78, 19년 8월 8일 을축.
76) 『세종실록』 권85, 21년 4월 27일 갑진.
77) 『세종실록』 권86, 21년 9월 2일 정미.
78) 『세종실록』 권87, 21년 10월 8일 계미. 여진인이 통교체제를 위반하고 조선에 내
조한 사례들은 홀라온올적합에게 많이 발견된다. 자세한 내용은 다음 연구를 참
조할 수 있다.(한성주, 「조선전기 女眞 僞使의 발생과 處理 問題에 대한 고찰」,
『사학연구』 100, 2010)
79) 議政府啓 "近來野人來往頻數 驛路之弊 視古爲多. 自今酋長親來則已矣 隨從者不過
二三人 送赴京都 其他如持書契者 亦毋過一名. 其餘 節制使臨時權宜開諭 留置厚

홀라온의 내조는 점차 감소하였다.[80]

이러한 가운데 세종 24년(1442) 5월에 발생한 '忘家 사건'은 홀라온 올적합의 내조가 사라지는 데 큰 영향을 끼쳤다. 망가는 세종 24년 5월 에 홀라온 지휘 加籠介의 아들이라며 3명을 데리고 내조하였다.[81] 그런 데 이때 향화한 護軍 浪得里卜이 망가는 가롱개의 아들이 아니라 이전 에 조선을 入寇한 沙籠介의 둘째 아들이라고 밀고하였다.[82]

조선은 곧바로 이들을 의금부에 가두어 推問하였고, 그중 波下多가 망가는 가롱개의 아들이 아니라 사롱개의 둘째 아들 無同介라고 진술하 였다. 하지만 나머지는 계속 혐의를 부인하였다. 일이 확대되는 것을 염 려한 조정은 일단 6월 6일에 망가 등을 석방하였고, 같은 달 10일에 波 下多와 仇赤羅 등 2명도 돌려보내며 마무리하였다.[83]

이 사건은 아마 조선의 근처에 사는 여진인이 조선에서 홀라온올적합 을 비교적 용이하게 수용하는 모습을 보고, 자신들을 홀라온이라 모칭하 고 내조한 것으로 보인다. 낭득리복의 보고와 망가와 동행한 파하다의 진술에 의하면 망가는 조선의 근경에 거주하며 조선을 침입했던 사롱개 의 아들일 가능성이 높다. 무동개(망가)는 조선에 침입한 적이 있어 사실 대로 그의 신분을 말하면 조선에 내조할 수 없었기에 홀라온으로 모칭했

待" 從之.(『세종실록』 권87, 21년 10월 14일 기축)

80) 河內良弘의 홀라온올적합의 내조와 필자의 사례를 대조하면 약간의 차이가 있다. 필자는 세종 24년 5월에 내조한 忘家와 波下多의 伴人인 仇赤羅와 也時를 대표자 인 忘家와 波下多에 각각 포함해 내조 횟수를 산정했지만, 河內良弘은 이들을 따 로 횟수로 산정하였다. 또한, 河內良弘은 세종 25년 1월의 指揮 色重哥 等 7人의 내조 사례를 빠트렸다. 두 사례만 제외하고 나머지는 모두 같다. 한편 河內良弘은 이들의 내조 목적과 경과 등에 대해서 자세하게 연구하였고, 특히 내조한 부족과 부족장까지 분석하여 이들의 거주지와 활동 등의 이해에 큰 도움을 준다.(「忽剌溫 兀狄哈の朝鮮貿易」 上·下, 『朝鮮學報』 59·61, 1971)

81) 『세종실록』 권95, 24년 5월 21일 경진.

82) 『세종실록』 권95, 24년 5월 30일 기축.

83) 『세종실록』 권95, 24년 6월 10일 기해.

다고 생각한다.

이를 계기로 조선은 홀라온에 대한 내조 수용을 더 까다롭게 하였고, 홀라온이라 모칭하고 내조하는 여진인도 대폭 감소했을 것이다. 홀라온도 전과 같지 않은 조선의 태도에 굳이 무리하여 내조할 필요가 없었다.

당시 긴박한 요동의 정세도 홀라온올적합의 내조 감소에 영향을 끼쳤을 것이다. 세종 24년(정통 7) 10월 초에 兀良哈三衛[84]가 野人女直과 연합하여 명의 氈帽山부터 廣寧前屯 等衛를 공격하여 남녀 180명을 살해하고 노획하였다.[85] 명은 이를 계기로 遼東邊墻을 構築하는 한편, 올량합삼위를 공격하였다.[86]

그런데 세종 26년(정통 9) 7월에 해서여진(홀라온올적합)과 올량합삼위 사이에 분쟁이 발생하였다. 바로 올량합삼위가 海西女眞 肥河衛 추장 別里格의 사자를 죽인 것이다. 이를 계기로 비하위의 별리격과 嘔罕河衛의 你哈荅이 연합하여 格魯坤迷連 지역에서 올량합의 頭目 拙赤, 安出 등과 싸워 승리하였다.[87]

이듬해 9월에도 비하위 등위의 刺塔, 寧(你)哈荅, 별리격이 올량합삼위의 福餘衛를 공격하였다.[88] 바로 이 역시 홀라온올적합의 내조 감소에 큰 영향을 미쳤을 것이다. 즉 홀라온은 자신들의 안전이 확보되지 않은 상태에서 굳이 조선에 내조할 필요가 없었다. 따라서 세종 25년을 마지막으로 홀라온의 내조는 거의 보이지 않는다.[89]

---

84) 올량합삼위는 朶顏·福余·泰寧으로 몽골에 속하는 세력이다. 올량합의 제 명칭과 양자의 관계에 대한 학설은 김구진의 연구에 잘 정리되어 있다.(앞의 논문, 1988, 45~51쪽)

85) 『明英宗實錄』 卷97, 正統 7年 冬10月 癸丑

86) 河內良弘, 앞의 책, 1992, 340~342쪽 ; 남의현, 앞의 책, 2008, 176~182쪽.

87) 『明英宗實錄』 卷121, 正統 9年 9月 丁亥 ; 卷126, 正統 10年 2月 戊申.

88) 『明英宗實錄』 卷133, 正統 10年 9月 甲申.

89) 세종 32년에 한차례 있으나, 뒤에서 설명하듯이 이는 예외적인 사례이다.

제3절. 여진인 통교체제의 정비와 '조선 중심의 외교질서' 구축

1) 여진인 통교체제의 정비

앞서 살펴보았듯이 세종은 여진인의 내조를 적극적으로 수용하였다. 그 결과 여진인의 내조가 급증하였고, 이는 기존의 내조 양상과 대여진 정책을 변모시키는 결과를 초래하였다. 그렇지만 여진인 내조의 증가는 조선에 부담이 되었고, 조정은 이에 대한 대책을 강구할 수밖에 없었다.

세종 26년(1444) 1월에 예조에서 내조 여진인이 많아서 支待할 수 없으므로 앞으로 공적이 있는 자만 상경하게 하고, 그렇지 않은 자는 제한하자고 주장하였다.[90] 동년 2월에도 예조는 원래 회령과 鐘城의 절제사 등이 여진인의 강성하고, 조선과 관계된 자들만 상경시키기로 했는데 이를 무시하였다며 원칙대로 할 것을 건의하였다.[91] 이러한 상황에서 예조는 이때까지의 규정을 종합하여 세종 27년 11월에 여진인의 통교에 대해 다음과 같은 내용을 마련하였다.

> 여러 종족의 野人이 매년 왕래가 빈번하여 驛路가 疲弊한 데, 만일 來朝를 금하면 撫綏하는 뜻에 어긋남이 있습니다. 이제부터 매년 내조의 수를 정하여 兀良哈은 10行, 骨看과 吾都里는 7행으로 하소서. 每行에 酋長이면 正官 1명, 伴人 4명으로 하고, 그 나머지는 정관 1명, 반인 2명으로 하여 恒式으로 삼고, 한 사람이 매년 上來하지 말고 疎數를 헤아려 만 3년이 되기를 기다려서 輪番으로 올려보내게 하소서. 또 忽剌溫 지역이 멀어서 진짜 亏直介(올적합)로 친히 조회하는 자가 드문데, 여진인이 거짓으로 子壻弟姪이라 일컫고 이름을 속여 내조하여, 賞賜를 요구합니다. 그 내조하는 바가 성의에서 나온 것이 아니니 의리가 마땅히 받아들이지 말아야 합니다. 그러나 갑자기 끊을 수 없사오니 1년의 내조는 5행을 넘기지 않게 하소서. 변경에 가까이

---

90) 『세종실록』 권103, 26년 1월 4일 갑인.
91) 『세종실록』 권103, 26년 2월 8일 무자.

사는 林阿車·亐未車·大小居節·南納·高說·高漆 등 제종亐知介의 내조자
는 1년에 2번을 넘지 않게 하고, 정관과 반인의 수는 위와 같이 하소서. 그
나머지 여진인이 혹 우지개라 사칭하고 이름을 속여 내조하는 자는 도절제사
가 거절하고 받아들이지 말게 하소서. 만일 추장의 使送이라 일컬어 文引을
받아 가지고 오는 자는 도절제사가 후하게 위로하고, 토산물을 주어서 돌려
보내게 하소서. 만일 여러 종족이 일시에 올라오면 역로가 피폐해지니, 그 많
고 적은 것을 헤아려서 반드시 농한기에 運을 나누어 올려보내게 하소서.[92]

위의 내용을 자세히 분석하면 ① 매년 올량합 10회, 골간올적합과 알
타리 7회, 홀라온올적합 5회, 林阿車·亐未車·大小居節·南納(남눌)·高
說·高漆 등 올적합은 2회로 내조 횟수를 제한하였다.[93] ② 每行에 추장
이면 정관 1명, 반인 4명, 그 나머지는 정관 1명, 반인 2명으로 使送人의
숫자를 제한하였다. ③ 한 사람이 매년 상경하지 못하게 하고, 만 3년에
한 번씩 윤번으로 上送하게 하였다. ④ 홀라온의 문제점을 잘 파악하고
있지만, 갑자기 끊을 수 없으므로 이들의 내조를 수용하였다. ⑤ 홀라온
추장의 사자라 사칭하며 文引을 가지고 온 자(통교 위반자)는 상경시키
지 않고, 도절제사가 후하게 위로한 뒤 토산물을 주어서 돌려보내게 하
였다. ⑥ 만일 여러 종족이 동시에 상경하면 역로가 피폐해지니, 그 多
少를 파악해서 농한기를 기다려 運을 나누어 상경하게 하였다. 즉 예조

---

92) 『세종실록』 권110, 27년 11월 1일 임신.

93) 종족별 횟수 제한은 나름대로 합리적인 근거였다고 보인다. 세종 원년부터 세종
    25년까지 내조한 횟수는 올량합 117회, 알타리 104회, 골간올적합 51회로 대략
    10:8:4 정도이다. 그런데 골간올적합은 조선에 충순하다며 조선으로부터 긍정적
    인 평가를 받았으므로 알타리와 같은 비율로 내조를 허락받은 것으로 보인다. 반
    면 알타리는 범찰과 동창의 이주 이후 남아있는 종족의 인원 자체가 적다. 실제로
    세조·성종대 알타리의 내조 횟수는 골간과 거의 비슷한 양상을 보인다. 나머지 올
    적합은 내조 횟수 자체가 적어서 각각 2회로 한정하였다고 생각한다. 또한, 홀라
    온올적합은 통교 위반 등 여러 문제점이 발견되고, 내조 횟수도 줄고 있었으므로
    5회로 정한 것이다. 즉 이때의 내조규정을 이전에 내조한 비율과 당시의 상황 등
    을 고려하여 횟수를 정하였다고 생각한다. 이후 여진인의 내조는 특별한 사례를
    제외하고 이 횟수에서 벗어나지 않는다.

는 종족별 내조 횟수, 인원, 기간, 시기, 통교 위반자의 처리 등 여러 상황을 고려하여 세밀하게 규정을 제정한 것이다.

선행 연구에서도 모두 이 내용을 언급하였지만, 내조 횟수와 인원 정도만 언급했을 뿐 자세한 분석은 없었다.[94] 필자는 위에 분석한 것처럼 이때의 규정이 가지는 중요성은 일본과의 '癸亥約條'(1443)에 비해 모자람이 없다고 생각한다. 따라서 본문에서 세종 27년 11월의 여진인 내조 규정을 '乙丑約條'라 하겠다.

그렇다면 '을축약조'는 얼마나 효력을 발휘했을까? 먼저, 각 종족의 내조횟수는 <표 2-1>처럼 대체로 잘 지켜지고 있었다. 그런데 세종 28년에 11회로 비교적 많은 이유는 27년 11월 1일에 여진인의 내조 규정을 시행하여 변방에 이 규정이 곧바로 시행되지 못했기 때문이다. 실제로 여진인의 내조는 28년 1월과 2월에 10회로 집중되었고, 이후에 이들의 내조가 많이 보이지 않기 때문에 규정을 잘 준수하였다.[95] 그러므로 세조 원년에 여진인 내조를 대폭 수용할 때까지 이 규정이 잘 지켜졌다고 볼 수 있다.[96]

둘째, 사송인 숫자는 세종 28년(1446)부터 여진인 내조를 "等"으로 처리했기 때문에 파악하기가 어렵다.[97] 하지만 문종대의 여진인 내조

---

94) 河內良弘, 앞의 책, 1992 ; 김구진, 앞의 책, 1995 ; 한성주, 앞의 논문, 2010.

95) 박정민, 「세조대의 여진 관계와 정책-여진인 내조를 중심으로-」, 『한국사연구』 151, 2010, 110쪽.

96) 이러한 규정은 세조가 원년에 여진인의 내조를 대폭 수용하면서 지켜지지 않았다. 이때 세조는 함길도 도절제사 양정에게 "여진인의 상경에는 본래 정한 수효가 있으나, 지금은 즉위 초기이니 더욱 불러서 위로해야 한다"고 말하였다.(『세조실록』 권2, 원년 11월 7일 무인) 이를 통해 을축약조는 최소한 세조 원년까지 영향을 끼치고 있었음을 알 수 있다. 이후 세조와 성종 등은 다시 여진인의 내조를 제한하기 위해 각종 규정을 마련하였다.(박정민, 2012, 앞 논문 ; 2013b, 「조선 성종대의 여진인 "來朝" 연구」, 『만주연구』 15) 이러한 점은 을축약조를 제정한 경험에서 비롯되었다고 생각한다.

97) 세종 29년 2월 金時具 等 7人의 내조를 제외하고, 나머지는 보이지 않는다.

현황을 보면 대체로 3~5명으로 을축약조에서 규정된 내용을 벗어나지
않는다. 따라서 세종대 역시 그 규정을 잘 지켰다고 보인다.

셋째, 한번 상경한 사람은 3년에 한 번씩 輪番으로 상송하게 했는데,
이 기간 유일하게 두 번 내조한 童所老加茂는 세종 29년 1월과 동왕
32년 1월로 정확히 3년의 기간을 맞추었다.[98] 마지막으로, 농한기에 순
번을 나누어 상경하기로 한 규정도 <표 2-3>처럼 세종 28년 이후에 모
두 11, 12, 1, 2월에 집중되었던 것으로 증명할 수 있다.[99] 이러한 사실
들을 통해 을축약조의 규정이 상당히 잘 지켜지고 있었음을 알 수 있다.

그리고 건주본위에 대한 내조 규정이 없는 점도 큰 특징이다. 조선은
을축약조가 제정되는 시기에 건주본위와 관계를 단절했기에 이러한 현
상이 나타난다. 이외에도 조선조정은 세종 28년 1월에 예조의 정문에 따
라 도만호·도지휘 이상을 1등, 上護軍·大護軍·護軍·萬戶·副萬戶 이상
을 2등, 司直·副司直·司正·副司正과 관직이 없는 사람까지를 3등으로
삼아, 衣服·帶·笠·靴·縣布의 사급 법식을 정하였다.[100]

을축약조는 여진인 내조 규정의 마련과 연계되었다. 당시 조선은 여진
뿐만 아니라 명을 제외한 국가/세력과도 관계 설정을 시도하였다. 이 시기
조선은 여진과 일본에 대한 통교체제를 정비하며 이들과의 관계를 정립하
였고, 세종 25년의 癸亥約條 역시 같은 맥락에서 이루어졌을 것이다.

조선이 일본에 대한 통교체제를 정비하는 과정을 간략하게 살펴보면
다음과 같다. 세종 20년에 조선은 對馬島主와 文引制度를 정약하였고,

---

98) 범위를 넓혀 문종대까지 본다면 童因豆도 세종 27년 12월과 문종 즉위년 2월에
  내조하였다.

99) 문종대 역시 내조가 12, 1, 2월에 집중되었다. 물론 즉위년 10월 3일과 원년 10월
  3일에도 내조하였다. 이는 국왕의 탄신 하례를 위한 것이기 때문에 규정의 예외에
  해당한다. 한편, 국왕의 탄생일에 이들이 참석한 것은 매우 중요한 의미가 있다.
  태종과 세종대에 이러한 사례가 거의 없지만, 문종대 이들이 탄일 하례에 참석한
  것은 단순한 현상이 아니라 명에 聖節使를 파견한 것과 비슷한 양상을 보인다.

100) 『세종실록』 권111, 28년 1월 10일 무인.

이후 倭人接待規定을 집중적으로 정비하였다. 바로 이러한 가운데 제정
된 세종 25년의 계해약조는 다음과 같다.

> ① 대마도주는 매년 50척의 배를 보낼 수 있고, 부득이하게 보고할 일이 있
>   을 경우 정해진 숫자 외에 特送船을 보낼 수 있다.
> ② 대마도주에게 매년 200석의 쌀과 콩을 하사한다.

이후 계해약조는 일본의 모든 통교자들에게 적용되었다.[101] 계해약조
와 을축약조를 비교하면, 歲遣船의 정약과 여진인 내조 횟수 제한은 비
슷하다. 하지만 조선이 대마도주에게 歲賜米豆를 하사했던 반면 여진인
에게는 이를 주지 않았다.[102] 또한, 계해약조는 대마도주를 통제하기 위
한 정책이었지만, 을축약조는 조선과 통교하는 제 여진을 통제하기 위한
정책이었다. 따라서 여진인의 내조 제한 내용도 더 세세하다.

조선이 계해약조를 통해 대마도와의 통교체제를 확립한 것은 일본의
외교창구를 단일화하는 성격을 가졌다.[103] 하지만 조선은 대마도와 달
리 제 여진을 직접 통제하려 하였다. 예를 들어, 세종 22년에 알타리의
범찰 등이 파저강으로 이주한 후, 세종은 동맹가첩목아의 동생인 於虛
里를 알타리의 추장으로 인정하였다. 그의 아들인 童所老加茂는 후계자
가 되어 조선으로부터 후대 받았다. 동소로가무는 세종 25년 10월에 자
신의 관하인이 상경하면 조선으로부터 받은 印信을 書契에 찍어서 보내

---

101) 한편, 세종 26년과 27년에도 宗貞盛 諸人 宗彦七盛國 등 도주의 일족과 세견선을
    정약하였고, 肥前州의 源吉, 石見州의 藤原和兼과도 세견선을 정약하였다.(한문
    종, 『朝鮮前期 對日外交政策 硏究』, 전북대학교 박사학위논문, 1996, 74～77쪽)
102) 대마도를 비롯한 일본에 비해 여진인의 통제가 쉬웠기 때문에 조선은 굳이 세사
    미두까지 제공할 필요가 없었을 것으로 보인다.
103) 문인제도와 계해약조는 조선의 강력한 왜인통제책이 되었으며, 대마도를 조선의
    외교체제에 편입시키는 데 크게 이바지하였다.(한문종, 「『海東諸國紀』의 倭人接
    待規定과 朝日關係」, 『한일관계사연구』 34, 2009, 24쪽)

게 해달라고 요청하였다. 그러나 조정은 이를 거절하였다.[104] 이는 조선
이 대마도주와 달리 여진에 대해서는 직접 통교권을 가지고 있음을 보여
준다.

이처럼 을축약조는 제 여진을 조선이 통제할 수 있다는 자신감의 표
출이라고 생각한다. 따라서 을축약조는 제 여진에 대한 통교체제를 마련
하는 계기가 되었고, 이를 토대로 '조선 중심의 외교질서'의 상정에 도
움을 주었다.

시차상 계해약조가 을축약조보다 먼저 이루어졌지만, 계해약조와 을
축약조는 같은 범주에서 파악해야 한다. 계해약조 이후 왜인의 내조 횟
수 감소와 마찬가지로 여진도 부정기적인 내조가 사라졌다.

계해약조 체결 당시 외교문서 작성의 전담기구인 예조의 책임자였던
예조판서 김종서는 다년간 함길도관찰사와 도절제사로 근무하며 육진
개척을 주도하는 등 당시 조선에서 여진에 대한 최고 전문가라고 할 수
있다.[105] 그가 일본과 통교체제를 확립하는 시점에 여진을 간과했을 리
없고, 여진과 통교체제를 정비하는 데 큰 역할을 하였을 것이다.

당시 불안한 요동의 정세도 세종 26년(1444)부터 여진인의 내조가 감
소한 다른 원인으로 작용하였다. 이때 오이라트(瓦剌)가 점차 세력을 확
대하여 명에 큰 위협을 초래하였는데, 이는 명뿐만 아니라 조선에도 영
향을 끼쳤다.[106] 여진인도 이 상황을 예의주시하였을 개연성이 크다. 그
러므로 명에 也先의 침입이 격화된 세종 29년(1447) 이후 여진인의 내
조가 더욱 감소했고, 특히 '土木堡의 變'이 있었던 세종 31년(정통 14

---

104) 『세종실록』 권102, 25년 10월 23일 갑진.
105) 그는 세종 15년 12월 9일에 함길도 觀察使, 17년 3월 27일에 함길도 兵馬都節制
使로 임명되었다. 이후 22년 12월 3일에 刑曹判書를 거쳐, 23년 11월 14일부터
28년 1월 24일에 議政府右贊成兼判禮曹事가 될 때까지 禮曹判書를 역임하였다.
106) 이때 명은 조선에 파병을 요청했을 만큼 긴박한 상황이었다.(계승범, 「파병 논의
를 통해 본 조선전기 對明觀의 변화」, 『대동문화연구』 53, 2006, 312~315쪽)

년)에 여진인의 내조가 없었다.

이러한 가운데 세종 32년(1450) 2월에 塔山衛 指揮使가 아들을 보내서 소식을 알려 주고, 예물까지 보냈다.[107] 탑산위 지휘사가 제공한 소식은 정확히 알 수 없지만, 당시 조선에서 '토목보의 변' 이후 에센의 침입에 부심했던 상황을 고려한다면, 아마 이와 관련된 내용이었을 것이다. 따라서 탑산위의 내조는 당시 긴박한 정황을 잘 보여주는 사례이다.

지금까지 살펴보았듯이 세종은 단순히 여진인의 내조를 수용하고, 이들의 경제적 요구를 충족하는 선에 머물지 않았다. 세종은 내조 시기, 인원, 횟수 등의 규정뿐만 아니라 접대규정 등을 본격적으로 제정하여 이는 '을축약조'(세종 27년)로 완성되었다. 물론 대마도와의 '계해약조'(세종 25년)가 먼저 마련되었지만, 비슷한 시기에 완비된 만큼 조선이 의도적으로 여진과 왜에 대한 통교체제를 정비해 나간 것으로 보아야 한다. 이를 통해 조선은 향후 이들과의 관계에 주도권을 쥘 수 있었다.

2) '조선 중심의 외교질서' 구축

세종은 역로의 피폐와 재정의 부담에도 여진인의 내조를 적극 수용하였다. 물론 조선은 여진인에 대한 규제를 적절히 하며 횟수를 탄력적으로 운영하였다. 즉 세종의 의지가 여진인 내조 수용에 가장 중요한 조건이었다. 그렇다면 세종이 여진인의 내조를 수용한 이유는 무엇이었을까? 여기에서는 의례와 규정의 정비과정을 통하여 살펴보고자 한다.

---

107) 『세종실록』 권127, 32년 2월 13일 무자. 탑산위는 해서여진에 속하고, 그 위치는 지금의 흑룡강성 하얼빈 북부에 있었다는 주장(譚其驤, 『中國歷史地圖集』 第七册, 中國地圖出版社, 1982, 82~83)과 어디인지 정확히 알 수는 없지만, 처음에 平蘭河유역에 탑산위를 설치하였다가 후에 부족들이 남쪽으로 옮겨왔다는 주장이 있다.(楊暘, 앞의 책, 2008, 263쪽) 한편, 탑산위는 후일 하다(哈達)와 울라(烏拉)의 조상이 되었다.(劉小萌 著/이훈·이선애·김선민 역, 『여진부락에서 만주국가로』, 2013, 171~172쪽)

당시 동아시아는 명을 중심으로 한 국제질서에 기반을 두었다. 조선
은 이러한 국제질서에서 그 위치를 설정해야 했고, 명의 禮制와 문물질
서를 고려하며 자체의 제도를 정비하였다.[108] 한편, 조선은 고려말부터
望闕禮와 受朝賀가 동시에 행해지면서 이를 통해 제후국이자 독립왕조
로서의 위상을 동시에 구현하였다.[109] 조선의 국왕은 명에 대한 충성 서
약으로 조선의 위치를 규정하는 한편, 국내의 관료에게 朝賀를 받음으
로서 독립국 국왕의 모습을 體現할 수 있었다. 조선은 그 수단으로 초기
부터 각종 의례를 확립해 나갔다.

세종은 유교적 이상 국가를 건설하기 위해 古制硏究를 본격적으로
진행하였다.[110] 세종은 이를 통해 여러 가지 의례를 정비하였고, 26년
(1444)에 변효문과 정척 등이 五禮儀注를 상정하였다.[111] 이때의 성과
는 『世宗實錄』 五禮에 수록되었다.[112] 그중 賓禮에 명뿐만 아니라 여
진과 일본, 유구 등 隣國에 대한 내용도 담겨있다.[113]

조선의 빈례에 대한 의례정비는 여진인과 왜인의 빈번한 내조에 기인

---

108) 정동훈, 「명대의 예제 질서에서 조선국왕의 위상」, 『역사와 현실』 84, 2012, 28
5~287쪽.
109) 최종석, 「고려시대 朝賀儀 의례 구조의 변동과 국가 위상」, 『한국문화』 51,
2010, 225~229쪽.
110) 한형주, 「朝鮮 世宗代의 古制硏에 對한 考察」, 『역사학보』 136, 1992.
111) 『세종실록』 권106, 26년 10월 11일 병진.
112) 세종의 훙거 당시에 이미 오례의는 상당한 정도의 완성을 갖춘 것으로 확인된
다.(김해영, 「조선초기 禮制 연구와 『국조오례의』의 편찬」, 『조선시대사학보』
55, 2010, 48~50쪽 ; 강제훈, 「조선 『世宗實錄』 「五禮」의 편찬경위와 성격」,
『사학연구』 107, 2012)
113) 『세종실록』 五禮의 賓禮儀式은 명의 사신을 맞이하는 宴朝廷使儀, 王世子宴朝
廷使儀, 宗親宴朝廷使儀과 여진과 일본, 유구 등 隣國의 사신을 맞이하는 受隣
國書幣儀, 宴隣國使儀, 禮曹宴隣國使儀로 구분할 수 있다. 한편, 성종대에 완성
된 『國朝五禮儀』는 세조, 성종대에 정비된 國家典禮를 반영하였다. 따라서 상당
부분 개정된 부분이 많음에도 賓禮는 『세종실록』 五禮와 변동이 없다.(이범직,
「朝鮮初期의 五禮」, 『韓國中世禮思想硏究』, 일조각, 1991, 398쪽)

한다. 하지만 이미 조선은 여진인과 왜인에 대한 여러 규정을 마련하고
있었기 때문에 의례 제정에 큰 어려움은 없었을 것이다.114) 그 과정에서
조선은 여진인과 왜인에게 조선의 의식 절차를 준용하게 함으로써 국왕
의 권위를 과시할 수 있었다. 한발 더 나아가 이들을 '조선 중심의 외교
질서'에 편입할 기회로 이용할 수 있었을 것이다.115)

앞장에서 살펴본 것처럼 명뿐만 아니라 조선도 正朝와 冬至에 특별
한 의미를 부여하여 성대한 의식을 거행하였다.116) 따라서 이 시기에 의
례를 제작한 것은 외교체제의 정비와 무관하지 않았다고 생각한다.

세종대 여진인의 조선 내조를 월별로 분석하면 <표 2-3>과 같다. 이
를 보면 1월, 12월, 2월, 11월의 순이다. 이는 태조, 태종, 세조, 성종대의
여진인 내조와 비슷한 양상을 보인다.117) 11월부터 2월 사이의 내조는

114) 예를 들어, 세종이 21년 8월에 여진인과 왜인 등의 조회를 받을 때 正朝·冬至·
朔日에는 正殿에 나아가 앉고, 그 나머지는 勤政門에 나아가 앉는 것이 어떤지
를 묻자, 집현전과 의정부에서 可하다고 대답하였다. 하지만 당시에 따로 儀注
를 만들지는 않았다.(『세종실록』 권86, 21년 8월 5일 신사)
115) 정다함은 조선이 여진, 대마도, 막부 등에 대해 맺은 관계성은 수평·호혜적이지
않고, 층위가 설정되어 조선을 중심으로 하는 국제적 질서를 구축하고 있다고
지적하였다.(「朝鮮初期 野人과 對馬島에 대한 藩籬·藩屛 認識의 형성과 敬差官
의 파견」, 『동방학지』 141, 2008, 262~264쪽 ; 「'事大'와 '交隣'과 '小中華'라
는 틀의 초시간적인 그리고 초공간적인 맥락」, 『한국사학보』 42, 2011, 302쪽)
필자 역시 이러한 의견에 동의한다. 그리고 앞장에서 이러한 질서를 '조선 중심
의 외교질서'라고 명하였다.
116) 조선의 正至會禮는 국왕이 주최하는 잔치였는데, 이는 중국 漢대부터 국가 의례
를 구성하는 의식이었다. 조선은 회례를 자신의 기준으로 재해석하여 조선적인
의례를 구성하였다.(강제훈, 「조선 초기 正至會禮 의식의 정비와 운용」, 『한국사
학보』 34, 2009, 67~72쪽)
117) 박정민, 앞의 논문, 2012, 89쪽 ; 앞의 논문, 2013a, 53쪽 ; 앞의 논문, 2013b,
185~187쪽. 여진인이 명에 내조한 양상은 江嶋壽雄의 연구를 참고할 수 있다.
(「明正統期に於ける女直朝貢貿易の制限」, 『東洋史學』 6, 1952 ; 「明初女直朝貢に
二三の問題」, 『史淵』 58, 1953 ; 「明代女直朝貢貿易の概觀」, 『史淵』 77, 1958 ;
「明末女直の朝貢に就て」, 『清水博士追悼記念明代史論叢』, 1962. 그의 논문은 모

총 337회로 전체의 약 69.3%를 차지한다. 이는 동지와 정조에 참여하는 비율이 높다고 해석할 수 있다. 그렇다면 이것은 여진이 조선의 외교체제에 편입하는 강도가 높다는 것을 보여준다고 할 수 있다.

<표 2-3> 세종대 내조 여진인의 월별 분석

	1월	2월	3월	4월	5월	6월	7월	8월	9월	10월	11월	12월	합계
1	7											1	8
2	3										1	2	6
3	1	1											2
4	2	3									1	9	15
5	3	1				1	2				1	9	17
6	3	1	1									9	14
7	4						1				2	15	22
8	5	1									2	4	12
9	11	3			1								15
10	9	11										4	24
11	6												6
12			1										1
13	12	5				1	1					1	20
14	1	2											3
15	1					1			1			3	6
16	2	1	1		1			1			1	2	9
17	4	2		1	1	1			3	1	1	7	21
18	5	1		1	1	2	2				1	2	15
19				1		1	1		7	5	3	3	21

두 『明代淸初の女直史硏究』, 中國書店, 1999에 재수록 되어 있다) 그의 연구를 따르면 永樂·宣德 연간에는 여진인에 대한 적극적인 초무를 했기 때문에, 시기·횟수·인원 등에 대한 제한이 없었다. 그러나 正統 연간부터 이들의 내조 시기를 겨울철로 제한하였다. 그리고 正統元年부터 景泰 7년까지 여진인 조공기록을 월별로 분석한 표3을 보면, 본고의 <표 2-3>과 거의 비슷하게 11, 12, 1, 2월에 집중된 양상을 보인다.(앞의 책, 1999, 129~147쪽) 하지만 그는 내조 시기 제한 이유를 단순히 邊民의 부담을 덜기 위해서 농한기에 맞추었다고 보았다.

20	5	4	6			3	4	1	1	1	5	8	38
21	7	3		3	3	21	6	10	10	4	4	7	78
22		6					5	1	1	1	5		19
23	4	5	3	1	4	1		2	2		14	5	41
24	6	5			6			1		1	2	9	30
25	2	6		1		3					2	1	15
26		1											1
27		1	1								3		5
28	9	1									2		12
29	3										1	1	5
30		1									1		2
32	2	1											3
합계	117	66	13	8	17	35	22	16	25	13	47	107	486

특히 정조에 참여하기 위해 12월과 1월에 내조하는 경우가 많았다. 이는 "야인이 오는 것은 다만 겨울철에 한해 있다",[118] "야인이 설마다 문안한다"[119]라는 구절을 통해서도 여진인의 내조가 정조하례에 참석하기 위해서임을 짐작할 수 있다.

실제로 세종대에 여진인과 왜인이 1월 1일의 정조하례에 참석한 사례가 많이 발견된다.[120] 이는 조선 군신 간의 화합과 명에 대한 사대를 동시에 추구한 것으로 볼 수 있다.[121] 한발 더 나아가 조선은 명을 제외하

---

118) 『세종실록』 권51, 세종 13년 3월 8일 임신.
119) 『세종실록』 권94, 세종 23년 12월 27일 기미.
120) 정조하례 의식은 망궐례→조하례→축하연의 과정을 보인다. 따라서 필자는 1월 1일의 행사에 참석한 사례를 모두 정조하례에 참석한 것으로 보았다. 예를 들어 7년, 8년, 9년, 15년부터 21년까지, 24년부터 27년까지, 30년과 31년 등 재위 32년 중 16회나 정조하례에 이들이 참석한 기록이 발견된다. 즉 여진인의 내조와 정조하례의 참석은 상관관계가 있다. 기록에 남지 않았지만, 이때 정조하례에 참석했을 것으로 보이는 사례들도 있어 실제로 여진인의 참석률은 더 높았을 것으로 생각한다. 이외에 태종대에도 1월 중에 내조하는 것은 정조의 예를 취하기 위해서였다.(박정민, 앞의 논문, 2013a, 55～57쪽)

고 조선을 중심으로 하는 외교질서로 재편하고자 여진과 일본과의 관계를 설정하였다고 보인다.

그 외의 시기인 3월부터 10월 사이의 내조도 상당히 많다. <표 2-3>을 보면 세종 15년부터 25년 사이에 이러한 사례가 많이 보인다. 특히 세종 21년은 홀라온의 내조로 3월부터 10월까지의 내조가 많다. 이는 세종이 이들의 내조를 동지와 정조 등과 관계없이 수용하였기 때문이다. 따라서 이 기간 총 293회 중 3월에서 10월 사이의 여진인 내조 횟수는 139회를 차지한다.

세종 원년부터 14년까지, 그리고 세종 26년부터 32년까지를 합한 총 193회 중 3월부터 10월까지의 여진인 내조는 불과 10회밖에 없다. 약 94.8%에 해당하는 대부분의 내조가 11월부터 2월 사이에 집중되었다. 그렇다면 세종 16년부터 25년 사이의 내조는 비정상적 혹은 예외적 사례가 집중되었음을 알 수 있다. 이는 앞서 본 것처럼 이 기간 두 차례에 걸친 파저강 정벌과 홀라온올적합의 내조, 동맹가첩목아 사후 이 지역 여진인의 회유 등과 관계 깊다.

세종 원년부터 14년까지, 그리고 세종 26년부터 세종 32년까지는 조선의 여진에 대한 통제가 비교적 잘 이루어진 시기라고 할 수 있다. 또한, 이 기간 동안에 내조한 세력은 대부분 두만강 유역에 거주하는 올량합, 올적합, 알타리, 토착여진 등이었다.

이를 통해 조선은 이 지역에 거주하는 여진인에 대해 일정한 통제력을 가지고 있었고, 각종 규정을 제정하며 '을축약조'으로 대변되는 통교체제를 확립할 수 있었다. 조선은 이러한 통교체제 등을 마련하며 여진인을 조선의 외교질서에 편입하였다고 생각한다. 그리고 이는 후대 국왕들에게 큰 영향을 끼쳤다.

---

121) 한형주, 「朝鮮初期 朝賀儀禮에 대한 考察」, 『명지사론』 13, 2002, 278~281쪽.

제Ⅲ장.
세조대 조선 중심
외교질서의 실현

제1절. 세조 초기의 왕권 강화와 여진인 내조

世祖는 癸酉靖難으로 정권을 획득하였다. 그 때문에 세조는 유교 정
치이념에서 보면 명분과 정통성, 도덕성에 약점을 안고 있었다.[1] 세조가
정통성을 확보하기 위해서는 두 가지의 전제조건이 필요하다. 먼저, 명
의 황제로부터 국왕으로 승인을 받는 것이다. 다음으로 양반 신료들로부
터 지지를 얻어야 한다.

이를 위해 세조는 왕위에 오른 뒤 명으로부터 국왕의 승인을 받고자
노력하였다. 비록 순탄치 않았지만, 세조는 이듬해 4월에 景泰帝로부터
조선국왕에 봉한다는 詔勅과 誥命을 받았다. 한편, 세조는 한명회·신숙
주 등 공신에게 정치·경제적 혜택을 부여하며 친왕세력으로 확보해 나
갔다.[2] 그럼에도 불구하고 사육신의 단종 복위운동, 와언사건 등이 발생
하며 여전히 정통성에서 불안함을 노출하였다.

세조는 계속하여 왕권을 강화하기 위해 노력하였다. 따라서 6조 직계
제, 호적과 호패제의 강화, 집현전의 폐지, 지방의 통제와 감시 등을 통
해 왕권 강화에 주력하였다.[3] 또한, 세조는 제후국이기 때문에 한동안

---

1) 최승희, 「세조대 왕위의 위약성과 왕권 강화책」, 『조선시대사학보』 1, 1997.
2) 정두희, 「조선 세조·성종조의 공신연구」, 『진단학보』 15, 1981 ; 최승희, 앞의 논
   문, 1997 ; 최정용, 『조선조 세조의 국정운영』, 신서원, 2000.
3) 위와 같음.

행할 수 없었던 祭天禮도 圜丘壇을 복설하여 실시하였다.[4]

같은 맥락으로 세조는 주변의 이민족인 여진인과 왜인의 내조를 적극적으로 권장하였다.[5] 세조는 이들의 내조를 수용하며 심지어 이민족까지도 자신을 국왕으로 인정한다는 사실을 보이고자 하였다.[6] 그렇다면 세조가 실질적으로 이들의 내조를 왕권의 강화 등에 어떻게 이용했는지 살펴볼 필요가 있다. 따라서 여기에서는 이러한 점에 주안점을 두고 여진인의 내조를 살펴보고자 한다.

단종대에도 25회의 여진인 내조가 있었으나, 계유정난이 발생한 단종 원년(1453) 10월 이후에 19회로 집중되었다.[7] 즉 즉위년에만 단종이 주체가 되어 여진인의 내조를 수용하였고, 나머지는 수양대군과 관계가 깊다고 볼 수 있다.

수양대군은 계유정난 이후 '이징옥의 난'을 진압하면서 5진에 거주하는 여진인에게 본인을 따르도록 하고, 그들의 내조를 허락하였다.[8] 그 결과 이듬해 1월부터 兀良哈 都萬戶 金管婁 등이 내조하였고,[9] 수양대군은 이들에게 관직을 제수하였다. 또한, 수양대군은 동년 5월에 함길도 도절제사에게 童所老加茂·李貴也 등 유력 추장을 불러 近侍할만한 자를 보고하게 하였다.[10]

---

4) 中村榮孝, 「朝鮮世祖의 圜丘壇祭祀について(上)」, 『朝鮮學報』 54, 1970 ; 김상태, 「朝鮮 世祖代의 圜丘壇 復設과 그 性格」, 『한국학연구』 6·7, 1996 ; 한형주, 「朝鮮 世祖代의 祭天禮에 대한 硏究」, 『진단학보』 81, 1996.
5) 실제로 세조 원년에 조선에 통교한 왜인은 57회에 도항한 사송인 수가 무려 6,116명에 이른다.(한문종, 『朝鮮前期 對日外交政策 硏究』, 전북대학교 박사학위 논문, 1996, 77∼78쪽, 190쪽 ; 高橋公明, 「朝鮮遣使ブームと世祖の王權」, 『日本前近代の國家と對外關係』, 吉川弘文館, 1987)
6) 高橋公明은 이러한 관점으로 세조대 왜인의 내조를 분석하였다.(위의 논문, 1987)
7) 특히 단종 2년에만 18회를 차지한다.
8) 『단종실록』 권9, 원년 11월 13일 을축.
9) 『단종실록』 권10, 2년 1월 2일 갑인 ; 13일 을축 ; 16일 무진 ; 2월 6일 정해 ; 29일 경술.

수양대군이 여진인 내조와 시위에 관심을 기울인 것은 정권과 국방 안정, 자신의 위세 과시 등을 위해서였다. 이외에도 이사철의 여진인 세력 조사 보고를 통해 조선은 두만강 유역 여진의 정보를 파악할 수 있었고, 이후의 여진 정책 결정에 큰 도움을 받았다.[11]

세조는 즉위 초에도 여진인을 불러서 위무하려 하였다. 세조는 金都乙溫·浪孛兒罕·童速魯帖木兒·柳尙冬(同)介(哈) 등 유력 추장의 내조를 종용하였다. 이는 결실을 이루어 원년 11월 6일의 斡朵里 都萬戶 童吾沙介 등 7명을 시작[12]으로 그 해에만 37회, 약 350여 명의 내조가 있었다. 그 결과 세조 2년 1월 1일의 望闕禮에 여진인과 왜인 500명이 隨班할 정도였다.[13]

〈표 3-1〉 세조대 연도별, 세력별 내조 현황[14]

연도	兀良哈	兀狄哈	斡朵里	土着女眞	建州三衛	미상	합계
세조 1(1455)	19	7	8	3			37
세조 2(1456)	3		4		4		11
세조 3(1457)	4	3	1	2			10
세조 4(1458)	3		2		15	1	21
세조 5(1459)	11	12	1	2	1		27

---

10) 『단종실록』 권11, 2년 5월 11일 신유. 이후에도 수양대군은 여진인이 내조하면 관직을 제수하거나 사냥에 데려가고, 각종의 하사품을 주었다.

11) 旗田魏, 「吾都里族の部落構成-史料の紹介を中心として」, 『歷史學硏究』 5-2, 1935 ; Kenneth R. Robinson, 「一四五五年三月の人名記錄にみる朝鮮王朝の受職野人」, 『年報朝鮮學』 6, 1997 ; 荷見守義, 「世祖靖難と女眞調査―一四五五年四月の人名記錄に見る中朝關係」, 『明代史硏究會創立三十五年記念論叢』, 2003 ; 남의현, 「明代 兀良哈·女眞의 成長과 遼東都事의 危機」, 『만주연구』 3, 2005 ; 한성주, 「두만강지역 여진인 동향 보고서의 분석」, 『사학연구』 86, 2007 ; 木村拓, 「十五世紀前半朝鮮の女眞人への授職と羈縻」, 『朝鮮史硏究會論文集』 46, 2008.

12) 『세조실록』 권2, 원년 11월 6일 정축.

13) 『세조실록』 권3, 2년 1월 1일 신미.

세조 6(1460)	14	20	2	1			37
세조 7(1461)	15	8	3				26
세조 8(1462)	12	1	2				15
세조 9(1463)	6	7	3	2			18
세조 10(1464)	3	3	1				7
세조 11(1465)	10	6	2	1			19
세조 12(1466)	3	9		3		1	16
세조 13(1467)	3	3	3				9
세조 14(1468)	5	3	1				9
합계	111	82	33	14	20	2	262

세조대 여진인의 내조는 총 262회, 연평균 18.7회, 월평균 1.6회에 달
한다. 조선 전기를 통틀어 연평균 횟수가 가장 많을 정도로 세조대에 여
진인의 내조가 빈번하였다. 이를 다시 각 세력별 내조 횟수로 분류하여
보면 <그림 4>와 같다. 세조대 가장 많이 내조한 세력은 두만강 유역
에 거주하고 있던 兀良哈이었다. 그들의 내조는 총 111회로 전체의 약
42%를 차지한다. 그 다음은 두만강 하류와 지금의 연해주, 송화강 일대
에 거주하고 있던 諸種兀狄哈으로 내조 횟수는 82회이고, 점유율은 약
31%이다. 이 두 세력을 합하면 193회에 점유율은 약 74%로 세조대 내
조의 대부분을 차지한다.

---

14) 필자는 「세조대의 여진 관계와 정책-여진인 내조를 중심으로-」, 『한국사연구』
151, 2010, 112쪽의 <표2>에서 여진인의 세력별 내조 횟수를 254회로 산정했으
나 본고에서는 262회로 수정한다. 이전의 횟수 산정에서는 『세조실록』에 기재된
방식 그대로 숫자를 파악하였으나, 이번에는 여러 가지 추정방식에 의해 누락된
횟수를 추가하였고, 종족명도 수정하여 횟수에 차이가 발생한다. 자세한 내용은
【별표】를 참고.

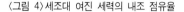

〈그림 4〉세조대 여진 세력의 내조 점유율

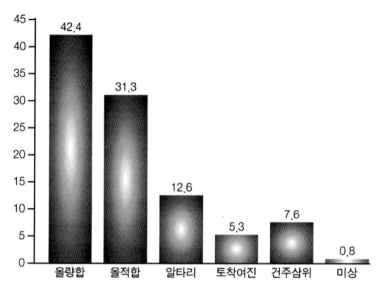

이외에 함경도 회령을 중심으로 거주한 斡朶里가 33회, 함경북도 지역에 고르게 분포하며 거주한 토착여진이 14회, 압록강 이북의 建州三衛가 20회의 내조가 있었다. 이를 통해 조선에 내조한 여진 세력은 대부분 함경도와 두만강 유역에 거주하는 여진인이었음을 알 수 있다. 이들의 내조 목적이 경제적이든, 정치적이든 조선과 이 지역에 거주하는 여진인은 내조를 통해 밀접한 관계를 맺었음을 확인할 수 있다.

한편, 세조대 여진인 내조의 큰 특징 중 하나는 알타리의 내조가 태종 · 세종대에 비해 많이 감소한 것이다. 태종대에 알타리는 올량합과 같은 횟수로 내조하였고, 세종대에도 거의 비슷한 양상을 보였다. 그러나 세조대에는 알타리가 올량합보다 세 배 이상 적게 내조하였고, 심지어 31회의 내조를 한 골간올적합과도 거의 비슷할 정도이다. 이는 세종 22년에 건주좌위가 파저강 유역으로 이주하며 회령 일대에 남은 알타리 세력이 감소했기 때문이다. 따라서 '을축약조'에서 조선은 알타리를 골간과 같은 비율로 내조하게 하였고, 이는 세조대 알타리와 골간의 내조 횟수로 증명된다.

세조 2년에 여진인의 내조가 11회로 감소하는데, 그나마 모두 1, 2월이었다. 즉 세조 원년(1455)과 2년 초반에 여진인의 내조가 집중되었다. 불과 세조 원년 11월부터 2년 2월까지 4개월 동안 무려 48회의 내조가 있었다. 그렇다면 왜 이렇게 짧은 기간 동안에 이들의 내조가 집중되었을까? 그 이유는 세조가 함길도도절제사 양정에게 유시한 내용에 잘 드러난다.

> (1) …(상략)… 여진의 상경이 본래는 비록 정한 수효가 있으나, 지금은 즉위한 초기인지라 더욱 불러서 위로해야 하므로, 내가 친히 여러 종족의 여진을 만나보고, 분명히 내 마음을 알게 해서 북방에 위급한 걱정거리가 없게 하려고 하니 경은 이 뜻을 알아야 한다. …(중략)… <u>정한 액수에 구애받지 말고 運을 나누어 올려보내도록 하라.</u>15)

여진인의 상경에 본래 정한 수효가 있다는 말은 세종 27년(1445)의 을축약조를 의미한다. 실제로 이 정책은 성공을 거두어 여진인의 내조가 대폭 감소하였다. 하지만 위의 말대로 세조가 즉위한 지 얼마 되지 않는 시점에서 북방의 걱정거리를 없애려는, 즉 국방의 안정을 위해서 규정에 구애받지 않고 내조를 수용하였다. 따라서 세조 원년의 여진인 내조는 세종대의 을축약조 이후 가장 많은 내조이다.

또한, 세조는 즉위 첫해이기 때문에 여진인과 왜인을 불러서 위로해야 하는 측면도 있었다. 人面獸心의 존재로 인식되던 여진인의 내조는 정통성에 약점을 안고 있던 세조에게 왕권을 드러낼 수 있는 방식이라고 볼 수 있다.16) 여진인까지 그의 덕에 감화되어 조선에 내조하는 것은 자

---

15) 『세조실록』 권2, 원년 11월 7일 무인.

신의 정통성을 의심하는 신료 및 백성들에게 天命을 받은 왕권이라고 강조할 수 있다.

세조는 앞서 본 것과 같이 이들을 평소보다도 후대하며 회유하였다. 그는 여진인을 사냥에 데려가거나, 내조자의 官秩과 부락의 강약에 따라 3등급으로 나누어 약 60명에게 각종 물품을 하사하였다. 또한, 세조는 각지의 여진인 내조자들을 소재지의 都萬戶, 副萬戶 등에 임명하였다.[17]

세조는 左翼功臣에 포함되지 못한 자들을 6차에 걸쳐 原從功臣으로 錄勳했는데, 여기에 33명의 여진인도 포함되었다. 세조는 同知中樞 馬邊者를 1등, 僉知中樞 浪伊升巨 등 6명을 2등, 護軍 浪得理卜 등 26명을 3등에 녹하였다.[18] 이들은 전부터 侍衛나 통역에 종사했거나, 유력한 추장의 아들이었다. 세조가 이들을 원종공신에 포함한 점도 여진인 회유책의 하나로, 여진인의 내조를 권장하는 역할을 하였다고 생각한다.

세조는 원년에 평소보다 많은 왜인과 여진인의 내조를 수용하여 상당한 재정적 부담을 느꼈다. 이에 세조는 원년 11월에 대마도주 宗盛職에게 빈번한 사자의 파견을 자제해 달라고 致書하였다.[19] 이는 어느

---

16) 천자와 제후를 비교하는 것은 약간 무리가 있긴 하지만, 세조와 같이 비정상적인 과정으로 집권한 명의 永樂帝도 주변 諸國의 朝貢을 적극적으로 수용하였다. 즉 그의 집권기간은 명대에서 가장 많은 조공을 수용하였고, 회사품과 상사품의 양도 가장 많았다.(李云泉, 『朝貢制度史論』, 新華出版社, 2004, 290~302쪽)

17) 『세조실록』 권2, 원년 12월 14일 을묘 ; 권3, 2년 1월 29일 기해 ; 2월 30일 기사. 세종대에 여진인들에게 회사했던 물품의 규정은 따로 보이지 않는다. 하지만 회사한 사례들을 보면 대부분 의복·갓·신에 면포를 주거나 면포만 주는 경우가 나타난다.(河內良弘, 『明代女眞史의 硏究』, 同朋舍, 1992, 430~433쪽) 세조는 이때 鞍馬·刀子·靑紅綿布·有環細絛·藥囊·角弓 등을 하사했고, 가장 낮은 3등에게도 靑紅綿布 각 3匹·刀子·有環細絛·藥囊 등을 하사하였다. 이처럼 세조는 전대보다 더 많은 회사품을 내려주었다.

18) 『세조실록』 권2, 원년 12월 27일 무진.

19) 『세조실록』 권2, 원년 11월 9일 경진.

정도 성과를 거둔 것으로 보인다. 세조대 왜인이 조선에 통교한 횟수는 4년부터 감소하는데, <표 3-1>처럼 여진인의 내조와 비슷한 양상을 보인다.[20]

세조는 2년 7월에 함길도도절제사에게 상경하려는 여진인의 수를 조절하라고 명하였다.[21] 때문에 양정이 여진인의 내조를 허락하지 않았고, 한동안 여진인 내조자가 없었다. 그러자 세조는 다시 양정에게 내조를 허락하게 하였다.[22] 그 결과 세조 3년 1, 2월에 10여 회에 걸쳐 약 70명이 내조하였다. 이는 세조가 여진인의 내조를 단절하지 않겠다는 의지를 보인 것이다.

세조는 3년 1월에 여진인 112명을 1~4등급으로 나누어 물품을 지급했고, 관직을 제수하였다.[23] 또한, 내조자들을 射侯하게 하고, 술자리나 사냥에도 참가하게 하였다.[24] 이처럼 세조가 여진인 내조에 부담을 느끼면서도 후대한 점은 국방의 안정이라는 측면 외에도 자신의 정통성 강화에 도움을 주었기 때문이다. 이는 다음의 사료에 잘 드러난다.

> (2) 야인과 왜인은 모두 우리의 藩籬이고, 모두 우리의 臣民이니, 왕된 자는 똑같이 대우하고 차별을 없이 하여 혹은 (무)력을 사용키도 하고, 혹은 聲(息)을 사용하기도 하는데, 작은 폐단 때문에 그들의 來附하는 마음을 거절하여 물리칠 수가 없다. 내가 즉위한 이후에 南蠻·北狄으로서 來附하는 자가 심히 많은데, 모두 나의 백성이 되기를 원하니, 이는 하늘의 끌어들이는 것이지 나

---

20) 세조대 왜인의 통교 횟수를 살펴보면, 1년에 12회, 2년에 28회, 3년에 29회, 4년에 16회, 5년에 12회, 6년에 23회, 7년에 16회, 8년에 18회, 9년에 31회, 10년에 31회, 11년에 38회, 12년에 43회, 13년에 5회, 14년에 11회로 총 313회가 보인다. 이를 보면 세조 9년부터 왜인이 조선에 통교한 횟수가 증가한 것을 한눈에 알 수 있다.(한문종, 앞의 논문, 1996, 별표 2 참조)
21) 『세조실록』 권4, 2년 7월 20일 정해.
22) 『세조실록』 권5, 2년 9월 18일 을유 ; 11월 7일 계유 ; 20일 병술.
23) 『세조실록』 권6, 3년 1월 16일 신사 ; 29일 갑오 ; 2월 29일 계해.
24) 『세조실록』 권6, 3년 2월 5일 기해 ; 13일 갑인.

의 슬기와 힘이 아니다. 다만 역로를 내왕하는 데 폐단이 있고, 국가에서 이들의 지대를 잇대기가 어려워서 時宜를 경에게 주니 그 方略은 다음과 같다.[25]

세조는 여진인과 왜인을 조선의 藩籬이고, 臣民이라고 인식하며, 그들의 내조는 본인의 노력이 아니라 天命이라고 말하였다. 지금까지의 정책에 의해 내조 횟수가 증가하고, 여진인에 대한 영향력이 강해졌기 때문에 세조는 위와 같이 인식한 것이다. 즉 그는 여진인의 내조가 자신의 권위를 높였다고 믿고 있다.

세조는 국방의 안정과 더불어 자신의 왕권을 드높이기 위해 기존의 여진인 내조 제한 규정을 어겨가면서까지 내조를 대폭 수용하였다. 하지만 이들의 많은 내조로 驛路가 피폐하고, 국가의 부담이 되었기 때문에 세조 3년 7월부터 내조의 횟수를 제한하려고 하였다. 따라서 세조는 이 지역의 유력자나 공훈을 세운 자, 전에 내조하지 않았던 자들로 대상을 제한하였다. 그 결과 <표 3-1>에서 확인되듯이 세조 4년부터 두만강 유역 여진인의 내조는 더욱 감소하였다.

앞서 왜인의 통교자도 세조 4년을 기점으로 감소하는 경향을 보면, 세조는 초년의 국방의 안정, 왕권의 체현 등이 어느 정도 이루어졌다고 판단된 시점부터 이들의 내조 수용을 억제한 것으로 보인다. 이는 세조가 여진인과 왜인의 내조 횟수를 능동적으로 조절한 증거이다.

한편, 한동안 단절되었던 조선과 건주삼위의 관계도 세조의 즉위로 점차 회복되었다. 앞장에서 본 것처럼 세종은 15년(1433)과 19년에 李滿住의 건주본위를 정벌하였다. 한편, 童猛哥帖木兒가 살해당한 이후 凡察 등 남은 부족을 藩籬로 삼으려 하였다. 그러나 세종 22년에 童倉과 범찰이 이만주의 건주본위로 도망갔기 때문에 이후 세종대 조선과 건주위의 관계는 단절되었다.

---

25)『세조실록』권9, 3년 7월 29일 경인.

이러한 관계는 수양대군의 권력 획득을 계기로 변화하기 시작하였다. 앞서 본 것처럼 그는 계유정난 이후 두만강 유역 여진인의 내조를 적극적으로 허락하고 후대하였다. 이만주는 이 기회에 조선과 통교하려고 단종 2년(1454) 11월에 지휘 金羅陃 등 4명을 보내 상경을 요청했지만,[26] 조선은 반응을 보이지 않았다.

이만주는 다시 아들 李豆里를 두만강 유역의 유력 추장인 童速魯帖木兒(童所老加茂)에게 보내 상경시키고자 하였다.[27] 마침내 수양대군은 단종 3년 윤6월 5일에 의정부에서 李豆里를 인견하고, 그를 도만호에 제수하며 후대하였다.[28] 이때 수양대군은 이만주의 내조를 허락했고, 그 뒤로 이만주의 아들인 李古納哈·李阿具·李伊澄哥 등이 내조하였다. 이처럼 세조가 한동안 단절되었던 건주삼위와 관계를 재개한 것은 즉위 초기 왕권과 국방의 안정 등에 유리하다고 판단한 점도 있었을 것이다.[29]

건주좌·우위의 추장들도 조선에 내조하기 시작하였다. 즉 세조 2년 2월에 건주좌위의 童山(倉), 우위의 童羅郎只(童羅郎哈, 羅郎可)가 각각 사람을 보내 내조한 것이다.[30] 이때 이두리는 평안도 舊路를 열어주고, 농사철에도 내조를 허락해달라고 청하자 세조가 허락하였다.[31] 평안도 구로의 개방문제는 이례적인 일로 조정 내부에서 많은 논란을 거듭했지만, 세조가 허락한 것이다. 이는 세조가 건주위에 대해 우호적 태도를 보이는 것이라고 할 수 있다.

---

26)『단종실록』권12, 2년 11월 4일 신해.

27) 이두리는 동소로가무의 사위이다.(『단종실록』권14, 3년 5월 29일 계유)

28)『단종실록』권14, 3년 윤6월 5일 기유 ; 10일 갑인 ;『세조실록』권1, 원년 윤6월 28일 임신.

29) 河內良弘은 유교적 천화관을 가진 세조가 夷狄의 내조를 군주가 취해야 할 道라고 생각했고, 그들보다 한 차원 높은 존재로서 군림하려 한 것이라고 보았다.(앞의 책, 1992, 375쪽)

30)『세조실록』권3, 2년 2월 3일 임인 ; 4일 계묘.

31)『세조실록』권3, 2년 2월 5일 갑진 ; 13일 임자.

이후 세조 4년에 건주삼위의 내조가 15회에 이르는 등 급증했고, 세조대에 총 20회의 내조가 있었다. 건주삼위 각 부족의 조선 내조 현황을 보면 <표 3-2>과 같다.

〈표 3-2〉세조 초기 건주삼위의 내조 현황

	건주본위	건주좌위	건주우위	미상	계
세조 2년	2	1	1		4
세조 4년	7	4	3	1	15
세조 5년	1				1
계	10	5	4	1	20

이만주의 건주본위는 10회로 건주삼위 중 가장 많이 내조하였다. 이를 통해 건주본위가 건주삼위 중 조선과 가장 활발한 관계를 맺고 있었음을 알 수 있다. 동창의 건주좌위는 2년에 1회, 4년에 4회의 내조를 하였다.[32] 그러나 세조 4년 9월 동창의 내조는 명과 외교 분쟁을 초래할 정도로 중요한 사항이었다.[33] 건주우위는 세조 2년 2월에 도독 동나랑지가 사람을 보냈고, 4년에도 3차에 걸쳐 사람을 보내는 등 총 4회에 걸쳐 내조하였다.[34]

---

32) 사료상으로는 3차에 걸쳐 사람을 보낸 것으로 보인다. 하지만 동년 4년 9월 27일 세조가 土其山에서 사냥하는 것을 구경했는데, 이때 동창이 御駕를 따랐다.(『세조실록』 권14, 4년 9월 27일 신해) 다음 달 10일에 세조는 冬享大祭를 행하고, 慶會樓 아래에서 飮福宴을 베풀 때 동창 등 14인을 인견하여 물품을 하사하고, 활을 쏘도록 하였다.(『세조실록』 권14, 4년 10월 10일 갑자) 10월 22일에 동창이 하직할 때까지 활쏘기를 구경시킨다든지, 잔치를 베풀어주거나 사냥에 데려가고, 호조에 명하여 祿을 내려주기까지 하였다.(『세조실록』 권14, 4년 10월 13일 정묘 ; 14일 무진 ; 16일 경오 ; 17일 신미 ; 18일 임신) 이런 기록들을 보았을 때 내조의 정확한 날짜는 기록되어 있지 않지만, 동창이 9월 27일 이전에 아들 知方哈과 함께 내조했을 것이다.

33) 한성주, 「朝鮮初期 朝·明 二重受職女眞人의 兩屬問題」, 『조선시대사학보』 40, 2007, 20～21쪽.

세조가 건주삼위의 내조를 수용하고 이들을 후대한 것은 그의 정통성 강화에 도움을 주었기 때문이다. 이는 다음의 사료를 통해서도 그 일면을 볼 수 있다.

> (3) 임금이 獻陵의 南山에서 사냥하였는데, 野人 浪孛兒罕·柳尙同哈·浪婁 時哈, 이만주의 아들 毛只乃, 火剌溫兀狄合과 倭人 1백 수십 명이 御駕를 扈從하였다. 이때에 임금의 위엄과 덕망이 서쪽으로는 建州에 북쪽으로는 後門의 諸種에게 동쪽으로는 일본의 여러 섬의 추장에게 미치자 이들이 다 투어서 정성을 바치고 성의를 다하였으므로, 客館에서 다 수용하지 못할 정도였다.35)

위의 편찬자는 건주위와 두만강·송화강 유역의 여진인, 일본 여러 섬의 추장 등 주변 이민족에게까지 그의 위엄과 덕망이 미쳤다며 세조의 유교적 군왕으로서 능력을 강조하고 있다. 또한, 이들이 다투어서 정성을 바치고 성의를 다하여 내조하는 자들이 많아 客館에서 다 수용하지 못하였다는 수사적 표현을 사용하였다. 편찬자는 조선의 주변에 있는 外夷가 세조의 덕을 사모하여 조선에 내조하였다고 인식하였다.

앞장에서 살펴본 것처럼 선왕인 세종은 건주본위의 내조 수용을 거부하다가 제1차 파저강 정벌을 계기로 수용한 점과 달리 세조는 비교적 큰 고민 없이 건주삼위의 내조를 수용하였다. 또한, 화라온(홀라온)올적합의 내조도 세종 25년 이후 대폭 감소하였다. 그러나 세조는 건주삼위와 저 멀리 화라온의 내조를 수용하여 유교적 덕치사상에서 요구하는 이상 군주의 모습을 가질 수 있었다. 이 때문에 세조는 한동안 단절되었던

---

34) 한편, 정확히 어느 위에 속하는지 모르는 지휘 石兒可 등 4인의 내조도 4년에 있었다.

35) 『北征錄』卷1, 戊寅 12月 甲戌. 같은 날 『세조실록』에는 "청계산에서 사냥하는 것을 구경했는데, 왜인과 야인 등 130여 인이 車駕를 따랐다"고 기록되어 있다. (권14, 4년 12월 20일 갑술) 『北征錄』의 남산은 바로 청계산을 지칭하고, 그 외의 내용이 비슷하므로 더 자세하게 기술된 이 사료를 인용하였다.

건주삼위, 화라온과의 관계를 재개했고, 그들을 후대하였다고 생각한다.

한발 더 나아가『북정록』의 편찬자를 비롯한 조선의 지배층은 조선보다 문명이 발달하지 못한 여진인과 왜인 등을 자신의 아래 층위에 두고, 조선을 '小中華'로서 인식했던 근거로 해석할 수도 있다. 즉 세조는 주변 민족의 내조를 이용하여 명을 제외하고, 조선을 중심으로 하는 국제질서를 체현할 수 있었다.

하지만 세조대 건주삼위의 내조는 5년 1월을 마지막으로 보이지 않는다. 이는 바로 명과의 외교 문제 때문이다. 이고납합과 동창의 내조를 건주위도지휘 李兀哈·童火爾赤 등이 遼東 總兵官에게 알리자, 명은 조선에 칙서를 보내 힐책하였다. 명은 이고납합과 동창에게 관직을 주었는데, 조선도 이들에게 관직을 주는 것은 도리에 어긋난다며 문제 삼았다. 세조는 이에 항변했지만, 명은 건주삼위와 관계를 끊도록 요구하였다. 결국, 세조는 명의 요구를 수용하였고, 건주삼위의 내조를 중단함으로써 조·명간의 외교 문제는 일단락되었다.[36]

이 사건으로 세조는 건주삼위의 상경을 허락하지 않았지만, 邊將에게 건주삼위에서 온 자를 예전과 같이 만포에 보내 강계절제사가 주관하게 하였다.[37] 즉 세조는 명의 간섭으로 건주삼위와 표면적 관계를 단절했지만, 실질적 관계를 유지하려 한 것이다. 이후 이만주는 趙三波가 명에 가는 조선 사절을 공격하러 떠났다는 사실을 알리기도 하고, 조삼파 집단과 조선의 화해에도 힘을 쏟는 등 조선과 일정한 관계를 유지하였다.[38]

지금까지 살펴본 것처럼 세조는 계유정난 이후 왕권 안정과 정통성 확립 등을 위해 노력하였다. 그뿐만 아니라 여진인 내조를 통해 유교적

---

36) 王臻,『朝鮮前期與明建州女眞關係硏究』, 中國文史出版社, 2005, 110~129쪽 ; 한성주, 앞의 논문, 2007, 21~25쪽.
37)『세조실록』권16, 5년 5월 22일 계묘 ; 6월 12일 임술.
38) 이러한 연구는 河內良弘, 앞의 책, 1992, 453~475쪽 참조.

덕치사상에서 요구하는 이상 군주의 모습을 체현할 수 있었다. 특히 두
만강 유역의 여진인과 한동안 관계가 단절되었던 건주삼위와 화라온올
적합의 내조를 허가하여 후대하였다. 그 결과 접대비용의 증가 등의 문
제도 있었지만, 그들의 침략도 없어 국방의 안정을 이루었고, 정통성 확
립에 일정한 역할을 하였다.

제2절. 두만강 유역 여진인에 대한 영향력 강화

조선은 건국 초기부터 두만강 유역 여진인을 복속하고 있다고 인식하
였다. 그런 가운데 세조는 재위 초반, 이 지역뿐만 아니라 건주삼위에도
적극적인 회유책을 펼치며 그의 영향력을 확립해 나가고 있었다. 하지만
건주삼위 문제로 명과 외교 분쟁을 겪었고, 공식적으로 건주삼위와 관계
를 단절하였다.[39] 따라서 조선과 건주위의 관계가 한동안 단절되고, 조
선은 이들의 내조를 받아들이지 않는 등 정책 변화가 나타난다. 이에 세
조는 두만강 유역의 여진인에게 적극적으로 영향력을 강화하고자 노력
하였다. 본장에서는 이점에 주목하고자 한다.

두만강 유역에 거주하는 올량합·오도리(알타리)와 올적합은 전부터
사이가 좋지 않았고, 서로 견제하면서 지내고 있었다. 세조대 이들 사이
의 불화가 가장 먼저 보고된 것은 3년 11월로 올적합 등이 오도리 등에
게 복수하기 위해 군사를 모으고, 오도리도 군사를 모아 대비한다는 내
용이다.[40] 이후에도 이들의 투쟁은 계속되어 이듬해 12월에 양정은 올
량합 柳尙同哈과 올적합이 서로 다투는 사유를 馳啓하였다.[41]

---

39) 河內良弘은 이 사건으로 세조의 字小主義가 좌절을 겪고, 세조의 여진 정책에 큰
   변화를 수반하였다고 보았다.(앞의 책, 1992, 384~393쪽)
40) 『세조실록』 권10, 3년 11월 10일 경오.

유상동합은 세조 5년(1459) 1월에 내조하여 세조에게 올적합의 보복을 피하고자 흩어져 사는 자신의 부족을 한 곳에 모여 살게 해달라고 요청하였다.[42] 반면 골간올적합의 金麻尚哈은 예조에 제종올적합의 木契를 가지고 와서 올량합 등이 자신들을 공격하고 약탈했기 때문에 복수하고자 하니, 저들을 구원하지 말라고 요청하였다. 세조는 올량합에게 人馬를 돌려보내게 하고, 다투지 말고 화해하라고 유시하였다.[43]

세조는 후속 대책으로 신숙주를 함길도도체찰사로 임명하여 이들을 화해시키도록 하였다. 신숙주는 회령에 도착하여 올량합과 오도리의 추장들을 불러 세조의 뜻을 알리고, 올적합에게도 사람을 보내 화해하도록 명하였다.[44] 결국, 세조 5년 4월 6일에 원근의 여러 추장이 모여서 서로 보는 앞에서 화해하고, 차차 잡아간 사람을 돌려주기로 약속하였다.[45] 이후 한동안 이들의 투쟁은 보이지 않는다.

이러한 증거는 이해 여진인의 내조에서도 발견할 수 있다. 세조 4년에 21회의 여진인 내조 중 두만강 유역에 거주하는 이들의 내조는 5회밖에 없었다. 하지만 세조 5년에는 총 27회 가운데 올량합, 올적합, 알타리, 토착여진 등의 내조가 26회로 대부분을 차지하고 있다. 그중에서도 신숙주의 화해가 이루어진 4월 이후에 총 20회의 내조가 집중되었다.[46]

특히 화해의 주 대상이었던 올적합의 내조가 전보다 비약적으로 증가

---

41) 『세조실록』 권14, 4년 12월 2일 병진. 이들이 다툰 이유는 『北征錄』에 "이보다 앞서 올량합과 구주 올적합이 서로 원수가 되어 살상하였는데, 올량합의 유상동합 등 5백여 기가 올미거올적합이 주둔하고 있는 부락에 침입하여 7명을 죽이고, 70여 명을 사로잡았고, 마소 1백여 마리를 약탈하였다"며 더 자세히 기록되어 있다. (『北征錄』 권1, 무인 12월 병인) 때문에 올적합은 올량합에 원한을 품게 되었다.

42) 『세조실록』 권15, 5년 1월 11일 갑오.

43) 『세조실록』 권15, 5년 1월 29일 임자.

44) 『세조실록』 권15, 5년 3월 10일 임진.

45) 『세조실록』 권16, 5년 4월 13일 갑자.

46) 세조 5년 4월 이후에 내조한 여진인은 올량합 9회, 올적합 12회, 토착여진 2회이다.

하였다. 세조가 5년 12월에 양정에게 내린 유시에서도 화해의 일이 잘되었기 때문에 내조가 많아졌다고 보았다.[47] 이처럼 조선은 和解事를 통해 원경의 제종올적합을 적극적으로 초무하였다. 조선은 이들에 대한 통제로 기존의 영향력을 더욱 공고히 할 수 있었다.[48]

세조 6년의 여진인 내조 횟수는 37회로 세조 원년과 더불어 가장 많은 사례이다. 이처럼 횟수가 많은 이유는 크게 두 가지로 나눌 수 있다. 먼저, 세조 5년 9월에 조선이 毛憐衛의 浪孛兒罕 부자를 주살한 사건이다. 둘째, 세조 6년 8월 말의 毛憐衛 정벌이다.

낭발아한 사건은 압록강 유역의 건주삼위와 두만강 유역의 여진인에 대한 조선의 차별 대우에서 발생하였다. 앞서 본 것처럼 세조 2~4년경에 조선이 건주삼위에게 파격적인 대우를 해주었지만 두만강 유역의 여진인은 내조를 제한하자 이들의 불만이 상당했던 것으로 보인다. 이러한 불만은 두만강 유역의 유력자인 '낭발아한 사건'으로 표출되었다.

낭발아한은 세조 4년 11월에 상경하고자 했는데, 양정이 5, 6명만 거느리고 상경하게 하자 그가 노하여 돌아갔다. 결국, 12월에 상경한 낭발아한은 변장에게 무례하였다며 세조에게 힐책당하고, 냉대받자 양정을 원망하였다.[49]

낭발아한은 세조 5년에 신숙주가 경원에서 여러 추장을 모았을 때 참석하지 않고, 올적합의 인물을 쇄환할 때에도 조선에 협조하지 않았다. 심지어 그를 부르러 간 通事에게 활을 쏘려 했고, 東良의 여진인에게 조선이 공격하려 한다며 분란을 만들려 했다. 여기에 崔適의 밀고로 浪

---

47) 『세조실록』 권18, 5년 12월 16일 갑자.
48) 황선희, 앞의 논문, 2007, 23쪽 ; 한성주, 「조선 세조대 '女眞和解事' 연구」,『동북아역사논총』 38, 2012.
49) 이인영, 「신숙주의 北征」,『韓國滿洲關係史의 研究』, 을유문화사, 1954, 88~94쪽 ; 한성주, 「조선 세조대 毛憐衛 征伐과 여진인의 從軍에 대하여」,『강원사학』 36, 2008, 94~95쪽.

伊升巨가 조선을 배반한 形迹도 나타났다. 특히 낭이승거의 명 입조 문제가 크게 작용하여 세조는 낭발아한과 그 아들 낭이승거 등 17명을 참수하였다.[50]

이 사건은 얼마 후 명과 외교 문제로 비화하였다. 명은 낭발아한이 명의 관직을 받았는데 조선에서 마음대로 주살한 점을 문제 삼았다. 세조는 "그가 우리의 영토에 살며 編氓과 다름없고, 몰래 반역을 꾀하여 변방을 어지럽히려 했기 때문에 법에 따라 죽였다"고 반박하였다. 이에 명이 "왕의 법에 따라 벌을 주는 것은 왕국에서만 행할 수 있지, 隣境에서는 행할 수 없는데 왕국의 법으로 隣境의 사람을 벌준 것과 명 조정에 주문하지 않고 죄를 준 점은 잘못이다"며 힐책하자 조선은 "후문의 여진은 편맹과 다름없고, 그 역시 인경사람이라 볼 수 없으나 칙지를 받아들여 강화하겠다"며 이 사건은 일단락되었다.[51]

그런데 이 사건이 발생한 지 2개월 후인 8월에 명의 사신으로 온 馬鑑이 이극배에게 두만강 유역에 거주하는 城底野人[52]은 조선의 번리라고 인정하며, 이들을 잘 어루만져 다른 곳으로 도망하지 않도록 하면 좋

---

50) 세조가 낭발아한의 일족을 처벌한 것은 국가의 위엄을 근경 여진에게 보여 그들을 조선의 명령에 복종시키려는 의도라고 할 수 있다.(이인영, 앞의 책, 1954, 94~95쪽)

51) 한성주, 앞의 논문, 2008, 94~96쪽.

52) 조선은 두만강 유역의 5진에 거주하는 여진인을 城底野人으로 불렀다. 사료상으로 성저야인이라는 표현은 예종 1년 8월에 처음 보이고,(『예종실록』권7, 1년 8월 20일 신미) 성종대 이후부터 두만강 유역에 거주하는 여진인을 지칭하는 표현으로 사용되었다. 하지만 세조대에도 이미 "野人之居城底者"(『세조실록』권21, 6년 8월 13일 병진) 등의 표현이 나오기 때문에 본고에서는 성저야인이라는 표현을 병용하겠다. "성저야인들은 대대로 우리 땅에 살고 우리의 울타리가 되었으므로 국가에서 항상 불러서 무마하여, 굶주리면 먹을 것을 주고 조정에 오면 이들을 입히고 먹였으며, 또 爵秩을 주고 祿俸을 넉넉히 주었으니 은혜가 또한 지극했다"(『연산군일기』권46, 8년 10월 18일 정사)는 기록은 조선이 성저야인을 어떻게 인식하고 대우했는지 잘 보여준다.

겠다는 뜻을 밝혔다.[53] 갑자기 명의 태도가 달라진 이유는 알 수 없다. 하지만 이 시기 이루어진 조선의 모련위 정벌에 대해서 명이 별다른 대응을 하지 않았던 점 등을 보면, 명도 이 지역에 거주하는 여진인에 대한 조선의 영유권을 인정했음을 보여준다.[54] 따라서 조선은 건주위를 제외한 다른 여진인이 내조하면 수용하였고, 명도 여기에 대해 문제를 제기하지 않았다.

세조는 이 지역의 유력 추장이었던 浪孛兒罕을 처형한 뒤 다른 여진인의 동요를 염려하여 그들의 내조를 적극적으로 권장하였다. 사료에 직접적인 내조 기사는 없지만, 낭발아한을 처형할 때 그 자리에 있었던 이 지역 유력 추장들인 浪婁時哈과 金波乙大가 세조 6년 1월에 내조했음은 분명하다.[55] 세조가 이들의 내조를 받아들인 목적은 浪孛兒罕의 사후 동요를 막기 위해서라고 생각한다.

낭발아한 사건에서 그의 아들인 阿比車의 조선 침입도 중요한 점을 차지한다. 세조는 즉위 초부터 여진인의 내조를 허락하고, 그들을 후대했기 때문에 여진인과 원만한 관계가 유지되었다. 그 결과 <지도 2>와 같이 세조 5년 이전에는 여진인의 조선 침입이 없었지만, 아비차의 침입으로 상황이 바뀌었다.

아비차는 세조 6년 1월 20일에 올량합과 오도리 병사 1,500여 명을 모아서 회령에 入寇하였다.[56] 이후 아비차는 2월 9일에 종성, 14일에 부

---

53) 『세조실록』 권21, 6년 8월 13일 병진.
54) 정다함, 「朝鮮初期 野人과 對馬島에 대한 藩籬·藩屛認識의 형성과 敬差官의 파견」, 『동방학지』 141, 2008, 255~256쪽.
55) 浪婁時哈과 兀良哈의 추장 金波乙大 등이 세조 6년 1월 16일 함께 음복연에 참여하였다는 기록,(『세조실록』 권19, 6년 1월 16일 갑오) 1월 25일에 引見하였다는 기록,(『세조실록』 권19, 6년 1월 25일 계묘) 2월 6일에 引見한 기록,(『세조실록』 권19, 6년 2월 6일 계축) 2월 10일에 하직한 기록(『세조실록』 권19, 6년 2월 10일 정사) 등을 통해 이들이 1월 16일 이전에 내조한 사실을 알 수 있다.
56) 『세조실록』 권19, 6년 1월 28일 병오.

〈지도 2〉 세조대 여진인의 조선 침입 현황

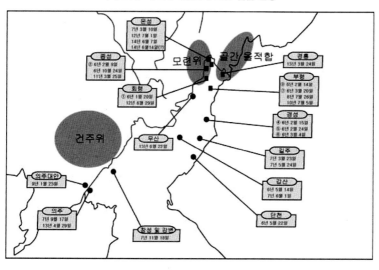

령, 15일과 24일에 경성을 침입하였다. 특히 24일의 전투에서 그가 사망했지만, 후에도 적이 3월 4일에 경성, 22일에 부령을 침입하였다.[57]

당시 영안도는 진관체제하에 운영되고 있었다. 『경국대전』이 편찬되던 시기에 6진이 속한 북도진관은 12개 진관에 4,707명의 병력이 소속되어 있었다.[58] 그리고 조선은 세종대부터 수축한 행성과 진보 등의 방

---

57) 세조 6년 1월부터 3월까지 발생한 침입은 아비차와 관련이 있다. 그리고 이때의 침입은 다른 시기에 비해 대규모로 이루어졌다.(다만 3월의 침입 규모는 이 병력 그대로 동원되었는지 알 수 없다) 그 침입 경로를 보면, 회령→종성→부령→경성 →부령으로 이어진다. 이후 동년 6월에 갑산과 단천에 침입한 세력과 연관성은 정확히 알 수 없지만, 이전과 달리 조선을 대규모로 침입한 중요성을 감안하여 당시의 침입 순서에 따라 <지도 2>에 ①②③ 등으로 기재하였다.

58) 당시 6진 지역의 군세를 살펴보면, 경원이 779명, 회령이 735명, 종성이 1,052명, 온성이 788명, 경흥이 376명, 부령이 289명이었다.(오종록, 『朝鮮初期 兩界의 軍士制度와 國防體制』, 고려대학교 박사학위논문, 1992, 204~207쪽) 당시 영안도 지역의 병력 및 방어태세에 대해서는 위 논문의 4장인 「兩界 鎭管體制와 國防」을 참조.

어체계가 있었지만, 세조 6년 1월의 침입과 같은 대규모의 침입을 막기에 부족한 상태였다.

세조는 계속되는 여진인의 침입에 北征을 결심하고, 좌의정 신숙주를 함길도도체찰사로 삼았다.[59] 하지만 여러 가지 이유로 발병 시기를 늦추었고, 실제로 정벌은 몇 달 뒤로 연기되었다.[60] 결국, 세조는 8월 27일부터 30일에 걸쳐서 북정을 단행하였다. 신숙주는 먼저 회령에 와있던 여진인 90여 명을 참살했고, 步騎 약 8,000여 명을 거느리고 愁州와 阿赤郞貴를 공격하였다. 조선군은 가옥 900여 區 및 재산을 불태우고, 430여 명의 살해, 소와 말 1,000여 마리를 획득하였다.[61]

이때 모련위 정벌에 조선군뿐만 아니라 여진인도 참전하였다. 세조는 북정 후 이들의 내조를 허락하고, 대대적으로 관직을 제수하였다.[62] 북정 이후의 내조자들은 대부분 올적합이며, 올량합은 북정에 참전했던 사람들이었다.[63] 이들의 내조는 이듬해까지도 이어져 26회의 내조가 있었다. 반면 조선에 침입했던 올량합의 내조는 허가하지 않았다.[64] 이를 통해 북정에 참여한 여진인의 내조 허락은 포상의 성격이 강한 것을 확인할 수 있다.

이처럼 세조가 북정을 한 직접적인 계기는 낭발아한 일족에 대한 조선의 처벌, 아비차 등 여진인의 보복 침입과 조선의 대응이다. 세조는 북정이라는 강경책을 단행함으로써 독자적인 입장을 견지하고, 國威를 과시하려 하였다.[65] 세조는 건주삼위로 명과 외교 문제가 발생했을 때 보였

---

59) 『세조실록』 권19, 6년 3월 22일 기해 ; 23일 경자.
60) 이인영, 앞의 책, 1954, 111~114쪽 ; 황선희, 앞의 논문, 2007, 29~38쪽.
61) 『세조실록』 권21, 6년 9월 4일 정축 ; 11일 갑신. 자세한 내용은 이인영의 연구를 참조.(앞의 책, 1954, 107~122쪽)
62) 한성주, 앞의 논문, 2008, 99~104쪽.
63) 북정 이후 12월까지 내조한 여진인을 분석하면, 올적합이 10회로 가장 많고, 올량합이 5회, 오도리 1회, 토착여진 1회이다. 올량합은 모두 북정에 참전했던 자들이다.
64) 『세조실록』 권22, 6년 윤11월 11일 계축.

던 반응과 달리 이 지역에 적극적으로 대응하였다. 이는 조선에서 두만강 유역을 얼마나 중요하게 인식하고 있었는지 보여준다고 할 수 있다.

세조 7년(1461)에 내조를 허용한 여진인은 기본적으로 정벌에 참전했던 자들과 柳要時老와 같이 이 지역에서 큰 세력을 가진 추장들이었다. 세조 8년도 15회의 내조 가운데 올량합의 내조가 압도적으로 많았다. 이들은 대부분 세조 7년 9월 이후 조선에 침입한 것을 사죄하고 귀순해 온 자들이었다. 세조는 8년경부터 조선에 침입한 자들에 대한 용서로 내조를 적극적으로 이용했고, 그들 역시 내조를 통해 조선에 충성을 맹세하였다.

毛憐衛 정벌 이후에도 이들의 침입이 있었다. 하지만 모련위 정벌이 성공을 거두었으므로 여진인에 대한 압박정책은 더욱 효과적으로 작용하였다. 따라서 여진인은 자신의 안전을 위해 조선에 내조 형식으로 귀순하였다. 이후 한동안 여진인 내조는 안정화되었고, 횟수와 내조자들도 일정한 형식을 이루었다. 예를 들어, 세조 9년 이후부터 내조하는 자들은 대부분 관직도 높고, 내조 시기도 11월부터 2월 사이에 집중되었다.[66]

이 시기에도 소규모로 조선을 침략하는 여진인은 여전히 존재하였다. 세조 12년 6월과 7월, 13년 3월에 여진인이 각각 회령과 온성·경흥을 침략하였다. 하지만 조선은 곧 이를 수습하며 침입자를 잡아와 사건을 마무리하였다. 12년 7월 1일에 침입해온 적만 빼고 나머지는 조선에서 이 지역 추장들에게 재정벌의 뜻을 보이거나, 내조를 받지 않겠다고 위협하여 침입자를 찾아내도록 하였다. 이를 통해 조선의 통제가 잘 이루어졌고, 내조의 불허가 여진인에게 상당한 효과가 있었음을 알 수 있다.

세조가 강온양면책으로 두만강 유역에서 안정을 유지하던 시기에, 명은 여진인의 내조증가로 부담을 느끼고 제한을 가하기 시작하였다.[67]

---

65) 한성주, 앞의 논문, 2008, 96쪽.
66) 내조자들의 관직은 【별표】, 내조 시기는 <표 3-2>를 참고할 수 있다.

명은 각 위의 내조 횟수를 제한했는데, 비교적 명에 가까운 건주위가 자신들의 정원뿐 아니라 모련위의 정원을 다 채워 실제로 모련위인이 내조하지 못하였다. 때문에 모련위인은 명과 건주위에 불만을 가졌고, 결국 多郞哈을 중심으로 요동을 약탈하였다. 이들은 다음 해에도 요동을 공격하여 명의 장수들을 살해하고, 通遠堡 등을 약탈하였다.[68]

조선은 함길도관찰사 등의 보고로 이러한 상황을 알고 있었지만, 적극적으로 간섭하거나 중재하지 못하였다.[69] 단지 변방의 수비를 강화하거나, 관방시설의 개·보수와 체탐을 보내어 적의 동향을 파악하는 정도에 머물렀다. 그나마 조정은 요동을 침입한 여진인 가운데 상경하려는 자가 있으면 침입한 일이 아닌, 다른 이유로 상경을 허락하지 않는 정도였다.[70] 조정은 명을 침입한 여진인을 제어하여 분란을 만들 필요가 없었기 때문에 관망하는 자세를 취하였다. 반면 조정은 명을 침범하지 않고 조선에 순응한 이 지역 여진인의 내조를 수용하였다.

이러한 시기에 전 회령절제사 이시애가 함길도 길주에서 반란을 일으켰다. 반란군은 함길도민의 지지로 순식간에 함길도 전역으로 세력을 확장했고, 주민들은 절도사 강효문과 관찰사 신면을 비롯하여 각 군현의 수령들을 살해하였다. 이 난은 무려 3개월이나 지속되다가 세조 13년 8월에야 진압되었다.[71]

---

67) 이때 명은 建州·毛憐等衛는 各衛마다 100명, 海西諸衛는 各衛 3·5명으로 정하였다.(『明英宗實錄』 天順 卷10, 8年 10月 己巳) 이에 대한 자세한 내용은 江嶋壽雄, 「明代女直朝貢貿易の槪觀」, 『史淵』 77, 1958 참조.

68) 河內良弘, 앞의 책, 1992, 478~481쪽.

69) 『세조실록』 권40, 12년 11월 3일 신미 ; 11일 기묘 ; 14일 임오 ; 18일 병술 ; 22일 경인 ; 26일 갑오 ; 12월 12일 기유 ; 13일 경술 ; 27일 갑자 ; 권41, 13년 2월 24일 경신 ; 29일 을축 ; 권42, 13년 4월 9일 갑진.

70) 『세조실록』 권40, 12년 12월 15일 임자.

71) 김상오, 「李施愛의 亂에 對하여」(上·下), 『전북사학』 2·3, 1978·1979 ; 정태헌, 「世祖의 李施愛亂 收拾政策」, 『사학연구』 38, 1984 ; 이동희, 「李施愛 亂에 있어

이시애는 난을 일으킨 후 적극적으로 여진인에게 請兵했고, 조선도 그들이 이시애에게 가담하지 못하도록 회유하였다. 여진인이 난에 참가했는지는 정확히 알 수 없지만 '조사의의 난'이나 '이징옥의 난'과 같이 함길도에서 발생한 반란을 보면, 이들은 난에 참여하지 않고 관망했을 가능성이 크다. 물론 일부는 난에 참여했을 개연성도 있지만,[72] 오히려 난이 한창이던 세조 13년(1467) 6월에 여진인 700여 명이 무산을 침입한 사실을 보면 혼란을 틈타 자신들의 이익을 취했다고 볼 수 있다.[73]

세조는 난을 평정한 후 여진 안정책의 일환으로 내조를 허락하였다. 이시애의 난이 있던 세조 13년에 여진인의 내조는 6회에 불과하였다. 그 나마도 이는 난이 발생하기 이전인 1, 2월에 집중되었다. 세조는 난을 진압하자 8월에 회령 일대에 거주하는 추장들에게 상경하라고 하였다.[74] 또한, 세조는 변장에게 이때 충절을 보인 여진인의 공과 정성의 등급을 물어서 아뢰게 하고, 이들도 겨울철에 내조하게 하였다.[75]

세조의 기대와 달리 여진인이 내조하지 않자, 그는 12월 2일에 함길북도절도사에게 다시 상경을 허락하게 하였다.[76] 그 결과 이듬해 1월, 2월에 이들의 내조가 이어졌다.[77] 이때 내조한 자들은 대부분 중추원의

서 韓明澮・申叔舟의 역모 연루설」, 『전라문화논총』 7, 1994.

72) 김상오는 대다수는 가담하지 않았지만, 소수가 참가하였다고 보았다.(앞의 논문, 1979, 26~27쪽)

73) 6월의 침입도 난이 평정된 후, 11월에야 보고되었던 사실 역시 이러한 점을 보여 준다고 할 수 있다.(『세조실록』 권44, 13년 11월 13일 을해)

74) 『세조실록』 권43, 13년 8월 20일 계축.

75) 『세조실록』 권43, 13년 8월 25일 무오 ; 9월 5일 정묘.

76) 『세조실록』 권44, 13년 12월 2일 갑오.

77) 이해에는 兀良哈 5회, 兀狄哈 3회, 斡朶里 1회로 총 9회의 내조가 있었다. 한편 1월 1일에 회례연에 참석한 劉也吾時於可(劉也吾時應可) 등이 내조한 기사는 없지만, 이들이 이시애의 난 때문에 회례연에 참석한 점을 보면, 12월 2일에 함길북도절도사에게 내조를 허락하라고 한 이후에 이들이 내조했음을 알 수 있다. 따라서 12월 말쯤에 상경했을 가능성이 높다. 【별표】의 목록에는 14년 1월 1일에

관직을 가지고 있거나 도만호, 상호군의 직을 가진 이 지역 유력한 추장들이었다.[78] 세조가 이시애의 난 이후 여진인의 동요를 막기 위해 유력 추장들의 내조를 허락한 것이다. 따라서 내조는 여전히 이 지역 여진인을 회유하는 데 중요한 역할을 하고 있었다.

이외에 조선의 건주위 정벌도 여진인이 내조하지 않은 이유 중 하나였다. 조선에서 이시애의 난이 한창일 때 명은 건주위 정토를 결정하여 명에 내조한 동창·이고납합·동남랑합 등을 귀환 길에 잡아 살해하였다. 명은 세조 13년(1467) 9월에 총병관 趙輔를 보내 건주위의 원정을 개시했고, 조선에도 파병을 요청하였다. 세조는 전부터 조선을 침입한 건주위를 정벌하기 위해 15,000명의 원정군을 편성했었지만 이시애의 난 때문에 미루었다. 세조는 난을 진압한 후 즉각 파병 요청을 수락하였다. 그 결과 李滿住 및 李古納哈, 李豆里의 아들 李甫羅充 등 24명을 참살하며 승리하였다.[79]

지금까지 살펴본 것처럼 조선과 여진인의 관계는 세조의 의지가 내조의 증감에 큰 영향을 주었다. 한편, 양자 간의 관계가 안정되면서 세조는

넣었지만, 횟수 산출에는 13년 12월로 계산했다. 한편 2월의 내조 이후 세조가 사망할 때까지 여진인의 내조는 없었다. 그리고 예종이 즉위하자 다시 9차례의 내조가 있었다.

78) 1월 1일에 회례연에 참석한 劉也吾時 등의 관직은 보이지 않는다. 그 가운데 알타리 馬游德은 전에 상호군의 관직을 받은 사실이 확인된다. 이후에 1월 8일에 올량합 중추원첨지사 劉阿赤介 등 8인, 10일에 니마차올적합 중추원부사 箚里 등 8인, 11일에 올량합 도만호 金河羅哈 등 8인, 16일에 올량합 중추부지사 浪亐老介 등 10인, 화라온올적합 중추부첨지사 軍有 등 5인, 28일에 골간올적합 중추부지사 金馬尙哈 등 9인, 30일에 올량합 상호군 李乙非 등 8인, 2월 23일에 알타리 중추부지사 馬金波老 등 10인, 28일에 올량합 도만호 金沙弄介 등 8인의 내조가 있었다.

79) 河內良弘, 앞의 책, 1992, 481~486쪽 ; 계승범, 「파병 논의를 통해 본 조선전기 對明觀의 변화」,『대동문화연구』53, 2006 ; 이규철, 「세조대 건주위 정벌과 명의 출병 요청」,『역사와 현실』89, 2013 ; 한성주, 「세조대(1467년) 朝鮮과 明의 建州女眞 협공에 대한 연구」,『한일관계사연구』45, 2013.

원래의 규정을 준수하려고 하였다. 결국, 여진인의 내조를 주도한 것은 조선이었다. 한발 더 나아가 여진인과 왜인들의 내조는 정통성 문제를 넘어, 조선 중심의 외교질서를 구축해 나갈 수 있는 명분을 얻게 해주었다.

여진인이 조선에 내조한 주요 원인은 기존의 주장처럼 경제적 이익의 추구라는 측면도 있다. 하지만 세조 5년의 浪孛兒罕의 처벌과 6년의 毛憐衛 정벌, 이후 조선에서 보인 강경책 등으로 악화된 양자 관계를 해결하기 위한 측면도 있었다. 즉 그들은 조선에 정벌을 당하지 말아야 할 당위성이 있었다. 그러므로 그들은 조선의 여러 가지 까다로운 규정에도 불구하고, 조선의 통제에 따랐다. 그것이 바로 내조로 조선만큼이나 절박한 여진인의 평화를 모색하는 방식이었다.

제3절. '조선 중심의 외교질서'의 실현

앞에서 세조가 왕권강화와 유교적 이상군주로서의 체현 등을 위해 여진인의 내조를 적극적으로 이용하였음을 살펴보았다. 그 결과 세조는 이들에 대한 영향력을 강화하였다고 생각한다. 여기에서는 조선에 내조한 여진인을 월별과 각 세력으로 분석하여 세조가 구축하고자 한 외교질서를 검토하고자 한다.

세조대 여진인의 조선 내조를 월별로 분석하면 <표 3-3>과 같다. 이 표를 보면 12월에 가장 많은 내조가 있었고, 그 회수는 62회로 전체의 약 24%를 차지한다. 그다음으로 1월, 11월, 2월의 순으로 많다. 즉 11월부터 2월까지 총 168회로 전체의 약 65%를 차지하며 한눈에 보아도 이 시기에 내조가 집중되었음을 알 수 있다. 그렇다면 특히 이때 내조가 집중되었던 이유는 무엇일까? 이는 앞서 살펴보았듯이 조선의 冬至와 正朝 등 국가 의식에 참여하고, 국왕을 알현하기 위해서라고 볼 수 있다.

<표 3-3> 세조대 내조 여진인의 월별 분석

	1월	2월	3월	4월	5월	6월	7월	8월	9월	10월	11월	12월	합계
1년											15	22	37
2년	5	6											11
3년	9	1											10
4년	2			1		2	7	6	1			2	21
5년	4			1		1			2	12	1	6	27
6년	3	2	1	5	3	4	1		4	1	9	4	37
7년	2	2	6	3	3		2	4	1		1	2	26
8년		2	7	1	2			2	1				15
9년	3	4	2			1		3			1	4	18
10년	3	1								1		2	7
11년	7	2		2	1						3	4	19
12년		2									1	13	16
13년	2	4										3	9
14년	7	2											9
합계	47	28	16	13	9	7	11	12	12	14	31	62	262

여진인의 내조가 正朝 의식에 참석하기 위해서였음은 다음의 사료에서도 잘 드러난다.

(4) "전에 경에게 유시하기를, '올려보내는 野人의 수를 너무 간략하게 하지 말아서 원망을 품게 하지 말라' …(중략)… 경은 속히 사람을 시켜 火刺溫 및 근경의 여진 등에게 전하여 曉諭하기를, '都節制使가 朝廷의 뜻을 알지 못하고 너희가 上京하는 것을 허락하지 않았는데, 지금 성상께서 아시고 도절제사를 책하시었으니, 너희는 곧 상경하라. <u>비록 正朝宴에 미치지 못하더라도 무방하다</u>' 하여, 이처럼 開諭하여 말하고 경이 다시 전후의 諭書를 살피어 짐작하여 시행하라."[80]

(4)는 세조가 함길도도절제사 양정에게 내린 유시로, 상경하는 여진인의 숫자를 너무 간략하게 하지 말고 독려하라는 내용이다. 필자는 상경의 독려보다 "비록 正朝宴에 미치지 못하더라도 무방하다"는 구절이 더 중요한 의미가 있다고 생각한다. 세조는 여진인의 내조 수용에 관심을 기울여, 원래 冬至와 正朝 참석에 중요한 의미가 있었음에도 불구하고, 그들의 상경이 正朝宴에 맞추지 못하더라도 내조를 허락하였다. 이는 원래 여진인의 내조 시 正朝宴의 참석이 중요하다는 점을 방증한다고 할 수 있다.

이러한 사례는 세조가 건주삼위의 추장들의 내조를 받아들여 역로의 폐단이 있음을 알고 있으나, 그들이 멀리서 와서 내부 하는 정성을 막을 수 없다며 받아들이라고 지시한 다음의 사료를 통해서도 잘 드러난다.

> (5) "…(상략)… 대저 여진은 한편으로는 중국 조정을 우러러보고 한편으로는 우리나라를 우러러보는 까닭으로, 여름철에 와서 두드려도 저들이 事大하는 禮를 폐하는 것이 아니다. 우리가 마땅히 字小하는 義로써 어루만져야 하니, 경은 이를 자세히 알라"[81]

원래 여진인은 겨울철에 내조하는 것이 禮였던 반면, 여름철의 상경은 사대의 예에서 어긋난다. 하지만 이들이 명에 속하면서도, 한편으로 조선에도 내조한다고 판단한 세조는 여름철의 내조도 허락하였다. 오히려 세조는 이러한 예외의 상황이라도 "字小之義로 어루만져야 한다"며 내조를 받아들였다. 즉 여름철의 내조는 사대의 예에 해당하지 않지만, 예외적으로 인정했던 중요한 사례라고 생각한다. 또한, 세조는 건주위인을 '자소'로 다스려야 한다며 그 실현을 위해 노력하는 모습을 보이고 있다.[82]

---

80) 『세조실록』 권5, 2년 11월 20일 병술.
81) 『세조실록』 권12 4년 4월 13일 경오.

조선이 여진인을 冬至와 正朝의 賀禮에 참석하기 위해서라는 가설을
검증하기 위해 11월과 12월에 내조 사례를 살펴보겠다. 산술적으로 이
두 달간의 점유율은 약 16.7%를 차지해야 한다. 하지만 이 기간의 내조
횟수는 93회의 35.4%로 산술적 점유율의 두 배를 상회한다. 이를 세력
별로 분석하면 兀良哈은 29%, 兀狄哈은 48%, 斡朶里는 39%, 土着女
眞은 57%를 차지한다. 건주삼위는 그 사례가 없다. 이를 보면 조선의
통제에 잘 따랐던 세력은 토착여진, 올적합, 알타리, 올량합 순이었다.
  建州三衛는 앞서 말한 것처럼 그 세력이 제 여진 가운데 가장 강력했
고, 이들과 조선의 관계도 좋지 않았다. 그러므로 세조는 이들을 조선의
외교질서에 편입하기 어려웠다. 거기에 건주여진은 조공의 시기, 조공품
의 종류와 수량 등도 명조의 규정을 받아야 할 정도로 명조의 영향력이
더 강하였다. 반면 조선은 이들에 대한 규정이 따로 없었다.[83] 두만강
유역의 여진에 비하여 이들의 내조는 비정기적이고, 예외적인 사례가 많
았다. 따라서 건주삼위는 조선의 외교질서에 편입을 의미하는 11, 12월
의 내조가 다른 세력에 비해 적다.
  土着女眞과 斡朶里는 조선의 영토 안에 거주하고 있었기 때문에 冬
至, 正朝 의식에 참여할 수 있는 11, 12월에 내조한 비율이 상대적으로
높다. 앞서 본 것처럼 1, 2월에 내조한 이들까지 포함한다면 그 비율은

---

82) 河內良弘은 이에 대해 수양대군이 전부터 이상으로 한 字小主義의 실현을 원했기
   때문이라고 보았다.(「朝鮮世祖の字小主義とその挫折」,『天理大學學報』93, 1974 ;
   『明代女眞史の硏究』, 京都 ; 同朋舍 1992, 365~387쪽) '字小'란 '事大'와 짝을
   이루는 것으로, 작은 나라가 큰 나라를 섬기고, 큰 나라가 작은 나라를 사랑하는
   것을 의미한다. 그 유래는 『左傳』昭公과 『孟子』梁惠王 下이다. 세조는 '자소'의
   식을 가지고 外夷였던 여진인을 대하였고, 이를 통해 자신을 유교적 이상 군주로
   형상화한 것이다. 이러한 측면도 그가 여진인의 내조를 받아들인 이유 중 하나이
   다.(민덕기, 「조선시대 交隣의 理念과 국제사회의 交隣」,『민족문화』21, 1998) 물
   론 이런 관념이 세조대에 처음 나타난 것은 아니지만 河內良弘의 견해처럼 이때
   '자소'의식이 잘 드러났다고 보인다.
83) 王臻, 『朝鮮前期與明建州女眞關係硏究』, 中國文史出版社, 2005, 240쪽.

더욱 높아진다.[84] 그나마 11월부터 2월까지를 제외한 기간에 내조한 자들은 세조 6년의 毛憐衛 정벌에 참전하였다. 이러한 사실을 토대로 토착여진과 알타리는 조선의 영향력 아래에 있었다고 보아도 무방하다.

兀狄哈도 11, 12월에 많은 내조를 하였다. 사실 경원과 경흥을 중심으로 한 두만강 하류와 연해주 지역에 거주하며 오랫동안 조선과 우호적인 관계를 맺던 骨看兀狄哈 외에 나머지 올적합은 조선과 큰 관련이 없었다. 골간올적합은 세종 27년의 여진인 내조 제한 규정 때에도 1년에 7회의 허락을 받을 정도였다. 이후에도 이들은 조선과 꾸준한 관계를 맺어 세조대에도 제종올적합 중 가장 많은 내조를 하였다.

골간올적합이 내조한 시기를 월별로 분석하면 1월에 6회, 2월에 1회, 10월에 3회, 11월에 6회, 12월에 15회로 총 31회이다. 11월과 12월의 상경이 冬至와 正朝 의식에 참석하기 위해서라면 이 두 달간 무려 21회로 골간의 세조대 내조 중 약 68%를 차지한다. 여기에 1월과 2월을 포함하면 28회로 대부분을 차지한다.

예외적 사례에 해당하는 10월의 내조도 3차례인데, 세조 5년의 올량합과 올적합의 화해의 일로 기간에 제한을 두지 않았을 때가 2번이고, 나머지 한번은 세조 10년(1464) 李玉의 사례이다. 그는 세조 6년 윤11월 24일에 정벌의 공으로 수직을 받았던 자로, 정벌의 공으로 그해 10월에도 상경할 수 있었다. 이런 특수한 경우를 제외한다면 골간올적합은 조선의 내조 정책에 가장 잘 순응하고 있었다고 볼 수 있다.

세조대에는 尼麻車兀狄哈의 약진도 주목할 만하다.[85] 이들은 지금의 黑龍江省 寧安의 東京城 부근에 그 거주지가 있었다고 비정된다.[86] 세

---

84) 『明實錄』에서 세조대에 해당하는 景泰 6년부터 成化 4년까지의 여진인 내조 기사를 살펴보면, 대부분 1월과 2월, 11월과 12월에 집중되어 있다.

85) 이들은 『조선왕조실록』에 亏未車라고도 혼용되는데 이는 여진인 발음을 한자로 음차해서 쓰다 보니 생기는 문제이다. 이들은 세종대까지 혐진올적합으로 불리었다.(河內良弘, 앞의 책, 1992, 565쪽)

종대의 을축약조에는 이들이 변경에 가까이 살기 때문에 1년에 2회로 제한한다고 기록되어 있다.[87] 하지만 그 규정이 제정된 후 이들이 내조하였다는 기록은 거의 보이지 않고, 세조 초년까지 조선과 그다지 연관이 없었다.

조선과 니마차올적합이 가까워진 계기는 바로 세조 4년의 올량합과 올적합의 화해의 일, 6년의 모련위 정벌에 참전 등이다. 이는 <표 3-3>에서도 확인된다. 니마차가 세조 5년에 처음 내조한 뒤 그해에만 4회의 내조를 했고, 세조 6년에는 모련위 정벌로 무려 10회나 조선에 내조하였다. 이들은 골간올적합과 거의 비슷한 정도로 많은 내조를 하였다.

니마차올적합은 위와 같은 사건으로 조선에 상경할 수 있었던 만큼 골간올적합과 달리 그 내조 시기가 규칙적이지 않았다. 즉 비교적 많은 내조가 있었지만, 골간만큼 조선의 영향력 아래에 있었다고 보기는 힘들다. 실제로 이들은 성종대에 접어들면서 조선에 자주 침입하여 성종 22년(1491)의 정벌 대상이 되기도 하였다.

火剌溫兀狄哈은 세종대 많은 내조를 했던 忽剌溫이다.[88] 세종 연간에 이들이 너무 많이 내조하여 세종 27년 을축약조를 제정하는 중요한 원인이 될 정도였다. 이들은 을축약조의 제정 후 자주 내조하지 않다가, 세조 3년 1월 甫當可 등 23명을 비롯하여 세조 연간 총 16회의 내조를 하였다. 특히 세조 6년에 5회로 세조 연간 중 가장 많은 내조가 있었다.

화라온올적합의 내조는 세조대 다른 사건들과 큰 관련이 없는 것으로 보인다. 세조 6년에 5회로 가장 많은 내조를 했지만, 그중 3회가 정벌 이전이고, 그해 11월의 내조에도 이들이 정벌에 참여하였다는 기록은 없

---

86) 河內良弘, 앞의 책, 1992, 646쪽. 한편, 楊暘은 니마차올적합의 거주지를 수분하 상류지역으로 비정하였으나,(「明代尼麻車·都骨兀狄哈部族社會經濟形態考察」, 『北方文物』 4, 1987, 77쪽) 필자는 河內良弘의 설을 따르겠다.

87) 『세종실록』 권110, 27년 11월 1일 임신.

88) 河內良弘, 「忽剌溫兀狄哈の朝鮮貿易」 上·下, 『朝鮮學報』 59·61, 1971.

다. 실제 이들의 거주지는 송화강 유역[89]으로 추정되는데 세조 5년의 올량합과 올적합의 和解事와 세조 6년의 모련위 정벌에 참전하기에는 거리가 상당히 멀어 연관성이 떨어진다.

한동안 단절되었던 화라온올적합의 내조 재개는 국방안정과 세조의 권위 고양에 도움을 주었다. 화라온이 내조하여 세조에게 조회하는 것은 조선 주변의 이민족들이 조선에 臣禮를 취하는 일종의 외교적 행위로 조선에 복속하는 의미를 지닌다. 조선의 국왕이 입조한 여진인에게 朝賀를 받는 것은 조선이 명에게 사대의 예를 행하는 제후국이지만, 여진 등에게 예의와 문명의 수준이 높은 또 하나의 중심국이 될 수 있었다.

화라온의 내조는 세조의 '小中華' 사상을 실현해 주는 존재로서도 중요한 역할을 하였다. 실제로 세조대 내조한 16명의 화라온의 추장 중 12명이 세종대에 조선에 내조했었던 자로,[90] 선왕대에 단절된 화라온의 내조까지 수용한다는 것은 세조의 능력을 더욱 드러낼 수 있다. 이러한 이유로 세조는 적극적으로 화라온의 내조를 수용하였을 것이다.

화라온올적합이 내조한 시기를 월별로 분석하면 1월에 3회, 2월에 1회, 6월에 2회, 9월에 1회, 11월에 3회, 12월에 6회로 총 16회이다. 11월과 12월의 상경이 冬至와 正朝 의식에 참석하기 위해서라면 이 두 달간 9회로 세조대 내조 중 약 56%를 차지한다. 1월과 2월을 포함하면 13회로 대부분을 차지한다. 그나마 6월과 9월의 내조는 세조 6년과 7년으로 비교적 시기에 상관없이 내조를 수용하던 기간이었다. 이들 역시 골간올적합 만큼은 아니지만, 조선의 내조 정책에 순응했음을 혹은, 조선이 적절하게 그들의 내조를 통제했음을 보여주는 사례라고 생각한다.

---

89) 孫進己 外, 『女眞史』, 吉林文化出版社, 1987, 215~218쪽.

90) 甫當可는 세종 20년 1월 26일에 아들 安充哈 등 12인을 보냈던 忽剌溫 甫堂哈이다. 그는 忽剌溫 중에서도 유력한 추장이었는데 다른 火剌溫 보다 세조대 가장 먼저 직접 내조하고자 하였으므로 예외적으로 23인의 상경을 허락하였다. 실제 그 후 火剌溫의 내조가 증가하였다.

〈표 3-4〉 세조대 제종올적합의 내조 현황

	골간	니마차	화라온	남눌	미상	합계
1년	6			1		7
3년	2	1				3
5년	4	4	1	1	2	12
6년	4	10	5	1		20
7년		5	3			8
8년		1				1
9년	2	4	1			7
10년	2		1			3
11년	2	3			1	6
12년	5	1	3			9
13년	3					3
14년	1	1	1			3
합계	31	29	16	3	3	82

南訥兀狄哈은 速平江, 지금의 綏芬河 상류에 살던 종족으로 니마차의 거주지보다 조금 더 동쪽에 있었다.[91] 그들은 상대적으로 조선과 거리가 멀어 다른 올적합 보다 관계가 긴밀하지 않았다. 이는 조선에 내조한 올적합 중 가장 적은 횟수를 보이는 것에서도 확인할 수 있다.

세조대에 내조한 남눌올적합은 총 3회이다. 그중 加乙多可(介)는 조선에 2차에 걸쳐 내조하였다. 그는 세조 원년 11월에 내조한 뒤, 동왕 6년 9월에 모련위 정벌에 참전한 공으로 내조하여 護軍에 제수되었다.[92] 그 외에 세조 5년 4월에 副司正 內也哈도 내조하였다.[93] 한편,

---

91) 河內良弘, 앞의 책, 1992, 545쪽 ; 楊暘, 앞의 논문, 1987, 77~79쪽.
92) 『세조실록』 권21, 6년 9월 25일 무술. 그는 9월 24일에 내조하였고, 여기에는 加乙多介로 기재되어 있다.(권21, 6년 9월 24일 정유) 9월 11일의 기록에는 加兒打哈으로 기재되어 있는데, 신숙주가 모련위를 토벌할 때 그는 니마차올적합 丂豆 등과 함께 내조하러 종성에 왔다가 조선군에 종군하였다.(권21, 6년 9월 11일 갑신) 이를 계기로 이들은 조선에 내조하여 9월 25일에 호군으로 승진할 수 있었다.

정확한 기록이 없어 종족을 알 수 없는 올적합의 내조 3회도 보인다.

兀良哈은 조선 전기 내내 조선과 가장 깊은 관련을 맺었던 세력이다. 앞서 본 것처럼 세조대 浪孛兒罕 사건과 정벌, 그로 인한 조선 침략 등으로 이들과 조선의 관계는 악화되었다. 그래서 조선은 올량합을 견제하기도 했지만, 그 유력 추장들은 조선에 귀순하며 조선의 요구조건에 응하였다. 세조 역시 이들의 내조를 허락하여 조선의 영향력 아래에 두려 하였다. 따라서 이 시기에는 통상적으로 내조를 허락하지 않았던 3월부터 10월 사이의 내조가 상대적으로 많았다.

각 세력의 월별 내조 현황을 표로 나타내면 <표 3-5>와 같다. 이를 보면, 다른 왕대와 마찬가지로 대부분 11월부터 2월 사이에 내조가 집중되었음을 알 수 있다. 각 세력이 11월부터 2월 사이에 내조한 횟수를 점유율로 보면 兀良哈은 64회로 약 58%를 차지한다. 兀狄哈은 60회로 73%, 토착여진은 11회로 79%, 斡朶里는 25회로 약 76%를 차지한다. 건주위는 7회로 35%이다. 비율로 보면 토착여진, 알타리, 올적합, 올량합, 건주삼위의 순으로 11월에서 2월 사이에 내조자의 점유율이 높았다. 이는 조선이 이들의 내조를 겨울에 맞추어 상경을 허락해 주었음을 나타내는 반증이기도 하다.

<표 3-5> 각 세력의 월별 내조 현황

	1월	2월	3월	4월	5월	6월	7월	8월	9월	10월	11월	12월	합계
올량합	20	12	11	7	9		2	5	5	8	12	20	111
올적합	14	7	1	3		5	2	2	5	4	13	26	82
알타리	8	4	4	2			1	1			5	8	33
토착여진	2	1							1	2	1	7	14
건주삼위	3	4		1		2	6	3	1				20

따라서 가을다가는 세조 원년과 6년에 두 차례에 걸쳐 내조한 것으로 보인다.
93)『세조실록』권16, 5년 4월 25일 병자.

미상							1				1	2
합계	47	28	16	13	9	7	11	12	12	14	31	62	262

　그렇다면 나머지 3월부터 10월 사이에 있었던 내조는 어떤 의미를 지닐까? 이 시기의 내조 사례가 발견되는 것은 세조 4년부터 11년 사이였다. 그중에서도 세조 4년과 8년에 집중되었다. 이 기간에 이루어진 126회의 내조 가운데 3월부터 10월 사이는 84회, 점유율로는 67%를 차지한다.

　세조 4년은 3월부터 10월 사이에 있던 17회의 내조 가운데 14회가 건주삼위의 내조였다. 세조 4년 건주삼위의 내조는 다른 여진인 내조와 달리 파격적인 대우였다. 즉 세조 4년 3월부터 10월 사이에 있었던 내조는 일반적인 여진인 내조와 다른 특별한 상황이라고 볼 수 있다.

　세조 5년도 올량합과 올적합의 화해 일로 내조가 증가하였다. 총 27회 가운데 두만강 유역 여진인의 내조가 26회로 대부분을 차지하고 있다. 그중 3월부터 10월 사이에 16회의 내조가 있었는데, 이 역시 특별한 상황이라고 볼 수 있다. 양자 간의 화해의 일이 잘 이루어졌고, 세조는 이들에 대한 위무와 영향력 강화를 위해 시기에 상관없이 수용한 것이다.

　세조 6년의 내조 횟수도 37회로 세조 원년 이후 가장 많은 사례이다. 이처럼 많은 횟수를 보이는 이유는 세조 5년의 낭발아한 사건과 모련위 정벌 때문이다. 특히 세조는 6년 초반에 낭발아한 사건으로 인한 이 지역 올량합 등의 동요를 막기 위해 유력 추장들인 알타리의 浪孛時哈과 올량합의 金波乙大를 내조하게 하였다.

　세조는 김파을대 등과 비슷한 시기에 내조한 李家紅 등을 인견하는 자리에서 조선에 순응하며 내조한 자들은 책임소재를 묻지 않고, 후대한다는 사실을 전하라고 하였다.94) 실제 병조에서 그에게 준 초유의 글에

---

94) 이가홍 역시 내조하였다는 기록은 보이지 않는다. 하지만 2월 3일과 4일에 세조

서도 '首謀한 阿比車 이외에 나머지 사람들은 모두 용서하겠다. 아비차를 체포하여 오는 자는 賞을 무겁게 주겠다'고 보인다.[95] 이 회유는 아비차를 따랐던 여진인에게 영향을 준 듯하다. 3월 8일에 林高古 등이 회령에 와서 귀부의사를 밝히고, 16일에 2명을 쇄환하는 등 성의를 보였다.[96] 그 뒤 임고고 등이 내조하였고, 올량합의 내조는 계속되었다.[97]

세조는 6년 4월 24일에 여러 여진인을 인견한 자리에서 내조한 올량합의 조선 침략을 힐문하고, 이번은 용서하지만 다시 침입하면 용서하지 않겠다고 말하였다. 하지만 같은 자리에 있던 니마차올적합 箚里는 성심으로 귀순하였다며 올량합과 같은 자리에 앉지 못하게 하고, 別行을 내려 우대하는 뜻을 보였다.[98] 이때 내조한 올량합은 대부분 도만호, 지휘첨사, 만호 등이었지만 차리는 천호였다. 원칙적으로 차리가 이들보다 낮은 자리에 앉아야 했지만 세조는 이를 무시한 것이다.

다음날 예조에서 하사하는 물품도 올량합에게 차별하여 제공하고, 함길도도체찰사 신숙주에게 "이제부터 올적합·골간 및 성심으로 귀순하는 적의 추장 이외에는 다시 올려보내지 말도록 하라"고 명하였다.[99] 5월 17일 李麻具의 내조 이후 올량합의 내조는 보이지 않고, 올적합의 내조가 돋보인다. 이와 같이 세조는 아비거와 함께 침입하였다가 뒤에 조선

가 그를 인견한 기록과(『세조실록』 권19, 6년 2월 3일 경술 ; 2월 4일 신해) 5일에 하직한 기록을 보았을 때 그가 2월 3일 이전에 내조했음은 분명하다.(『세조실록』 권19, 6년 2월 5일 임자)

95) 『세조실록』 권19, 6년 3월 3일 경진.

96) 『세조실록』 권19, 6년 3월 8일 을유 ; 3월 16일 계사.

97) 『세조실록』 권20, 6년 4월 5일 신해(이 외에도 兀良哈의 내조 기록은 4월 9일에 지휘첨사 浪將家老 등 5인, 4월 13일에 만호 浪羅守 등 5인, 4월 22일에 만호 浪松古老 등 9인, 5월 9일에 호군 多里可과 그 妻子, 10일에 李沮里 등 4인, 17일에 도만호 李麻具 등 2인 등이 보인다)

98) 『세조실록』 권20, 6년 4월 24일 경오.

99) 『세조실록』 권20, 6년 4월 25일 신미.

에 내조한 올량합에 대해 조선을 침입하지 않았던 올적합과 차이를 두었
다. 세조는 이들이 조선을 공격한다면, 차별대우하겠다는 의지를 보인
것이다.

세조 6년 3월부터 8월까지 보이는 내조 사례도 결국은 浪孛兒罕 사
건에 대한 민심 수습책과 상대적으로 성심으로 귀순한 올적합에 대한 우
대 정책으로 나타났다. 한편으로 세조는 내조를 수용해도 성심으로 귀순
하는 올적합과 차별 대우하여 조선에 반항하면 좋은 대우를 해줄 수 없
음을 보여주었다.

앞에서 언급했듯이 세조는 8월의 모련위 정벌 이후 여기에 참전하거
나 공을 세운 여진인의 내조를 적극적으로 받아들였다. 따라서 세조 6년
과 7년은 내조의 횟수 자체가 많고, 포상의 개념으로 내조를 허락했기
때문에 겨울에 내조하는 원칙도 굳이 적용되지 않았다.

이는 여진인의 내조가 비교적 안정을 이루었던 세조 10년 이후의 사
례에서도 잘 드러난다. 10년 이후의 내조 총 62회 중, 3월부터 10월에
내조한 사례는 단 4차례밖에 없다. 별사건 없이 조선의 통제가 잘 이루
어지는 시기에는 예외적 사례가 감소하고, 원래의 규정대로 회귀하였다.

그런데 당시 일본은 여진과 다른 경향이 나타난다. 앞서 본 것처럼
일본인 통교자는 세조 4년 이후 통교횟수가 감소하였지만, 세조 말에는
정수 외 使送船의 수가 급격히 증가하였다. 그 이유는 일본의 국내 사정
과 밀접한 관련을 가지고 있다. 당시 일본에서는 세조 13년(1467)에 應
仁의 난이 일어나 北九州가 쟁난의 장소가 되었고, 九州節度使의 세력
이 쇠퇴하였다. 또한, 對馬島主가 교체되면서 문인발급에 의한 왜인들
의 통제에 어려움이 있었다.[100] 이와 같이 조선이 여진에 대해 통제가
잘 이루어졌던 것과 달리 일본은 그렇지 않았다.

지금까지 세조대 여진인의 내조에 대해서 살펴보았다. 이를 통해, 세

100) 한문종, 앞의 논문, 1996, 77~78쪽.

조가 여진인의 내조를 수용한 것은 기존의 의견처럼 경제적 욕구의 충족이라는 측면도 있었지만 정치적 의도가 더 강하게 반영되어있다고 할 수 있다. 즉 세조가 이들의 내조를 조절한 중요한 증거라고 할 수 있다. 특히 두만강 유역에 거주하는 여진인은 조선의 통제에 순응하였고, 조선은 그들에 대한 영향력을 가질 수 있었다.

반면 여진인은 명과 조선에 모두 속하며 자신들의 실리를 추구하기 위해 조공(내조)이라는 방식으로 양국과 교섭하였다. 당연히 명과 조선모두 이들의 속내를 모를 리 없었지만, 조공을 다시 자신들의 입장에 맞게 재구성하여 外夷를 다스리는 명분확보 및 국방의 안정, 그들에 대한 영향력 확보에 이용하였다.

세조는 전부터 계속된 여진인과 왜인의 내조를 더욱 적극적으로 수용하고, 탄력적으로 운용하며 유교적 군왕으로 자리매김하였다. 세조는 명이 건주삼위와의 교섭을 문제삼자 큰 반발 없이 순응하는 모습을 보였다. 하지만 그는 두만강 유역의 여진인을 더욱 강력히 통제하며 영향력 아래에 두었다. 실제로 이 지역 여진인은 세조가 구축한 질서에 순응하였다.

이처럼 세조는 두만강 유역의 여진인을 명의 질서를 거스르지 않으면서 조선을 중심으로 하는 외교질서 구축에 적극적으로 이용하였다. 따라서 세조는 선왕들이 구상한 조선의 외교질서를 가장 잘 실현하였다고 생각한다.

제IV장.
성종대 통교체제의 재정비와 조선 중심 외교질서의 확립

제1절. 여진인 내조와 통교체제의 재정비

成宗은 요절한 睿宗을 이어 1469년 11월 28일에 즉위하였다. 그는 貞熹王后와 勳臣들의 추대로 13세에 왕위에 오른 뒤, 대비의 垂簾聽政을 받았다. 또한, 예종대의 院相이었던 신숙주·한명회 등 9명이 여전히 원상으로서 국사에 참여하였다. 그러므로 당시의 정치적 주도권은 정희왕후와 원상을 포함한 대신들에게 공유되었다.[1] 따라서 성종 재위 초반의 대여진 정책에 이들의 영향력이 자연스레 작용하였다.

본격적으로 성종대의 여진인 내조를 살펴보기에 앞서 간략하게 예종대를 살펴보면, 총 9회의 여진인의 내조가 있었다. 예종의 즉위년은 여진인의 내조가 없었고, 본격적인 내조는 이듬해부터 시작되었다. 즉 예종 원년 1월 12일에 骨看兀狄哈 李多弄介·斡朶里 馬多弄哈·女眞 元好時乃 등이 내조한 것이다.[2] 이다롱개는 골간의 유력한 추장으로 세조대에 몇 차례 내조하여 세조 13년에 知中樞院事의 관직을 보유하고 있었다.

---

1) 이동희, 「朝鮮初 院相制下의 承旨」, 『전북사학』 19·20, 1997 ; 최승희, 「成宗期의 國政運營體制와 王權」, 『조선사연구』 10, 2001 ; 김범, 『朝鮮前期의 王權과 政局運營-成宗·燕山君·中宗代를 중심으로-』, 고려대학교 박사학위논문, 2005.

2) 『예종실록』 권3, 1년 1월 12일 정묘.

예종은 喪中이었기 때문에 이다롱개를 비롯한 내조자들을 引見할 수 없었다. 다만 예종은 신숙주의 의견에 따라 이다롱개와 劉(柳)尙冬哈에 게 祿을 내리며, 국상이 끝날 때까지 더 기다리도록 하였다.[3] 결국, 이다 롱개는 내조한 지 거의 2개월이 되어서야 예종을 인견할 수 있었다.[4] 이처럼 예종 원년 1월과 2월에 여진인의 내조가 9회나 있었고, 이들에 대한 인견은 세조의 국상이 끝난 이후에 시행할 수 있었다.

예종의 갑작스러운 崩御에서 비롯된 정치 환경의 변화는 여진 관계에 도 일정한 영향을 미쳤다. 성종의 즉위 다음날인 11월 29일에 조선조정 은 卒哭이 지난 후 여진인의 상경을 허락하기로 하였다.[5] 물론 예종의 부고 소식을 듣지 못하고 내조한 자들은 이미 상경하는 중이었다.[6] 하지 만 이듬해 1월 2일의 豆未應巨 외에 내조자가 보이지 않는다. 이는 졸 곡 기간에 여진인의 내조를 금지하기로 한 조정의 방침에 따른 것이다. 따라서 성종 즉위 직후의 내조는 예종대의 내조와 관련이 있다.[7]

〈표4-1〉 성종대 연도별, 세력별 내조 현황

	兀良哈	兀狄哈	斡朶里	土着女眞	建州三衛	溫河衛	합계
즉위년(1469)	3	4	1	1			9
성종 1(1470)	8	9	3	2			22
성종 2(1471)	4	5	2	2			13
성종 3(1472)	7	6	4		1		18

---

3) 『예종실록』 권3, 1년 1월 20일 을해.
4) 『예종실록』 권3, 1년 2월 27일 임자.
5) 『성종실록』 권1, 즉위년 11월 29일 기유.
6) 그 결과 12월 7일에 올량합 都萬戶 劉阿赤介 등의 내조가 보인다.(『성종실록』 권1, 즉위년 12월 7일 병진)
7) 예종 1년의 내조 9회를 합하면 이해에만 총 18회의 내조가 있었던 것으로 볼 수 있다. 하지만 <표 4-1>의 횟수 산정에서는 성종 즉위 직후에 내조한 것도 성종대에 포함하였다.

성종 4(1473)	10	6	5	2			23
성종 5(1474)	9	9	2		1		21
성종 6(1475)	5	7	1				13
성종 7(1476)	6	1	4				11
성종 8(1477)	6	2	1				9
성종 9(1478)	6		1				7
성종 10(1479)	7	3		2			12
성종 11(1480)	7	3	5	1			16
성종 12(1481)	3	1	1	1			6
성종 13(1482)	4	3					7
성종 14(1483)	4	2	5	2	5		18
성종 15(1484)	4	1	2		4		11
성종 16(1485)	9	4	3		4		20
성종 17(1486)	3	2	1		3		9
성종 18(1487)	2	1	2		1		6
성종 19(1488)	9	3	3				15
성종 20(1489)	9	3	1	2			15
성종 21(1490)	8	3	2				13
성종 22(1491)		1	2				3
성종 23(1492)	15	1	4				20
성종 24(1493)	7	2	3	1			13
성종 25(1494)	6	3	2	2		1	14
합계	161	85	60	18	19	1	344

성종대의 본격적인 여진인 내조는 원년으로, 그중 11월과 12월에 집중되었다. 즉 지난해 國喪 때문에 원상들이 여진인의 내조를 엄격히 제한하여 연초에 내조자가 적었다. 그러나 졸곡 기간이 끝나고 안정을 되찾자 성종은 원년 9월에 예전처럼 하교를 기다리지 말고, 관례에 따라 여진인 내조자를 상경하게 하였다.[8]

---

8) 성종은 9월 17일에 "전에는 여러 종류의 야인이 만일 한양에 올라와서 肅拜하고자 하면 하교를 기다리지 않고 정한 인원수에 의해서 올려보냈다. 그런데, 요즘은

조선이 전처럼 여진인의 내조를 수용한 것은 신왕의 즉위 이후 처음
으로 맞는 望闕禮와 正朝賀禮에 이들을 참석하게 하기 위해서였다. 특
히 성종 원년 12월에만 18회의 여진인 내조가 있었다.9) 이는 여진인이
이듬해에 실시하는 정조하례에 참석하기 위해서라고 볼 수 있다. 실제로
2년 1월 1일의 망궐례 이후 실시한 會禮宴에 여진인과 왜인이 참석하였
다. 성종은 그중 金波乙大에게 술잔[爵]을 바치게 하고, 李多弄介에게
술을 내리며 여진인과 왜인에게 물건을 하사하였다.10)

즉위를 마친 후 성종은 굳이 이들의 내조를 독려할 필요가 없었다.
여진인의 내조 수용은 역로의 피폐와 접대비용 등 조선에 부담으로 작용
하였다. 그러므로 성종은 이들의 내조 횟수를 조절하고자 하였다. 성종
은 평상시 여진인의 내조가 14~15運 정도지만, 최근 영안도와 강원도,
경기도에 흉년이 들었다며 평소대로 수용하기 부담스러워 하였다. 하지
만 성종은 전례를 살펴보아도 세조 이래로 매년 적어도 10여 회부터 많
으면 30~40여 회로 해마다 내조의 수가 달라 이를 제한할 근거로 삼을
수 없었다.11) 성종은 흉년이라는 특수한 상황에서 평상시의 여진인 내

반드시 유시를 기다렸다가 보내니, …(중략)… 이제부터 다시 옛 관례에 의하여
시행토록 하라”며 영안북도절도사 어유소에게 여진인의 상경을 허락하였다.(『성
종실록』 권7, 1년 9월 17일 임진)

9) 이는 성종의 재위 기간을 통틀어 한 달 동안 수용한 가장 많은 횟수이다.

10) 김파을대와 이다롱개는 각각 올량합과 골간올적합으로 세조대부터 조선에 내조
한 추장이다. 이들은 내조자 가운데 가장 높은 관직을 가지고 있었고, 이들이 조
선의 의례를 잘 인지했기 때문에 의식에 참여한 여진인과 왜인 가운데 대표로
酬酌한 것이다. 기록에 이들이 정조하례에 참석했는지는 나타나지 않지만, 관례
상 이들은 하례에 참여했을 것이다.(『성종실록』 권9, 2년 1월 1일 갑술)

11) 실제로 세조대 여진인 내조를 분석한 연구에 의하면 10회 이하였던 적은 세조
10년의 7회, 13, 14년의 9회뿐이고, 가장 많은 사례는 1년과 6년으로 37회였다.
(박정민, 「조선 세조대의 여진인 내조와 여진인 귀속문제」, 『전북사학』 41,
2012, 89쪽) 따라서 위의 사료에서 산출한 여진인 내조 횟수는 거의 정확하다고
볼 수 있다.

조 횟수를 줄이기 위해 담당자인 영안북도절도사인 어유소에게 알맞은
조처를 취하게 하였다.[12]

　상식적으로 조선이 이러한 폐단과 부담을 느낀다면 여진인의 내조를
굳이 수용할 필요가 없다. 그럼에도 불구하고 성종은 그 횟수를 줄이더
라도 이들의 내조 수용 의사를 표명하고 있다. 조선의 여진인 내조 수용
은 단순히 이들의 경제적 욕구를 충족시켜 침입을 방지하는 차원이 아니
었다. 이는 성종 3년(1472)부터 5년 사이에 두만강 유역에 거주하는 兀
良哈과 斡朶里, 骨看兀狄哈 등의 내조 수용 과정에서 잘 나타난다.

　당시 具州의 尼麻車兀狄哈이 5진의 올량합과 알타리를 공격하여 양
자의 관계가 악화되었다.[13] 이때 조선은 藩籬인 올량합과 알타리 등의
안정을 위해 支待의 폐단에도 불구하고 평소보다 많이 내조를 수용하였
다.[14] 반면 조정은 침입 주체인 니마차가 조선의 피로인과 가축도 쇄환
하지 않는다며 상경을 금지하였다.[15] 그 결과 성종 3년 9월부터 두만강
유역 여진인의 내조만 보인다.

　니마차올적합의 내조를 수용하지 않는 조선의 소극적인 대응은 니마
차의 침입을 완화하는 데 큰 영향을 주지 못하였다. 따라서 성종은 金亐
(于)豆나 也堂其(只)·箭里와 같은 니마차 추장들의 내조를 허락하며 이
들의 침입을 방지하고자 하였다.[16]

---

12) 『성종실록』 권21, 3년 8월 20일 갑신.
13) 두만강 유역의 5진에 거주하는 올량합·골간올적합·알타리·토착여진과 내지의
　　올적합 사이의 투쟁은 그 연원이 오래되었다. 특히 세조대에 이들의 투쟁이 격화
　　되었는데 세조는 신숙주를 파견하여 이들의 화해를 적극적으로 성사하였다. 자세
　　한 내용은 다음 논문을 참조할 수 있다.(한성주, 「조선 세조대 '女眞和解事' 연
　　구」, 『동북아역사논총』 38, 2012)
14) 이 기간 두만강 유역 여진인의 내조 양상을 보면, 올적합의 약탈에 文果乙大와
　　같이 맞서 싸우거나, 執介처럼 적변을 보고하는 등 공을 세운 자도 포상으로 내
　　조를 수용하였다.(『성종실록』 권 36, 4년 11월 5일 임진 ; 17일 갑진)
15) 『성종실록』 권36, 4년 11월 3일 경인 ; 9일 병신 ; 12일 기해 ; 24일 신해.

그렇지만 니마차올적합은 여전히 5진에 거주하는 올량합과 알타리, 골간올적합을 공격하였다. 성종은 경차관 이덕숭을 보내 5진에 거주하는 여진인을 存撫하였고, 이들의 침입은 우리의 藩籬를 철폐하려는 것이라고 인식하였다. 또한, 성종은 이들을 안정시키기 위해 영안북도절도사와 관찰사에게 魚鹽과 良布를 헤아려 주며, 곡진히 구휼하여 생업에 종사하도록 유시하였다.17)

이러한 조선의 관심에도 니마차올적합은 성종 5년경에 두만강 유역 여진인에 대한 공세를 강화하였다. 심지어 동년 10월에 亐未車兀狄哈이 訓春에 사는 올량합의 집에 불을 놓아 1백여 채를 태웠으며, 사람과 가축을 죽이고 사로잡아갔다.18) 이에 성종은 단순히 두만강 유역 여진인의 내조를 수용하는 대신 적극적으로 양자의 화해를 주도하였다.

성종은 5년 11월에 올량합 중추 柳於麟介를 인견한 자리에서 올적합과 화해를 종용하였다.19) 다음날 성종은 구주의 제종올적합에게도 敎書를 내려 화해하도록 하였다.20) 한편, 성종은 니마차올적합이 교역을 위해 경원과 온성을 왕래하다가 5진의 허실을 알고, 올량합 등을 공격한다는 보고에 영안북도절도사에게 이들에 대한 公私무역도 엄금하도록 조치하였다.21)

성종의 적극적인 조치 이후 양자 간의 충돌은 비교적 감소하며 두만강 유역의 여진 관계는 안정되어가고 있었다. 이처럼 성종은 내조를 이용하여 올량합과 알타리, 골간올적합 등이 안정적으로 생활할 수 있도록

---

16) 『성종실록』 권37, 4년 12월 30일 병술 ; 권49, 5년 11월 13일 갑자 ; 권50, 5년 12월 9일 경인 ; 12일 계사.
17) 『성종실록』 권36, 4년 11월 9일 병신 ; 24일 신해.
18) 『성종실록』 권48, 5년 10월 19일 신축.
19) 『성종실록』 권49, 5년 11월 29일 경진.
20) 『성종실록』 권49, 5년 11월 30일 신사.
21) 위와 같음.

제IV장. 성종대 통교체제와 재정비와 조선 중심 외교질서의 확립   141

도와주었다. 성종은 선왕대의 정책을 이용하여 조선의 질서 안에 있는 이들을 적극적으로 보살펴주며 영향력을 강화한 것이다.

두만강 유역 여진인도 자신들을 공격하는 니마차올적합 등으로부터 보호해주는 조선의 영향력 아래에 편입되는 것이 유리하다고 판단했을 것이다. 따라서 이들은 조선의 각종 통교규정에 응할 수밖에 없었다. 또한, 이들이 계속해서 조선의 보호를 받기 위해서 니마차 등 심처야인의 침입 소식을 재빨리 조선에 보고하고, 스스로 조선의 번리가 되어갔다.

앞서 본 것처럼 성종은 4년경에 양자의 화해를 위해 내조를 적극적으로 이용하였다. 이해에 여진인의 내조가 증가하자 성종은 다시 부담을 느끼고, 여진인 내조에 관한 규정을 재정비하였다.[22] 성종은 5년(1474) 1월에 영안북도절도사 어유소에게 전례를 참고하여 여진인 내조의 恒式을 정하도록 명령하였다.[23]

그해 9월에 어유소가 '이제 運을 나누어 1년에 12운을 넘지 못하게 하고, 1운에 6, 7명을 넘지 못하게 하여 8월부터 올려보내겠다'고 보고하였다. 이를 원상들이 회의하여 8월 그믐에 올려보내되 1개월에 2, 3운을 넘지 못하게 하자고 결정하였다.[24] 즉 어유소의 의견을 기본으로, 시기만 약간 늦추어 보내게 한 것이다. 이는 최소한의 상경 횟수와 인원을 규정한 것이다.

이를 통해 성종 5년 이후의 여진인 내조 규정은 흉년에 12회, 평상시에는 14~15회이고, 인원은 1회에 6~7명을 넘지 않는 선으로 정하였음을 알 수 있다. <【별표】 6. 성종대의 내조자 목록>을 확인하면, 이

---

22) 특히 성종 4년에 조선이 번리라고 인식한 올량합·골간올적합·알타리·토착여진 등의 내조자가 주를 이루어 총 23회로 성종대를 통틀어 가장 많았다. 그 결과 성종 5년 1월 1일의 회례연에 왜인 13명이 참석한 것과 달리 여진인은 (柳)要時老 등 무려 96명이 참석하였다.(『성종실록』 권38, 5년 1월 1일 정해)

23) 『성종실록』 권38, 5년 1월 7일 계사.

24) 『성종실록』 권47, 5년 9월 27일 기묘.

규정을 정한 뒤 수종인의 숫자는 거의 6, 7, 8명이 대부분을 차지한다.[25]

또한, <표 4-1>에서 확인되듯이 성종 6년부터 13년 사이의 여진인 내조는 11년을 제외하고 대체로 이 규정과 일치하며 조선의 통제가 잘 이루어졌음이 확인된다.[26] 따라서 성종 5년의 여진인 통교체제 재정비는 이후의 여진인 내조에 중요한 역할을 하였다.

다만 성종 14년에 두만강 유역 여진인의 내조가 전년보다 약간 증가하였다. 그 원인은 富寧 靑巖里에 거주하는 향화 여진인 중 일부가 蒲州와 下東良 등으로 이주하였는데, 이들을 쇄환하는 과정에서 두만강 유역에 거주하는 여진인이 공을 세웠다.[27] 성종은 이들의 상경을 허락하여 성종 14년에 여진인의 내조가 증가하였다. 이와 같은 특별한 사례들을 제외하고 여진인의 내조는 성종 초년에 제정한 규정에 크게 벗어나지 않는다.

이처럼 안정적으로 운영되던 여진인 내조는 <표 4-1>에서 확인할 수 있듯이 성종 재위 중반에 특기할만한 사실이 발견된다. 바로 세조 6년(1460) 이후 한동안 단절되었던 건주삼위와의 통교가 재개된 것이다. 그 결과 성종 14년(1483)부터 18년까지 건주삼위의 내조가 집중적으로 보인다.[28] 조선은 세조 13년(1467)에 건주위를 정벌한 이후 한동안 건주

---

25) 가끔 15, 16명도 보이는데 이는 두 집단이 온 것을 합산했을 가능성이 높다. 하지만 이러한 사실은 확증을 할 수 없어서 횟수를 산정할 때 1회로 처리하였다. 따라서 성종대 여진인의 총 내조 횟수는 344회 이상일 개연성이 매우 크다.

26) 성종 11년은 16회로 다른 해에 비해 비교적 많은 편이다. 그러나 <표 4-2>에서 보이듯이 성종 11년 12월은 7회로 다른 해에 비해 약간 많고, 성종 12년 1월의 여진인 내조는 1차례만 확인된다. 12년 1월에 올 인원이 며칠 차이로 일찍 도착했을 개연성도 있다. 따라서 큰 범주에서 보면 성종 11년에 내조가 조금 많은 것은 특별히 많은 사례는 아니라고 생각한다.

27) 『성종실록』 권145, 13년 윤8월 14일 경진 ; 권152, 14년 3월 19일 신해.

28) 성종대 건주위와 조선이 교섭을 맺은 자세한 내용은 다음의 연구를 참고할 수 있다.(園田一龜, 『明代建州女直史硏究』(續篇), 東京國立書院, 1953 ; 김순남, 「조선 成宗代 兀狄哈에 대하여」, 『조선시대사학보』 49, 2009c)

삼위와 원만한 관계를 맺지 못했는데, 그것은 성종 10년의 건주위 정벌
로 표출되었다.

성종대 조선과 건주삼위의 교섭을 간략하게 살펴보면, 성종 즉위 초
년부터 건주삼위는 조선과 교섭하고자 하였다. 실제로 성종 3년 9월에
童阿亡哈이 건주삼위인 중 가장 먼저 내조하였다.[29] 그는 童猛哥帖木
兒의 이주 이후 會寧 일대의 대추장으로 성장한 童所老加茂의 아들로,
그의 형인 童淸周와 아우인 童淸禮는 당시 조선에 향화하여 관직을 가
지고 있었다. 이러한 점이 작용하여 그는 성종 초년부터 조선에 내조할
수 있었다고 생각한다.

하지만 성종 10년의 건주위 정벌 등을 거치며 쉽게 양자의 교섭이 재
개되지 않다가 성종 13년경부터 양자의 교섭논의가 본격화되고, 성종
14년 1월 17일에 건주본위의 幹黑能 등이 조선에 내조하였다.[30] 이후
건주본위 추장인 達罕의 아들 李巨右가 직접 내조하였고,[31] 건주좌·우
위도 본격적으로 내조하였다. 당시 우위의 추장은 羅下와 甫花土로 두
명이었는데, 조선은 이들의 사절도 모두 수용하였다. 그 결과 성종 15년
부터 17년까지 해마다 건주본위와 좌위, 우위의 추장 2명이 각각 1회씩
총 4회의 내조가 보인다.[32]

조선은 건주삼위인의 내조를 수용함과 동시에 접대규정과 내조 횟수,
인원을 계속 조절하였다. 성종 13년 5월에 조선조정은 이거우 등의 귀순
요청에 오면 수용하겠다는 뜻을 보이고, 이들의 접대와 座次規定을 정

29) 『성종실록』 권22, 3년 9월 18일 신해.
30) 『성종실록』 권150, 14년 1월 17일 경술.
31) 『성종실록』 권152, 14년 3월 14일 병오.
32) 성종 17년에 3회, 18년에 1회가 보이는데, 17년은 건주본위의 1회, 건주우위의
   2회로, 건주좌위의 내조가 없다. 그런데 성종 18년 1월 22일에 건주좌위의 내조
   가 있으므로 시기가 약간 늦을 뿐 성종 17년에 총 4회의 내조가 있었던 것과 마
   찬가지이다.

하였다.33) 이후에도 隨從人을 5~6명으로 제한하되, 더 데려오기를 청하면 적당히 한·두 사람을 더하도록 하였다.34)

계속된 건주위인의 내조 수용은 조선에 큰 부담으로 작용하였다. 더구나 조선은 두만강 유역의 여진인과 달리 이들을 후대하였기 때문에 추가로 규정을 제정할 필요성이 대두되었다. 게다가 건주위인은 수종인의 숫자를 늘리고, 상경시 세조대의 舊例에 따라 평안도의 길로 상경하기를 원하는 등 조선에 부담을 주었다.35) 이에 성종은 영돈녕 이상에게 의논하도록 하였고, 그 가운데 채택된 노사신의 의견은 이러한 사실을 잘 반영한다고 할 수 있다.36)

그 내용을 보면 ① 추장이 직접 올 때, ② 추장의 친지들이 올 때, ③ 당사자가 현격하게 공로가 있을 때는 내조를 수용하고, 그 밖의 나머지 사람은 邊將이 그들의 高下를 헤아려 요구하는 물건을 주고, 후하게 접대해서 돌려보내자고 주장하였다. 이렇게 한다면 규정이 정해져 있기 때문에 예외적 사례가 줄어들고, 그들을 수월하게 통제할 수 있음을 간파한 것이다. 이처럼 조선조정은 이들을 제어하는 수단으로 규정을 제정할 필요성을 느끼고 있었다.

조선은 위의 규정을 정한 이후에 건주위인의 내조자를 무분별하게 수용하지 않고, 그 내용도 비교적 잘 지킨 것으로 보인다. 실제로 9월에 건주위의 沈半車 등이 내조하려고 하였지만, 변장은 이들에게 공이 없

---

33) 『성종실록』권150, 13년 5월 26일 갑오.

34) 조선은 추장의 사자를 이전의 이만주와 동창의 사자 예에 준하여 접대할 뿐만 아니라 수종자들에게 하사할 물품까지 정하였다.(『성종실록』권149, 13년 12월 19일 계미 ; 권152, 14년 3월 12일 갑진)

35) 건주위인이 일반적인 조공로인 영안도를 거쳐 상경하면 매우 돌아서 오는 수고로움이 있었다. 따라서 이들은 세조대부터 영안도 대신 평안도로 상경하길 원했고, 세조는 특별히 우대하는 차원에서 이를 허락하였다.(『세조실록』권3, 2년 2월 13일 임자)

36) 『성종실록』권157, 14년 8월 15일 을해.

다며 거절하였다.[37] 또한, 이후 내조한 건주삼위의 인물들은 李多之哈
과 같이 추장의 아들이거나, 각 위의 추장이 파견한 사절이었다. 이를
통해 조정은 건주삼위 추장의 친인척 혹은 공이 있는 자의 내조를 수용
했음을 짐작할 수 있다.

조선과 건주삼위의 통교가 재개된 이후 건주본위는 조선에 자주 내조하
려고 하였다. 특히 성종 14년(1483)에 건주좌·우위와 달리 건주본위만 3회
의 내조를 한데다가, 동년 12월에도 達罕이 아들 包多羅의 입조를 청하였
다. 이에 조선은 1년에 몇 번씩 입조를 허락할 수 없다며 거절하였다.[38]

이러한 상황에서 禮曹와 兵曹는 다시 건주삼위의 내조 인원을 정하
려고 하였다. 예조와 병조는 만약 都督이 보낸 族親이면 1년에 한 번씩
내조를 수용하자고 주장하였다. 하지만 이 의견은 아직 횟수를 정하지
말고 저들의 回報를 기다렸다가 정하자는 성종에 의해 보류되었다.[39]
하지만 이들에게 회보가 오지 않았고, 성종 15년부터 각위에서 한 번씩
내조한 사실을 통해 결국은 예조와 병조의 주장이 수용된 듯하다.[40]

이후에도 건주삼위의 상경 요구가 계속되자 조선은 건주삼위인의 내
조 인원과 횟수를 정하고자 하였다. 조정은 성종 15년 10월에 조선은 왜
인의 예와 같이 사람의 수를 정하여 한 위에서 한 번 올 때 3, 4명에

---

37) 『성종실록』 권158, 14년 9월 26일 병진.
38) 『성종실록』 권161, 14년 12월 6일 을축. 이들 입장에서 조선에 내조하는 것이
    경제적 이익이기 때문에 가능하면 많이 보내고 싶었을 것이다. 이들이 내조하려
    면 서계나 官敎가 있어야 했는데, 이들은 단지 빈 종이에 印章을 찍어 보냈을
    뿐이며, 그 이외에는 징험할 만한 것도 없었다. 따라서 조선은 이러한 것들이 중
    간에 꾸민 것인지도 알 수 없었기 때문에 이들의 내조를 거절하였다.
39) 『성종실록』 권161, 14년 12월 14일 계유.
40) 건주우위는 추장이 보하토와 나하로 2명이었으므로 조선은 각자의 사송인을 모
    두 수용하였다. 따라서 건주삼위의 내조는 1년에 4회씩 있었다. 한편 17년에 3
    회, 18년에 1회가 보이는데, 17년은 건주본위의 1회, 건주우위의 2회로, 건주좌
    위의 내조가 없다. 그런데 성종 18년 1월 22일에 건주좌위의 내조가 있으므로
    시기가 약간 늦을 뿐 성종 17년에 총 4회의 내조가 있었던 것과 마찬가지이다.

한하는 것을 항식으로 삼게 하였다.[41] 이후에도 조정에서 使人이 추장의 친자제면 그 수종을 간략하게 하여 3명 미만으로 하자는 의견,[42] 한 위에서 1년에 1회를 넘지 말고 한번에 4, 5명 미만만 수용하자는 의견[43] 등이 보인다.

조선에서 건주삼위의 내조 인원을 정하자는 의견이 집중적으로 제출된 것은 성종 15년 10월부터 동년 12월까지였다. 이 논의가 있기 전에 건주삼위의 수종인 수는 4~8명으로 일정하지 않았다. 하지만 성종 16년 이후의 내조는 5명으로 통일되었다. 따라서 조정은 건주삼위의 수종인을 5명으로 제한했고, 위의 사례를 통해 이러한 규정이 잘 지켜졌음을 짐작할 수 있다.

앞서 본 것처럼 건주위인은 내조할 때 멀리 도는 수고로움이 있는 영안도의 길보다 비교적 단거리인 평안도의 길을 거치고자 하였다. 그러므로 이들은 계속하여 조선에 평안도의 길을 경유하게 해달라고 요청하였다. 하지만 조선조정은 여러 이유를 들어 거절하다가 추장의 친족에 한해서만 평안도의 길로 상경하도록 허용하는 선에서 타협하였다. 이와 같이 성종 재위 중반에 건주삼위가 조선에 내조하고, 양자의 관계가 안정적으로 변화되면서 이들의 침입이 거의 발생하지 않았다.[44]

그렇지만 양자의 관계는 여전히 불안한 요소를 지니고 있었다. 당시 건주삼위의 내조는 거의 추장의 친족 혹은 추장의 使人에 한정되었다. 그런데 조선에 내조하여 얻는 이익이 추장과 측근에게만 집중되자 관하인 가운데 이에 불만을 품은 자들도 나타났다. 이들은 성종 18년 8월에 滿浦와 碧潼을 공격하였고, 다시금 조선과 건주위 사이에 긴장관계가

---

41) 『성종실록』 권171, 15년 10월 3일 정사.
42) 『성종실록』 권171, 15년 10월 18일 임신.
43) 『성종실록』 권171, 15년 12월 14일 정묘.
44) 자세한 내용은 김순남, 「조선 성종대의 건주삼위」, 『대동문화연구』 68, 2009c, 238~242쪽에 자세히 기재되어 있다.

발생하였다.

건주삼위의 추장은 이 침입이 자신들과 상관이 없다며 상경을 요청하였다. 조선은 건주삼위의 추장에게 침입자의 추포나 피로인 쇄환을 교섭의 우선 조건으로 삼았다. 건주삼위의 추장들은 이 사건을 개인적 일탈일 뿐이라고 강조하였지만, 조선은 원래의 방침을 고수하였다.[45] 이처럼 양자의 관계에 미묘한 기류가 흐르고 있었다.

이러한 가운데 성종 21년 9월에 만포첨절제사 허곤이 건주위인 7명의 목을 벤 사건이 발생하였다.[46] 여기에 조선조정은 변방의 수비를 강화하는 한편, 허곤에게 논상하였다.[47] 나중에 밝혀진 사실이지만, 실상은 허곤이 遊獵에 나선 여진인을 몰래 공격하여 군공을 세운 것이었다.[48] 이를 계기로 양자의 관계는 더욱 악화되어 21년 1월에 건주위인 약 2천여 명이 昌洲鎭을 공격하였고, 며칠 후에도 100여 명이 또 창주를 공격하였다.[49]

그러나 건주위인은 조선에 대한 계속된 공세가 무위에 그치자, 기조를 변경하여 다시 조선과 우호 관계를 맺고자 하였다. 반면 조선은 일단 이들의 태도를 살펴본 후 관계를 재설정하고자 하였다. 성종 23년 12월에 건주좌·우위의 추장이 사인의 상경을 요청하였다. 이에 성종은 추장이 직접 상경한다면 화친을 허락한다는 방침을 정하고, 이를 서북면도원수 이극균에게 알렸다.[50]

---

45) 園田一龜, 앞의 책, 1953, 179~183쪽 ; 河內良弘, 앞의 책, 1992, 527~530쪽.
46) 『성종실록』권244, 21년 9월 26일 을해
47) 『성종실록』권244, 21년 9월 27일 병자 ; 권245, 21년 윤9월 1일 경진.
48) 『성종실록』권249, 22년 1월 24일 신축.
49) 『성종실록』권249, 22년 1월 19일 병신 ; 24일 신축 ; 권250, 22년 2월 12일 무오 ; 권253, 22년 5월 25일 경자 ; 권257, 22년 9월 4일 정축. 자세한 내용은 다음을 참조할 수 있다.(園田一龜, 앞의 책, 1953, 175~204쪽 ; 김순남, 앞의 논문, 2009c, 245~247쪽)
50) 『성종실록』권267, 23년 7월 23일 신묘 ; 권273, 23년 12월 17일 계축 ; 권274,

이러한 가운데 성종 24년 2월에도 나하의 아들 羅溫車가 글을 보내 왔다. 그 내용이 난해하여 정확한 내용을 이해하기 어렵지만, 조선조정 은 이것을 이들의 귀순의사로 파악하였다. 그리고 성종은 이들에게 귀순 을 하고자 한다면, 추장이 직접 오라고 하유하였다.[51] 동년 8월에도 이 거우 등 9명이 納款을 청했으나, 성종은 노략질한 사람과 가축을 쇄환하 고 추장이 친히 와서 사죄하도록 요구하였다.[52]

성종은 건주삼위 추장의 직접 내조와 인축의 쇄환을 원칙으로 이들의 내조 요청을 거절하였다. 성종은 22년의 북정 이후 니마차올적합의 추장 이 내조를 요청했을 때에도 같은 방식으로 거절하였다.[53] 따라서 성종 말년 조선에 침입한 세력에 대한 내조 수용여부는 상당히 강경하게 이루 어졌다고 볼 수 있다. 이후 건주위의 내조는 보이지 않고, 연산군 초년에 동청례가 파견될 때까지 양자의 교섭은 잠시 단절되었다.[54]

다시 두만강 유역 여진인에게 눈을 돌려보면, 성종 초년에 두만강 유 역의 여진인에 대한 규정이 재정비되면서 이들의 내조는 비교적 안정을 이루었다. <표 4-1>에서 확인되듯이 건주삼위의 내조를 수용하던 시점 에도 마찬가지였다. 건주삼위의 내조가 단절된 성종 19년부터 이들의 내 조는 15회와 13회로 전에 비해 약간 증가한 양상을 보인다. 그렇지만 성

24년 1월 15일 신사.
51) 『성종실록』 권274, 24년 2월 4일 기해.
52) 『성종실록』 권281, 24년 8월 13일 을해 ; 20일 임오. 이때 沈吾鹿哈도 그 아들 을 보내 평안도 길을 경유하여 侍朝를 청하였다.
53) 성종 22년의 조산보 침공은 이들이 주체가 아니었기 때문에 그 오해를 풀고자 성종 23년 3월에 니마차의 추장 兀都古(吾乙都介)가 사람을 보내어 원한을 풀고 순종하겠다고 청하기도 하였지만, 영안북도 절도사 성준은 추장이 친히 오라고 종용하였다.(『성종실록』 권263, 23년 3월 13일 계미) 성종 24년 4월에도 오을도 개가 조선에 귀순하여 조공하겠다고 했지만, 거절되었다.(『성종실록』 권276, 24 년 4월 14일 갑신) 이후 니마차올적합이 조선에 내조한 기록은 찾기 어렵다.
54) 河內良弘, 「燕山君時代の朝鮮と女眞」, 『朝鮮學報』 81, 1976 ; 한성주, 「조선 연산군대 童淸禮의 建州三衛 파견에 대하여」, 『만주연구』 14, 2012

종 초년의 규정을 넘지 않는다. 실제로 이 기간 조선과 두만강 유역 여진인의 관계는 큰 문제없이 원만하였다.

그런데 이러한 관계에 변화를 초래한 사건이 발생하였다. 바로 성종 22년(1491) 1월에 올적합이 영안북도 造山堡를 공격하여 조선의 백성과 가축을 노략질하고, 심지어 군사와 邊將까지 살해한 것이다. 慶興府使 나사종은 적의 침입 보고를 듣고 출동하여 강을 건너 적과 싸우다가 전사하였다.[55]

조선은 이 침입의 주체를 정확히 파악하지 못했지만, 계속해서 조선을 침입했던 니마차올적합의 소행이라고 생각하였다. 그리고 2월부터 정벌을 계획하였다.[56] 성종은 정벌 시기를 동년 10월로 정하고, 영안도 관찰사 허종을 정벌 도원수에, 사헌부대사헌 이계동 및 영안북도절도사 성준을 부원수로 임명하였다.[57] 이후 동년 10월 14일에 정벌을 단행하여, 11월 2일에 돌아왔다. 하지만 니마차올적합이 조선군의 정벌소식에 도주하여, 정벌의 성과는 크지 않았다.[58]

정벌의 결과와 관계없이 조선의 니마차올적합 정벌은 당연히 여진인의 내조에 큰 영향을 미쳤다. 조선은 정벌을 준비하는 상황에서 보안 등을 이유로 이들의 내조를 수용하지 않았을 것이다. 따라서 성종 22년의

---

55) 1월 12일에 올적합은 군인 3명을 사살하고, 만호 및 군인 26명을 다치게 한 뒤, 남녀 7명과 말 5필, 소 11두를 노략질해 갔다.(『성종실록』 권249, 22년 1월 19일 병신)

56) 『성종실록』 권250, 22년 2월 6일 임자. 이때의 논의 과정 등은 다음 연구를 참고할 수 있다.(이규철, 『조선초기의 對外征伐과 對明意識』, 가톨릭대학교 박사학위논문, 2013)

57) 『성종실록』 권250, 22년 4월 18일 계해 ; 27일 임신.

58) 정벌 후 부원수 이계동은 여진인의 참수 9급과 궁시·韃服을 성종에게 바쳤다. (『성종실록』 권259, 22년 11월 15일 정해) 아마도 河內良弘이 지적한 것처럼 이 것이 전리품의 전부일 것이다.(앞의 책, 1992, 554쪽) 한편, 조선군은 니마차올적합의 마을 400여 호에 불을 질러 그들의 삶을 곤궁하게 하였다.(『성종실록』 권259, 22년 11월 10일 임오)

여진인 내조는 단지 3회밖에 보이지 않는다.

당시의 정벌에서 특기할만한 사실은 두만강 유역에 거주하는 성저야인들이 정벌에 적극적으로 동참한 것이다. 대표적으로 올량합의 阿송介(哈)은 향도가 되어 조선군과 체탐을 다녀오고,[59] 정벌에도 참전하였다. 정벌 다음 해인 성종 23년에 두만강 유역 여진인의 내조가 20회로 급증했는데, 이들은 대부분 정벌에 참여한 성저야인이다. 이해에는 조선이 포상의 개념으로 여진인 내조를 수용했기 때문에 규정과 관계없이 수용하였다.

두만강 유역 여진인이 정벌에 적극적으로 참전한 이유는 자신들이 조선군에 종군하면 원수인 니마차올적합에 복수할 수 있고, 조선으로부터 포상도 기대할 수 있었기 때문이다.[60] 한편, 조선은 군사력의 강함을 보여 니마차올적합뿐만 아니라 알타리와 같은 성저야인이 조선에 더 깊이 복종하게 하였다.[61]

성종 24년과 25년에도 정벌에 참여한 여진인이 주로 조선에 내조하였다. 하지만 성종 초년의 규정과 거의 일치할 정도로 내조 횟수가 감소하였다. 이러한 사실을 본다면 점차 여진인의 내조는 두만강 유역의 성저야인을 위주로 하고, 조선의 의도대로 내조를 수용하였음을 알 수 있다. 그리고 조선은 정벌과 함께 내조를 통하여 이들에 대한 영향력을 강화하였다. 그 결과 조선은 점차 두만강 유역에 거주하는 여진인을 조선의 울타리로 구축해 나갈 수 있었다.

---

59) 『성종실록』권255, 22년 7월 22일 병신 ; 권258, 22년 10월 17일 경신 ; 권262, 23년 2월 27일 무진.

60) 세조 6년의 모련위 정벌에 여진인들이 참전하여 조선에 내조하고, 관직 받은 사실도 이와 같은 맥락이라고 할 수 있다. 자세한 내용은 다음 논문들을 참조할 수 있다.(한성주, 「조선 세조대 毛憐衛 征伐과 여진인의 從軍에 대하여」, 『강원사학』 36, 2008 ; 박정민, 「세조대의 여진 관계와 정책-여진인 내조를 중심으로-」, 『한국사연구』 151, 2010)

61) 『성종실록』권259, 22년 11월 10일 임오.

앞서 살펴보았듯이 성종대 조선조정은 여진인의 내조를 1년에 약 1 2~15회 정도로 유지하려고 노력하였다. 실제로 성종대에는 총 344회의 여진인 내조가 있었고, 연평균 약 13.8회였다.[62] 이러한 점을 참고하면 일부 특별한 사례를 제외하고 여진인 내조 규정이 잘 지켜졌음을 알 수 있다. 이는 세종대와 세조대에 특별한 사례들로 여진인 내조의 횟수가 일정하지 않았던 점과 대비된다. 따라서 성종대는 초반에 제정한 규정을 지키는 방향으로 여진인의 내조를 수용했음을 확인할 수 있다.

세력별로 보면 <그림 5>와 같이 올량합이 161회로 전체의 약 46.8%로 가장 많고, 그 뒤를 제종올적합, 알타리, 건주삼위, 토착여진이 차지한다. 올량합이 차지하는 비율은 세종대에 비하면 두 배 가까이 증가하였지만, 세조대와는 거의 비슷한 양상을 보인다.

〈그림 5〉성종대 여진 세력의 내조 점유율

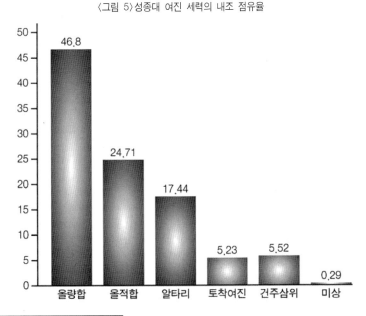

62) 태조대의 2.7회, 태종대의 4.2회에 비교하면 월등히 많지만, 세종대의 15.2회, 세 조대의 18.7회에 비교하면 조금 적다.

제종올적합은 세종대에 비하면 거의 반절 가까이 감소하였고, 세조대
보다 약간 감소하였지만, 여전히 알타리보다 많이 내조하였다. 나머지
건주삼위와 토착여진의 내조 비율 역시 세조대와 큰 차이를 보이지 않는
다. 즉 두만강 유역에 거주하는 이들과 조선의 관계가 긴밀하였음을 알
수 있다.

이 가운데 두만강 유역에 거주한 올량합과 알타리, 골간올적합과 토
착여진이 총 267회로 약 77.6%를 차지한다. 조선은 두만강 유역에 거주
하는 여진인을 藩籬로 인식하며 이들의 내조를 적극적으로 수용했는데,
이와 같이 수치로도 증명된다. 즉 조선이 이들을 藩胡·藩籬로 구축해
나가는 과정을 보이고 있다. 반면, 압록강 이북에 거주하는 건주삼위와
폐사군 지역에 거주하는 溫河衛는 총 20회로 원만하지 않았던 양자 관
계를 대변한다고 생각한다.[63)

제2절. 통교체제의 成文化와 조선 중심의 외교질서 확립

조선의 국왕들은 여진인의 내조를 수용하여 국방의 안정을 도모하였
다. 여기에 조선은 명의 국제질서를 인정하면서도 조선을 중심으로 하는

---

63) 온하위는 사료상 1회만 발견되나, 그 이전에도 온하위인은 조선에 내조했을 가능
성이 높다. 金劉里哈은 성종 19년 12월 이후에도 계속 조선에 와서 변고를 알렸
다. 특히 성종 23년 12월 17일과 동왕 24년 1월 15일의 기록에 그는 중추로 기
재되어 있다. 따라서 성종 20년에 내조한 것으로 보인다. 金周成哥도 24년 1월
15일과 3월 21일에 호군으로 기재되어 있다. 그 역시 성종 23년 말에 내조했을
가능성이 높다. 하지만 여기에서는 구체적 기록이 없고, 그 시기를 알 수 없으므
로 횟수로 산정하지 않았다. 또한, 이들이 계속 건주위의 조선 침입 소식 등을
알려준 것을 보면 조선과 이들의 관계는 나쁘지 않았던 것 같다. 온하위에 대해
서는 다음의 연구 성과를 참고할 수 있다.(孫進己 外, 『女眞史』, 吉林文化出版
社, 1987, 206~209쪽 ; 河內良弘, 「溫河衛考」, 『朝鮮學報』 37·38, 1966)

외교질서를 상정할 수 있었다. 즉 여진인의 내조는 그 훌륭한 매개체가 되었다. 여기에서는 조선이 내조한 여진인을 어떠한 방식으로 접대하였으며, 이들의 내조를 어떻게 이용하여 조선을 중심으로 한 외교질서에 편입해 나갔는지 검토하고자 한다.

성종대는 조선 건국 이후 추진되어 온 여러 제도가 정비되던 시기이다. 주지하듯이 세조 때 편찬을 시작하여 여러 차례에 걸친 증보와 교감 끝에 『經國大典』이 완성 및 반포되었다.[64] 이와 함께 성종대에 『國朝五禮儀』, 『東國輿地勝覽』, 『東國通鑑』, 『樂學軌範』 등과 같이 당시까지의 예·악·지리·역사서가 집대성되었다. 그러므로 성종대를 중심으로 당시 여진인 접대 사례를 살펴보는 것은 매우 유용한 접근이라고 생각한다.

당시 명은 조선·일본·유구 등을 비롯한 제 국가뿐만 아니라 여진인의 내조도 수용하였다. 명은 건국 초기부터 여진을 거주지에 따라 크게 建州女眞·海西女眞·野人女眞으로 구분하였다. 조선과 명에 양속하는 양상을 보인 여진인은 명에 조공하면 다른 조공 사신들과 같이 명의 접대의례를 따라야 했다.

여진인 사절이 북경에 도착하면 禮部 主客司의 관원인 員外郞과 主事가 會同館에서 방물을 검사하고, 출입을 제한하였다.[65] 여진인 사절은 그 관직에 상응하는 대우를 받으며 회동관에서 숙식을 제공받았다. 또한, 正旦·聖節·冬至 등의 의식에 참석한 이후 恒例에 따라 賜宴과 回賜品을 받았다.[66] 그리고 여진인 사절은 회동관에서 3일에서 5일에

---

64) 이성무, 「≪經國大典≫의 編纂과 ≪大明律≫」, 『역사학보』 125, 1990, 93~ 95쪽 ; 박병호, 「≪經國大典≫의 편찬과 계승」, 『한국사』 22, 1994, 207~213 쪽 ; 오영교, 「조선전기 法典의 정비와 『經國大典』의 성립」, 『조선 건국과 經國大典 체제의 성립』, 혜안, 2004, 68~91쪽.

65) 萬曆 『大明會典』 卷109, 禮部 67, 賓客, 會同館.

66) 萬曆 『大明會典』 卷111, 禮部 69, 給賜 1, 外夷上 ; 卷113, 禮部 71, 給賜 4, 給賜番夷通例 ; 卷114, 禮部 72, 膳羞1 .

걸친 開市貿易을 통해 경제적 이득을 취하였다.[67]

조선 역시 여진인이 상경하면 예조의 典客司에서 영접하며 연회를
차려주고 물건을 주는 등의 일을 담당하였다.[68] 또한, 內贍寺는 여진인
과 왜인에게 접대하는 음식, 직물 등의 일을 담당하였다.[69] 그리고 조선
은 여진인 내조자에 대한 접대 제 규정을 비교적 상세하게 『經國大典』
에 명시하였다.[70] 이외에도 여진인의 조공품 가운데 말의 등급에 따라
나누어주는 회사품까지도 명확하게 규정하였다.[71] 심지어 여기에는 이
들이 왕래할 때 지방관이 접대할 경우 누가 상석에 앉는지 등에 대한
座次規定까지 명시되어 있다.[72]

조선은 여진인 내조자들을 보통 北平館에 머무르게 하며 조선의 제
규정을 따르게 하였다. 이후 여진인이 국왕에게 토산물을 바치고 肅拜
하면, 국왕은 보통 내조자의 관직, 거주지의 세력 등을 고려하여 관직과
회사품을 내렸다. 이외에도 이들은 북평관에서 조선인과 교역하며 상당
한 이득을 보았다.[73]

이러한 점은 명이 여진인을 비롯한 주변국에 행했던 것과 거의 비슷
한 양상을 보인다. 즉 조선은 명이 주변의 外夷에게 행한 접대를 거의

---

67) 萬曆 『大明會典』 卷108, 禮部 66, 朝貢 4, 朝貢通例.
68) 『經國大典』 卷1, 吏典, 京官職.
69) 『經國大典』 卷1, 吏典, 京官職.
70) 『經國大典』 卷3, 禮典, 待使客.
71) 여진인이나 왜인이 조공품을 바치면 조선은 면포로 계산하여 주었다. 그 상세
    규정을 보면 다음과 같다. 큰말은 1필에 상등이면 45필, 중등이면 40필, 하등이
    면 35필이고 보통말은 상등이면 30필, 중등이면 25필, 하등이면 20필이며, 작은
    말은 상등이면 15필, 중등이면 10필, 하등이면 6필이다.(『經國大典』 卷2, 戶典,
    進獻)
72) 『經國大典』 卷3, 禮典, 京外官會坐.
73) 이인영, 「鮮初女眞貿易考」, 『진단학보』 8, 1937 ; 河內良弘, 「李朝時代女眞人
    の朝鮮入京について」, 『天理大學學報』 138, 1983.

그대로 준용한 것이다. 이는 조선이 명의 제도를 흡수하여 여진인과 왜인의 접대 의례에 이용하였다고 보아도 무방하다. 조선은 초기부터 명의 예제질서와 문물질서를 고려하여 자체의 제도를 정비하였다.[74] 이를 고려하면 이들에 대한 규정도 대부분 명의 제도를 참고했을 것이다.

여진인이 명에 내조하는 것은 상당한 경제적 이득을 동반하였다. 때문에 여진인은 명에 자주 내조하려고 하였다. 그 결과 명 역시 조선과 마찬가지로 역로의 피폐, 접대비용의 증가 등 문제점이 발생하였다. 따라서 명조정은 正統 연간부터 이들에 대한 내조 인원과 시기 등을 제한하는 조치를 마련하였다.[75]

이 규정을 기반으로 명은 여진인의 내조 인원과 시기, 공물 등도 법제화하였다. 먼저, 인원을 살펴보면 건주삼위는 각위마다 매년 100명으로 한정되었다. 그리고 명은 시기를 매년 10월 초부터 12월로 제한했고, 만일 1월 이후에 도착하는 자는 邊臣이 奏를 올린 후 허락을 받도록 하였다.[76] 이처럼 명은 여진인의 조공에 대한 세부적인 규정을 제정하여 이들을 통제하고자 하였다.[77]

이러한 규정 가운데 명이 여진인의 내조시기를 정한 것이 특히 주목

---

74) 정동훈,「명대의 예제질서에서 조선국왕의 위상」,『역사와 현실』84, 2012, 285~287쪽.

75) 江嶋壽雄,「明正統期に於ける女直朝貢貿易の制限」,『明代淸初の女直史硏究』, 中國書店, 1999.

76) 萬曆『大明會典』卷107, 禮部 65, 東北夷. 天順 8년에 건주위·건주좌위·건주우위·모련위 등 각위는 100명, 해서여진은 각위 3·5명으로 인원을 제한하였다. (『明英宗實錄』卷10, 天順 8年 10月 己巳)『大明會典』에 실린 여진인 내조 인원의 제한은 천순 연간에 제정된 내용에 따른 것으로 보인다.

77) 최근 중국학자들은 위의 사실을 기반으로 여진의 조공을 반드시 명조정에 바쳐야 하는 貢賦로 이해하였다. 그리고 이러한 행위를 국내형 조공으로 이해하며 동북삼성이 명의 영토에 편입된다는 견해를 보이고 있다.(李建才,『明代東北』, 遼寧人民出版社, 1986 ; 王臻,『朝鮮前期與明建州女眞關係硏究』, 中國文史出版社, 2005, 240쪽 ; 楊暘,『明代東北疆域硏究』, 吉林人民出版社, 2008, 216~218쪽)

된다. 이것은 이들을 正旦의 조하에 참석시키기 위해서라고 볼 수 있다. 예를 들어, 洪熙 元年(1425) 12월에 建州衛의 李滿住 등이 貢馬 및 方物을 바쳤고, 이들을 비롯한 遠夷가 정단 조회에 참여하였다.[78] 이처럼 정단조하는 명의 관료뿐만 아니라 이민족도 참여하여 양자의 정치적 종속관계를 재형성하는 상징적 의미가 있다.[79]

조선도 명과 비슷한 형식으로 이들의 내조를 수용하였다. 특히『大明會典』,『大明集禮』등에서 여진인을 비롯한 주변 제국 사절들의 접대 내용을 규정한 것처럼 조선 역시『經國大典』과『國朝五禮儀』등을 통해 주변 국가 혹은 세력에 대한 접대 제 규정을 마련하였다. 물론 명의『대명회전』보다『경국대전』과『국조오례의』에 수록된 주변국 관련 내용이 간략하지만, 필자는 바로 이러한 조공제도를 법전에까지 규정한 것에 주목하고자 한다.[80]

『經國大典』禮典에 의하면 正朝와 冬至, 聖節에 조선 국왕은 명 황제를 향해 望闕禮를 행하였다. 그리고 정조와 동지, 매달 초하루와 보름, 국왕과 왕비의 생일에는 세자 이하 모든 관리가 朝賀하였다.[81] 그중 정조와 동지, 탄일은 매우 중요한 행사로, 이때 조선의 관리뿐만 아니라 여진인과 왜인도 참여하였다. 여진인은 조선 건국 이듬해인 태조 2년의 正朝賀禮부터 참석하였고,[82] 이후에도 왜인이나 유구보다 더 많이 정조와 동지의 행사에 참가하였다.

앞서 보았듯이 조선의 국왕이 명 황제에게 망궐례를 행한다는 것은 명의 질서를 인정한다는 의미이다. 그리고 조선 국왕이 망궐례 이후 조

78)『明宣宗實錄』卷12, 洪熙 元年 12月 甲午.
79) 渡辺信一郎 著/문정희·임대희 공역,『천공의 옥좌』, 신서원, 2007, 197~198쪽.
80) 명의『大明會典』,『大明集禮』,『外夷朝貢考』등과 조선의『經國大典』,『國朝五禮儀』등에 보이는 차이점과 특색은 후일의 연구를 기약하고자 한다.
81)『經國大典』卷3, 禮典, 朝儀.
82)『태조실록』권3, 2년 1월 1일 정미.

선의 신료들뿐만 아니라 주변 諸國에도 조회를 받는 것은 왕권을 드러내고, 그 정통성을 강화할 수 있다.

이는 매우 중요한 시사점을 준다고 생각한다. 기존의 시각에서는 조선이 여진인과 왜인의 내조를 수용한 것은 국방의 안정을 위해 그들의 경제적 욕구를 충족시켜주기 위함이었다고 평가한다.[83] 하지만 여기에 한발 더 나아가 조선이 명의 질서를 인정하면서 조선을 중심으로 하는 외교질서를 상정한 뒤, 여진인을 여기에 순응하게 한다면 조선 국왕의 위상과 권위는 현격히 높아질 수 있다.

이러한 점을 통해 조선이 여진이나 왜를 대하는 방식과 명이 주변의 이민족, 특히 여진을 대하는 방식이 상당히 유사한 것을 확인할 수 있다. 그리고 성종대에 이르면 내조규정의 재정비와 더불어 명과 같이 법전 등에까지 이들의 접대규정을 성문화하고 있다.

그렇다면 조선의 여진인 내조 수용 태도와 대응 양상을 살펴보는 것이 중요하다. 앞서 보았듯이 명은 여진인의 내조 시기를 제한하고, 이들을 원회의례에 참석하게 하였다. 흥미롭게도 성종 이전의 여진인 내조 현황을 살펴보면, 대부분 11월부터 2월 사이에 집중되었다. 특히 12월과 1월에 내조하는 경우가 많았는데, 이는 정조하례에 참석하기 위해서라고 해석할 수 있다.[84]

성종대는 아니지만, 연산군 3년 2월에 阿堂介가 종성의 맞은편에 거주하려는 문제로 대신들이 논의하였는데, 이때 윤필상 등이 "…(상략)…

---

83) 이인영, 「鮮初女眞貿易考」, 『진단학보』 8, 1937 ; 이현희, 「對女眞貿易 – 對野人 交涉政策의 背景」, 『韓國史論』 11, 1982 ; 王臻, 「明代女眞族與朝鮮的邊貿考述」, 『延邊大學學報社會科學版』 01期, 2002 ; 刁書仁, 「明代女眞與朝鮮的貿易」, 『史學集刊』 03期, 2007 ; 欒凡, 「明朝對中國朝貢的組織管理及其影響」, 『西南大學學報』 33-5, 2007.

84) 1월 1일에 여진인이 참석하지 않더라도, 1월에 내조하는 것은 국왕에게 正朝의 예물을 바치기 위해서였다.(『태종실록』 권11, 6년 1월 21일 임자)

접대하는 일과 세시(歲次)에 와서 조회하는 것은 성저야인의 예와 같이 하고"라고 말한 구절이 주목된다.[85] 이는 성저야인이 세시, 즉 정조에 와서 조회하고 있다는 것을 보여준다. 그렇다면 성종대에도 5진에 거주하는 성저야인이 정조에 내조하는 것이 원칙이었음을 나타낸다고 할 수 있다.

이러한 원칙이 잘 적용되었는지를 살펴보기 위해서 이들의 내조를 월별로 분석하면 다음과 같다.

〈표 4-2〉 성종대 내조 여진인의 월별 분석

	1월	2월	3월	4월	5월	6월	7월	8월	9월	10월	11월	12월	합계
즉위												9	9
1	1				1						2	18	22
2	1	1									3	8	13
3	4								1	1	4	8	18
4		2								7	8	6	23
5	3	1						1	3	6	2	5	21
6						1			1	5	4	2	13
7	3	1								2	3	2	11
8	1										4	4	9
9	2							1				4	7
10	4	2										6	12
11	4									2	3	7	16
12	1										4	1	6
13											4	3	7
14	1		1	1					3		6	6	18
15	1	1			1	1					2	5	11
16	6	5	1	1						1	3	3	20
17	1										2	6	9
18	5	1											6

---

85) 『연산군일기』 권21, 3년 2월 29일 신축.

19	5	4									1	5	15
20	4	1									3	7	15
21	2	2									4	5	13
22	3												3
23	3	5	2								5	5	20
24	3	1									3	6	13
25	4	2					1				3	4	14
합계	62	29	4	2	2	2	0	3	8	24	73	135	344

　<표 4-2>를 보면 12월이 135회로 전체의 약 39.2%로 가장 많고, 11월에 73회, 1월에 62회, 2월에 29회, 10월에 24회로 뒤를 잇는다. 특히 1, 11, 12월에 이들의 내조는 274회로 전체의 약 80%에 해당한다. 따라서 여진인의 내조가 이 시기에 집중된 것을 알 수 있다. 범위를 넓혀 2월까지 포함한다면 전체의 88.3%로, 그 비율이 높았다. 태조대부터 세조대까지 이 시기의 여진인 내조는 대부분 약 65%에서 78% 정도이지만, 이때 훨씬 더 높은 양상을 보인다.

　특히 11, 12, 1월의 비율이 더 높았는데, 이는 성종대 여진인이 내조하여 정조와 동지하례에 참석하는 비율이 이전보다 높았다고 보아도 무방하다. 그러므로 제도와 의례의 완비와 여진인의 내조가 궤적을 같이한다는 것을 짐작할 수 있다. 또한, 조선이 내조를 통해 이들에 대한 통제가 잘 이루어졌음을 짐작할 수 있다.

　그렇지 않은 시기인 3월부터 10월의 내조는 여진인에 대한 조선의 통제가 잘 이루어지지 않았을까? 성종 3년에 조선은 여진인들의 내조를 분산하기 위해 9월부터 이들의 내조를 수용하도록 하였다. 그러므로 성종 3년부터 성종 7년까지의 9월과 10월의 내조는 조선의 의도에 따른 것이다. 또한, 이 기간에 내조한 자들은 대부분 올량합과 알타리, 골간올적합으로 조선의 통제에 잘 따랐던 자들이다. 따라서 이 기간의 내조 27회를 제외하면 그 예외적 사례도 급감한다.

<표 4-3> 성종대 각 세력의 월별 내조 현황

	1	2	3	4	5	6	7	8	9	10	11	12	합계
올량합	27	11	3			1		1	3	14	44	57	161
알타리	19	4		2	2			1		4	12	16	60
건주삼위	3		1			1			4		4	6	19
토착여진	2									1	2	13	18
골간올적합	2	2						1		3	6	15	29
화라온올적합	3	6									2	15	26
니마차올적합	4	5								1	2	10	22
남눌올적합	1	1										2	4
올적합	1									1	1	1	4
온하위									1				1
합계	62	29	4	2	2	2	0	3	8	24	73	135	344

<표 4-3>처럼 건주삼위의 내조 19회 가운데, 6회가 3월부터 10월 사이에 이루어졌다. 조선은 건주삼위와 두만강 유역의 여진인에 대한 대응이 달랐다. <표 4-3>을 보면 건주삼위의 내조가 3월부터 10월의 사이에도 보이는 것은 교섭 초기 이들의 귀순을 우선적으로 수용하기 위해서였다. 그래서 조선은 그 시기에 상관없이 이들의 내조를 수용하였다. 이후 조선은 이들의 내조 횟수, 사송인 등을 제한하면서 그 시기도 11, 12, 1월로 유도하였다. 즉 점차 조선의 외교체제를 준수하도록 종용하는 형태를 보인다.

이처럼 3월부터 10월 사이의 내조 40회 가운데 조선이 의도적으로 허가한 사례는 34회에 이른다. 따라서 조선은 여진인의 내조 시기를 잘 통제했음을 확인할 수 있다. 주목되는 점은 성종 17년을 기점으로 예외적 사례들이 거의 보이지 않는 것이다.[86] 이를 통해 성종 중·후반으로 갈수록 이들에 대한 통제가 잘 이루어지고 있고, 3월부터 6월 사이의 내조

---

86) 성종 23년 3월에 2회가 보이는데 이들은 성종 22년 정벌에 참전한 자들로 그 공이 현저하므로 큰 문제가 되지 않는다.

역시 조선에서 허가한 것임을 보여준다고 할 수 있다.

한편, 성종대에는 왜인에 대한 통제도 잘 이루어지고 있었다. 세조 말부터 성종 초에 규정 외 사송선의 접대가 매우 광범위하게 행하여지고 있었다. 이에 조선은 왜인에 대한 통교체제를 다시 정할 필요성을 느꼈고, 성종 2년(1471) 『海東諸國記』의 편찬단계에 이르러 체계화되었다.

〈지도 3〉 성종대 여진의 분포[87]

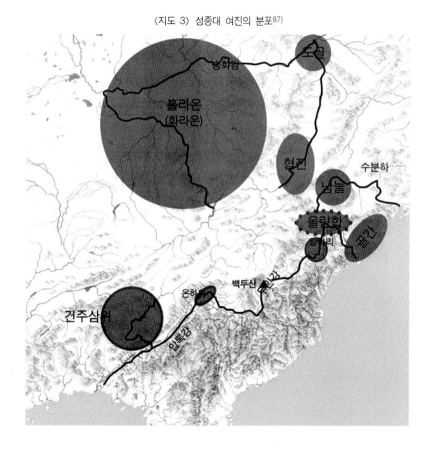

87) 『성종실록』과 河內良弘(앞의 책, 1992), 楊暘(앞의 책, 2005) 등의 연구를 종합하여 작성하였다.

성종 8년에는 受圖書倭人도 세견선을 정약해야만 조선에 내조하여 접
대를 허락받을 수 있도록 하였다. 그 후 조선은 세견선을 정약하지 않은
자가 圖書와 書契를 가지고 오면 접대를 거부하는 등 불법 도항자에 대
한 통제를 강화하였다.[88]

지금까지 살펴본 것처럼 조선은 명을 중심으로 하는 국제질서에서 명
이 주변 국가와 세력에게 시행한 朝貢册封을 준용하였다. 조선은 정조
와 동지에 명 황제에게 망궐례를 행한 이후 신료들과 여진인·왜인 등
주변국 사절로부터 조하를 받았다. 그리고 여진인은 정조하례에 참석하
기 위해 이 기간에 내조하는 비율이 높았다. 이러한 점은 성종대 1월,
2월, 11월, 12월에 내조하는 여진인의 비율이 이전보다 높은 것으로 증
명할 수 있다.

이를 통해 성종대에 이르면, 이전 왕대보다 여진인 내조가 조선의 통
제에 따라 잘 이루어졌음을 알 수 있다. 이와 같이 성종대에는 여러 제
도 등의 완비와 함께 여진인과 왜인의 내조 제한 등 통교체제가 재확립
되었다. 그리고 이는 앞서 살펴본 것처럼 여진인과 왜인 모두 잘 지키고
있었다. 이를 기반으로 조선은 '조선 중심의 외교질서'를 강력하게 구축
할 수 있었다고 생각한다.

---

88) 한문종, 『朝鮮前期 對日外交政策 硏究』, 전북대학교 박사학위논문, 1996, 78쪽.

제Ⅴ장.
연산~명종대 조선 중심
외교질서의 유지

제1절. 연산군대 여진인 내조의 실상

조선 전기 여진인 내조는 대부분 태조대부터 성종대까지 집중되었다.[1] 반면 연산군대부터 여진인의 내조가 급감하는 양상을 보인다. 특히 연산군 이전까지『朝鮮王朝實錄』에서 빈번하게 보이던 '來朝', '來獻土物', '來獻土宜' 등의 용어도 잘 발견되지 않는다. 여기에 대해 선행 연구는 燕山君·中宗代에 조선과 여진의 관계에 큰 변화가 나타났기 때문이라고 보았다.[2] 그런데 이러한 주장과 달리 필자는 여진인의 내조가 계속되고 있었다고 생각한다. 따라서 여기에서는 사료의 면밀한 분석을 통해 여진인의 내조를 살펴보고자 한다.

연산군 1년(1495) 1월에 骨看兀狄哈 李訥公吾 등 8명과 兀良哈 波可大 등 7명이 와서 토산물을 바쳤다.[3] 이것은 연산군 즉위 후 가장 먼저

---

1) 김구진의 연구에 의하면 태조대부터 인조대까지 1,098회의 여진인의 내조가 있었다.(김구진, 「여진과의 관계」,『한국사』22, 1995, 350쪽) 필자가 본고에서 산정한 횟수에 의하면 총 1,282회에 달한다. 한편, 김구진의 연구에 의하면 태조대부터 성종대까지의 여진인 내조는 1,075회로 전체의 약 97.9%를 차지한다. 필자가 조사한 바에 의하면 같은 시기 여진인의 내조는 1,243회로 전체의 약 97%이다.

2) 김구진, 앞의 책, 1995, 349~367쪽 ; 김순남, 「조선과 野人 사이의 모피 교역의 전개」,『한국사연구』152, 2011a, 100~105쪽.

3)『연산군일기』권2, 1년 1월 24일 무신. 하지만 <표 1>의 횟수 산정에서는 연산군 즉위 직후에 내조한 것도 연산군대에 포함하였다.

보이는 여진인의 내조 기록이지만, 이는 성종대 여진인 내조의 연속선상
이라고 볼 수 있다. 왜냐하면 성종은 1494년 12월 24일에 薨逝하였는데,
李訥公吾 등은 1월 말에 내조했기 때문이다.4) 따라서 실질적인 연산군
대 여진인의 첫 내조 기록은 1년 12월에 建州右衛의 都萬戶 馬阿堂介
등 8명이 와서 토산물을 바친 것으로 볼 수 있다.5) 馬阿堂介는 이듬해
연산군이 파견한 童淸禮가 建州三衛를 효유할 때에도 건주우위의 達罕,
건주좌위 甫堂介 등과 함께 관하인을 거느리고 왕명을 받았다.6)

　이외에 野人으로 기재되어 있어 세력을 알 수 없는 浪固多只를 비롯
한 두만강 유역 여진인의 내조가 계속되었다. 일단 연산군대 여진인의
내조 현황을 보면 다음 <표 5-1>과 같다.

〈표 5-1〉 연산군대의 여진인 내조

연번	연월일	종족	성명	사례
1	1년 1월 24일 무신	闊兒看兀狄哈	李訥公吾 等 8人	來獻土宜
2		兀良哈	波可大 等 7人	
3	1년 12월 1일 경술	野人 (건주우위)	都萬戶 馬阿堂介 等 8人	來獻土宜
4	1년 12월 25일 갑술	野人	同知中樞府事 浪固多只 等 7人	來獻土宜

---

4) 이들은 성종의 薨去 소식을 듣지 못하고 내조했을 것이다.
5) 『연산군일기』 권11, 1년 12월 25일 갑술.
6) 『연산군일기』 권19, 2년 11월 1일 갑진. 이와 같은 상황으로 보아 그 역시 추장급
　이거나 조선과 밀접한 관계를 맺은 인물로 볼 수 있다. 한편, 연산군대 동청례의
　건주위 파견은 다음 연구 성과를 참고할 수 있다.(園田一龜, 『明代建州女直史研究』
　(續篇), 東京國立書院, 1953; 河內良弘, 「燕山君時代の朝鮮と女眞」, 『朝鮮學報』
　81, 1976; 한성주, 「조선 연산군대 동청례의 건주삼위 파견에 대하여」, 『만주연구』
　14, 2012) 건주우위는 성종 17년(1486), 건주좌위는 성종 18년 이후 조선에 내조
　하지 않았던 만큼 당시 이들의 내조는 특별한 의미를 지녔다고 생각한다. 하지만
　『실록』에 이 외의 기록이 남아있지 않아 그 실상은 알 수 없다.

5	2년 1월 3일 임오	野人 (兀良哈)	中樞 良介 等 12人	來朝
6	2년 1월 18일 정유	野人 (斡朶里)	都萬戶 李處虛乃 等 7人	來獻土宜
7	2년 1월 24일 계묘	野人 (斡朶里)	中樞 童尙時 等 17人	來獻土宜
8	2년 3월 3일 신사	火剌溫 兀狄哈	林大	내조 후 행패
9	5년 1월 21일 병자	毛隣衛 野人 (兀良哈)		近日北平館來寓野 人等
10	8년 1월 1일 갑술	野人		隨班倭,野人 賜物有差
11	8년 2월 24일 정묘	野人 (溫河衛)	金朱成介	今來朝
12	9년 11월 1일 정묘	野人(회령)	産察	投資憲知中樞
13		(종성)	莽哈	嘉善准職

<표 5-1>에서 확인할 수 있듯이 연산군대 여진인의 내조 기록은 총 13회로 연평균 약 1회이다.[7] 그런데 이때의 내조는 선왕인 성종대의 연평균 13.8회에 비해 급감한 양상을 보인다. 그리고 사례가 적어 분석하기 힘들지만, 이 시기 내조 기록은 전과 달리 여진인의 종족을 명확하게 적시하지 않고, '野人'으로 기재한 점이 특징이다. 왜인도 마찬가지로 성종대 25년간 1,023회로 연평균 약 40.9회가 있었지만, 연산군대에는 98회로 연평균 약 7.5회밖에 보이지 않는다.[8] 즉 연산군대부터 여진인과 왜인의 통교 횟수가 급감한다.

또한, 내조 기록 가운데 선왕대와 같이 '來獻土宜', '來朝' 등 이들의

---

7) 김구진은 연산군대 여진인 내조를 제종올적합만 15회로 표기했으나 근거가 없어서 알 수 없다.(김구진, 앞의 책, 1994, 350쪽) 아마 필자와 내조 추정방식의 차이가 있을 것으로 보인다. 이러한 현상을 고려하더라도 그의 통계에서 연산군대에 여진인의 내조가 대폭 감소한 사실을 발견할 수 있다.

8) 한문종, 『朝鮮前期 對日外交政策 硏究』, 전북대학교 박사학위논문, 1996, 190쪽.

내조가 확실하게 파악되는 것은 8회이고, 내조자의 성명과 관직명이 기재된 것은 연산군 2년 1월 童尙時의 기록 외에 보이지 않는다.

이 가운데 선왕대와 같이 '來獻土宜', '來朝' 등 이들의 내조가 확실하게 파악되는 것은 8회이다. 나머지는 이들이 조선에 내조한 후 행패를 부리거나 관직의 제수, 북평관에 머문 사례, 正朝宴의 참석 등을 통해 추출하였다. 그리고 사례가 적어 분석하기 힘들지만, 전과 달리 여진인의 종족을 명확하게 적시하지 않고, '야인'으로 기재한 점이 특징이다. 이를 월별로 분석하면 12회 중 1, 11, 12월이 11회로 대부분을 차지한다. 이는 성종대 이 기간 여진인 내조자가 80%였던 것과 비슷한 양상을 보인다.

그렇다면 더 이상의 여진인 내조는 없었을까? 이는 '來獻土宜' 등의 직접적인 기록뿐만 아니라 다른 방식으로도 추정할 수 있다. 필자는 이들의 내조 양태, 조선의 대응 등과 관련된 기록에서 그 경향성을 찾았다.

먼저, 여진인은 내조하면 토산품을 바쳤는데, 그 물품은 대부분 貂皮와 말이었다. 여진인은 이러한 진상품을 바치면 조선에 내조할 수 있는 권리를 얻었다.[9] 다음과 같이 연산군대에도 여진인이 진상품을 바친 것은 이들의 내조가 계속된 사례로 제시할 수 있다.

> (1) 司饔院正 한형윤이 야인을 타이르는 일로 함경도에 갔다가 이때 와서 복명하고 胡馬 1필을 바쳤다. 아뢰기를, "말 주인 야인이 대가 받기를 원하지 않고, 스스로 한양에 올라오기를 청하므로 신이 계속해서 타일렀으나 듣지 않았습니다."[10]

> (2) 전교하기를, "야인들이 진상한 貂皮 56장을 尙衣院에 내리라."하였다.[11]

---

9) 이인영, 「鮮初女眞貿易考」, 『진단학보』 8, 1937 ; 河內良弘, 「李朝成宗時代の女眞と朝鮮」, 『朝鮮學報』 133, 1989.(그의 논문은 모두 『明代女眞史の硏究』, 京都 ; 同朋舍, 1992에 재수록 되어 있다)
10) 『연산군일기』 권42, 8년 2월 20일 계해.

연산군 7년(1501) 11월에 조선에 귀순하던 伊尼介가 조선인을 잡아
간 사건이 발생하였다. 연산군은 즉각 이니개를 효유하기 위해서 함경도
敬差官 한형윤을 파견하였다.[12] 이때 연산군은 한형윤에게 기본 임무
외에 御乘에 알맞은 胡馬를 찾아오도록 하였다.[13] (1)은 이듬해 2월에
임무를 수행하고 돌아온 한형윤이 말을 바치면서 말 주인의 요청을 보고
한 내용이다. 이를 통해 말 주인은 대가를 받는 것보다 내조를 더 원했
음을 알 수 있다. 그 결과는 알 수는 없지만, 여진인에게 내조는 매력적
이었으므로 말 주인이 이를 기회로 상경을 요구했다고 생각한다.

(2)는 연산군 8년 1월에 여진인이 진상한 초피 56장을 상의원에 내리
게 한 것이다. 『經國大典』에 의하면 여진인과 왜인은 歲朝數, 즉 일 년
에 정해진 숫자에 의해 상경하였다. 이때 여진인이 진상품을 바치면 禮
曹와 戶曹의 堂下官이 現品을 감정한 뒤 시가에 따라 答賜하였다.[14]
여진인은 여기에 상응하는 답례품을 받고, 北平館에 유숙하며 조선의
제 규정을 따랐을 것이다. 그리고 연산군은 이 초피의 품질이 우수했기
에 尙衣院에 내렸을 것이다.

위의 사례들을 통해 여진인이 내조할 때 진상품으로 말과 초피를 바
쳤음을 확인할 수 있다. 그리고 이것은 여전히 여진인의 내조가 이루어
졌음을 의미한다. 또한, 좋은 말을 바치는 것은 내조의 자격을 얻는 데
도움이 되었던 사실도 유추할 수 있다.[15]

조선은 여진인의 빈번한 내조로 재정적 부담을 느꼈기 때문에 국초부

---

11) 『연산군일기』 권42, 8년 1월 26일 계해.

12) 『연산군일기』 권42, 8년 1월 3일 병자.

13) 『연산군일기』 권41, 7년 11월 11일 을유.

14) 『經國大典』 卷3, 禮典, 待使客. 이들이 가져온 물품은 절도사가 예조에 공문을 보
    내고, 예조에서 왕에게 보고한 뒤 호조에 통보하여 매매하였다.

15) 다음 절에서 살펴보았지만 중종대에도 변장에게 초피 등을 바쳐야만 내조를 할
    수 있었다.

터 각종 규정을 제정하며 이들의 무분별한 상경을 억제하였다. 한편, 조
선은 여진인 가운데 전쟁에 종군하거나 잡혀간 조선인을 쇄환하는 등 확
실한 공적이 있으면 규정에 관계없이 내조를 허락하였다.

여진인 가운데 일부는 조선의 변경을 침입하여 소와 말의 약탈 외에도
농민을 납치하였다. 조선은 조선인의 쇄환을 위해 정벌을 단행하거나 내
조 수용을 거부하는 것 등으로 이들을 제어하였다.16) 이 가운데 가장 현
실적이고, 보편적인 방법은 여진인의 노비가 된 조선인을 다른 여진인이
쇄환하는 것 이었다. 문제는 조선인을 쇄환한 여진인의 요구조건이 과도
해지는 것이다. 다음은 이와 같은 요구에 대한 조선의 논의 내용이다.

> (3) 警邊使 이극균이 치계하기를, "지난 11월 22일에, 건주우위의 야인 馬阿
> 乙豆 등이 사로잡혀간 山羊會權管 金彦謙 등을 쇄환하고 만포에 와서 평안
> 도로 한양에 조회하기를 청한다 하옵니다." …(중략)… 윤필상이 아뢰기를
> "마아을두는 그 공이 가상할 만하니, 진실로 후히 상 주어야 하겠습니다. 그
> 러나 西路(평안도 길)로 한양에 조회하는 것은 결코 따를 수 없습니다."17)

> (4) 정미수가 서계하기를, "평안도의 피로인물을 함경도 5진의 제 부락 야인
> 들이 刷還하고 국가에 功을 바라는 것은 그 유래가 오래되었습니다. 그런데
> 근래에는 평안도의 사로잡힌 인물이 그전보다 몇 곱절이나 되고, 함경도의
> 저 사람들이 쇄환하는 수효도 또한 많으며, …(중략)… 저 사람들이 억지로
> 쇄환되는 것은 욕심이 本價를 요구하는 데만 그치지 않고, 반드시 한양에 올
> 라오려고 하는 것입니다. …(중략)… 저들은 떼 지어 陳訴하되 모두 공이 있
> 는데도 한양에 올라가지 못하였다 하여, 원한이 더욱 심했습니다. …(하략)…"
> 하였다. 변방 사정을 아는 재상들에게 의논하도록 하니, …(중략)… 한치형은
> 의논드리기를, "…(중략)… 1년 동안 한양에 올라오는 야인의 수를 국가에서
> 이미 酌定했는데도 그 폐단을 오히려 감당하기 어렵습니다. 지금 만약 그
> 들의 소원대로 많은 수를 한양에 올라오도록 허용한다면, 피폐한 각 고을

---

16) 김구진, 『13C-17C女眞 社會의 硏究』, 고려대학교 박사학위논문, 1988 ; 앞의 책,
1995.
17) 『연산군일기』 권35, 5년 12월 8일 임진.

과 各驛에서 접대하는 폐단을 감당해 내겠습니까? …(하략)…"하고, 이극균
은 의논드리기를, "저 사람들에게 쇄환한 공을 상주는 일은 과연 바라는 대로
할 수 없습니다. 신의 생각으로는 客人이 한양에 올라오는 수효를 풍년에는
17, 18회로 하고 흉년에는 13회로 정하되, 이 회수를 반으로 나누어 절반은
성저야인으로 하고 절반은 쇄환한 저 사람들로 해서, 이대로 결정한다면 저
들이 장차 회수의 차례를 기다리고 깊이 원망하지는 않을 것입니다. …(하
략)…" 하였다.[18]

(5) 전교하기를, "저들 땅으로 도망해 갔던 한세충을 쇄환한 야인들이 수는
많으나 그 공이 적지 않으니, 다 闕庭에 불러서 상을 주어 보내라. …(하
략)…"[19]

연산군 5년(1499)경에 압록강 유역의 건주위인이 조선을 자주 침입하
였고, 이 때문에 연산군은 건주위 정벌을 고려하였다.[20] 건주위인은 조
선의 백성뿐만 아니라 관원도 잡아갔다. 예를 들어, 그들은 연산군 5년
10월에 山羊會權管 김언겸을 잡아갔다가 돌려보냈다.[21]

김언겸이 변장의 임무를 다하지 못하고 포로로 잡혀갔다가 돌아온 사
실은 조선의 국위를 손상시켰다. 그렇지만 조선은 이와 별도로 그를 쇄환
한 건주우위 馬阿乙豆의 공을 인정할 수밖에 없었다. 따라서 (3)과 같이
윤필상 등은 마아을두 등의 상경을 허락하는 대신 평안도가 아닌 영안도
길을 거치게 하자고 주장하였다. 이를 통해 조선은 인물 쇄환 등의 공이
있으면 이전의 정책과 같이 여진인의 내조를 수용하였음을 알 수 있다.
심지어 그 대상에는 한동안 통교가 단절되었던 건주위도 포함되었다.

18) 『연산군일기』권44, 8년 5월 19일 경인.

19) 『연산군일기』권57, 11년 1월 6일 임진.

20) 河內良弘, 「燕山君時代の朝鮮と女眞」, 『朝鮮學報』81, 1976(『明代女眞史の硏究』,
    同朋舍, 1992, 673~674쪽) ; 김순남, 「조선 燕山君代 여진의 동향과 대책」, 『한
    국사연구』144, 2009a, 140~142쪽.

21) 『연산군일기』권35, 5년 10월 23일 기유. 河內良弘, 「中宗·明宗時代の朝鮮と女眞」,
    『朝鮮學報』82, 1977.

한편, 이 시기에는 (4)처럼 두만강 유역 여진인이 압록강 유역에서 잡혀간 조선인 포로를 쇄환하는 사례가 많았다. 건주위인과 두만강의 城底野人은 전부터 긴밀한 관계를 유지하였고, 성저야인은 조선인을 쇄환하면 큰 이익을 거둘 수 있었다. 따라서 성저야인은 건주위인에게 잡혀간 조선인을 구매하여 조선에 쇄환하였다.

그런데 성저야인은 本價뿐만 아니라 상경까지 요청하여 함경도관찰사 정미수를 당혹스럽게 하였다. 이에 정미수는 조정에 계를 올렸고, 연산군은 변방의 사정을 아는 재상들에게 (4)와 같이 의논하게 하였다. 이때 재상들은 대부분 역로의 피폐 등을 이유로 난감해 하였다.

여기에서 주목되는 점은 여진인의 상경에 대한 재상들의 논의 내용이다. 한치형의 "1년 동안 한양에 올라오는 야인의 수를 국가에서 이미 정하였다"는 발언은 당시 조선이 이들의 상경횟수를 정하고 있었음을 보여준다.[22] 물론 1년에 몇 회인지 알 수 없지만, 분명 조선은 여진인의 상경횟수를 정하고 있었다.

이와 같은 상황에서 이극균의 발언은 매우 중요하다. 그는 "客人이 한양에 올라오는 수효를 풍년에는 17, 18회로 하고 흉년에는 13회로 정하되, 이 횟수를 반으로 나누어 절반은 성저야인으로 하고, 절반은 쇄환한 저 사람들로 하자"며 구체적인 상경 횟수를 적시하고 있다. 이때 이극균이 주장한 숫자는 성종 5년에 제정한 규정과 거의 일치한다. 따라서 그의 주장은 전례를 참고하였을 뿐만 아니라 성종대의 여진인 내조 수용 규정이 여전히 효력을 발휘하고 있었음을 보여준다. 여기에 상경인 중 반절은 성저야인으로 하고, 반절은 쇄환한 자들로 하자는 것은 성저야인이 이때까지 꾸준히 내조하고 있었음을 강력히 시사한다.

한편, 성종 말년부터 함경도와 평안도에서 여러 폐단이 나타나기 시작하였다. 그 결과 이 지역 백성들의 삶은 날로 피폐해졌고,[23] 일부 백

---

22) 이는 앞서 본 것처럼 『經國大典』에도 명시된 내용이다.

성은 여진인의 땅으로 도망가기도 하였다. 이러한 대표적인 인물은 三
水 사람인 한세충으로, 그는 연산군 5년(1409) 4월에 여진인이 삼수를
침입했을 때 嚮導가 되어 조선에 큰 피해를 주었다.[24] 조선은 외부세력
의 향도가 되어 침입한 한세충을 좌시할 수 없었을 것이다.

조선은 한세충 등을 쇄환하기 위해 건주삼위의 추장에게 서신을 보내
고, 조선에 내조한 溫河衛 추장 金周成可(介)를 달래는 등의 노력을 기
울였다.[25] 그 결과 연산군 11년 1월에 온하위의 朴撒塔木 등이 한세충
을 쇄환하였다. 연산군은 이에 고무되어 이들을 모두 궁궐에 불러서 상
을 주라고 명령하였다. 물론 조선은 朴撒塔木 등의 주장처럼 모든 여진
인의 상경을 허락하지 않았겠지만, 그와 주요 인물 등은 분명 조선에 상
경했을 것이다.[26]

이처럼 여진인이 조선인을 쇄환하면 조선으로부터 그 몸값을 받을 뿐
만 아니라 내조 혜택까지 누릴 수 있었다. 따라서 (3)·(4)·(5)의 사례는
연산군대에도 여진인의 내조가 계속되었음을 보여준다. 그리고 조선은
이전과 같이 여진인이 특별한 공을 세우면 인원에 상관없이 내조를 수용
했던 정책을 계승하였음을 짐작할 수 있다.

위와 같은 사례 외에도 여진인이 내조하여 한양에 있었음을 적시하는
증거들도 있다. 앞서 본 것처럼 연산군 5년에 건주위인이 잇따라 침입하
자 조선은 이들에 대한 정벌을 결정하였다.[27] 하지만 여러 상황으로 정

---

23) 당시 야기되었던 북방의 폐단에 대해서는 다음의 연구를 참고할 수 있다.(河內良
弘, 앞의 책, 1992, 673~674쪽 ; 김순남, 「15세기 중반~16세기 조선 북방 軍役
의 폐단과 軍額 감소」, 『조선시대사학보』 61, 2012)
24) 『연산군일기』 권33, 5년 4월 3일 임진 ; 5월 1일 경신 ; 12일 신미 ; 6월 7일 을미
; 권34 7월 11일 기사 ; 13일 신미.
25) 『연산군일기』 권42, 8년 1월 9일 임오 ; 2월 24일 정묘 ; 권43, 8년 3월 8일 경진
; 11일 계미 ; 권44, 8년 5월 19일 경인 ; 26일 정유.
26) 하지만 실록에 정확한 기록이 기재되어 있지 않아서 <표 5-1>의 여진인 명단에
는 제외하였다.

벌이 연기되었고, 대간뿐만 아니라 대신 등도 정벌을 반대하여 그 계획
은 취소되었다. 이때 좌의정 한치형은 정벌을 반대하며 "지금 야인으로
입조하는 자도 西征의 시기를 반드시 상세히 알아서 저들에게 전할 것
입니다"고 말했다.[28] 즉 그는 입조한 여진인이 정벌소식을 건주위인에
게 누설할 것을 우려한 것이다.[29]

또한, 연산군은 8년(1502) 1월 1일에 百官의 賀禮를 받은 후 會禮宴
을 거행하였다. 이때 여진인과 왜인도 여기에 참석하고, 물품을 차등 지
급받았다. 이전 왕들의 사례를 보면 여진인 가운데 회례연에 참석한 자
들은 대부분 내조자에 한정되었다.[30] 이러한 경향을 볼 때 여진인이 조
선에 내조한 기록은 없지만, 이들은 전년에 내조하여 회례연에 참석하였
다고 생각한다.[31] 이러한 경향을 볼 때 여진인이 조선에 내조한 직접적
인 기록은 없지만, 이들은 전년에 내조하여 회례연에 참석하였을 것이
다. 따라서 여진인이 최소한 연산군 5년부터 8년 사이에도 전과 같이 正
朝賀禮에 맞춰 내조하고 있었음을 확인할 수 있다.

앞서 본 것처럼 조선은 여진인 내조자에게 조선의 제 규정을 준수하
도록 하였고, 예조와 궁궐에서 각각 연향을 베풀어주었다.[32] 연산군대

---

27) 園田一龜, 앞의 책, 1953 ; 河內良弘, 앞의 책, 1992 ; 강성문, 「朝鮮시대 女眞征伐
   에 관한 연구」, 『군사』 18, 1989.
28) 『연산군일기』 권36, 6년 1월 22일 정축.
29) 이전의 내조 경향을 본다면 6년 1월 1일의 정조하례에 여진인이 이미 참석했거
   나, 정조에 맞추어 상경하여 이때 북평관에 머물고 있었을 가능성도 높다.
30) 조선에 향화한 여진인이 이때 참석했을 가능성도 상정할 수 있다. 하지만 『經國大
   典』에 의하면 여진 향화인 중 관직이 있는 자는 항상 소속 위에서 근무하되 일체
   朝賀·朝參에는 참여하지 못하였고, 이들에게 문지기 등의 잡일은 맡기지 않았다.
   (『經國大典』 卷3, 禮典, 待使客) 따라서 이 회례연에 참석한 여진인은 내조자였을
   것이다.
31) 여진인이 정조하례에 참석하는 의미에 관해서는 앞장에서 서술하였다.
32) 여진인과 왜인이 한양에 도착하는 날에 禮賓寺에서 영접을 받고, 왕에게 肅拜하
   는 날에는 闕內에서 연향을 받았다. 더불어 이들은 왕에게 하직 인사를 하는 날에

역시 이러한 사례를 찾을 수 있다.

> (6) 김감·이손이 또 아뢰기를, "본국의 受命 사신과 왜·야인을 宴享할 때, '기녀와 악공 등을 간략하게 정한 수에 따르라'는 명을 이미 받았으나 신 등의 생각에 우리 조정 사신의 접대는 그래도 되겠지만, 왜인이나 야인은 그 성질이 원래 의심이 많으므로, 만약 연향할 때에 女樂의 성대함이 혹 예와 같지 않으면 반드시 의심할 것입니다. …(중략)… 사연하는 날에 기녀와 악공을 간략하게 하여 소략함을 보일 수 없습니다."하니, 전교하기를, "…(중략)…, 우리나라 사람도 오히려 우리나라의 법이 변경됨을 알지 못하는데, 왜인이나 야인이 어떻게 알겠는가."하였다.[33]

연산군은 10년에 조선의 사신과 여진인·왜인을 宴饗할 때 妓女와 樂工의 수를 간략하게 정하도록 하였다.[34] 원래 『樂學軌範』에 여진인과 왜인을 연향할 때, 女妓의 수가 12~40명으로 규정되어 있었다. 하지만 연산군은 7년 8월에 일본의 사신을 접견할 때 여기 300명을 화려하게 꾸미고 연주하게 하는 등 그 수를 대폭 늘렸다. 또한, 연산군은 10년에 式年을 기다리지 말고 젊고 예쁜 기녀를 別例로 選上하도록 하였고, 정원도 300명으로 늘렸다.[35]

그러나 연산군은 10년 10월에 다시 그 숫자를 줄이게 하였다. 이때 (6)과 같이 김감과 이손은 연향할 때 여악의 성대함이 예와 같지 않으면 여진인과 왜인이 의심할 거라며 반대하였다. 결국, 연산군의 의도대로 그 숫자를 줄였지만 이러한 논의는 조선이 이 시기에도 여진인과 왜인 내조자에게 연향접대를 해주었음을 보여준다.

도 연향을 받았다. 또한, 예조에서도 이들에게 잔치를 베풀어 주었다.(『經國大典』 권3, 禮典, 待使客)

33) 『연산군일기』 권54, 10년 10월 8일 을축.

34) 『經國大典』 권3, 禮典, 待使客에 의하면 국왕은 여진인과 왜인뿐만 아니라 명에 사행을 떠나는 사신에게도 연향을 베풀어줬다.

35) 한문종 「조선전기 왜사의 연향접대와 여악」, 『한일관계사연구』 36, 2010, 56~57쪽.

마지막으로 조선에 내조한 세력은 두만강 유역에 거주하는 여진인만
이 아니었음을 보여주는 사례가 있다.

> (7) 예조가 아뢰기를, "금년에 火刺溫·溫化衛의 야인들이 다수 한양에 올라
> 온다 하는데 중국 사신도 또 올 것이니 개유하여 중지시키고, 물품을 많이 하
> 사하는 것이 어떻겠습니까?"[36]

이는 연산군 8년 12월에 예조에서 올린 내용이다. 火刺溫(忽刺溫)兀
狄哈은 세종대에 조선과 교섭한 뒤, 한동안 내조하지 않다가 세조대부
터 내조하여 성종대까지 관계를 유지하였다.[37] 기록상 성종 25년(1494)
이후로 이들의 내조가 보이지 않지만, 이 사례를 통해 연산군 8년 무렵
에도 화라온이 조선과 통교했음은 명백하다. 또한, <표 5-1>에서 확인
되듯이 연산군 2년 3월에 화라온 林大가 내조한 후 행패를 부린 사건에
서도 화라온의 내조 사실을 유추할 수 있다.

온화(하)위는 압록강 유역에 거주하는 위소로,[38] 이들은 성종 말년부
터 조선과 관계를 맺기 시작하여 연산군대에도 조선인을 쇄환하며 우호
적인 태도를 취하였다. 실제로 연산군 8년 2월에 金周成介가 내조한 기
록은 이 시기에도 이들의 내조가 이루어졌음을 보여준다.[39] 그리고 (7)
의 기록 역시 이들의 내조가 계속되었음을 나타낸다.

한편, 여진인의 내조와 직접적인 관계는 없지만, 연산군 7년 윤7월에
좌의정 성준과 우의정 이극균 등이 撰進한 『西北諸蕃記』를 주목할 필
요가 있다.[40] 현재 『西北諸蕃記』는 전하지 않아 그 내용을 알 수 없다.

---

36) 『연산군일기』 권47, 8년 12월 20일 무오.
37) 박정민, 「조선 성종대의 여진인 "來朝" 연구」, 『만주연구』, 2013.
38) 孫進己 外, 『女眞史』, 吉林文化出版社, 1987, 206~209쪽 ; 河內良弘, 「溫河衛考」,
   『朝鮮學報』 37·38, 1966.
39) 『연산군일기』 권42, 8년 2월 24일 정묘.
40) 『연산군일기』 권40, 7년 윤7월 8일 갑신. 이때 『西北地圖』도 같이 찬진하였다.

다만 연산군 10년 3월에 다음과 같이 승지 이의손이 『西國諸蕃記』의
인출을 청한 내용을 통해 유추할 수 있다.

> (8) "왜인에 대해서는 『海東諸國紀』[41]가 있으므로 그 世系를 상고할 수 있
> 지만, 野人에 있어서는 기록이 없으므로 상고할 근거가 없으니, 『西國諸蕃
> 記』의 인출을 청합니다."[42]

(8)에서 이의손이 요청한 『西國諸蕃記』는 연산군 7년에 만들어진 『
西北諸蕃記』일 것이다. 당시 일본에 대해서는 신숙주가 성종 2년(1471)
에 편찬한 『海東諸國紀』를 통해 파악이 가능하였다.[43] 실제로 조선은
『海東諸國紀』의 편찬단계에 이르러 왜인에 대한 통교체제를 체계화하
였다.[44] 따라서 『西北諸蕃記』는 『海東諸國紀』에 준하여 작성되었을
가능성이 높다.

실제로 연산군은 2년과 3년에 童淸禮를 두 차례에 걸쳐 건주삼위에
파견하였다. 동청례는 이곳을 다녀 온 후 정확하게 건주삼위를 파악했을
것이다. 조선의 신료들은 그의 경험을 바탕으로 연산군 7년에 『西北諸
蕃記』와 「西北地圖」를 찬진하였다.[45] 그리고 그 내용은 건주삼위에 대

---

41) 원문에는 海東諸國記로 표기되어 있으나, 실제 책 제목은 海東諸國紀이므로 글자
   를 교체하였다.
42) 『연산군일기』 권52, 10년 3월 10일 신미.
43) 『海東諸國紀』에는 일본의 지세·국정·풍속·내조기사 및 조빙응접기 등이 기록되
   어 있다. 이에 대한 연구 성과는 다음의 연구에 잘 정리되어 있다.(손승철, 「『海東
   諸國紀의 사료적 가치」, 『한일관계사연구』 27, 2007)
44) 한문종, 앞의 논문, 1996, 78쪽.
45) 이러한 추정은 河內良弘과 한성주 모두 지적하였다.(河內良弘, 앞의 책, 1992, 쪽
   ; 한성주, 앞의 논문, 2012, 28~29쪽) 여기에 추가하고 싶은 것은 약 100여 년
   후에 건주위에 파견되었던 신충일은 『建州紀程圖記』를 작성하였고, 이민환도 『建
   州見聞錄』을 남겼다는 것이다. 이처럼 조선의 지배층은 외부세력에 대한 기록을
   충실히 남겼기 때문에 이때에도 동청례가 『西北諸蕃記』와 「西北地圖」를 직접 작
   성했거나, 그의 구술을 토대로 이것을 작성했을 가능성이 높다.

한 내용이 주를 이루었을 가능성이 크다. 이러한 사실도 연산군대 역시 여진에 대한 관심이 상당히 높았음을 보여준다.

<표 5-1>과 같이 연산군대에 여진인이 내조한 직접적인 기록은 감소하지만, 여러 정황상 여진인의 내조는 지속된 것으로 보인다. 그렇다면 조선은 여전히 여진인에게 내조를 비롯한 회유책을 이전과 같이 구사하고 있었음을 알 수 있다. 더욱이 연산군 초년에 건주위에 동청례를 파견하여 초유한 사실과 계속된 건주위의 침입에 정벌을 계획했던 사례 역시 연산군대의 대여진 정책이 조선 초와 마찬가지로 활발했음을 보여준다. 따라서 연산군대 여진인 내조도 조선의 활발한 대여진 정책의 연장에서 이해하는 편이 올바른 해석이라고 생각한다.

제2절. 중종대 여진인 내조의 실상

중종은 정변에 의해 왕위에 앉혀졌다. 중종과 반정 세력은 연산군대의 국정 혼란을 수습하여 성종대 『經國大典』체제의 회복과 왕위 계승의 정당성을 확보하고자 노력하였다.[46] 이와 같은 과정에서 중종과 반정세력은 신중하게 承襲외교를 진행하며 명으로부터 왕위 계승을 인정받고자 하였고, 결국 목적을 달성하였다.[47]

중종과 반정세력은 주변의 여진과 일본에 대해 국방의 안정과 더불어 정통성 확립의 차원에서 즉위 초기부터 이들의 내조를 적극적으로 권장하였다. 이는 중중이 즉위한 지 보름 만에 함경북도절도사 황형에게 다

---

46) 김돈, 『조선전기 군신권력관계 연구』, 서울대출판부, 1997 ; 김범, 「조선 중종대 역사상의 특징과 그 의미」, 『한국사학보』 17, 2004.
47) 중종반정 이후 중종이 명으로부터 승인받는 과정은 다음의 연구에 잘 정리되어 있다.(김경록, 「中宗反正이후 承襲外交와 朝明關係」, 『한국문화』 40, 2007)

음과 같이 유시한 내용에서 확인할 수 있다.

(9) "근자에 조정에서 야인을 대우함이 그 알맞은 도리를 많이 잃어서 (이들이) 분을 품는 일도 있을 것이다. 지금 즉위한 처음에 이 뜻을 선유해야 하니, …(중략)… 그들을 효유하기를, '우리나라는 조종 이래로부터 너희를 撫恤하되 날이 갈수록 더하면 더했지 변함은 없었다. 그런데 근래 회유함이 도리를 잃어 은택이 다하지 못하여, 조정을 왕래할 때 도중의 물품 공급과 京館(북평관)의 음식 접대가 예전과 같지 않았으니, 너희가 어찌 실망함이 없겠느냐? 주상이 새로 즉위하여 크게 德音을 펴서 너희를 대우하는 도리가 한결 같이 예전 규정에 따르고 있다. 이제 특별히 恩命을 내려서 너희에게 연향을 베풀어 위안하게 하니 은택이 지극히 흡족하다. 너희는 마땅히 상의 뜻을 공경스럽게 받들어 다시금 새로운 마음을 키울 것이며, 정성을 다하여 귀순해서 길이 국가의 울타리가 되도록 하라.'"48)

(9)에서 중종은 연산군대에 여진인의 대우를 제대로 해주지 않았지만, 이제부터라도 이들을 효유하겠다며 연산군이 여진 관계에서도 도리를 잃었음을 강조하였다. 그런데 앞서 본 것처럼 연산군은 여진 관계를 적극적으로 주도해나갔고, 이들의 내조도 계속되고 있었던 점을 볼 때 이러한 지적은 수사적 표현일 가능성도 배제할 수 없다.49)

중종이 즉위 초부터 이들의 내조를 적극적으로 수용한 이유는 "주상

---

48) 『중종실록』 권1, 1년 9월 17일 계사.

49) 만약 여진인에 대한 대우가 나빠졌다면 그 시기는 연산군 10년부터였을 가능성이 높다.(김범, 『연산군-그 인간과 시대의 내면』, 글 항아리, 2010, 239~224쪽 ; 「조선시대 사림세력 형성의 역사적 배경」, 『국학연구』 19, 2011, 22~26쪽) 실제로 여진인 내조의 기록 및 관련 사료를 참고하면 연산 10년 이후의 직접적인 기록은 없다. 게다가 이 시기 조선의 재정상태도 좋지 않았기 때문에 여진인과 왜인이 내조할 때 도중에 지급하는 물품과 북평관의 음식접대 등도 전과 같지 않았을 것이다. 하지만 그 이전까지 여진인에 대한 정책은 전과 동일했기에 전반적으로 평가한다면 크게 달라지지 않았다고 생각한다. 또한, (5)에서 한세충을 쇄환한 박살탑목 등의 내조를 허락한 사실을 통해 이들이 내조했을 개연성은 높다. 즉 어떠한 형태로든지 여진인의 내조가 있었으나 기록되지 않았을 가능성이 높다.

이 새로 즉위하여 크게 德音을 펴서 너희를 대우하는 도리가 한결같이
예전 규정에 따르고 있다”는 구절에서 찾을 수 있다. 반정세력은 前朝의
폐단을 언급한 뒤 예전의 규정, 즉『經國大典』의 체제를 따르겠다고 천
명하고 있다. 이를 통해 조선의 위정자들은 두만강 유역에 거주하는 성
저야인의 귀순을 촉구하고, 그들이 국가의 울타리(藩籬)가 되길 바란 것
이다.

　이와 같은 중종의 여진인 회유책에 힘입어 이듬해인 중종 2년 윤1월
에 撒察 등 10여 명이 내조하였다.[50] 또한, 중종 3년의 正朝賀禮에 여
진인과 왜인이 참석하였다.[51] 그 외의 사례는 보이지 않기 때문에 알 수
없지만, <표 5-2>에서도 확인되듯이 이후에도 여진인의 내조는 계속되
었다.

　그런데 (9)와 같이 중종의 이러한 적극적인 여진인 내조 수용은 세조
가 즉위 초에 이들의 내조를 적극 권장한 것과 비슷하다. 세조 역시 쿠
테타로 집권했기에 정통성에 문제가 있었고, 이를 해결하기 위한 방안
가운데 하나로 여진인의 내조를 적극적으로 수용하였다.[52] 그렇다면 중
종도 세조처럼 정통성의 확보라는 측면에서 여진인의 내조를 수용했을
것이다. 하지만 위와 같은 발언에 비해 중종대 여진인의 내조 횟수는 매
우 적다.[53] 이는 실제로 당시 여진인의 내조가 없었다는 것이 아니라 연
산군대와 마찬가지로『중종실록』에 기재되지 않았을 가능성이 크다.

　예를 들어, 중종 2년 3월에 건주본위의 추장 達罕이 평안도절도사에

---

50)『중종실록』권2, 2년 윤1월 21일 을축.

51)『중종실록』권5, 3년 1월 1일 기해.

52) 박정민,「세조대의 여진 관계와 정책-여진인 내조를 중심으로-」,『한국사연구』
　　151, 2010, 111~120쪽.

53) 왜인도 마찬가지로 중종 원년에는 통교 건수가 하나도 없고, 2년에 2회, 3년에
　　4회, 4년에 4회, 5년에 2회, 6년에 0회, 7년에 2회 등 연산군대보다 더 감소한
　　양상을 보인다.(한문종, 앞의 논문, 1996, 190쪽)

게 王山赤下를 거느리고 조선에 내조하고 싶다는 의견을 피력하였다. 평
안도절도사는 이를 조정에 아뢰었고, 중종이 수락하였다.54) 물론 그 뒤
에 달한 등의 내조 여부가 기록되지 않아 알 수 없지만, 왕산적하는 이후
에도 여러 번 내조한 것으로 보인다. 중종이 한동안 단절된 달한의 내조
를 허락한 것은 집권 초기에 여진인의 내조를 적극적으로 수용하였음을
보여준다. 한편, 중종대의 여진인 내조 현황을 보면<표 5-2>와 같다.

<표 5-2> 중종대의 여진인 내조55)

연번	연월일	종족	성명	사례
1	2년 윤1월 21일 을축	野人	撒察 等 10餘人	來朝
2	3년 12월 22일 을유	野人	莽哈	今年以凡例上來
3	6년 1월 6일 정사	野人	莽哈	請勿接見 只使押宴官 對宴厚贈 慰悅
4	6년 1월 11일 임술	野人	謝知	肅拜時, 悖慢無禮
5	8년 1월 14일 갑신	野人(骨看兀狄哈)	劉吾乙未	拜爵事(당하관 제수)
6	8년 4월 13일 신해	野人	莽哈	賜宴于禮曹
7	9년 12월 2일 경인	野人	李打沙非	내조 후 행패
8	10년 1월 28일 병술	野人	莽哈	내조 후 행패
9	10년 2월 9일 정유	野人	買禿	今留館
10	18년 6월 1일 경자	岐州衛	王山赤下	今來
11	23년 2월 5일 정미	野人		前年亦十運上來, 而數則九十人, 而依前例接待矣
12	25년 2월 11일 신미	大剌溫亐知介	斜老	近者斜老等三人又來 而一人以病不來
13	27년 1월 27일 병자	野人	買禿	以供饋不滿其意, 凌辱館員
14	27년 4월 13일 신묘	野人	愛當哈	내조 후 돌아가는 길에 행패
15	31년 4월 18일 임인	野人		지난 겨울에 온 야인이 祿價가 적다고 화내고 통곡함

54) 『중종실록』 권2, 2년 3월 5일 무신.

　　<표 5-2>를 보면 중종대 여진인의 내조는 15건이고, 회수는 24회이
다.[56] 이 가운데 연산군대와 같이 '來朝'라고 기재된 사례는 중종 2년
윤1월 撒察(産察)의 사례 1건밖에 없다. 그러나 그 외의 사례에서 추출
한 내용을 보면 여전히 여진인이 조선에 내조하고 있었음을 확인할 수
있다. 또한, 연산군대와 마찬가지로 이들의 종족이 구체적으로 밝혀지지
않은 채 '野人'으로 기재되어 있다. 여기에 특기할 점은 내조자 중 莽哈
이 4회나 보인다는 것이다.

　　망합과 산찰은 각각 鐘城과 會寧의 유력한 추장으로 <표 5-1>에서
확인되듯이 연산군 9년(1503)에 嘉善大夫와 資憲大夫知中樞에 제수되
었다.[57] 중종 3년 12월에 망합은 '凡例로 상경하였다'고 기재된 것처럼
정기적으로 조선에 내조한 것으로 보인다. 하지만 망합과 산찰이 이 지
역 유력자임에도 불구하고, 명확하게 이들이 내조했다고 기재된 것은 중
종 2년 윤1월 산찰의 사례밖에 보이지 않는다. 이는 중종대에 여진인이
내조하더라도 전처럼 '來朝', '來獻土宜', '來獻土物' 등으로 기재하지

---

55) 김순남은 실제 내조했으나 기록되지 않았을 가능성을 상정한 뒤, 중종대에 총 5회
　　의 여진인 내조가 있었다고 파악하였다. 그리고 조선과 여진인 사이의 모피교역
　　이 전개되면서 생필품을 얻는 방편으로 내조를 즐겼던 여진인의 상황이 16세기
　　들어와 변화하여, 직접적인 내조를 하지 않았을 가능성이 농후하다고 보았다.(앞
　　의 논문, 2011a, 103쪽)

56) 11번처럼 중종 22년에 여진인의 내조가 10회, 인원은 90명이라는 확실한 숫자가
　　있기 때문에 건수로 산정하였다. 이 10회를 합하면 중종대에 총 24회의 여진인
　　내조가 있었다.

57) 『연산군일기』 권51, 9년 11월 5일 무진. 산찰은 명으로부터도 都督僉使 등에 임
　　명될 정도로 이 지역의 유력한 추장이었다. 또한, 연산군 9년 초에 건주위인이 良
　　家 여자인 莫非를 잡아가자, 망합이 뺏어 왔고, 산찰 역시 이와 관련된 정보를 제
　　공하였다. 이러한 공로로 조선은 이들을 가을에 상경하도록 하였다.(『연산군일기』
　　권50, 9년 6월 7일 임인) 따라서 조선은 망합과 산찰에게 이례적으로 초직을 당상
　　관에 제수하였다.(『연산군일기』 권51, 9년 11월 1일 갑자) 산찰은 중종 2년의 내
　　조 이후 기록에 보이지 않는데, 중종 2년 말에서 7년 사이에 사망한 것으로 보인
　　다. 그리고 그의 추장직은 동생인 忽非哈이 계승하였다.

않았음을 보여준다.

중종대에 이르면 사관은 내조자 가운데 중요한 정보를 제공하거나, 내조 이후 행패를 부린 자 등 특수한 사례만 『실록』에 기재하였을 가능성이 높다. 이를 뒷받침하는 예를 두 가지만 들면 다음과 같다. 첫째, 중종 7년 5월에 劉吾乙未(劉吾未)는 조선을 자주 침입한 速古乃 등의 부락을 토벌하여 林好澄을 잡아오는 공을 세웠다.[58] 조선은 그 공로를 인정하여 내조를 허가하고, 이듬해 1월에 유오을미에게 관직과 물품을 하사하였다. 이때 조선은 다른 여진인과의 형평성 등을 고려하여 그를 당하관에 제수하였다.

유오을미는 여기에 불만을 품고 拜辭할 때, 官教와 鈒帶 및 하사한 물건을 던지며 행패를 부렸다. 결국, 이 사건은 예조에서 내년 가을에 朝貢하면, 堂上을 제수하겠다고 타이른 끝에 일단락되었다.[59] 실제로 그가 이후에 조공하였는지 아닌지는 기록되지 않아 알 수 없다. 하지만 유오을미가 사망하거나 반란을 일으키는 등의 변수만 없다면 조선은 유오을미의 내조를 수용하고, 당상관에 제수했을 가능성이 높다.

둘째, 중종 10년(1515) 2월에 내조한 買乼은 중종 4년에 회령인 신극실을 쇄환해 왔고,[60] 동왕 10년에 내조하여 망합에 대한 정보를 제공하는 등 조선으로부터 신뢰를 받던 자였다.[61] 하지만 그는 중종 27년에 供饋가 만족스럽지 못하자 관원을 능욕하였다.[62]

이러한 점을 보았을 때, 그는 신극실을 쇄환한 뒤 조선으로부터 내조할 자격을 얻고, 정기적으로 조선에 내조했을 가능성이 높다. 하지만 그

---

58) 『중종실록』 권15, 7년 5월 17일 경신. 반면 이때 망합은 병을 핑계 대고 참전하지 않았다.(『중종실록』 권16, 7년 6월 4일 병오)
59) 『중종실록』 권17, 8년 1월 14일 갑신 ; 권17, 8년 2월 13일 임자.
60) 『중종실록』 권7, 4년 2월 30일 임진.
61) 『중종실록』 권21, 10년 2월 9일 정유.
62) 『중종실록』 권72, 27년 1월 27일 병자.

의 내조 기록이 보이지 않다가, 망합에 관한 정보를 제공하거나, 패만한 행동을 저지른 사례에 한해 『실록』에 기재되어 있다. 따라서 당시에 정기적인 여진인의 내조는 『실록』에 기재되지 않았다고 생각한다.

중종대에도 연산군대와 마찬가지로 여진인이 공을 세우면 상경을 허락하였다.[63] 이러한 사례는 特進官 최한홍의 "무릇 저들로서 우리 인물을 쇄환하거나 체탐에 공 있는 자를 상경시키는 것은 제한된 수가 있습니다"[64]는 말을 통해 짐작할 수 있다. 즉 조선조정은 전조와 마찬가지로 조선인을 쇄환하거나 체탐에 공을 세운 자를 상경시킨 것이다. 반면 조정은 공이 있어도 그 제한된 숫자가 있어 무분별하게 상경시키지 못하였다.

조선은 건국 초기부터 왜인뿐만 아니라 여진인에 대해서도 그들이 내조하면 관직을 제수하였다.[65] 이들은 대부분 무반직이나 중추직의 명예직을 받았는데, 유력 추장 혹은 조선에 자주 내조한 자는 계속 승진을 거듭하였다. 실제로 성종대에 내조한 여진인의 관직을 보면 대부분 중추의 직함을 가지고 있다.[66] 중종대에도 조선은 내조 여진인에게 관직을 제수하고 승진까지 해주었다.

(10) "야인이 처음 오면 初職을 주고 매번 차례대로 승진시키는 것이 전례이므로, 큰 공이 없으면 결단코 등급을 뛰어넘을 수는 없습니다."[67]

(10)은 중종 10년 1월에 조정에서 莽哈의 아들 阿叱豆를 당상관으로

---

63) 『중종실록』 권15, 7년 2월 24일 기해 ; 권28, 12년 6월 8일 임자 ; 권47, 18년 윤4월 18일 무오 ; 권50, 19년 5월 23일 정해.
64) 『중종실록』 권15, 7년 2월 24일 기해.
65) 조선 전기의 왜인과 여진인 수직에 대해서는 다음의 연구 성과를 참고할 수 있다.(한문종, 『조선전기 향화·수직왜인 연구』, 국학자료원, 2001 ; 한성주, 『조선전기 수직여진인 연구』, 경인문화사, 2011)
66) 박정민, 앞의 논문, 2013b.
67) 『중종실록』 권21, 10년 1월 21일 기묘.

승진시킬지 논의한 내용이다. 이때 정광필은 위와 같이 말하며 아질두의 승진을 반대하였다. 그런데 여기서 중요한 것은 여진인의 授職에 관한 전례이다. 즉 조선은 여진인이 처음 오면 初職을 주고 매번 차례대로 승진시켜 준 것이다.[68] 앞서 유오을미처럼 그가 공을 세웠음에도 한 번에 자급을 넘어 승진시키지 않은 것을 보면 이러한 정책은 비교적 잘 지켜졌다고 볼 수 있다.[69]

여진인이 조선으로부터 관직을 받고, 그에 따른 官敎를 받는 것은 조선과 통교할 권리를 획득했음을 의미한다. 그런데 여진인 가운데 일부는 관교를 위조하여 조선에 내조하였다가 적발되기도 하였다.[70] 중종대 역시 이러한 사례가 빈번하게 나타난다.[71]

예를 들어, 중종 25년 2월에 大剌溫亐知介(화라온올적합) 斜老 등이 조선에 내조하였다. 그들은 중종 20년에 中樞의 관교를 위조하였다가 조선에 적발되어 司猛으로 강등된 적이 있었다.[72] 이는 사로가 중종 20년에도 내조한 확실한 증거이다. 하지만 중종 20년의 기록에 사로 등의 내조 혹은 관교 위조 사건이 기재되지 않은 것으로 보아, 이는 당시에 여진인이 내조했더라도 『실록』에 기재되지 않았던 경향을 잘 보여준다.

중종대에도 연산군대와 마찬가지로 여진인이 내조하면 북평관에 머물렀다.[73] 하지만 여진인은 북평관에서 조선의 통제에 따르지 않고, 마

---

68) 이는 성종대 南訥兀狄哈 回伊波의 사례와 일치한다.

69) 살찰과 망합의 경우 초직으로 당상관을 제수하였다. 이는 그들의 세력이 매우 강해 변장들이 강력히 주장했기 때문이다. 즉 예외적인 사례라고 볼 수 있다.

70) 한성주, 「조선전기 女眞 僞使의 발생과 處理 問題에 대한 고찰」, 『사학연구』 100, 2010. 여진인은 조선뿐만 아니라 명에 대해서도 칙서를 위조하는 등 통교체제를 위반하였다.(江嶋壽雄, 「明正統期に於ける女直朝貢貿易の制限」, 『東洋史學』 6, 1952)

71) 『중종실록』 권57, 21년 11월 13일 임진 ; 『중종실록』 권67, 25년 2월 11일 신미.

72) 『중종실록』 권67, 25년 2월 11일 신미.

73) 『중종실록』 권58, 21년 12월 12일 경신.

음대로 무역까지 하는 폐단을 일으켰다.[74] 또한, 북평관에 있는 여진인
은 늘 東小門을 통해 왕래하였다.[75] 위와 같은 사례들을 고려할 때, 중
종대에도 여진인이 내조하여 북평관에 머물고 있었음은 분명하다. 그리
고 여진인에 대한 접대 규정도 이전과 동일하게 이루어졌을 것이다.

중종은 여진인이 내조하여 토산물을 진상하고, 하직할 때 숙배의 예
를 행하는 일이 잦아지자 이들에게 엄숙한 모습을 보이고자 하였다.[76]
이에 대한 논의 끝에 중종은 예조와 병조에서 아뢴 대로 군사를 더 배치
하도록 하였다.[77] 조선조정이 내조 여진인과 왜인에 대한 세부 조목까
지 마련하는 것 역시 이들의 내조가 상당히 빈번했음을 시사한다.[78]

이처럼 중종대에도 여진인의 내조가 많았다고 보인다. 그렇다면 그
규모는 어느 정도였을까? 이는 중종 9년(1514) 10월에 甲山부사 황침
의 書契를 통해 유추할 수 있다. 여기에서 그는 매년 의례적으로 한양
에 오는 여진인의 숫자가 풍년에 120명, 흉년에 90명이라고 보고하였
다.[79] 이러한 점은 중종대 역시 여진인의 내조가 일정하게 이어졌음을
방증한다.

그렇다면 여진인은 얼마나 자주 조선에 내조했을까? 이에 대해서는
다음의 사료를 주목할 수 있다.

---

74) 『중종실록』 권52, 20년 1월 9일 무진 ; 『중종실록』 권90, 34년 5월 28일 을미.
75) 『중종실록』 권63, 23년 9월 21일 경인.
76) 중종은 "지금은 闕庭에서 숙배할 때에만 문을 지키는 군사를 두고 있는데, 왜인과
    여진인이 진상할 때外 문을 지키는 군사뿐만 아니라 이들을 데리고 온 사령도 모
    두 갑옷을 갖추고 옹위하여 엄숙함을 보이게 하도록 하라"고 명령하였다.(『중종실
    록』 권75, 28년 6월 27일 무술)
77) 『중종실록』 권75, 28년 6월 29일 경자 ; 7월 1일 임인.
78) 이러한 사례를 포함하면 여진인의 내조 횟수는 더 증가한다. 하지만 내조자, 인원
    등을 명확하게 파악할 수 없어 횟수에는 산정하지 않았다.
79) 조선의 변장들은 여진인에게 초피를 진상하도록 하였다.(『중종실록』 권21, 9년
    10월 13일 임인)

(11) 예조가 아뢰기를, "전일 하문하신 野人의 상경 숫자는, 풍년에는 17차에 그 수가 120명은 넘지 않고, 흉년에는 12차에 그 숫자가 90명을 넘지 않으니, 매번 6~7명이 올라왔는데, 이것은 전례입니다. 근래 역로에 폐단이 있어서 풍년에는 15회, 흉년에 10회였는데, 매번 8~9명이 올라왔습니다. 온 횟수는 줄었지만 사람 수는 줄지 않았습니다. 또 올라올 야인이 때가 늦어 미처 오지 못한 경우가 전에는 없었고, 혹 1~2명이 사고로 올라오지 못하면 다음 해 올라올 숫자에 포함하는 것을 허락했지 별도로 데려오지 않았습니다. 전년(중 종 22년) 역시 10차례에 걸쳐 올라왔는데 숫자는 90명이니, 전례에 의해 접 대해야 합니다."고 하였다.[80]

(11)은 중종 23년(1528)에 예조가 여진인의 상경에 대해 보고한 내용 이다. 예조에서 말한 여진인의 상경 숫자는 풍년에 17회로 그 수가 120 명, 흉년에는 12회에 90명으로, 한번 올라올 때 인원은 6~7명이었다. 이를 통해 그 인원은 갑산부사 황침의 서계 내용과 일치하고, 횟수는 풍 년에 17회, 흉년에 12회가 기준이었음을 알 수 있다. 이는 앞서 (4)의 이 극균의 발언과 거의 일치하고, 명종대에 편찬된 『攷事撮要』와도 정확하 게 일치한다.[81]

그런데 정확히 언제인지 알 수는 없지만, 이 시기에 조선은 역로의 폐 단 등으로 여진인의 상경을 풍년에 15회, 흉년에 10회로 줄였다. 그렇다 면 원칙적으로 내조 인원은 풍년에 105명, 흉년에 75명 정도여야 한다. 하지만 이들은 매번 8~9명이 상경했기 때문에 총인원은 줄지 않았다. 또한, 상경인 가운데 때가 늦어서 올라오지 못한 경우가 없었고, 혹 1~2 명이 사고로 올라오지 못하면 다음 해 올라올 숫자에 포함하였다. 즉 조 선은 이들의 내조를 이전처럼 잘 운영하고 있었음을 확인할 수 있다.

또한, 예조는 중종에게 전년의 여진인 내조 횟수가 10회에 그 인원이

---

80) 『중종실록』 권60, 23년 2월 5일 정미.

81) 『攷事撮要』에 의하면 "각 진의 소속 야인 등은 그 공로와 긴요한지 않은지를 참작 하여 運을 나누어 이름을 써서 매년 8월에 올려 보낸다. 풍년에는 17회에 120명, 흉년에는 12회에 90명이다"라고 기재되어 있다.(『攷事撮要』上, 接待野人事例)

90명이라고 아뢰었다. 이 내용을 따르면 여진인은 중종 22년경에도 위의 규정과 같이 내조하였음이 더욱 선명해진다[82]

조선조정은 당시 풍년과 흉년에 따라 이들의 내조 횟수와 인원을 제약하였다. 당시는 기상이변으로 조선 초보다 흉년이 빈번했던 시기였다.[83] 이러한 상황에서 조정은 자구책으로 풍흉년에 따라서 여진인의 내조 횟수를 조절한 것으로 보인다. 하지만 계속된 흉년으로 조선의 재정은 좋지 않았고, 여진인의 내조는 조정에 큰 부담으로 작용하였을 것이다. 그러므로 여진인에 대한 접대가 소홀해지는 현상이 나타난다.

중종 11년(1516)에 영사 정광필이 전에 함경도감사로 재직할 때를 상기하며, 여진인이 왕래할 때에 各驛에서 소홀하게 접대한 점을 지적하였다. 중종도 "역로만 그럴 뿐 아니라, 京館에서 접대할 때에도 예전과 같지 않을 것이다"며 북평관에서도 접대가 좋지 않다고 인식하고 있다.[84] 이듬해에도 중종은 근래에 왜인과 여진인을 접대하는 일이 소홀하다며 이에 대한 대책을 강구하도록 하였다.[85] 이러한 점은 조선에서 여진인에 대한 접대가 전과 같지 않았음을 보여준다고 할 수 있다.

---

82) 이들은 조선에만 내조했던 것은 아니었다. 여전히 명에도 조공을 하며 조선과 명에 양속적인 관계를 맺고 있었다. 이는 중종 17년에 평안도병사가 올린 다음과 같은 장계를 통해서도 알 수 있다. "건주위의 童時代仇 등이 滿浦에 나와서 말하기를 '毛隣衛의 추장 忽非哈 등이 京師에 가서 하사받은 물품과 은을 太監에게 뇌물로 바치고 압록의 내지에 길을 터서 경사에 갈 수 있도록 해달라고 청하여 이미 윤허를 받았고, 홀비합이 여연에 통보하여 중로에 와서 맞이하게 하였다'" (『중종실록』 권45, 17년 7월 13일 정사)

83) 이태진, 「'小氷期'(1500~1750년)의 天體 現象的 원인-『朝鮮王朝實錄』의 관련 기록 분석-」, 『국사관논총』 72, 1996 ; 「외계충격 대재난설(Neo-Catastrophism)과 인류역사의 새로운 해석」, 『역사학보』 164, 1999 ; 박홍갑, 「조선 中宗朝의 徙民政策 변화와 그 문제점-자연재해와의 관련을 중심으로-」, 『조선시대사학보』 8, 1999.

84) 『중종실록』 권23, 11년 1월 6일 무자.

85) 『중종실록』 권27, 12년 4월 25일 경오.

여기에 변장의 탐학까지 더해지고 있었다. 당시 조선은 초피의 수요가 폭증하였고, 초피를 구하기 어려워지며 여기서 파생되는 많은 폐단이 발생하였다. 초피는 당시 조선뿐만 아니라 명에서도 상품가치가 있는 물품으로,[86] 조선의 변장들이 이를 이용하여 축재하는 경우가 상당히 많았다.[87]

변장은 여진인 가운데 초피가 없으면 공로가 있어 상경할 차례가 되어도 상경시키지 않았다.[88] 또한, 변장은 여진인이 상경할 때 값을 下下品의 시가로 쳐서 주거나,[89] 印價라는 핑계로 貂皮를 함부로 징수하였다.[90] 그 외에도 변장이 여진인에게 毛物을 토색질하여 한양으로 올려 보내기도 하고, 여진인이 초피를 본진에 보고하면 색깔을 바꾸거나 수를 감하여 올렸다. 그러므로 변장과 여진인이 가격 때문에 다투는 일까지 발생하였다.[91]

이에 견디지 못한 여진인은 상경하여 예조에 변장이 초피를 함부로 받은 것을 陳訴하기도 하였다.[92] 결국, 이들은 한양으로 올라와도 이로울 것이 없다고 인식할 지경에 이르렀다.[93] 즉 변장의 탐오가 여진인의

---

86) 河內良弘, 앞의 책, 1992, 595~596쪽.
87) 김순남은 16세기에 여진인의 貂皮 교역의 활성화로 여진 사회가 더욱 발전하였고, 이들은 굳이 경제적 욕구를 충족시키고자 조선에 내조할 필요가 없다고 보았다.(김순남, 앞의 논문, 2011a, 100~105쪽) 실제로 이 당시 여진인은 초기의 수렵·채집경제에서 벗어나 농경과 상업에 치중하며 대제국으로 발전하는 기본을 마련하였다. 이에 대해서는 다음의 연구 성과를 참고할 수 있다.(欒凡, 「明代女眞族多元經濟的特點及影響」, 『黑龍江民族叢刊』 54, 1998年 03期 ; 방경일, 『朝鮮前期 오도리族의 成長過程』, 한국학중앙연구원 박사학위논문, 2009 ; 남의현, 「다원적 경제구조를 통해 본 여진사회의 특징」, 『인문과학연구』 35 , 2012)
88) 『중종실록』 권21, 9년 10월 13일 임인.
89) 『중종실록』 권72, 26년 11월 9일 기미.
90) 『명종실록』 권6, 2년 8월 30일 무신.
91) 『중종실록』 권88, 33년 10월 24일 갑자.
92) 『중종실록』 권57, 21년 11월 29일 무신 ; 『중종실록』 권58, 22년 3월 9일 병술.
93) 『중종실록』 권57, 21년 11월 28일 정미 ; 『중종실록』 권58, 21년 12월 24일 경신.

조선 내조에 영향을 끼칠 가능성도 있었다.

이처럼 조선은 흉년과 여진인 내조에 의한 각종 폐단, 변장의 탐학 등에 직면하였다. 그럼에도 불구하고 조정은 여진인의 내조를 수용하였다. 다음은 중종 21년 11월에 시강관 임권이 석강에서 아뢴 내용으로 당시의 상황을 잘 반영하는 사료이다.

> (12) 석강에 나아갔다. 시강관 임권이 아뢰기를, " …(중략)… 서·남·북 3方 은 왜인과 야인들의 왕래로 폐단이 매우 많습니다. …(중략)… 북도의 경우에 는 왕래하는 길이 하나뿐이기 때문에 우리 백성들이 야인들의 짐바리를 수송 하느라 고통을 견디지 못해서 그 형세가 지탱하기 어려운 상황입니다. 이는 다른 까닭이 아니라 야인들은 쓸데없는 물건을 가지고 와서 바치는데도 우리 나라에서 有用한 물건으로 보답하기 때문입니다. 국가가 이 때문에 앉아서 폐단을 받고 있습니다. 하지만 야인들은 혹 내지에 사는 야인들과 서로 교통 하므로 그들을 통해서 우리나라 사람을 쇄환시킬 수도 있는가 하면 우리나라 에 급변을 보고해 오기도 하므로 끊을 수가 없는 처지입니다. 그러나 왜인은 우리나라에 아무런 이익이 없이 재화 때문에 경오년(중종 5년 ; 삼포왜란)과 같은 폐단만 일으키고 있습니다."하니, 상이 이르기를, "과연 왜인이 왕래하 는 데 대한 폐단이 있다. 그러나 그들이 가져오는 물건을 쓸데없는 것이라 하 여 물리친다면 이 역시 오랑캐를 대우하는 도리에 어긋날 것 같으니 끊지 않 고 통제만 하도록 해야겠다."라고 하였다.[94]

(12)를 통하여 조선의 백성들이 여진인 왕래로 겪는 고통을 생생하게 알 수 있다. 그렇지만 조선은 여진인이 우리나라 사람을 쇄환하고, 급변 이 있으면 보고하는 등 藩籬의 의무를 충실히 하고 있기 때문에 이들의 내조를 계속 수용할 수밖에 없었다. 반면 왜인은 오히려 폐단만 일으킨 다고 보았다. 중종 역시 이에 동의하나 오랑캐를 대우하는 도리 때문에

김순남은 이를 근거로 여진인에 내조할 필요성을 느끼지 못하였다고 보았다.(앞의 논문, 2011a, 102쪽) 그러나 이러한 점은 역설적으로 여진인의 내조가 계속되었음 을 보여준다고 생각한다.

94) 『중종실록』 권57, 21년 11월 1일 경진.

끊지 않고 통제만 하겠다는 입장을 견지하고 있다. 중종의 주변 이민족에 대한 태도는 유교적 덕치사상에서 요구하는 이상 군주의 모습을 계승한 것이라고 할 수 있다.[95]

이후에도 조선은 여전히 성저야인을 번리라 인식하였고, 심지어 이들에게 禄까지 주었다.[96] 그렇지만 성저야인은 조선이 풍흉에 따라 녹을 준다는 것을 알지 못하고 단지 전보다 그 값이 적은 것을 원망할 뿐이었다. 특히 중종 30년(1535)에 내조한 여진인이 북평관에서 예조 좌랑 이경장으로부터 녹가를 받을 때에도 이러한 불만을 토로하였다. 여기에 이경장은 通事를 때려 위엄을 보이기도 하였다.[97] 이는 중종 말년에도 조선이 여진인 내조자에게 녹을 내린 사실을 반영한다. 특히 위의 사건은 이 시기에도 여진인의 내조가 계속되고 있음을 보여준다.

조선이 성저야인에게 이러한 대우를 하는 까닭은 여러 가지가 있다. 먼저, (12)에서 확인되듯이 깊숙한 곳에 사는 여진인(니마차올적합 등)이 조선의 변경을 침입하고자 하면 성저야인은 조선에 미리 침입 정보를 제공했기 때문이다. 조정의 입장에서 침입 정보 등을 제공하는 이들에게 녹을 주는 것은 큰 손해가 아니었다.

또한, 조선은 성저야인에게 녹봉을 지급하여 그들을 형식적으로 조선의 관료로 인식하였다. 즉 조선이 성저야인의 내조를 수용하고 조선의 관직을 주며 그 반대급부까지 지급하는 것은 관념적으로 이들을 자신의 영향력 아래에 편입시킨 행위이다. 그러므로 조선은 여러 폐단에도 불구

---

95) 河內良弘,「朝鮮世祖の字小主義とその挫折」,『天理大學學報』93, 1974 ; 앞의 책, 1992, 365~387쪽 ; 黃枝連,『天朝禮治體系研究』下, 中國人民大學出版社, 1995, 1~135쪽.

96) 河內良弘에 의하면 세조 4년 8월에 李古納哈과 李阿具에게 최초로 녹봉을 지급했고, 2품 이상의 상경 여진인이 수급 대상이었다고 한다.(앞의 책, 1992, 444~447쪽)

97)『중종실록』권81, 31년 4월 18일 임인.

하고 성저야인에게 녹가의 분량을 정해 놓고 주자며 내조를 계속 수용하고자 하였다.

이처럼 중종대에도 조선은 활발하게 대여진 정책을 추진하였다. 그리고 여진인은 속고내의 반발, 변장과의 초피가격 문제 등의 다툼과 같은 사소한 충돌은 있었지만, 큰 틀에서 조선의 통교체제에 순응하고 있었다. 여진인은 조선에 내조하는 것이 이득이라고 판단했기 때문에 조선의 통교규정이 까다로웠음에도 불구하고 응한 것이다.

이러한 사실들을 기반으로 여진인이 이 시기에만 조선에 내조하지 않았다고 보는 것은 무리가 있다. 여진인이 조선에 내조한 명확한 기록은 별로 없지만, 실질적으로 이들의 내조는 계속되었으며, 그 규모나 횟수도 성종대와 비슷할 것으로 보인다. 중종대에도 조선은 여진인을 자신의 외교체제에 편입하였고, 여전히 조선을 중심으로 한 질서를 유지하고 있었다고 생각한다.

제3절. 명종대 여진인 내조의 실상

명종대에 이르면 여진 관련 사료 자체가 더욱 감소한다.[98] 또한, 이들이 조선에 내조한 사실은 <표 5-3>과 같이 명종 14년(1559) 1월 1일의 정조하례에 여진인과 왜인이 入參한 것[99]과 명종 15년 12월에 야인 直堂介가 내조한 뒤 행패를 부린 사건을 통해 유추할 수밖에 없다.[100] 하지만 관련 사료를 분석해보면 이때에도 여전히 여진인의 내조가 계속되고 있었음을 확인할 수 있다.

---

98) 인종대는 짧은 그의 치세로 별다른 사료가 없어서 생략하였다.
99) 『명종실록』 권25, 14년 1월 1일 계유.
100) 『명종실록』 권26, 15년 12월 26일 정사.

〈표 5-3〉명종대의 여진인 내조

연번	연월일	종족	성명	사례
1	14년 1월 1일 계축	野人		倭, 野人亦入參
2	15년 12월 26일 정사	野人	直堂介	내조 후 행패

명종 2년(1547) 8월에 동지중추부사 조광원이 함경남·북도 邊境의 弊瘼12조를 書啓하였다. 그중 성저야인이 公事로 상경할 때에 변장이 印價라는 평계로 獤皮를 함부로 징수한다는 조목을 주목할 필요가 있다.[101]

앞서 살펴보았듯이 조선은 성저야인의 내조를 매년 정한 수에 맞추어 수용하였다. 그리고 그 세부적인 대상자, 인원 등을 정하는 것은 담당자인 변장에게 달려 있었다. 이는 변장과 성저야인 사이에 초피문제가 발생하는 주요 원인으로 작용하였다. 그러므로 이러한 사실을 반영한 조광원의 상소는 여진인이 여전히 조선에 내조하고 있었음을 방증한다.

이러한 가운데 명종 7년(1552) 10월에 '西水羅 사건'이 발생하였다. 명종 7년 7월, 慶興府에 수재가 발생하여 경지가 부족해졌다. 부사 김수문은 함경도병사 김순고와 의논하여 두만강 밖의 伊應巨島(仍巨島)에 진을 설치하기 위해 이 지역에 거주하는 骨看兀狄哈을 放逐하였다. 골간은 여기에 앙심을 품고 서수라를 침입하였고, 이에 조선이 보복한 것이 이 사건의 자초지종이다.[102]

서수라 사건 이후에도 골간올적합이 자주 조선을 침입해 오는 등[103] 조선과 여진의 관계는 전과 같지 않았다.[104] 특히 조선 건국기부터 조선

---

101) 『명종실록』권6, 2년 8월 30일 무진.
102) 河內良弘, 앞의 책, 1992, 707~710쪽 ; 한성주, 「조선 명종대 豆萬江 以北지역에 대한 '鎭' 설치 시도」, 『한일관계사연구』42, 2012, 165~176쪽.
103) 『명종실록』권16, 9년 5월 19일 무오 ; 6월 5일 갑술 ; 권17, 10월 24일 신묘.
104) 이 외에도 성저야인이 국가의 藩衛가 되어 體探 등에도 공을 세웠는데, 조선은 이들을 심처야인의 침입으로부터 구원해주지 않은 경우도 있었다.(『명종실록』

의 번리를 자처하고, 조선 역시 그렇게 인식했던 골간과 관계가 틀어져 버린 것은 조선이 두만강 유역 여진인에 대한 기존의 정책을 추진하는 데 걸림돌로 작용하였다.

명종은 일련의 사건에 적극적으로 대처하는 한편, 기존의 회유책을 통해 이들과 관계를 개선하고자 하였다. 명종은 새로 부임하는 함경남도 절도사 최수인, 북도우후 최언영, 경흥부사 권첨 등에게 방수뿐만 아니라 성저야인도 잘 어루만지도록 명하였다.105) 즉 전과 같은 방식으로 이들의 이탈을 방지하고자 한 것이다. 물론 그 효과에 대해서는 기록이 없어 자세히 알 수 없지만, 이전과 같이 내조를 수용하며 여진인을 초유하였을 것이다.

이후에도 명종은 여진인의 내조를 수용하고자 하였다. 예를 들어, 명종 9년(1554) 1월에 羅時哈이 골간올적합의 침입 소식을 보고하였다. 이에 명종은 나시합의 내조를 허락하여 많은 물품과 높은 품계를 주도록 하였다.106) 그러므로 정황상 그가 내조했을 가능성은 높다고 생각한다.

또한, 명종 10년 윤11월에 비변사가 상경하는 여진인이 말을 바치는 것은 원래법으로 제정되었지만, 근래에 여진인이 말을 아깝게 여겨 초피로 대신한 지 오래되었다고 보고하였다. 비변사는 조선이 갑자기 이들에게 말을 바칠 것을 강요하면 원망하여 폐단이 일어날 수도 있으니 변장에게 바치기를 원하는 자가 있으면 수용하자고 주장하였다.107) 이 역시 명종 10년경에도 여진인의 내조가 계속되고 있음을 보여준다.

명종 15년 12월에도 함경북도병마절도사 민응서가 여진인과 싸운 啓本을 바쳤다. 여기에서 "우리 육진성 밖 가까이에 와서 사는 胡人을 성

권16, 9년 1월 28일 기사)
105) 『명종실록』 권16, 9년 6월 17일 병술.
106) 『명종실록』 권16, 9년 5월 19일 무오.
107) 『명종실록』 권19, 10년 윤11월 25일 병술.

저야인이라고 하는데 해마다 몇 조로 나누어 와서 朝會하므로 군직을
제수하니 이 때문에 藩籬가 되었다"[108]는 내용이 주목된다. 이를 통해
당시에도 성저야인이 해마다 여러 조로 나누어 와서 조회하였고, 조선은
이들에게 군직을 제수하였음을 보여준다.[109] 이는 『攷事撮要』의 여진
인 상경 횟수에서도 증명된다.

〈표 5-4〉 『攷事撮要』에 기재된 각 지역 여진인의 내조횟수와 인원[110]

	회령	종성	온성	경원	경흥	합계	인원
풍년	4	4	3	3	3	17	120
흉년	3	3	2	2	2	12	90

<표 5-4>와 같이 조선은 풍년과 흉년에 따라 각 진에서 상경시키는
여진인의 인원을 정하였다. 즉 이들은 민응서의 발언과 같이 해마다 여
러 조로 나누어 조회하고 있었다. 여기서 주목되는 점은 회령과 종성의
여진인이 풍흉과 상관없이 다른 지역보다 1회씩 많이 오는 것이다. 회령
은 알타리, 종성은 올량합의 주 거주지로 단종대에 기재된 여진인 분포
와 선조대의 『制勝方略』에 의하면 이 두 지역의 여진인 인구가 다른 곳
보다 많다.[111] 따라서 조선은 여진인의 세력과 인구 비율에 따라 상경하
는 숫자를 정한 것으로 보인다.

---

108) 『명종실록』 권26, 15년 12월 22일 계축.
109) 시기는 약간 다르지만 단종대 수직여진인의 관직을 분석한 결과 이들은 중추원
    직, 군관직, 오위직에 제수되었다.(한성주, 「두만강지역 여진인 동향 보고서의
    분석 : 『端宗實錄』 기사를 중심으로」, 『사학연구』 86, 2007, 67쪽)
110) 『攷事撮要』 上, 接待野人事例. 또한, 영조 20년(1744)에 편찬된 『春官志』는 예조
    에서 관장하는 규정과 사례를 모은 책으로, 여기에도 『攷事撮要』와 같은 내용이
    기재되어 있다. 따라서 여진인의 내조가 단절될 때까지 예조에서 여진인의 내조
    를 수용하는 규정은 정해져 있었던 것으로 보인다.
111) 한성주, 앞의 논문, 2007, 54쪽 ;앞의 논문, 2010, 181~182쪽.

『고사촬요』가 처음 편찬된 것은 명종 9년(1554)이고, 현존 最古本은 선조 1년(1568)이다.[112] 이처럼 명종대에 편찬된『고사촬요』에 여진인의 상경과 그 접대에 관한 규정이 자세하게 실려 있다는 것은 당시 여진인의 내조가 빈번하게 이루어지고 있었음을 의미한다. 물론 여진인의 내조는 조선과의 관계 등에 따라 약간의 증감이 있었지만, 대체로 그 내조 인원과 횟수 등은 거의 고정적이었다고 해도 무방하다. 그리고 명종대 역시 전과 마찬가지로 여진인의 내조가 계속되었을 가능성이 농후하다.

지금까지 살펴보았듯이 여진인의 내조 기록이 감소한 것을 기반으로 이 시기에 이들의 내조가 줄었다고 보는 것은 무리가 있다. 여진인이 조선에 내조한 명확한 기록은 감소하였지만, 실질적으로 이들의 내조는 계속되었으며 그 규모나 횟수도 성종대와 비슷한 것으로 보인다. 즉 중종과 명종대에도 조선은 여전히 여진인을 자신의 외교체제에 편입하여 조선을 중심으로 한 질서를 유지하고 있었음을 알 수 있다.

그렇다면 왜 연산군대부터 여진인의 내조에 대한 기록이 감소하는 현상이 두드러졌을까? 여기에서는 이에 대한 필자의 가설을 제시하고자 한다. 당시『실록』의 편찬자들은 여진인의 내조 자체를 중요하지 않은 常例라고 여겼을 개연성이 있다.[113]

익히 알려진 것처럼 16세기는 성리학적 명분론에 입각한 사림세력이 등장하면서 사상과 정치·문화 등에서 조선 초와 다른 양상이 나타났다. 물론 이 때문에 연산군대부터 각종 '士禍'가 발생했지만, 결국 사림은

---

112) 김치우,『攷事撮要 책판목록과 그 수록간본 연구』, 아세아문화사, 2007, 19~25쪽.
113) 여진 사회 내부의 발전과 더불어 이들이 굳이 까다로운 조선의 통교 규정을 감내하며 내조할 필요성을 느끼지 못했을 가능성도 있다. 하지만 여진 사회 내부에서 경제적 발전이 있었다 하더라도 이들이 합법적으로 명 혹은 조선과 교역을 할 수 있는 내조라는 방식을 포기했을지는 의문이다. 실제로 여진인은 같은 시기에 명에 여전히 내조하였다.(園田一龜 1953; 江嶋壽雄 1958; 江嶋壽雄 1962; 孫乃民 外 2008) 그런데 이들이 조선에 대해서만 내조를 포기했다는 것은 쉽게 이해되지 않는다.

정국의 주도권을 쥘 수 있었다. 그런데 이러한 경향은 단지 국정운영에
서만 나타나는 현상이 아니었다. 사림은 대외관계에도 성리학적 명분론
을 투영하였고, 실제로 중종대에 이르면 대명 관계에서도 기존과 다른
양상이 나타났다.[114]

한발 더 나아가 조선의 위정자들은 성리학의 春秋義理를 강조하면서
天命을 받은 명에 대해 신하(제후)로서 의리를 지키는 中華秩序에 순응
하였다. 이와 같은 사상적 배경을 통해 명은 조선에 절대적 존재로 자리
매김하였다.[115] 이와 비례하여 조선이 명의 질서로부터 이탈하는 행위
등은 위정자들의 가치에 부합하지 않았을 것이다.

또한, 조선 초에 제작한 「混一疆理歷代國都之圖」와 16세기에 작성
된 「混一歷代國都疆理地圖」의 세계지도에서 조선의 자아인식과 타자
인식이 다르게 나타난다. 즉 16세기부터 조선의 대외관계와 인식이 소극
화·경직화되었다는 것이다.[116] 한편, 사림들이 정계의 주도권을 장악한
선조 초에 편찬된 『명종실록』史論을 살펴보면, 당시 사관이 가진 성향
을 잘 보여준다. 실제로 사관의 국방의식은 대부분 현실적이지 않고, 성
리학적 명분론에 입각하고 있었다.[117]

이처럼 16세기에 접어들면서 대명관계와 당대 위정자의 시각이 변화
됨에 따라 여진인에 대한 기록은 점차 소략되었다. 실제로 『실록』에 성

---

114) 계승범, 「파병 논의를 통해 본 조선전기 對明觀의 변화」, 『대동문화연구』 53,
    2006 ; 구도영, 「中宗代 對明외교의 추이와 정치적 의도」, 『역사와 현실』 62,
    2007 ; 김경록, 앞의 논문, 2007 ; 구도영, 「中宗代 事大認識의 변화」, 『조선시
    대사학보』 54, 2010 ; 구도영, 「16세기 對明私貿易의 정책 방향과 굴레-中宗代
    明의 '조선사행단 출입제한 조치'를 중심으로」, 『조선시대사학보』 62, 2012.
115) 계승범, 「16-17세기 明·朝鮮 관계의 성격과 조선의 역할」, 『정치와 평론』 10,
    2012, 39~40쪽.
116) 위의 내용은 다음의 연구를 참고하였다.(하우봉, 「조선시대인의 세계관과 일본인
    식」, 『조선시대 한국인의 일본관』, 혜안, 2006)
117) 김경수, 「朝鮮 中期 史官의 國防意識」, 『군사』 48, 2003.

종대까지 여진인의 종족을 세분하여 기재했던 것과 달리 연산군대부터
'野人'이란 표현으로 바뀌었다. 마찬가지로 왜인에 관한 기록도 연산군
대부터 감소하다가 중종대에 접어들면서 급감하였다.[118] 이러한 경향을
보았을 때 당대 조선의 위정자들은 여진인과 왜인에 대한 기록 자체를
『실록』에 적게 기재했을 가능성이 매우 높다. 즉 조선은 이들에 대해서
점점 '무관심'에 가까운 태도를 보였다고 할 수 있다.

그러나 이와 같은 '무관심'은 국초 이래 내조 수용 등의 대여진 정책
을 폐기해야 할 이유가 되지 않는다. 이를 포기한다면 국방상의 위험이
상존할 뿐만 아니라 이때까지 구축한 '조선 중심의 외교질서'가 종언을
고할 가능성이 높아지기 때문이다. 이러한 상황을 고려하면 조선은 연산
군대부터 명종대에 이르는 시기에도 여진인의 내조를 계속 수용하였고,
대여진 정책의 기조는 이전과 같은 양상으로 전개되었다고 생각한다.

---

118) 조선 전기 일본의 각 지역별에서 조선에 통교한 횟수를 분석한 연구에 따르면
    태조대부터 선조대까지 총 4,842회의 통교 기록이 있었다고 한다. 그 중 조선
    건국 이후부터 성종대까지가 4,560회로 조선 전기 왜인의 통교 가운데 대부분을
    차지한다.(한문종, 앞의 논문, 1996, 189~190) 한편, 1510년에 발생한 삼포왜란
    으로 조선과 일본의 관계가 단절되며 통교 및 기록의 감소가 있다고 볼 수도 있
    다. 하지만 그 이전부터 통교 기록이 감소하였고, 삼포왜란 이듬해인 1511년에
    는 이들의 통교 사례가 16회로 다른 해보다 많다. 따라서 삼포왜란이『실록』에
    서 왜인의 기록이 감소하는 절대적인 요소로 작용하지 않는다고 생각한다.

제VI장.
선조~인조대 조선 중심
외교질서의 붕괴

제1절. 임진왜란 직전의 여진인 내조

조선은 건국 이전부터 두만강 유역의 여진인과 우호적인 관계를 맺으며, 來朝와 授職을 통해 이들을 자신의 외교질서에 편입하였다. 특히 조선은 세종대 6진을 설치하면서 두만강 유역에 거주하는 여진인을 '조선의 울타리', 즉 藩籬·藩屛으로 구축하며 조선 변경의 안정화를 꾀하였다.

앞서 본 것처럼 연산군대부터 여진인의 내조 기록이 감소하는 경향을 보인다. 따라서 여진인이 조선의 질서에서 벗어나는 것처럼 보이지만, 실상 이들의 내조는 계속되었다. 선조대에도 이러한 추세가 계속되는 가운데 임진왜란을 계기로 기존의 여진 관계와 다른 변화가 나타난다. 여기에서는 임진왜란 직전의 대여진 관계를 통해 여진인 내조의 양상에 대해 살펴보고자 한다.

세조대 사군을 폐지한 뒤로 조선은 평안도절도사 등에게 일정 기간 동안 순찰하여 여진인의 거주를 방지하도록 하였다. 그러나 이러한 대책은 조선의 기대와 달리 잘 이루어지지 않고, 여진인의 주거가 계속되자 중종은 이들을 구축하기 위해 군사작전을 수행하였다. 그렇지만 여전히 여진인이 이 지역에 거주하였기에 선조 초년에도 조선은 중종대와 마찬가지로 廢四郡 지역의 여진인 驅逐에 관심을 기울이고 있었다.[1) 따라서

---

1) 중종대 廢四郡 지역에 거주하는 여진인을 驅逐하는 내용은 다음의 연구 성과를

선조 초반기에는 두만강 유역의 여진인보다 이 지역의 여진인과 관계된 내용이 주를 이룬다.

선조 원년 5월에 평안도절도사 김수문이 여진인을 구축하려다가 西海坪에서 습격을 받았다.[2] 선조 5년 7월에도 평안도절도사 이대신이 서해평에서 여진인의 농작물을 베러 군사를 동원했다가 武威를 잃는 일이 있었다.[3] 또한, 선조 7년 7월에 서해평에서 벌어진 소요사태를 평안도절도사 소흡이 보고한 사건이 있었다.[4] 이 때문에 이대신과 소흡 등은 모두 관직을 추탈당하고 유배되었다가, 선조 8년 3월에서야 겨우 직첩을 환급받았다.[5]

이러한 상황에서 선조대 여진인의 내조 기록은 전과 마찬가지로 잘 보이지 않고, 여진인의 내조 자체가 있었는지도 규명하기 쉽지 않다. 하지만 개별적인 사례들을 통해 여전히 여진인의 내조가 계속되고 있었음을 유추할 수 있다. 먼저, 선조 6년 1월에 북병사 장필무가 올린 장계를 보면 다음과 같다.

> (1) (사)헌부가 아뢰었다. "北兵使 장필무가 상경한 胡人이 黑角을 무역해 갔다고 狀啓함에 따라, 지난 신미년(1571) 이후 (북평)관의 관원을 파직하고 아랫사람들을 詔獄이 推考하였습니다. 장계는 지난해 11월에 啓下하였는데 (예조에서) 곧 回啓하지 않았으니, 예조의 당상과 色郎廳을 파직시키소서."[6]

원칙적으로 여진인은 북평관에서 사사로이 무역할 수 없었다.[7] 그럼

참고할 수 있다.(河内良弘, 「中宗·明宗時代の朝鮮と女眞」, 『朝鮮學報』 82, 1977 ; 黃枝連, 『天朝禮治體系研究』 下, 中國人民大學出版社, 1995, 12〜16쪽)

2) 『선조실록』 권2, 1년 5월 20일 기사 ; 23일 임인 ; 『선조수정실록』 권2, 1년 5월 1일 경술.

3) 『선조수정실록』 권6, 5년 8월 1일 갑인.

4) 『선조실록』 권8, 7년 8월 7일 무진.

5) 『선조실록』 권9, 8년 3월 3일 임인.

6) 『선조실록』 권7, 6년 1월 6일 정해.

에도 불구하고 (1)과 같이 선조 초년에 상경한 여진인이 암암리에 흑각을 매매하였고, 이후 이 사실을 인지한 북병사가 장계를 올려 실상을 알려왔다. 하지만 예조에서 회계하지 않아서 이 일이 알려지지 않았다가 사헌부의 지적으로 수면 위로 떠올랐다. 이에 선조는 4년(1571) 이후 북평관에서 근무한 관원을 파직하고, 그 아랫사람을 의금부에서 추고하게 하였다. 이러한 사실은 최소한 선조 4년 이후에도 여진인이 계속 상경하여 북평관에 머물렀음을 반증한다.

조선은 명종 7년 10월에 골간올적합이 경흥의 서수라를 공격하자 응징했던 '서수라 사건' 이후, 藩胡(藩籬)[8]의 내조 등을 통해 이들을 다시 조선의 영향력 아래에 두었다. 그런데 선조 16년(1583)에 그 근간을 뒤흔드는 사건이 발생하였다. '尼湯介의 난'이 그것으로, 조선의 邊將이 번호를 학대하는 등 폭정을 가하자 선조 16년 1월에 慶源府 阿山堡의 추장인 汪乙知(于乙其內)가 주도하여 난을 일으켰다.[9]

니탕개의 난은 조선에 작지 않은 충격을 주었다. 왜냐하면, 선조는 "두만강 유역에 거주하는 여진인을 藩胡로 삼아 육진의 울타리로 만들었고, 조선에 納款하여 백 년에 걸쳐 編戶가 된 자들을 그대로 어루만져

---

7) 여진인은 중종대에도 여진인은 북평관에서 무역을 하여 폐단을 일으켰다.(『중종실록』권52, 20년 1월 9일 무진 ; 『중종실록』권90, 34년 5월 28일 을미)

8) 조선 전기에는 여진인을 종족별, 지역별로 지칭하였으나 명종대부터 두만강 유역에 거주하는 여진인을 '藩胡', '藩籬'로 부르기 시작하다가 선조대에 이르러 이들의 명칭이 '藩胡', '藩籬'로 고착화 되었다. 여기에서는 앞으로 두만강 유역 여진인을 '번호' 혹은 '번리'로 표현하겠다.

9) 『선조수정실록』권17, 16년 2월 1일 갑신. 처음에는 우을지가 주동이 되어 난을 일으켰으나, 이후 회령과 종성의 강력한 번호 추장인 栗甫里와 尼湯介가 참전하면서 이들의 세력은 강화되었다. 특히 니탕개의 세력이 가장 강하고, 그가 심하게 반발하였기 때문에 이 반란은 '니탕개의 난'으로 명명되었다. 니탕개의 난에 대한 자세한 내용은 다음 연구 성과를 참고할 수 있다.(송우혜, 「조선 선조조의 니탕개란 연구」, 『역사비평』72, 2005 ; 윤호량, 「선조 16년(1583) '尼湯介의 난'과 조선의 대응」, 『군사』82, 2012)

왔다"고 믿었기 때문이다.[10] 더군다나 명종대의 서수라 사건 이후 번호
의 침입도 거의 없었기에 조선의 충격은 배가되었다. 그러므로 대신 가
운데 어떤 이는 번호의 침입 소식에 "번호가 결코 배반할 리가 없다"고
단정하기도 하였다.[11] 하지만 번호의 배반은 사실이었고, 조선은 곧바로
이들에 대한 대비책을 마련하기 시작했다.[12]

이처럼 긴박한 상황에서 藩胡 가운데 조선에 상경한 자도 있었다. 니
탕개의 난이 한창이던 선조 16년 2월경에 선조는 경원부에서 상경한 번
호가 아직 本土에 돌아가기 전이므로, 중간에서 잡아 함흥부에 가두고
그들의 父兄에게 반란에 가담한 오랑캐들을 잡아 贖을 바치라고 명하였
다.[13] 즉 조선은 내조자의 안위를 담보로 반란에 가담한 자를 잡아오도
록 한 것이다. 번호의 내조 경향을 봤을 때, 이들은 正朝에 맞추어 상경
했을 것이다. 이는 이 시기에도 번호가 계속 내조했음을 시사한다.

니탕개의 난 발발 후 조선군은 곧 전열을 정비하였고, 신립·신상절
등의 활약으로 점차 전세를 역전시켰다.[14] 동년 5월에 栗甫里와 尼湯介
가 중심이 되어 鍾城·童關鎭·防垣堡 등을 재차 공격하였지만, 조선군
은 신속하게 대응하여 이들의 침입을 잘 막아냈다.[15] 이때 니탕개와 원

---

10) 『선조실록』 권17, 16년 2월 10일 계사. 중종대에도 성저야인은 국가의 도움을 받
　 는 일이 매우 많으므로 변이 쉽게 생기지 않는다고 인식하였다.(『중종실록』 권97,
　 37년 1월 26일 신축)
11) 『선조수정실록』 권17, 16년 2월 1일 갑신.
12) 『선조실록』 권17, 16년 2월 7일 경인 ; 9일 임진 ;『선조수정실록』 권17, 16년
　 2월 1일 갑신.
13) 『선조실록』 권17, 16년 2월 10일 계사. 이처럼 니탕개의 난이 발발하기 전에도
　 해당 지역의 번호가 조선에 내조한 점을 본다면 우을지 등은 우발적으로 반란을
　 일으켰고, 그동안 쌓여온 모순들이 도화선으로 작용한 것으로 보인다.
14) 『선조실록』 권17, 16년 2월 13일 병신 ; 28일 신해 ; 30일 계축 ;『선조수정실록』
　 권17, 16년 2월 1일 갑신.
15) 『선조실록』 권17, 16년 5월 6일 정해 ; 13일 갑오 ; 17일 무술 ; 26일 정미 ;『선
　 조수정실록』 권17, 16년 5월 1일 임오.

수지간인 번호 孝汀은 니탕개의 廬舍를 모두 불태웠고, 니탕개는 군대를 철수할 수밖에 없었다.[16] 이후 니탕개는 동년 7월에도 방원보를 공격하였다가 실패하였고, 더 이상 조선을 공격하지 못하였다.[17]

니탕개의 난 이후 조선은 북방의 방비를 철저히 하는 한편, 번호를 회유하였다. 전란 중에 선조는 "藩屛 가운데 배은망덕한 자들에 대해 토벌하여 위엄을 보여야 하지만, 온순한 자는 번병으로 삼고 은위를 보이겠다"는 입장을 견지하였다.[18] 당시 병조판서 이이도 니탕개의 난과 관련하여 시무 6조를 아뢰었는데, 그중 제4조가 번병을 굳건히 하자는 내용이었다.[19]

번호는 여러 차례에 걸쳐 조선을 공격하였음에도 성공을 거두지 못하자, 일부는 후회하면서 다시 조선에 納款하였다.[20] 실제 이들의 내조가 이루어졌는지 알 수 없지만, 선조가 귀순하는 번호에게 은위를 보이겠다는 뜻을 보인만큼 수용했을 가능성이 높다. 니탕개의 난 이후 조선은 북방의 방비를 위한 대책 마련에 부심하였다. 조선은 그 일환으로 순찰사 정언신의 건의에 따라 慶興의 鹿屯島에 屯田을 실시하였다.[21] 그러나 선조 20년 9월에 骨看兀狄哈이 녹둔도를 함락시켜 둔전을 폐기할 수밖에 없었다.[22] 이러한 상황에서 조선 내부에서도 선정관 김경눌이 북정

---

16) 『선조실록』 권17, 16년 5월 17일 무술.

17) 『선조실록』 권17, 16년 8월 1일 경술 ; 2일 신해. 이후 그의 아들 厚時里 등은 누르하치에게 투항하였다.(『선조실록』 권134, 34년 2월 20일 기축)

18) 『선조실록』 권17, 16년 2월 10일 계사 ;『선조수정실록』 권17, 16년 2월 1일 갑신.

19) 이때 이이는 십만양병설을 주장하였는데, 이는 북방의 여진을 방비하기 위해서였다.(민덕기, 「임진왜란 직전 조선의 국방 인식과 대응에 대한 재검토-동북방 여진에 대한 대응을 중심으로-」,『역사와 담론』 57, 2010)

20) 『선조수정실록』 권17, 16년 5월 1일 임오. 그러나 율보리와 니탕개는 深處로 도망가서 다시 변방을 침입했다.

21) 『선조실록』 권17, 16년 12월 1일 기유.

22) 『선조수정실록』 권21, 20년 9월 1일 정해 ;『선조실록』 권21, 20년 10월 4일 기미 ; 10일 을축 ; 12월 26일 경진 ;『制勝方略』卷1, 列陳防禦 造山堡. 당시 적에

을 청하는 등 보복하자는 의견이 팽배하였다.[23] 결국, 이듬해 1월에 북
병사 이일이 경흥의 對岸인 時錢부락을 공격하여 승리를 거두었다. 이

〈그림 6〉『동여도』를 통해서 본 선조대 주요 진·보의 위치[24]

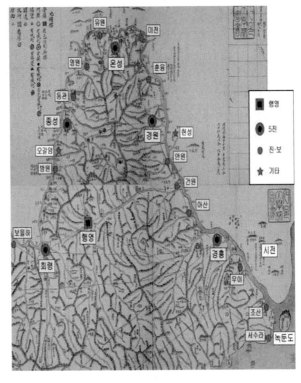

게 살해된 자가 10여 명이고, 사로잡힌 자는 160여 명이었다. 이때 담당자였던 경
홍부사 이경록과 조산보 만호 이순신 등은 패전의 책임을 졌다.

23)『선조실록』권21, 20년 11월 7일 임진.

24) 이 지도는 서울대학교 규장각에서 제공하는 웹서비스를 재편집하였다. 東興圖는
철종·고종 연간에 김정호가 만든 필사본의 전국 채색지도로, 分疊折帖式 형태이
다. 지도는 산천표시와 함께 州縣別 경계선을 그어, 주현간의 도로를 표시하였다.
그 바탕 위에 營鎭, 州縣, 鎭堡, 驛道, 牧所, 坊面, 倉庫, 烽燧, 陵寢, 城, 道路, 把守
등을 표시하였다. 동여도는 정밀·정확하게 그려진 지도첩이기 때문에 17세기 전
후의 두만강 유역을 가장 자세하게 보여줄 수 있을 거라 생각한다.

때 이일은 적의 가옥 200여 채를 불태우고, 383급을 참획하였다.[25]

그런데 조선군이 時錢을 정벌하는 기간에도 이곳에 거주하는 번호가 상경하고 있었다. 선조 21년 1월 29일에 비변사에서 시전의 번호 중에 5명이 지금 上京하고 있다고 보고한 것이다. 비변사는 내조자의 가족이 다 焚蕩되었으니, 그들이 돌아가면 반드시 복수할 거라며 이들을 絶島에 유배하자고 청하였다.[26] 즉 조선군이 시전을 공격하기 전에 경원부사가 이곳 번호의 상경을 허락한 것이다.[27] 이후 선조는 후환에 대비하기 위해 이들을 신속하게 제주도로 유배 보냈다.[28]

당시 시전의 번호는 조선의 정벌 계획을 전혀 감지하지 못하고 내조하였다. 그리고 내조 인원도 5명으로 이는 성종, 중종대의 여진인 내조 규정과 일치한다.[29] 이 역시 니탕개의 난 이후에도 번호가 조선에 내조하고 있었음을 잘 보여주는 사례라고 생각한다. 시전부락 정벌 이후 조선이 규정대로 번호의 내조를 수용했는지 알 수 없다. 하지만 위의 사례들을 통해 조선은 시전부락 정벌 이후에도 여전히 번호의 내조를 규정대로 수용하고 있었을 가능성이 높다.

---

25) 『선조실록』 권22, 21년 1월 27일 신해 ; 『선조수정실록』 권22, 20년 1월 1일 을유. 이일의 시전평 전투에 대해서는 다음의 연구 성과를 참고할 수 있다.(강신엽, 「조선중기 이일의 관방정책」, 『학예지』 5, 1997 ; 김구진, 「조선 시대 6鎭 방어 전략-制勝方略체제의 연구-」, 『백산학보』 71, 2005 ; 이원명, 「조선중기 鹿屯島 확보와 北兵使 李鎰에 관한 일고찰」, 『백산학보』 83, 2009)
26) 『선조실록』 권22, 21년 1월 29일 계축.
27) 여진인이 상경하는 인원 및 횟수는 이미 국가에서 정한 규정이 있었다. 그러나 대상자가 누구인지를 결정하는 것은 5진의 변장들이었다. 이 때문에 변장들은 초피 등의 뇌물을 바치는 자의 순서를 임의로 변경하는 등 폐단을 일으키기도 하였다.
28) 조선은 여진인 가운데 범죄자 등은 산곡이나 섬에 유배시켰는데, 이 역시 전통적인 방식을 따른 것이다.
29) 한편, 『攷事撮要』와 『春官志』에 의하면 이들은 경흥에서 보낸 번호였을 것이다.

제2절. 임진왜란과 여진인 내조 폐지

조선은 번호의 반란에도 불구하고, 이들의 내조를 수용하며 북방의
안정을 꾀하고자 하였다. 그러나 조선과 번호의 관계에 큰 변화를 가져
오는 계기가 발생하는데, 바로 임진왜란이다. 익히 알려진 것처럼 임진
왜란은 조선의 정치·사회·경제·문화 등 여러 방면에서 큰 변혁을 초래
하였다. 이러한 상황에서 조선과 여진 관계 역시 기존과 다른 양상이 나
타날 수밖에 없었다.[30]

선조 25년(1592) 4월 13일에 임진왜란이 발발하였고, 개전 초기 조선
은 패퇴를 거듭하였다. 조선은 개전한 지 불과 20일 만에 한양을 점령당
하였다. 이후 평양까지 함락되고, 6월 22일에 선조가 의주에 도착할 정
도로 일본군에게 크게 밀리고 있었다. 얼마 후 각지에서 의병이 일어나
고, 이순신 등의 승전보도 전해졌다. 선조는 명에 원병을 요청하는 한편
광해군에게 分朝를 이끌게 하였다.

선조는 臨海君과 順和君을 강원도와 함경도에 보내 勤王兵을 모집
하게 하였다. 하지만 두 왕자가 백성들의 재물을 함부로 뺏는 등 흉포한
행동을 하다 함경도 會寧에서 鞠景仁 등에 의해 가토 기요마사(加藤淸
正)에게 넘겨졌다. 이때 일본군은 함경도뿐만 아니라 회령에서 두만강을
건너 여진 지역까지 진군했다가 여진인의 습격을 받고, 다시 강을 건너
鍾城, 穩城, 慶原, 慶興을 거쳐 되돌아왔다.[31]

이처럼 조선군이 크게 밀리는 상황에서도 비변사는 번호의 상경이 이

---

30) 이 기간에 누르하치가 세력을 확대하여 후금을 세우고, 청을 건국하는 기반을 마
련하였다. 때문에 그동안 연구자들은 이에 대해 많은 관심을 보였다. 반면, 두만강
유역의 번호 동향에 대한 본격적인 연구는 서병국의 연구를 제외하고 보이지 않
는다.(『宣祖時代女直交涉史硏究』, 교문사, 1970) 본 장은 이 부분에 주안점을 두
고 서술하고자 한다.
31) 『선조수정실록』 권26, 25년 7월 1일 무오 ; 『北關志』 穩城府, 雜記.

루어지지 못하는 것을 걱정하였다. 선조 25년 12월에 비변사는 다음과 같이 이번에 상경하려는 번호에게 관목을 나누어 주자는 의견을 피력하였다.

> (2) 비변사가 아뢰었다. "(그동안) 北胡에게 해마다 무리를 나누어 上京하게 하여 국가에서 優恤하는 뜻을 보여 왔었습니다. 그런데 금년은 나랏일이 아직 이러하여 올라오는 것을 허락하지 못할 형세인데 저들이 어찌 국내의 일이 이렇게 된 줄을 알겠습니까. …(중략)… 지금 나라의 저축이 탕갈되었으니 官木 150疋을 북평사 군관이 가는 길에 부쳐서, 방어사 김우고·구해주에게 북도로 옮기도록 하고, 이를 평사가 이번에 상경하려는 호인들에게 나눠주면서 '국가에 일이 많아 너희의 연례행사를 허락할 수가 없어 단지 이것을 나누어 준다'고 유시하게 하여 우휼하는 뜻을 보여야 합니다."[32]

(2)에서 주목할 점은 조선이 매년 횟수를 나누어 번호의 상경을 허락해 왔다는 것이다. 이를 근거로 임진왜란이 발발하기 이전까지 번호의 내조가 전과 같이 해마다 정해진 運數에 따라 이루어졌음을 유추할 수 있다. 또한, 비변사가 관목을 나누어 주면서 연례행사를 허락할 수 없다고 한 말도 이러한 주장을 뒷받침한다.

국가의 존망이 걸려있는 상황에서도 조선이 번호의 내조 수용을 하지 못한 점을 염려하면서 약간의 물품이라도 나누어 주려 한 것은 큰 의미가 있다. 그동안 조선은 여진인의 내조를 이용하여 '조선 중심의 외교질서'에 편입하였다. 하지만 조선은 전란으로 이 질서가 붕괴할 위기에 처했기 때문에 困苦한 상황에서도 번호에게 하사품을 나눠주고자 한 것이다.[33] 조선의 입장에서 일본뿐만 아니라 번호도 조선을 공격하고, 조선

---

32) 『선조실록』 권33, 25년 12월 12일 무술.
33) 정태섭은 '북관대첩'에 번호가 참전하였고, 이에 대한 포상의 개념으로 이들에게 관목을 주었다고 보았다. 물론 번호 가운데 일부가 북관대첩에 참전했을 가능성도 있다. 하지만 그의 주장처럼 번호의 상당수가 참전했는지는 알 수 없다. 또한, 그는 조선이 참전한 번호에게 파격적으로 포상하는 것을 부담스러워했을 것이기

의 외교질서에서 벗어나는 것은 그야말로 진퇴양난이기 때문이었다. 따라서 조선은 번호의 이탈 방지를 위하여 노력하였다.

이러한 일환으로 조선은 번호가 이 기간 조선에 우호적으로 대하거나, 공을 세우면 상을 주는 등 후대하였다. 예를 들어, 선조 26년 4월에 甫乙下鎭의 추장 邑沙가 조선군에 전마와 투구, 갑옷을 제공하였다. 이에 비변사는 정성이 가상하다며 6품 이상의 군직을 제수하고 관교를 주자고 하였지만, 선조는 오히려 관작이 너무 낮다며 올려주라고 명하였다.[34] 또한, 온성 柔遠鎭의 번호추장이 조선의 피난민을 잘 보호하자, 조선에서 논상하였다.[35]

그렇다면 조선은 번호의 우호적인 태도에 상응하여 이들에게 호의를 베풀었을까? 다음 사료는 조선이 번호를 후대할 수밖에 없는 처지를 잘 보여준다.

> (3) 예조가 아뢰기를, "왜적이 북도에 가득 차 있을 때, 번호 등은 犬羊 같은 마음으로 원한을 품어온 지 오래였다가 기회를 타서 발동하여 살육과 약탈을 자행하고 관사를 분탕하였으니, 이것은 괴이하지 않습니다. 적이 후퇴한 후이니 마땅히 문죄해야지만, 우리는 지금 병력이 부족하니 차라리 참고 그들을 무마해야 합니다. 더구나 저들이 잘못을 뉘우치고 서로 이끌고 와서 항복하고 있으니, 우선은 위무하는 은택을 베풀어 반복무상한 그들을 안정시키는 것이 지금의 임시 조치입니다. 경원의 추장 吾羅赤 등에게도 힘을 다해 타일러 그들을 항복시키고 후하게 상을 내려 여러 추장을 감동케 하는 것이 藩服을 진압하는 계책입니다. 그러나 그들의 前職이 무엇이었는지 고찰할 방도가 없어 본조에서 독단하기가 어려우니 賞職의 高下를 대신에게 상의하여 처리하소서."하니, 상이 따랐다.[36]

에 북관대첩을 칭찬할 수 없다고 보았다.(「'北關大捷' 관련 사료의 재검토로 본 '鄭文孚 義兵軍'의 人的構成」,『명청사연구』27, 2007) 그렇지만 본문의 바로 뒤에 나오는 것처럼 참전하지 않은 번호에게도 조선에서 후대한 사실을 본다면 이 주장이 성립할 수 있을지 의문이다.

34)『선조실록』권37, 26년 4월 9일 계사.
35)『선조실록』권40, 26년 7월 23일 을해.

함경도가 가토에게 점령당했을 때, 번호 가운데 일부는 조선을 분탕하였다. 이후 정문부를 중심으로 한 의병이 활약하여 그해 9월과 10월에 각각 鏡城과 明川을 수복하였고, 일본군은 후퇴하였다.[37] 조선은 함경도의 여러 현안과 함께 조선을 배반했던 번호의 처리문제에 고심하였다. 그러므로 선조 26년(1593) 6월에 예조는 (3)과 같이 번호를 안정시키자고 주장한 것이다. 즉 조선은 번호의 안정 방안으로 경원의 추장 吾羅赤 등을 항복시켜 후하게 상을 내리는 전통적인 회유책을 채택하였다.

번호가 항복하여 내조할 때, 전처럼 예조에서 그 관품에 따라 관직의 승진과 하사품의 다소를 책정하면 문제가 없었다. 하지만 왜란이라는 비상사태에서 예조는 그들의 前職을 알 수 없었다. 예조는 번호에 대한 정보가 없으므로 그 기준을 선조와 대신들이 결정해달라고 요청하였다. 이 역시 왜란 전에 조선에서 그동안의 관품에 따라 賞職을 내려 주는 것이 보편적이었음을 강력히 시사한다.

그해 가을 윤두수도 전쟁 때문에 번호가 오랫동안 상경하지 못하니 면포를 보내어 그들의 마음을 위안해야 한다고 주장하였다.[38] 이 역시 조선이 전란 전에 번호의 내조를 수용했음을 보여준다. 또한, 조선은 전란 중에도 번호를 위무하기 위해 관심을 둔 사실도 알 수 있다.

조선이 번호의 안정을 위해 노력했음에도 불구하고, 반항하는 자들도 있었다. 선조 27년(1594) 7월에 骨看兀狄哈이 西水羅를 침입하였고,[39] 이에 비변사는 降倭를 북방에 보내 이들을 제압하고자 하였다.[40] 온성

---

36) 『선조실록』 권39, 26년 6월 22일 을사 ; 『北關志』 鐘城府, 雜記.

37) 정문부의 활약에 대해서는 다음의 연구를 참고할 수 있다.(이장희, 「鄭文孚의 義兵活動」, 『사총』 21·22, 1977 ; 정태섭, 앞의 논문, 2007)

38) 더불어 그는 온성의 오랑캐들도 계미년(선조 16) 전후로 배반하지 않았으니 또한 藍布를 나누어 주어 그들의 마음을 굳게 묶어 놓아야 한다고 주장하였다.(『선조실록』 권43, 26년 10월 30일 경술)

39) 『선조실록』 권53, 27년 7월 19일 을미.

40) 『선조실록』 권54, 27년 8월 18일 계해. 당시 항왜의 활약은 다음 논문을 참고할

번호의 반란이 대표적으로,41) 동년 9월에 함경도관찰사 이희득은 번호
伊羅大 등이 온성을 공격했다고 보고하였다.42) 실제로 이들이 동관 등
지를 약탈하자 각 지역의 추장들도 준동하였다.43)

함경북도병사 정현룡은 易水 등을 포획할 계획을 세웠지만, 이들의
힘이 강하고 그 거주지가 험하므로 일단 기회를 보고 있었다. 이런 가운
데 조선군이 경원의 巨酋 多好里44) 등의 부락을 공격한 뒤 사기가 진작
되었다. 이를 기회로 정현룡은 군사 1,325명과 항왜 25명을 거느리고 역
수의 부락을 포위하였다. 역수의 성은 매우 험준하고, 적이 격렬하게 반
항하였지만 정현룡은 이들을 섬멸하였다. 정현룡은 돌아오는 길에 북변
을 침입한 적이 있는 投丁乃도 정시룡을 보내 토벌하였다. 조선군은 이
때의 공격으로 적 479여 급을 베었고, 史官도 국가의 위엄을 약간 세웠
다고 평하였다.45)

정현룡이 번호의 반란을 진압한 후, 비변사는 일단 그 지역을 안정시
키자고 건의하였다.46) 이듬해 1월에 정현룡은 비변사의 명에 따라 종성,
경원, 경흥 등처의 번호에게 연회를 베풀어주었다. 하지만 번호 중 연회

수 있다.(한문종, 「임진란 시기 항왜의 투항 배경과 역할」, 『인문과학연구』 36,
2013)
41) 『선조실록』 권55, 27년 9월 16일 신묘. 당시 조선은 육진의 번호가 일시에 배반
할 마음을 가진 것은 국가의 위령이 미치지 못함도 있으나 변장과 수령들의 탐학
이 원인이었다고 보았다.(『선조실록』 권39, 26년 6월 22일 을사)
42) 이에 대한 내용은 함경북도병마절도사 정현룡의 보고에 자세하게 기록되어 있다.
(『선조실록』 권55, 27년 9월 28일 계묘)
43) 『선조실록』 권56, 27년 10월 11일 을묘.
44) 『制勝方略』에 의하면 多好里는 尼麻車兀狄哈으로 경원의 번호였다. 그는 경원부
에서 동쪽으로 15리쯤 떨어진 老耳島 次下端部落에서 25戶를 거느리고 있었다.
(『制勝方略』 卷1, 慶原鎭, 藩胡部落)
45) 『선조실록』 권56, 27년 10월 11일 을묘. 『선조수정실록』에는 이 사건이 동년 3월
1일에 기재되어 있다.(『선조수정실록』, 권28, 27년 3월 1일 기묘) 그러나 다른 내용
을 종합해 보면 이 정벌은 선조 27년 9월말이나 10월 초에 있었던 것으로 보인다.
46) 『선조실록』 권56, 27년 10월 11일 을묘.

에 참여하지 않은 자가 많고, 거만하고 무례한 태도를 보이자 정현룡은 다시 토벌을 준비하였다. 그러나 계속된 군사적 마찰을 우려한 비변사의 반대로 정토는 무산되었다.[47]

정현룡이 비변사의 명에 따라 위무에 힘썼는지 기록에 남지 않아 알 수 없지만, 한동안 번호의 침입은 거의 보이지 않는다.[48] 사실『선조실록』에 조선군이 온성 번호를 공격한 이후 한동안 두만강 유역 번호에 대한 기록 자체가 거의 보이지 않는다. 대신 조선은 누르하치에게 집중했기에 이때『선조실록』에 그와 관련된 내용이 주로 보인다.[49]

한편, 두만강 유역의 번호 가운데 老土 같은 강력한 세력이 나타나 번호를 공격하기도 하였다. 노토는 주로 茂山에 거주하며 조선으로부터 정2품 正憲大夫의 관직을 받기도 한 유력 추장이었다.[50] 노토가 조선과 다른 번호를 공격한 데는 누르하치와 밀접한 관련이 있다. 선조 24년 (1591) 정월에 누르하치가 군사를 보내 長白山(백두산)의 鴨綠江路(部)를 차지하였다.[51] 결국, 누르하치는 선조 31년(1599) 1월에 노토의 부락을 정벌하여 노토를 자신의 세력 아래에 두었다.[52] 압록강부는 폐사군과 그 주변 지역으로 원래 溫河衛의 근거지이다.[53] 누르하치는 노토를

---

47)『선조실록』권59, 28년 1월 15일 무자.

48) 이 기간 번호의 침입 사례는 선조 29년 8월에 경원의 夫仇里와 온성의 明自仇未至에 적이 들어와 사람을 죽이고, 재물을 약탈한 것이다.(『선조실록』권78, 29년 8월 5일 경자)

49) 이처럼 조선은 선조 28년부터 29년까지 누르하치에게 관심을 기울이고 있었다.

50)『선조실록』권152, 35년 7월 6일 을축.『北路紀略』에 의하면 다음과 같다. "此在今戊山境 長白山後等地者 或稱白山部落 又有予乙亏部落而諸書多統言老土 共其部落之最大者也"(卷3, 故實 邊胡人 老土部落) 이를 보면 그는 이 지역의 강력한 추장으로, 조선에도 익히 알려진 인물이었을 것이다.

51)『淸太祖實錄』卷2, 辛卯, 春正月 戊戌朔.

52)『淸太祖實錄』卷2, 戊戌, 春正月 丁亥朔 ;『滿州實錄』卷2, 戊戌.

53) 온하위가 누르하치 시기에 압록강부였다는 사실에 대해서 三田村泰助와 河內良弘 모두 공감하고 있다.(三田村泰助,「朝鮮側史料より見た初の疆域」,『朝鮮學報』21·

공략한 뒤, 茂山에 거주하는 노토를 발판으로 두만강 유역의 번호에게
세력을 확대하고자 하였다.

　이후 노토의 번호 공략은 무산에서 가까운 회령 지역을 중심으로 이루
어졌다. 누르하치가 노토를 복속한 직후인 선조 31년 3월에 회령 등처의
번호가 소속을 알 수 없는 여진인에게 공격당하였다.54) 이때의 침입 주체
가 밝혀지지 않았지만, 이를 계기로 조선은 앞으로 번호가 누르하치에게
향할 것이라며 우려하였다.55) 실제로 조선은 동년 12월에 번호 別山의 보
고로 회령의 번호가 누르하치에게 투속한다는 사실을 알게 되었다.56)

　이러한 점을 본다면 누르하치가 노토의 도움 없이 회령 등처 번호와
곧바로 연결되는 것은 부자연스럽다. 누르하치는 무산의 노토 등을 이용
하여 조선의 번호를 공격했을 가능성이 크다. 따라서 이 기간 누르하치
는 백두산 주변과 그 남동쪽인 무산 지역까지 세력을 미쳤을 것이다.57)

　이듬해인 선조 32년에도 회령의 번호인 明看老 등이 누르하치에게
귀부한 뒤, 회령 등처의 번호를 공격하였다. 북병사 이일은 이 사건을
무마하기 위해 土兵 강억필 등 30여 명을 노토에게 보냈으나 살해당
하였다.58) 상황이 급박하게 진행되자 조선은 노토의 침략 및 번호 해

22, 1961, 511~513쪽 ; 河內良弘,「溫河衛考」,『朝鮮學報』37·38, 1966, 460~
466쪽) 하지만 그 위치에 대해서 三田村泰助는 지금의 만포 對岸으로부터 압록강
상류에 있다고 보았고, 河內良弘은 폐사군 지역을 중심으로 거주했다고 보았다.

54)『선조실록』권98, 31년 3월 12일 정유.

55) 서병국은 이때의 침입자를 노토라고 주장했다. 그는 노토가 누르하치와 상관없이
독자적으로 조선의 管攝을 이탈하여 도발행위를 한 것으로 보았다.(앞의 책,
1970, 61쪽)

56)『선조실록』권107, 31년 12월 16일 정묘.

57) 이해 8월 1일『선조실록』에 기재된 내용을 보면 노토는 누르하치에게 복종하지
않은 것처럼 기재되어 있다. 즉 노토가 그의 휘하인 介落之를 회령부사에게 보내
누르하치가 자신의 휘하에 올 것을 종용하였으나 거절하였다고 진고하게 한 것이
다.(『선조실록』권103, 31년 8월 1일 갑오) 북병사 이일도 그 마음을 믿을 수 없
다고 판단한 것처럼 그의 진고는 조선에 혼선을 주기 위해서였다고 보인다.

체에 관심을 기울일 수밖에 없었다. 이에 조선은 본보기로 한, 두 부락
을 탕멸하는 방안, 유능한 변장의 배치 등을 논의하며 북도 방어에 부
심하였다.[59]

그러나 현실적으로 노토 등을 공략하기는 쉽지 않았다. 이러한 상황
에서 조선이 취한 대책은 회유책이었다. 앞서 선조 28년에 북병사가 번
호에게 연회를 베푼 것처럼 선조 32년 6월에 함경도관찰사와 북병사는
육진에서 번호에게 연회를 베풀어주었다.[60]

이때 함경도관찰사 윤승훈은 연회에 참석한 번호가 무려 7천여 명이
나 된다며 니탕개의 난 때와 달리 지금 번호가 많이 온 것을 보아 이들
이 노토와 통모하지 않았다고 보고하였다.[61] 물론 史臣의 비평과 같이
이 사실 하나만 가지고 번호의 동향을 이해하는 것은 문제가 있다. 하지
만 조선이 번호의 안정을 위해 노력한 점을 주목해야 한다.

한편, 온성에서 연회를 베풀던 날 번호 추장 등이 와서 "몇 년 동안
한양에 가서 조회하지 못했으니, 올해에는 이를 허락해 달라"고 요청하
였다. 여기에 윤승훈은 아직 명군이 나라 안에 있으니, 회군하고 난 뒤에
허락하겠다며 기다리라고 대답하였다.[62] 이는 당시 두만강 유역에 거주
하는 번호가 여전히 조선에 내조를 원하고 있음을 보여준다.

국가의 존망이 걸려있던 임진왜란이 종식된 후, 조선은 국내·외의 혼
란을 바로잡고자 노력하였다. 이러한 상황에서 조선은 두만강 유역의 번
호에 대해 안정을 꾀하였다. 조선은 이를 위해 번호의 상경을 허가하여

---

58) 『선조실록』 권110, 32년 3월 28일 정미 ; 권111, 32년 4월 21일 경오 ; 권113.
   32년 5월 7일 갑인 ;『北關志』 會寧府, 雜記.
59) 『선조실록』 권111, 32년 4월 19일 무진 ; 21일 경오 ; 권113. 32년 5월 7일 갑인.
60) 함경도관찰사나 북병사가 번호에게 연회를 베푼 것은 이미 중종대부터 시행되었
   다.(『중종실록』 권91, 34년 8월 29일 계사 ; 권92, 34년 11월 8일 신축 ; 10일 계묘)
61) 『선조실록』 권114, 32년 6월 29일 병오.
62) 위와 같음.

회유하는 한편, 조선을 침입한 세력을 공격하는 방식으로 접근하였다.

먼저, 조선은 번호의 상경 요청을 수용하여 안정시키고자 하였다. 그렇지만 임진왜란 이후에도 조선이 번호의 상경을 허용하거나, 이들이 상경했던 직접적인 기록은 여전히 보이지 않는다. 다행히 이에 대한 실마리를 제공하는 사료가 있어 당시의 상황을 재구성할 수 있다.

선조 33년(1600) 3월 21일에 승지 최철견이 "함경관찰사가 보낸 向化胡人들을 異色人이라 하여 수문장이 들여보내는 것을 허락하지 않았습니다. 오늘은 문밖에서 유숙하더라도 내일은 들어오게 하는 게 어떻겠습니까?"라고 하니, 선조가 해당 관사에 조치하게 하였다.[63] 다음날 예조에서 다음과 같이 보고하였다.

> (4) "이번에 向化胡人들이 어제 東城 밖에 도착했는데 저지하고 들여보내지 않았으니 먼 곳 사람들의 마음을 서운하게 하였습니다. 즉시 선전관에게 명하여 標信을 가지고 가서 들어오게 허락할 것은 물론, 우선 司譯院의 옛터에 머무르게 한 다음 該司에게 계미년(선조 16)의 舊例에 따라 한결 같이 후하게 공궤하게 하는 것이 어떻겠습니까?"하니, 윤허한다고 전교하였다.[64]

이를 종합하면 함경관찰사가 번호를 상경시켰으나, 수문장이 이색인이라며 성안에 들여보내지 않았다. 이에 승지가 선조에게 보고하였고, 선조는 즉각 해당 관사에 조치하도록 명령하였다. 하지만 번호의 접대가 원활하게 이루어지지 않자 다음날 예조에서 위와 같이 말한 것이다. 내조 여진인이 동성 밖에 도착한 것은 함경도에서 한양으로 오는 길이 동

---

63) 『선조실록』 권123, 33년 3월 21일 갑자. 여기에서 수문장 등은 향화호인을 이색인이라 표현한 점이 이채롭다. 『조선왕조실록』을 검색하면 "이색인"이라는 표현은 선조대 2회 밖에 나타나지 않고, 그 시점은 모두 임진왜란 이후인 선조 31년과 33년이다. 아마 여기에서 "이색인"이라는 표현은 임진왜란을 겪은 이후, 조선인이 他者에 대한 경계심에서 나온 표현이 아닌 가 생각한다.
64) 『선조실록』 권123, 33년 3월 22일 을축.

대문으로 이어져 있기 때문이었다.[65]

예조는 우선 이들을 司譯院의 옛터에 머물게 한 뒤 계미년, 즉 선조 16년의 舊例에 따라 이들을 접대하게 하였다. 예조가 이들을 북평관이 아닌 사역원의 옛터에 머물게 한 이유는 전란으로 도성이 불탄 상황에서 북평관도 남아 있지 않았기 때문이다. 따라서 일단 관련 업무를 담당한 사역원 터에 머물게 한 것으로 보인다. 또한, 수문장이 번호의 입성을 허락하지 않는 등 내조자의 접대가 원활하게 이루어지지 않은 점 역시 한동안 내조자가 없었음을 보여준다.

물론 이들은 내조자가 아니라 전부터 조선의 영토 안에 거주하는 향화여진인일 가능성도 있다. 하지만 예조에서 계미년의 구례를 따라 이들을 접대하는 것은 내조자의 접대가 원하게 이루어졌던 시기를 참조한다는 의미이다. 따라서 선조 33년 3월에 한양에 왔던 이들은 내조자일 가능성이 농후하다.

이 사건이 발생한 지 불과 2년 후인 선조 35년(1602)에 자신의 거주지를 이탈하여 한양에 와서 분란을 일으킨 향화인 吉尙의 사례 역시 이때와 성격이 다르다. 길상은 선조 35년 12월 18일에 사위 阿從介가 사는 경기도 양주 누원으로 이주하고자 하였으나, 비변사는 안변과 영흥 사이에 이주하라는 關文을 함경도관찰사에게 내렸다. 이에 길상은 반발하여 무단으로 상경하였다.

길상은 상경하자마자 사역원을 찾았고, 이 사건을 해결하는 과정에서 담당 관서인 전객사와 예조, 그 외에 비변사, 호조 등이 처리문제에 관여하였다. 결국, 조선은 길상을 경기도 용인의 彌助峴에 안치하였다.[66] 만

---

65) 조선시대 여진인의 상경로는 경성-길주-성진-단천-이원-북청-홍원-정평-영흥-고원-문천-원산-회양-김화-포천-의정부이다.(이인영,『韓國滿洲關係史의 研究』, 을유문화사, 1954, 35쪽) 따라서 원래 여진인의 숙소인 북평관은 동대문 밖에 있었다. 북평관의 위치는 현재 서울특별시 종로구 종로 6가 70-3이다.(이현희,「朝鮮王朝時代의 北平館 野人」,『백산학보』 9, 1970, 119~125쪽)

일 선조 33년에 상경한 자들이 향화인이었다면 길상과 같이 한양에 오자마자 사역원을 찾았을 것이고, 후일 다른 지역에 안치되었을 것이다.

앞서 본 것처럼 선조 32년 6월에 함경도관찰사 윤승훈이 번호에게 연회를 베풀어줄 때, 추장 등이 상경을 요청했고, 윤승훈은 명군이 회군한 뒤 허락하겠다고 약속하였다. 따라서 선조 33년 3월에 함경도관찰사 윤승훈이 보낸 사람들은 내조자였을 가능성이 높다. 윤승훈은 당시 명군이 회군하지 않았지만,[67] 번호의 회유를 위해 이들의 내조를 전격적으로 수용한 것으로 보인다.

이처럼 조선은 일부 번호에게 상경을 허락하였지만, 전처럼 많이 수용하지 않은 것 같다. 왜냐하면 번호가 상경하더라도 북평관과 같이 접대할 공간도 없었고, 궁궐도 전소되어 조선의 단약함을 보이기 때문이다. 또한, 조선은 전처럼 조회에서 의례를 진행할 수조차 없었다. 따라서 이때 번호의 내조는 예외적 사례에 해당하고, 조선은 이후 번호의 상경을 수용할 수 없었다.

조선은 번호의 내조 수용 이외의 다른 방식으로 조선을 공격한 번호를 공격하여 번호의 이탈을 방지하였다. 선조 32년 7월부터 함경도관찰사 윤승훈은 조선의 변경 침입과 번호를 공략한 노토를 정벌하자고 주장하였다. 이는 중신과 사헌부의 반대로 곧바로 실행되지 못하였다. 하지만 선조는 이를 적극적으로 지지하였고, 마침내 선조 33년 4월에 조선군은 노토를 공격하였다. 그 결과 조선은 다른 번호들이 노토를 따르는 것을 사전에 견제할 수 있었다.[68]

그러나 노토는 조선군에 敗退하여 惠山으로 이주한 후에도 번호를

---

66) 이선희, 「吉尙事件을 통해 본 17세기 초 向化胡人 관리 실태와 한계-『向化人謄錄』을 중심으로」, 『동양고전연구』 37, 2009.

67) 명군은 그해 9월에 철군한다.(김경태, 「임진왜란 후, 明 주둔군 문제와 조선의 대응」, 『동방학지』 147, 2009)

68) 서병국, 앞의 책, 1970, 62~77쪽.

공격하고, 국경을 노략질하였다. 심지어 선조 33년 7월에 甫乙下僉使 구황이 노토에게 공격받은 번호를 구원해주다가 전사하였다.[69] 이처럼 노토는 전보다 격렬하게 조선과 번호를 공격하였다. 결과적으로 노토 정벌은 실패하였기 때문에 조선은 다른 대책을 마련할 수밖에 없었다. 따라서 조선은 선조 37년경에 무산보에 開市를 설치하여 노토의 침입을 완화하고자 하였다.[70]

결국, 조선이 번호의 안정을 위해 추진했던 정책은 그들의 경제적 욕구를 충족해 주는 것으로 선회하였다. 그리고 그 대안으로 이전과 달리 번호가 상경할 때 도성까지 오도록 허락하지 않고, 함경도 관아에서 給食 등을 처리하도록 하였다. 또한, 번호 중 공이 현저한 자를 뽑아 전처럼 진상하고, 서서히 국력을 회복한 뒤 상경할 수 있도록 허락하자는 방침을 세웠다.[71] 이때의 가장 큰 특징은 함흥에서 번호를 위로하는 방식으로 전환한 것이다.

이는 선조가 34년 2월에 신임 함경도관찰사 신잡을 인견할 때의 대화에서 잘 드러난다.

> (5) 선조가 말하길, "…(중략)…이제 번호가 상경하지 못하므로 이 점을 원망하는 마음이 있을 것이니, 보살펴 주는 뜻을 베풀도록 하라." 하니 신잡이 아뢰기를 "평소에는 번호가 상경하면 宴享만 베푸는 것이 아니라 冠服을 주는 사례도 있었으나 임진년 이후 오랫동안 접대하는 일을 폐하였습니다. 이제 급히 우선 거행해야겠으므로 비변사가 지금 논의 중인데, 혹자는 길주 이하 館舍가 있는 곳에서만 할 수 있다 하고, 혹자는 함흥부에서 하려고 하므로, 신이 윤승훈에게 물었더니 '함흥은 大廳 40여 간을 조성한 다음에나 할 수 있으니 부득이 길주에서 해야 한다.' 하였습니다." 하였다.[72]

---

69) 『선조실록』 권127, 33년 7월 14일 을묘.
70) 서병국, 앞의 책, 1970, 78~97쪽. 서병국은 노토가 조선군에 정벌을 당한 이후 누르하치와 손을 잡고, 조선을 공격한 것으로 보았다.
71) 『선조실록』 권132, 33년 12월 2일 신미.
72) 『선조실록』 권134, 34년 2월 24일 계사.

앞의 대화를 통해 당시 번호가 상경하지 못하였음을 알 수 있다. 그리고 신잡의 발언처럼 평소에는 번호가 상경하면 연향을 베풀어 줄 뿐만 아니라 관복까지 주었으나 임진년 이후 오랫동안 접대하는 일을 폐하였다는 사실도 알 수 있다.[73] 앞에서 본 것처럼 선조 33년의 내조도 단발성에 그쳤을 가능성이 높은 만큼 조선은 임진왜란 이후 번호의 내조를 거의 수용하지 않았다고 볼 수 있다.

조선은 명군도 철수한 상황에서 더는 번호의 내조를 거부할 명분도 없었다. 따라서 신잡은 오랫동안 번호를 접대하지 않았으므로 이제 급히 거행해야 한다고 주장하였다. 다만 비변사는 이들을 굳이 상경시킬 필요가 없이 함경도 자체에서 접대하는 방안을 강구하였다. 그래서 비변사는 함흥의 청사가 완성될 때까지 일단은 길주에서 번호를 접대하기로 하였다. 즉 조선은 임진왜란으로 번호의 상경이 불가능한 상황에서 한양 대신 함경도의 관사에서 접대한다는 것이다.

위의 논의 내용은 실제로 잘 지켜진 것으로 보인다. 이는 선조 36년 (1603) 7월에 예조가 아뢴 내용을 통해서 알 수 있다.

(6) "올해 함흥부에서 접대하는 각 진의 야인에게 으레 내려주는 의복과 잡물은 임인년(선조 35)의 전례에 따라 (번호 중) 당상·당하를 합해 30인을 마련한 뒤에 기록하여 호조를 시켜 빨리 만들어서 오는 9월 안에 내려보내게 하고, 진상하는 獤皮 값으로 주는 綿布는 靑綿布·紅綿布로 내려주며, 祿俸木 10同은 호조와 병조의 목면으로 내려보내라고 이미 啓下하셨습니다. 모자라

---

73) 실제로 조선 초기에 여진인이 내조하면 조선은 회사품으로 의복과 갓, 신, 면포 등을 주었다. 그리고 무단으로 상경하여 문제를 일으켰던 길상에 관한 기록이 실린 『向化人謄錄』에도 이를 증명하는 사례가 나타난다. 즉 길상은 선조 32년(1599)에 노토가 분탕할 때 집에서 보관하고 있던 잡물, 堂上에 加資된 書契와 당상관복 등을 모두 소실하였으니 전에 향화한 李所大 등의 예로 내려 달라고 요청하였다. (『向化人謄錄』 no37-2) 이를 토대로 최소한 선조 35년 이전에도 조선은 여진인 내조자에게 서계와 조선의 관복을 내려주고 있었음을 알 수 있다. 그리고 길상이 보관하고 있던 의복과 서계는 임진왜란 이전에 받았을 가능성이 농후하다.

는 면포와 따로 상줄 물건이 있으면 전례에 따라 본도를 시켜 편리한 대로 장만하여 준 뒤에 會計하여 減錄하라고 移文하는 것이 어떠하겠습니까?"[74]

(6)을 보면, 번호가 貂皮로 진상하면 조선은 그 값을 綿布로 계산해 주었다. 특히 선조 36년부터 조선은 함흥부에서 각 진의 번호를 접대해 주고, 의복과 잡물을 주는 기준은 임인년(선조 35)의 전례에 따라 당상관과 당하관을 합하여 30명으로 정하였다.[75] 즉 전년의 논의 내용이 규정으로 정해진 것이었다. 조선은 내부의 여러 상황을 고려하여 번호의 상경을 거부하는 대신 선조 34년부터 함흥부에서 의복과 잡물, 녹봉 등을 주었다. 조선은 국력을 회복한 뒤 상경을 허락하자는 단서를 달았지만, 이는 종래의 내조와 성격이 크게 달라졌음을 의미한다.

조선 초 여진인 내조 수용 목적은 번호의 침입 방지와 함께 이들이 상경하여 조선의 의례를 준수함으로써 왕권을 체현하여, 조선의 영향력 아래에 있음을 보여주기 위해서였다. 그 일환으로 원래 조선은 번호를 冬至와 正朝에 맞추어 상경하게 하여 관련 의식에 참석시켜 '조선 중심의 외교질서'에 편입하였다. 그런데 (6)과 같이 번호를 접대한 시점은 그 시기와 상관이 없었다. 이 역시 함흥에서의 접대가 기존의 내조 성격과 다름을 보여준다.

그러나 조선은 임진왜란 이후 도성이 파괴되고, 국가의 재정도 부족한 상황에서 번호에게 기존의 영향력을 확보할 수 없었다. 따라서 조선은 번호의 상경을 허용하지 않고, 단지 함흥에서 접대하는 것으로 정책을 변경할 수밖에 없었다. 이것은 약 200여 년간 유지해온 여진인 내조의 폐지를 의미한다.

---

74) 『선조실록』 권164, 36년 7월 12일 병인.
75) 전란 이전에는 내조자를 풍년에 120명, 흉년에 90명으로 정한 것에 비하면 대폭 감소한 숫자이다. 하지만 전란이 끝나자마자 이들에 대한 대책을 마련한 것은 특기할 점이다.

지금까지 살펴 본 것처럼 조선은 임진왜란 이후 두만강 유역의 번호에 대한 안정을 꾀하였다. 조선은 그 방안으로 번호의 요청에 따라 일부에게 상경을 허락해 주었으나 여러 상황 때문에 여의치 않았다. 또한, 조선은 반발하는 노토 등을 응징하였으나 실패하며 두만강 유역 번호에 대한 영향력을 발휘하기 쉽지 않았다. 이러한 복합적인 상황들이 작용하여 조선은 번호의 내조를 폐지하기에 이르렀다. 즉 내조를 기반으로 건국 초부터 유지되던 '조선 중심의 외교질서'가 종언을 고한 것이다. 그리고 약 200여 년간 지속된 조선과 번호 관계에 새로운 변화를 일으키는 결정적인 계기로 작용하였다.

제3절. 누르하치와 부잔타이의 두만강 유역 진출

누르하치(Nurhaci)[76]는 建州左衛 출신으로 선조 16년(1583)부터 주변 부족을 통합하기 시작하였다. 그는 선조 22년에 건주위를 통일한 뒤, 요동의 큰 세력으로 성장하였다. 이후 누르하치는 군사적 팽창을 잠시 멈추고, 선조 23년(萬曆 18)부터 선조 25년까지 명에 매년 두 차례씩 조공하며 내치와 외교에도 힘쓰고 있었다. 누르하치는 임진왜란이 발발하자 조선에 지원군을 파병하겠다는 의향을 명 兵部에 피력하였다. 이에 병부가 조선의 의향을 물었으나 조선은 단호하게 거부하였다.[77]

---

76) 조선은 누르하치를 老酋, 老胡, 老可赤, 老乙加赤 등으로 명은 奴兒哈赤으로 기재하였다.(『광해군일기』 권50, 4년 2월 6일 신미) 최근 누르하치와 슈르하치(舒爾哈齊), 부잔타이(布占泰) 등을 만주어 발음으로 읽고 있어 이에 따르고, 이들을 제외한 나머지는 한자명으로 기재하겠다.(김주원, 「여진족 추장 하질이(何叱耳)의 실록상 이표기에 대하여」, 『인문논총』 64, 2010 ; 劉小萌 著/이훈·이선애·김선민 역, 『여진 부락에서 만주 국가로』, 푸른역사, 2013)

77) 『선조실록』 권30, 25년 9월 14일 신미 ; 17일 갑술. 누르하치의 참전의도 및 명과

이후 양자 간에 별 관계가 없었지만 누르하치는 다시 조선과 관계를 맺고자 하였다. 선조 28년 4월과 7월에 누르하치는 두 차례에 걸쳐 조선 인을 쇄환한다는 구실로 통교하고자 했지만 조선이 거절하였다.[78] 그런 데 이 시기에 산삼을 캐러 조선에 잠입한 건주위인이 조선인과 충돌하면 서 건주위인이 피살당하는 '위원채삼사건'이 발생하였다. 누르하치는 이 를 외교 문제로 확대하려 하였고, 궁지에 몰린 조선은 遼東都司에 도움 을 청하였으나 여의치 않았다.

선조는 조선에 머물고 있던 명의 遊擊 胡大受에게 이 문제의 타결을 부탁하였다. 호대수는 余希元과 향통사 하세국을 누르하치에게 두 차례 에 걸쳐 보냈다. 누르하치는 양국의 犯越人이 있으면 본국으로 쇄환하 여 처벌할 것과 양국의 평화적 교류를 희망하였다. 이후 조선은 답서를 신충일에게 전달하게 하면서 건주위를 정탐하게 하였다.[79] 이처럼 누르 하치는 세력을 확대할 기회를 찾고 있었고, 조선 역시 이들에 대한 관심 을 기울이고 있었다.

앞서 보았듯이 누르하치는 이 시기에 백두산 지역으로 세력을 확대하 고 있었다. 즉 선조 24년(1591) 정월에 누르하치가 군사를 보내 長白山 (백두산)의 鴨綠江路(部)를 차지하고, 백성을 거두었다.[80] 이는 백두산 동쪽 무산 지역의 여진인 추장 老土에게 직·간접적인 영향을 주었다.

노토는 누르하치의 압박과 왜란으로 조선으로부터 경제적 이득을 취 할 수 없게 되자 선조 28년 12월에 누르하치에게 선회한 것으로 보인다.

조선의 태도 등은 다음의 연구 성과에 잘 정리되어 있다.(최소자,「임진란시 명의 파병에 대한 고찰」,『동양사학연구』11, 1977 ; 최호균, 앞의 논문, 1995, 25~45 쪽 ; 한명기,『임진왜란과 한중관계』, 역사비평, 1999, 31~42쪽 ; 계승범,「임진왜 란과 누르하치」,『임진왜란 동아시아 삼국전쟁』, 휴머니스트, 2007, 366~367쪽)
78) 이때 누르하치는 서로 국경을 침범하지 말 것과 왕래하며 우호 관계를 맺을 것을 요청하였다.
79) 한명기, 앞의 책, 1999, 31~42쪽 ; 계승범, 앞의 책, 2007, 367쪽.
80)『淸太祖實錄』卷2, 辛卯, 春正月 戊戌朔.

즉 선조 29년에 건주위를 다녀온 남부주부 신충일이 "모련위의 酋胡 老
佟이 戰馬 70필과 獤皮 1백여 장을 예물로 바치며, 12월 초에 투항하였
다"고 보고한 것이다.[81] 이를 통해 노토는 누르하치의 영향력 아래에 편
입한 것으로 볼 수 있다.

　노토가 누르하치에게 투항한 것은 대세에 따른 것이었지만, 노토는
누르하치에게 편입하는 것보다 독립적인 생활을 더 갈망하였을 것이다.
따라서 노토는 당시 누르하치의 유일한 대항마인 여허(葉赫)와 손을 잡
고자 하였다. 이를 위해 노토는 선조 30년(1597) 정월에 울라의 부잔타
이를 통해 여허와 연계하였다. 이때 부잔타이는 여허에 형수를 시집보내
면서, 노토와 여허의 연결에 도움을 주었다.[82] 이는 노토와 여허의 교섭
을 나타낸다.

　결과적으로 노토의 판단은 실책이었다. 노토와 여허의 연계 소식을
듣고, 누르하치는 이듬해(1598) 1월에 장자 褚英과 동생 巴雅喇 등 1천
명을 보내 安褚拉庫(노토 부락)를 정벌하였다. 이때 누르하치군은 屯寨
20여 개를 취하고, 소속 인민을 모두 거두었다.[83] 즉 노토의 움직임이

---

81) 『선조실록』 권71, 29년 1월 30일 정유 ; 『建州紀程圖記』. 여기서 노동은 노토로,
　　『淸太祖實錄』과 『滿洲實錄』 등에서는 羅屯으로 기재되어 있는데, 이는 동일인이
　　다.(董萬崙, 「明末淸初圖們江內外瓦爾喀硏究」, 『民族硏究』 2003年 1期, 72～73쪽
　　; 袁閭琨 外, 『淸代前史』 上, 瀋陽出版社, 2004, 235～237쪽)
82) 1597년에 부잔타이가 瓦爾喀部의 安褚(楚)拉庫·內下 2路의 추장 羅屯, 噶石(什)屯,
　　汪(旺)吉努 등 3인을 여허에 보냈고, 여허는 2路에 사신을 보내 이들을 초유하였
　　다.(『滿洲實錄』 卷2, 丁酉 ; 『淸太祖實錄』 卷2, 丁酉, 春正月 壬辰朔)
83) 『淸太祖實錄』 卷2, 戊戌, 春正月 丁亥朔. 『滿洲實錄』은 이때 누르하치가 人畜 1만
　　을 데려왔다고 한다.(卷2, 戊戌) 이처럼 『淸太祖實錄』과 『滿洲實錄』을 보면 부잔
　　타이가 누르하치의 영향력에서 벗어나기 위해서 노력한 것처럼 보인다. 하지만
　　필자는 이를 다른 각도에서 보고자 한다. 즉 노토가 주동적으로 여허와 연계하고
　　자 했고, 부잔타이는 매개자 역할을 한 것으로 보인다. 부잔타이가 노토와 여허의
　　연결에 깊이 관여되었다면 누르하치에 대한 배반이다. 하지만 누르하치는 노토에
　　게만 군사적 응징을 가하였다. 따라서 노토가 주도적으로 여허와 관계를 맺으려 하
　　였고, 여허 역시 노토 등을 통해 누르하치의 후방을 교란하기 위해 부잔타이를 이

오히려 누르하치를 자극한 것이다.

누르하치는 노토를 공략한 뒤, 茂山 지역에 거주하는 노토의 세력을 발판으로 두만강 유역의 번호에게도 세력을 확대하고자 하였다.[84] 누르하치가 번호를 직접 압박하여 명과 조선의 견제를 받는 것보다 노토를 대리인으로 이용하는 측면이 유리하다고 판단했을 것이다. 반면 조선은 임진왜란 이후 번호의 상경을 수용하지 못하였다.

이러한 상황에서 번호 가운데 일부는 조선을 떠나 누르하치에게 귀부하였다.[85] 예를 들어, 선조 34년 3월에도 비변사에서 번호가 가족을 이끌고 건주위로 이주하고, 누르하치가 용맹한 자를 뽑아 상준다며 유인한다고 보고하였다.[86] 이는 번호의 철폐를 의미하기 때문에 조선은 누르하치를 예의주시하였다.

누르하치가 점차 두만강 유역의 번호에게 세력을 확대할 때, 울라(홀라온)의 부잔타이도 이 지역에 세력 확장을 기도하였다. 바로 선조 36년(1603) 8월경부터 울라가 두만강 유역에 거주하는 번호를 공격하기 시작한 것이다.

울라는 扈倫 4部 중 하나로 姓은 納喇氏이다. 그 시조는 納齊卜祿으로 太蘭대에 이르러 울라의 여러 부족을 복속하여, 울라강(송화강) 부근에 성을 쌓고, 貝勒이 되었다. 태란은 布干과 博克多를 낳았는데, 장남

용했다고 보인다.

84) 稻葉岩吉과 三田村泰助도 누르하치가 압록강부로 진출한 후, 노토가 누르하치에게 내조한 1595년경에 무산 지역을 지배하였다고 보았다. 이처럼 누르하치가 두만강 유역에 진출한 결과 후일 울라와 충돌하게 되었다고 주장하였다.(稻葉岩吉, 「淸初の疆域」, 『滿洲歷史地理』 下, 南滿洲鐵道株式會社, 1913, 623~633쪽 ; 三田村泰助, 「朝鮮側史料より見た初の疆域」, 『朝鮮學報』 21·22, 1961, 513쪽) 이는 필자와 같은 시각이다. 하지만 그들은 이에 대해 자세한 논증을 하지 않았다.

85) 만포첨사 김종득의 보고에 의하면 선조 33년(1600) 12월에 尼湯介의 아들 厚時里와 將沙伊의 아들 其他羅, 愛孫의 아들 許處 등이 처자를 거느리고 누르하치의 성에 들어갔다고 한다.(『선조실록』 권134, 34년 2월 20일 기축)

86) 『선조실록』 권135, 34년 3월 13일 신해.

인 포간의 아들이 滿泰와 布占泰이다.[87] 울라는 발전을 계속하여 명 말
에 해서여진 가운데 하나의 주축을 이루었다. 조선은 이들을 포함한 호
륜 4부를 홀라온이라 불렀고, 세종대부터 성종대까지 비교적 활발한 관
계를 맺었다. 그러나 연산군대부터『조선왕조실록』에서 이들의 기록이
간헐적으로 보인다.

임진왜란을 전후한 시기에 누르하치의 세력이 크게 확대되자 울라를
포함한 호륜 4부는 위기를 느꼈다. 결국, 선조 26년(만력 21 ; 1593)에
호륜 4부 등을 포함한 9부 연합군이 누르하치를 공격하였다. 이때 부잔
타이도 그의 형 滿泰와 함께 참전하였다가 古勒山에서 참패하여 누르하
치군에 생포되었다.[88]

부잔타이는 포로생활을 하는 동안 누르하치에게 후대 받고, 누르하치
와 슈르하치의 딸을 각각 아내로 맞이하였다.[89] 선조 29년(1596)에 부잔
타이는 형 만태가 부하에게 살해당하자 누르하치의 도움으로 울라의 패
륵을 계승하였다. 부잔타이는 아직 누르하치에게 맞설 정도로 힘이 강하
지 않았기 때문에 여동생을 슈르하치에게 시집보내는 등 건주위와 우호
적인 관계를 유지하였다.[90]

앞서 살펴본 것처럼, 부잔타이는 선조 30년(1597)에 노토와 여허의 교
섭을 중재하였다가 실패하였다. 부잔타이는 다시 누르하치와 우호적인
관계 유지를 위해 노력하였다. 먼저, 선조 31년 12월에도 부잔타이는 누
르하치에게 가서 슈르하치의 딸과 혼인하였다.[91] 선조 34년(1601) 11월

---

87)『淸太祖實錄』卷4, 癸丑 春正月 己未朔. 조선은 부잔타이의 본명(卜章台)뿐만 아
　　니라 그 아버지와 형의 이름, 그가 누르하치와 혼인을 맺은 것까지 정확히 파악하
　　고 있었다.(『선조실록』권193, 38년 11월 3일 계유)
88) 閻崇年은 고륵산 전투를 계기로 누르하치가 海西女眞에 대한 우위권을 가져오게
　　되었다고 평가하였다.(『努爾哈赤傳』, 北京出版社, 1983, 47~53쪽)
89)『淸太祖實錄』卷2, 癸巳 秋9月 壬子朔.
90)『淸太祖實錄』卷2, 丙申 秋7月 丙寅朔.
91)『淸太祖實錄』卷2, 戊戌 冬12月 壬子朔.

에도 부잔타이는 건주위에 직접 내조한 뒤, 형 만태의 딸을 누르하치에게 시집보내는 등 거듭된 혼인으로 양자 관계를 돈독하게 유지하였다.[92]

부잔타이는 겉으로 누르하치와 혼인을 통해 우호관계를 맺었지만, 실상 누르하치의 영향력에서 벗어나기 위해 노력하였다. 그 일환으로 부잔타이는 선조 36년(1603) 정월에 누르하치 몰래 여허와 몽고를 포섭하여 혼인을 맺기로 하였으나, 갑자기 양측에게 파기 당했다. 부잔타이는 이 소식이 누르하치에게 전해질 것을 두려워하여 재빨리 누르하치의 조카(슈르하치의 딸)을 데리고 건주위에 내조하였다. 이에 누르하치는 또 슈르하치의 딸을 주어 혼인하게 하였다.[93]

계속된 혼인관계로 부잔타이와 누르하치 간에 표면상 우호관계였음을 확인할 수 있다. 하지만 이는 오히려 양자의 불안한 측면을 노출한다고 생각한다. 양자 간의 관계가 긴밀하지 않기 때문에 부잔타이와 누르하치는 이때까지 5차례나 혼인을 맺은 것이다. 즉 누르하치와 부잔타이가 자주 혼인을 맺은 것은 양자 관계가 견고하지 않음을 반증한다.

이처럼 절치부심하며 세력 확장 기회를 엿보던 부잔타이에게 희소식이 날아왔다. 선조 36년(1603) 9월에 누르하치가 여허와 절교하고, 선전포고한 것이다.[94] 이듬해 1월에 누르하치는 여허를 공격하여 성 2개와 寨 7개를 점령하고, 2천 명을 생포하는 등 여허에 집중하였다.[95] 이는 부잔타이에게 누르하치의 감시에서 벗어나 세력을 확장할 호기였다. 부잔타이는 곧바로 두만강 유역 번호에게 시선을 돌렸다.[96] 부잔타이는

---

92) 『淸太祖實錄』 卷3, 癸卯 冬11月 乙未朔.

93) 『淸太祖實錄』 卷3, 癸卯 春正月 戊午朔.

94) 『淸太祖實錄』 卷3, 癸卯 秋9月 甲寅朔.

95) 『淸太祖實錄』 卷3, 甲辰 春正月 己未.

96) 부잔타이의 번호 침공이 여허를 공격한 것보다 한 달 정도 빨라 시기상 차이가 있다. 하지만 건주위와 여허의 갈등 조짐은 이전부터 노출되었을 가능성이 농후하다. 따라서 부잔타이는 이를 감지하고 적극적인 군사 행동에 나선 것으로 보인다.

두만강 유역의 번호를 자신의 역량을 평가할 수 있는 시금석이라고 판단
하였을 것이다.

선조 36년(1603) 8월부터 부잔타이는 조선과 번호를 공략하였다. 8월
14일에 부잔타이군은 鍾城을 공격하였으나, 조선군의 저항으로 대상을
바꿔 주변 번호를 공격하였다. 8월 19일에도 이들은 童關鎭을 공격하였
으나 실패하였다.[97] 조선은 처음 보고를 접한 8월 23일에는 침입 주체
가 누구인지 몰랐지만, 9월 1일의 보고를 통해서 비로소 파악하였다. 조
선은 한동안 울라와 교류가 끊겼었는데 이때 갑자기 공격당하자 무척 당
황하였다.

부잔타이는 동년 12월까지 鍾城·穩城·慶原 건너편의 번호 공략에
주안점을 두었다.[98] 특히 부잔타이는 12월 중순에 경원의 夫汝只, 時錢
大 등 조선에 우호적인 부락을 남김없이 죽이고 약탈하였다.[99] 이는 조
선도 인식한 것처럼 부잔타이가 번리를 남김없이 거두어 가려는 의도를

---

97) 『선조실록』 권165, 36년 8월 23일 병오 ; 권166, 36년 9월 1일 갑인 ; 『선조수정
실록』 권37, 36년 8월 1일 갑신. 이 며칠 사이에 울라군은 종성의 번호 세 부락을
분탕하였다. 붙잡힌 번호 가운데 일부는 이들의 향도가 되기도 하였다.

98) 이때 부잔타이가 번호를 쇄환하는 장면은 『난중잡록』에 다음과 같이 생생하게 기
록되어 있다. "11월. 忽剌溫 야인이 內府로부터 병마를 이끌고 강변에 돌격해 와
서 귀화한 猿子(번호 ; 필자 주)들을 도살하였다. 달자 수백 명이 강을 건너 종성
진으로 도망 왔는데, 홀라온은 병사를 보내어 우리에게 말하기를, '도망간 자들을
돌려보내지 않으면 일전을 불사하겠다'고 하였다. 도망 온 오랑캐가 말하기를,
'우리들이 죽지 않으면 장차 불측한 사건이 일어날 것이다'하고, 본토로 되돌아가
모두 칼에 엎드려 자살하니, 홀라온이 남은 무리를 다 거둬 몰고 갔다. 이 뒤로
오랑캐 땅의 소식은 탐지하지를 못하였다"(『亂中雜錄』 卷4, 癸卯年(선조 36년),
11月)

99) 『선조실록』 권169, 36년 12월 28일 기유. 부잔타이는 12월경에 경원 지경의 夫汝
只 등 7개 부락을 공격하여 많은 사람과 가축을 죽이고 약탈하였다. 이때 부잔타
이가 공격한 지역은 대부분 경원의 맞은편에 있었던 것으로 보인다. 『制勝方略』
를 살펴보면, 부여지를 제외하고 5개 부락은 거의 연달아 있었고, 그 위치는 대략
경원의 건너편 지금의 훈춘 지역이다.(『制勝方略』 卷1, 慶原鎭, 藩胡部落)

가지고 있었기 때문이었다.[100]

임진왜란 직전에 작성된 『制勝方略』에 의하면 당시 5진에 거주하는 번호부락은 289개에 8,523호였다.[101] 단순히 1호당 5인이 거주했다고 하더라도 4만여 명 이상이 거주하였을 것이다. 그러므로 부잔타이는 이들을 자신의 세력으로 만든다면 누르하치와의 一戰에서 큰 도움을 얻을 수 있다고 판단하였을 것이다.

한편, 당시 번호는 부잔타이의 영향력 아래에 편입하거나 그렇지 않더라도 그들의 눈치를 볼 수밖에 없는 진퇴양난에 처하였다.[102] 이런 상황에서 노토는 여전히 會寧 이남의 번호를 침탈하고 있었고, 누르하치의 부하 역시 三水·甲山에 마구 들어와 삼을 캐고 있었다.[103] 즉 조선은 누르하치와 부잔타이에게 압박 받는 번호를 구하지 못하는 상황에 이른 것이다.

울라군은 선조 38년 3월에 다시 동관진을 공격하여 함락시켰다.[104] 이때 伊項과 牛虛부락의 번호가 울라군의 우익이 되었고, 동관첨사 전백옥을 비롯하여 군민 200여 명이 죽었다. 이 외에 번호 추장 洪耳 및 所大 등도 동관에서 울라군과 맞서 싸웠는데, 이들도 무수히 도륙당하였다.[105]

부잔타이는 동관을 함락시킨 후 군대를 조선의 국경에서 약 130여 리 떨어진 件加退에 주둔하며 번호 침략의 발판으로 삼았다. 이에 함경북도병사 김종득은 건가퇴에 주둔한 적의 수가 많지 않다며 공격을 주장하

---

100) 『선조실록』 권169, 36년 12월 28일 기유 ; 『선조실록』 권169, 36년 12월 30일 신해.
101) 한성주, 앞의 논문, 2010, 181~182쪽.
102) 『선조실록』 권167, 36년 10월 26일 무신 ; 권177, 37년 8월 15일 계사.
103) 『선조실록』 권177, 37년 8월 26일 갑진.
104) 『선조실록』 권185, 38년 3월 22일 병신.
105) 『선조수정실록』 권39, 38년 3월 1일 을해 ; 『선조실록』 권186, 38년 4월 8일 임자 ; 12일 병진 ; 16일 경신.

였다. 실제로 김종득은 울라군에게 길을 인도한 이항부락을 정벌하여 무위를 보이자, 자신감을 가지고 건가퇴에 주둔한 울라군을 공격하자고 주장하였다.[106)

울라군은 조선의 반격에도 위축되지 않고, 계속 번호를 공략하였다. 조선군은 부잔타이가 동년 4월 7일에 추가 병력 150여 명을 건(가)퇴에 보내 번호 부락과 조선을 도적질할 계획이라는 첩보를 탐지하였다.[107) 실제로 4월 15일에 500여 기가 회령 경내에 거주하는 번호 伐伊大[108) 의 부락을 포위하여 분탕하였다.[109)

조선이 울라에 대한 반격 여부를 결정하지 못하였을 때, 울라군은 계속 번호를 공략하였다.[110) 울라군이 조선과 주변 번호를 공격하자 김종득은 건가퇴 공격을 결심하고, 준비가 다 되었다고 보고하였다. 함경도 관찰사 서성도 그의 의견에 동조하며 조선의 정벌 분위기를 조장하였다. 다만 비변사는 공격에 동감하나 일단 시기를 조절하자고 주장하였다. 마침내 김종득은 선조 38년 5월에 3천여 명의 군사를 거느리고, 건가퇴를 공격하였다.[111)

기세 좋게 출전하였던 조선군은 건가퇴로 진격하는 길을 잘못 잡아 고생한 끝에 전투를 치루기도 전에 군세가 흐트러졌다. 그리고 이틈을 탄 울라군 100여 기의 돌입에 조선군은 무참히 패배를 당하였다.[112) 패

---

106) 『선조실록』 권186, 38년 4월 6일 경술 ; 8일 임자 ; 21일 을축.

107) 『선조실록』 권186, 38년 4월 25일 기사.

108) 『制勝方略』에 의하면 벌이대는 회령부의 서쪽으로 거리가 3식인 甫如老部落으로, 이곳에 80호가 살고 있었다.(『制勝方略』 卷1, 慶原鎭, 藩胡部落)

109) 『선조실록』 권186, 38년 4월 25일 기사.

110) 『선조실록』 권186, 38년 4월 25일 기사.

111) 『선조실록』 권187, 38년 5월 19일 임진 ; 20일 계사 ; 22일 을미 ; 『선조수정실록』 권39, 38년 5월 1일 갑술. 이에 대한 자세한 내용은 다음의 연구를 참고할 수 있다.(서병국, 앞의 책, 1970, 141~155쪽)

112) 『선조수정실록』 권39, 38년 5월 1일 갑술 ; 『선조실록』 권189, 38년 7월 6일

전의 주요 원인은 향도 역할을 했던 번호 卜酋 등의 농간으로 적의 매복
에 걸린 측면도 있지만, 변장의 공명심에 따른 정보 파악의 부재도 있다.
결과적으로 이 전투는 조선군의 무력함을 울라뿐만 아니라 번호에게도
각인시켰다.

이처럼 조선이 임진왜란이라는 전쟁의 후유증이 아물지 않았음에도,
약 3천 명이나 동원하여 두만강을 건너 공격한 표면적인 이유는 부잔타
이의 군대가 동관진에서 첨사와 군민을 몰살했기 때문이었다. 그 외에도
조선은 이들을 토벌하지 않으면 번호가 홀라온에게 편입되리라고 우려
하여 이들의 이탈을 사전에 방지한 것이다.[113] 그러나 조선군이 울라군
에게 패배하면서 번호에 대한 주도권을 상실할 수밖에 없었다.

선조 38년에 부잔타이가 조선을 공격할 당시 번호 공략뿐만 아니라
조선에 實職도 요구하였지만, 조선은 대응하지 않았다. 하지만 조선은
패전 소식을 접한 이후 이들에 대한 대책을 논의하는 과정에서 부잔타이
의 직첩 요구에 관심을 기울이며 직첩을 지급할지 논의하였다.[114] 이때
순변사 이시언이 북방에서 돌아와 당시 상황을 보고하며, 전부터 번호에
게 직첩을 주어왔으니 전처럼 給食하지 못하더라도 직첩을 주면 그 兵
勢를 완화할 수 있으리라 주장하였다.[115] 하지만 조선은 부잔타이에게

무인. 이때 출병한 조선군은 3천여 명이고, 사망자는 213명이었다. 하지만 화반
·복노·잡수종인 등은 빙고할 만한 명적이 없으므로 정확히 알 수 없었다. 따라
서 실질적인 사망자는 더 많았을 것이다.

113) 『선조실록』 권187, 38년 5월 29일 임인.

114) 『선조실록』 권187, 38년 5월 15일 무자 ; 29일 임인. 부잔타이는 선조 36년에
번호를 거두는 과정에서 두만강 유역의 번호가 조선으로부터 직첩을 받은 사실
에 대해 인지했을 가능성이 높다. 부잔타이는 조선으로부터 직첩을 받아 번호에
게 나누어주어 이들의 경제적 욕구를 충족시켜주고자 한 것으로 보인다.

115) 이때 그는 "번호 등은 모두 우리나라에 祿食을 바라고 있었는데 난리 후에 북방
의 物力이 결딴나는 바람에 그 녹식의 숫자를 감하게끔 되었습니다. 따라서 우
리나라에서 이득을 취할 수 없는 데다 저 적들이 위압적으로 겁을 주니 번호가
배반하고 저 적들에게 들어간 것은 이치상 그럴 수 있는 일입니다"라며 임난 이

직첩을 내릴지 결정하지 못하였다.

부잔타이는 건가퇴 전투의 승세를 타고 조선을 더욱 압박하였다. 선조 38년 7월에 부잔타이 휘하의 者乙古舍는 온성에서 50리쯤 되는 家洪부락에 머물면서 직첩이 올 때까지 기다리겠다고 협박하였다.[116] 동년 8월에 자을고사가 철병하였지만, 商將介 및 好時段이 1백여 명의 군사를 거느리고 건(가)퇴 지역에 머물며 직첩이 내려오기를 기다리고 있었다.[117]

결국, 조선은 논의 끝에 직첩을 내려주기로 하였다. 조선은 부잔타이에게 僉知, 그 휘하에게 折衝을 제수하기로 하고, 직첩 1백 장을 만들어 보냈다.[118] 여기에 울라는 상경까지 요구하였지만, 조선은 다른 번호의 상경도 허용하지 않았다며 거절하였다.[119]

선조 39년에 비변사는 지난해 직첩의 지급으로 부잔타이 등이 기뻐하며 원래의 약조대로 조선인 포로 1백 명의 숫자를 채운 것 외에도 5명을 더 보냈음을 강조하였다. 따라서 비변사는 울라를 회유하기 위해 직첩과 녹봉을 이용하자고 주장하였다.[120] 이처럼 조선이 울라에게 직첩을 지급하자 본래의 약속대로 피로인을 쇄환해 오는 순기능도 있었다. 하지만 이는 일시적인 현상으로 부잔타이는 여전히 번호를 공략하기에 여념이

후 녹식을 제대로 제공할 수 없으므로 이들이 이득을 취할 수 없다고 지적하고 있다.(『선조실록』 권188, 38년 6월 7일 경술) 이러한 점을 통해 임난 이후 여진인에 대한 직첩 지급이 제대로 이루어지지 않았음을 알 수 있다.

116) 『선조실록』 권189, 38년 7월 6일 무인 ; 5일 정축 ; 7일 기묘.

117) 『선조실록』 권190, 38년 8월 19일 신유.

118) 『선조실록』 권190, 38년 8월 25일 정묘 ; 26일 무진 ; 29일 신미. 이후에도 조선은 계속 부잔타이에게 직첩을 내렸고, 누르하치도 이를 받다가 무오년(1618) 후에 폐지되었다.(『春官志』 卷3, 野人)

119) 『선조실록』 권192, 38년 10월 26일 정묘 ; 권193, 38년 11월 22일 임진 ; 17일 정해.

120) 『선조실록』 권199, 39년 5월 9일 병자.

없었다.

조선이 부잔타이에게 직첩을 지급하면서 두만강 유역에 평화가 오는
듯했지만, 부잔타이는 번호침략을 멈추지 않았다. 조선이 직첩을 내리는
조건 가운데 하나로 '번호끼리는 침략하지 않는다'는 조항이 있었음에도
부잔타이는 마지막 남은 縣城[121]의 번호를 공략하고자 하였다.[122] 결국,
선조 39년(1606) 6월에 부잔타이는 대군을 보내 현성 주변의 번호부락
을 포위하고 약탈하였다.[123]

현성의 번호는 일단 성을 지켰지만 울라군이 다시 복수하러 올 것이
분명한 상황에서 자신을 구원해주지 않는 조선을 의지할 수 없었다. 따
라서 이들은 다른 방법을 택할 수밖에 없는 상황에 내몰렸다. 결국, 현성
의 번호가 선택한 해결책은 누르하치였다. 이와 관련된 자세한 내용은
『淸太祖實錄』에 기재되어 있다.

> (7) 東海 瓦爾喀部의 蜚(斐)悠城長 策穆特黑이 내조하여 누르하치에게 말
> 하길 "우리는 멀고 험한 지방에서 살고 있어서 烏喇에게 의탁합니다. 우리는
> 울라의 貝勒 布占泰에게 심한 학대를 당하고 있으니 바라 건데 가족을 이끌
> 고 내부하게 해 주십시오."라고 하자 누르하치는 동생 舒爾哈齊, 長子 洪巴
> 圖魯貝勒 褚英, 次子 貝勒 代善, 一等大臣 費英東, 侍衛 扈爾漢 등에게
> 군사 3천 명을 거느리게 했다. 비유성에 도착하여 그들을 옮겼다.[124]

선조 40년 1월에 현성의 추장 策穆特黑이 누르하치에게 내조하여 자

---

121) 현성은 『선조실록』에 의하면 '厚春江과 豆滿江의 사이에 있는데 鎭을 설치하고
　　 土城을 만들었다. 현성은 직경 20리 정도로, 호인의 집이 가득찼다'고 한다.(『선
　　 조실록』 권163, 36년 8월 24일 정미) 이곳은 『淸太祖實錄』의 비우성에 해당하
　　 고, 현재 중국 길림성 훈춘시이다.

122) 『선조실록』 권199, 39년 5월 1일 무진.

123) 『선조실록』 권201, 39년 7월 7일 갑술. 심지어 이들은 강을 건너 조선의 소와
　　 가축까지 빼앗아 갔다.(『선조실록』 권201, 39년 7월 11일 무인)

124) 『淸太祖實錄』 卷3, 丁未 春正月 乙丑朔.

신들은 울라에게 의탁하고 있지만, 부잔타이에게 심하게 학대를 받는다
며 來附를 허락해달라고 요청하였다. 누르하치도 여기에 응하여 동생
슈르하치 등을 보내면서 두만강 유역 번호의 동향은 새로운 국면을 맞이
하였다.

조선이 누르하치군의 파견 소식을 알게 된 것은 선조 40년 2월 6일이
었다. 이에 앞서 누르하치가 휘하 3명을 경원부사에게 보내 "忽溫(울라)
는 조선에 귀순한 번호를 거리낌 없이 죽이고 약탈하여 뿔뿔이 흩어지게
하였는데, 그 이유를 알지 못하겠다. 그래서 내가 애초 혐의를 맺게 된
원인을 자세히 알아본 뒤에 忽酋(부잔타이)의 죄를 추궁하고 공격할 일
로 현성의 추장 한·두 명을 데리고 가려 한다"는 내용이 담긴 문서 한통
을 가져왔다. 북병사는 이를 곧바로 조정에 치계하였고, 그는 누르하치
가 번호를 유인해가려고 계략을 꾸민 것이라고 단언하였다. 한편, 북병
사는 누르하치군에게 현성의 번호는 계속하여 조선을 섬겨왔다며 그들
을 데려가는 것을 거절하였다.[125]

그러나 누르하치군은 북병사의 반응에도 거리낌 없이 행동하였다. 그
들은 南略耳(남라이)의 囊括山 밖에 하나의 부락을 설치하여 水下(두만
강 하류)의 번호부락들을 유혹하고 위협하여 원근의 번호가 모두 자기에
게 따르게 하였다. 강 밖의 여러 번호는 울라의 침략에 시달려왔으므로
이에 적극 응하였다. 문제는 이 뒤로 더욱 많은 번호가 누르하치에게 따
를 형세를 보인 것이다.[126]

누르하치군은 현성의 번호뿐만 아니라 남략이를 거점으로 이 일대 번
호를 거두는 데 주력하였다. 이들은 육진의 다른 지역에도 문서를 보내
조선의 국경을 침범하지 않고, 울라에게 핍박받은 번호 구제와 조선의
안정을 위해서 왔다고 강조하였다. 하지만 누르하치군은 조선의 국경 가

---

125) 『선조실록』 권208, 40년 2월 6일 기해.
126) 『선조실록』 권209, 40년 3월 17일 경진.

까이 주둔하면서 사방으로 기병을 보내 거리낌 없이 강을 건너왔기에 조
선은 바짝 긴장할 수밖에 없었다. 특히 조선은 강 안에서 이루어지는 추
포 행위에 대해서 반발하였다. 누르하치군은 경원의 성안에 사는 번호도
낱낱이 추급하라고 협박하는 등 압박이 계속되자 조선도 병력을 증강하
고 정비하며 만일의 사태에 대비하였다.[127]

　다음날 조선은 비변사에서 이에 대해 논의하였다. 비변사는 누르하치
가 조선을 침범할 의도가 아님을 알지만, 번호를 데려가는 것 등에 대해
서 우려를 표하였다. 논의 결과 비변사는 만포첨사에게 조선의 입장을 설
명하면서 두만강 주변의 번호는 200여 년간 우리에게 귀순하였다며, 약
탈을 그만두고 병력을 철수할 것을 누르하치에게 요청하도록 하였다.[128]

　조선의 반발에도 불구하고 누르하치군은 두만강 이북의 번호뿐만 아
니라 조선 경내의 번호까지 약탈해갔다. 동년 3월 23일의 북병사 이시언
의 치계에 의하면 撫夷堡 汝吾里의 번호 30여 명이 적에게 잡혀갔고,
누르하치군 수백 명이 阿山鎭 성 밑에 와서 성안에 있는 번호를 내놓으
라고 갖은 공갈 협박을 하다 돌아갔다고 한다.[129]

　누르하치군은 두만강 밖으로 다니면 길을 도는 수고로움이 있기 때문
에 조선의 경내를 돌아다니기까지 하였다. 그런데 이들은 '명나라를 같
이 섬기니 조선을 침범하지 않겠다'며 마을을 지날 때 해를 끼치지 않았
다. 혹 조선의 백성이 잡혀가더라도 보내주며 전혀 조선을 공격할 뜻이
없음을 보였다.[130] 따라서 조선의 입장에서는 이들에게 침입을 받은 것
도 아니고, 큰 피해를 받은 것도 없으니 이러지도 저러지도 못하는 상황
이었다.

---

127) 『선조실록』 권209, 40년 3월 21일 갑신.
128) 『선조실록』 권209, 40년 3월 22일 을유.
129) 『선조실록』 권209, 40년 3월 23일 병술.
130) 『선조실록』 권209, 40년 3월 25일 무자.

한편, 부잔타이는 지금껏 공략해왔던 두만강 유역의 번호를 누르하치에게 넘길 위기에 처했다. 이대로 두면 부잔타이가 이제까지 두만강 유역을 공략했던 것이 무의미해진다. 그렇다고 그가 여기에 개입하면 누르하치에게 선전포고를 하는 셈이 되었다. 그러므로 부잔타이는 누르하치군이 현성에 도착한 뒤 바로 군사를 보내지 못하고 출병여부를 고심했을 것이다.

결국, 부잔타이는 누르하치와 결전을 벌이기로 결심하고, 군사를 보내 누르하치군이 돌아가는 길목인 종성의 맞은편 門巖 지역에 주둔하였다.[131] 이때 扈爾漢이 현성의 번호를 데려가는 길에 울라군과 마주치며 양군이 종성에서 두만강을 사이에 두고 대치하였다.[132] 전투가 벌어진 지역은 지금의 중국 龍井市 開山屯과 종성군 삼봉지역으로 추정된다.[133]

오갈암 전투의 자세한 전투과정은 『淸太祖實錄』에 실려 있어 그 내용을 참고할 수 있다.

(8) …(중략)… 扈爾漢에게 병사 3백 명으로 약 5백 戶를 호위하고 먼저 가

---

131) 만약 부잔타이가 누르하치의 현성 구원 소식을 듣고 곧바로 구원군을 보냈다면 늦어도 2월 하순경에 양군의 전투가 벌어져야 한다. 하지만 후술하듯이 3월 말에 전투가 벌어지는 것으로 보아, 부잔타이는 상당기간 누르하치와 일전을 벌일지 고심했을 것이다.

132) 『선조실록』 권209, 40년 3월 26일 기축.

133) 『동여도』 등의 여러 고지도를 통해 오갈암의 위치는 지금의 종성군 삼봉지역이 었음을 확인할 수 있다. 그리고 종성의 맞은편 문암은 지금의 용정시 개산둔지역이다. 용정에서 개산둔으로 들어가는 길인 石門지역은 실제 양쪽에 바위가 있어 문과 같이 생겼다. 또한, 필자가 현재 개산둔에 거주하는 주민들과 인터뷰 한 내용에 따르면, '開山屯'이란 명칭도 석문을 지나면서 문이 열린다고 하여 붙여졌다고 한다. 그리고 이들은 이곳을 '문암골'이라고 불렀다고 한다. 이러한 사실을 근거로 필자는 오갈암 전투가 벌어진 곳을 종성군 삼봉지역과 용정 개산둔으로 비정한다.

도록 하였다. 이때 울라 貝勒 布占泰가 군사 1만 명을 내어 여러 길에서 오기를 기다렸다. 扈爾漢은 이를 보고, 5백 호에게 산꼭대기에 울타리를 치게 하고, 병사 1백 명에게 지키게 하였다. 그리고 사람을 보내 후발대의 여러 貝勒에게 급히 알렸다. 이날 저녁에 울라의 병사는 1만 명이고, 우리나라(건주위) 扈爾漢의 병사는 겨우 2백 명이었다. 각자 산 일면에 웅거하여 진을 치고 서로 대치하고 있었다. 다음날, 울라가 1만 명으로 우리 군사 2백 명을 공격하였다. 아국(건주위)의 대장 楊古利가 맞이하여 앞다투어 힘써 싸웠다. 울라병 7명의 목을 베었고, 우리 병사는 1명이 부상하는 데에 그쳤다. 울라병이 퇴각하여 강 건넛산에 올라 (아군을) 두려워하여 감히 앞에 나오지 못하였고, 양군이 서로 營에 머물렀다. 未時(오후 1시~3시)에 아국 후발대 세 貝勒의 병사가 모두 왔다. …(중략)… 마침내 강을 건너 貝勒 褚英과 代善은 각각 병사 5백 명을 이끌고 두 길로 나누어 산을 올라가서 공격하여 울라병을 대패시켰다. 代善이 울라병을 추격하여 統兵 貝勒 博克多를 말 위에서 왼손으로 그의 갑옷을 잡고, 목을 베었다. …(중략)… 다친 적병 중 갑옷을 버리고 도망가는 자, 넘어지고 쓰러지는 자가 매우 많았다. 이 役事에서 (건주위는) 博克多 부자를 참하였다. 貝勒 常住 부자 및 貝勒 胡里布는 사로잡고, 3천 級을 베고, 말 5천 匹, 갑옷 3천 副를 획득했다.[134]

앞서 보았듯이 누르하치는 동생 슈르하치와 큰아들, 작은아들 등 3천 명을 보내 비유성(현성)에 거주하는 번호를 데려오게 하였다. 슈르하치는 비유성에 거주하는 번호 약 5백 호를 거두어 扈爾漢에게 병사 3백 명을 거느리고 돌아가게 하였다. 이때 슈르하치 등은 비유성뿐만 아니라 조선의 경내에 거주하는 번호까지 수색하고 있었다. 이러한 정황을 본다면 슈르하치는 호이한을 먼저 보내고, 자신 등은 남아서 번호를 찾고 있었던 것으로 보인다.

그런데 부잔타이는 군사 1만 명을 보내 문암에서 이들을 기다리고 있었다. 호이한은 비유성의 백성을 산꼭대기에서 울타리를 치게 하고, 병

---

134) 『淸太祖實錄』 卷3, 丁未 春正月 乙丑朔 ;『滿州實錄』과 『滿文老檔』에도 동일한 내용이 실려 있어 큰 차이는 없다. 다만 필자는 세 판본의 내용을 참고하여 의역하였다.(『滿州實錄』 卷3, 丁未 ;『滿文老檔』 卷1, 丁未)

사 1백 명으로 이들을 호위하게 하였다. 또한, 슈르하치 등에게 이 소식을 급히 알린 뒤, 남은 병사 2백 명으로 울라군에 맞서 대치하였다.

다음날 울라군이 파상 공세를 펼쳤지만, 누르하치군의 楊古利가 분전하여 울라군이 다시 두만강 건너편에 돌아가 대치하였다. 이때 후발대인 슈르하치 등이 도착하였고, 褚英과 代善이 각각 병사 5백 명을 이끌고 두 길로 나누어 울라군을 공격하였다. 누르하치군은 울라의 대장인 博克多 부자를 죽이고, 패륵 常住 등을 생포하였다. 게다가 누르하치군은 참수 3천 급에 말 5천 필, 갑옷 3천 부를 획득하며 대승을 거두었다.[135]

실질적으로 전투에 참가한 누르하치군은 약 1,200명이었던 반면 울라군은 1만여 명으로 약 10배의 차이가 났다.[136] 그럼에도 불구하고 누르하치군은 대승을 거두었다. 물론 이는 누르하치 측의 기록이기 때문에 과장이 있을 수 있다. 이를 검토하기 위해 제삼자인 조선의 기록을 참고하면, 오갈암 전투에서 누르하치군의 승전 실상을 확인할 수 있다.

(9) 비변사가 아뢰기를, "홀라온은 원래 북방의 추장으로 무리가 1만 미만이었습니다. 지난날 우리 변방을 쇠모하게 만든 것이 한두 번이 아니었으나 승부가 서로 엇비슷하였으므로 오히려 살육과 약탈을 크게 자행하지 못했습니다. 그런데 鬥岩의 패전에 이르러 一軍이 패망하여, 우리 국경에 즐비하게 엎어져 있는 적의 시체가 우리나라의 邊臣이 직접 센 숫자만도 2,600여 명이

---

135) 이때 슈르하치는 500명을 거느리고 있었는데, 전투가 시작될 때까지 움직임이 없다가 저영 등이 승세를 잡고 추격할 때 적을 추격하여 약간의 공을 세웠다. 당시 그는 이 정벌을 원치 않았고, 전투에도 소극적인 모습을 보였다. 이를 계기로 이후에 그의 부하들이 처벌을 당하는 등 누르하치와 틈이 벌어졌다.(『淸太祖實錄』 卷3, 丁未 春正月 乙丑朔)

136) 전투에 참전했던 누르하치군은 슈르하치가 500명, 저영과 대선이 각각 500명, 호이한이 300명으로 1,800명으로 구성되어 있었다. 그런데 슈르하치는 전투의 승부가 기울어진 뒤에야 참전했고, 호이한의 300명 중 100명은 현성의 백성들을 호위하고 있었다. 따라서 실질적으로 전투에 참전한 병력은 1,200명이었다. 누르하치가 현성에 3,000명을 보냈다고 했으므로 나머지 1,200명은 비영동이 거느렸을 것으로 보인다.

었고, 시체를 싣고 멀리 도망하는 무리를 老酋의 군대가 추격하여 적지 깊숙
이까지 갔다가 왔는데, 변방 사람들의 말에 의하면 胡地에서 죽은 자도 5,
6천 명이라고 합니다.137)

  이는 광해군 1년(1609)에 비변사에서 오갈암 전투 상황을 보고한 것
이다. 전투가 끝난 후 조선의 지방관이 직접 확인한 울라군의 시체만
2,600명이었다고 한다. 여기에 누르하치군이 추격하여 죽인 병사도 5, 6
천 명이나 되는데, 이를 제외하더라도『淸太祖實錄』과 거의 일치한다.
즉 조선 측 기록을 보더라도 누르하치군이 대승을 거둔 것이다.

  오갈암 전투의 승리로 누르하치는 더는 울라를 의식하지 않고, 두만
강 유역에 거주하는 번호에 대한 우위권을 가져갈 수 있었다. 뿐만 아니
라 그는 두만강 유역의 통로를 통해 東海渥集部까지 진출할 수 있었
다.138) 실제로 누르하치는 동년 5월에 동생 巴雅喇 등에게 병사 1천 명
을 주어 악집부의 赫席黑, 俄漠和蘇魯, 佛訥赫扥克索 3路를 차지하고,
2천 명을 생포하였다.139)

  누르하치는 광해군 원년(1609) 2월에도 호이한에게 병사 1천 명을 주
어 동해악집부의 浮野路를 차지하고, 2천 호를 거두어 왔다.140) 광해군
2년 11월에는 동해악집부의 那木都魯, 綏分, 寧古塔, 尼馬察 4路를 초
무하였다.141) 이 지역은 조선 전기에 尼麻車·南訥兀狄哈 등이 거주한
지역으로 한동안 이들과 조선의 관계가 단절되었었는데, 이때 누르하치

---

137)『광해군일기』권14, 1년 3월 10일 신묘.
138) 동해여진은 크게 渥集部, 瓦爾喀部, 胡爾哈部로 나뉜다. 누르하치가 이들을 통일
    하는 과정은 다음 연구를 참조할 수 있다.(閻崇年, 앞의 책, 1983, 73~90쪽 ;
    남의현, 「16-17세기 豆滿江 邊境地帶 女眞의 성장과 국제질서의 변화」,『명청사
    연구』41, 2014, 83~84쪽)
139)『淸太祖實錄』卷3, 丁未 夏5月 癸亥朔.
140)『淸太祖實錄』卷3, 乙酉 冬12月 戊申朔.
141)『淸太祖實錄』卷3, 庚戌 冬11月 壬寅朔.

의 영향력 아래에 들어갔다. 이후에도 누르하치는 渥集部와 東海胡爾哈部 등을 병합하였다.

누르하치는 오갈암 전투의 승전으로 두만강 유역 여진인에 대한 영향력 확보와 군사력 증강뿐만 아니라 동해여진을 통합할 수 있는 기반을 마련하였다. 또한, 이를 계기로 후금은 부잔타이에게 침략당하고 있는 조선을 구제해줬다고 인식하였다. 그러므로 후금은 정묘호란을 일으킨 후 조선에 자신들이 부잔타이에게 핍박받는 조선을 구원해주었음에도 불구하고, 조선에서 자신들의 은혜를 모른다며 불만을 토로하였다.[142]

부잔타이는 오갈암 전투로 자신이 구축한 두만강 유역에 대한 영향력을 상실하였다. 더불어 그는 최소 3천여 명의 군사가 사망하고, 博克多 등의 장수들을 잃으며 심각한 타격을 입었다. 이듬해(1608) 3월에 부잔타이는 누르하치에게 본성을 공격받아 패배하고, 굴욕적인 평화 협정을 맺을 수밖에 없었다.[143] 결국, 광해군 5년(1613)에 부잔타이는 누르하치가 보낸 3만여 명의 군대에게 烏拉城을 공략당하였고, 그는 여허로 도망하며 울라는 누루하치에게 통속되었다.[144]

조선 역시 직접적인 참전을 하지 않았지만 심각한 타격을 입었다. 조선의 영토인 오갈암에서 다른 국가, 혹은 세력이 전투를 벌였다는 것은 조선의 위신에 심각한 타격을 입었음을 의미한다. 그뿐 아니라 조선은 200여 년간 번호로 구축하였던 두만강 유역의 여진인에 대한 영향력을 상실하였다. 이 전투를 계기로 조선은 더 이상 번호 문제에 간섭할 수

---

142) 『인조실록』 권16, 5년 4월 1일 정유 ; 『淸太宗實錄』 卷2, 天聰 3月 辛未.

143) 『淸太祖實錄』 卷3, 戊申 春3月 戊子朔. 이때 누르하치는 장자 저영과 조카 阿敏 등을 보내 울라를 정복하게 했고, 宜罕阿麟城을 포위하여 천명을 베고, 갑옷 3백 부와 부잔타이의 백성들을 포로로 잡아왔다. 동년 9월에 부잔타이는 누르하치에게 내조하고, 혼인을 요청하자 누르하치가 딸을 보내주었다.(戊申 秋9月 乙酉朔)

144) 『滿文老檔』 上冊, 12~24쪽.

없었다.

이처럼 오갈암 전투는 비록 조선군이 참전하지는 않았지만, 그 파급력은 대단하였다. 누르하치가 이 전투로 두만강 하류의 훈춘까지 세력권을 확장하고, 이 지역의 인민을 赫圖阿拉으로 이주시킬 수 있었으며 이들의 전투력을 바탕으로 명군과 대적할 수 있었다.[145] 오갈암 전투는 작게 보면 두만강 유역 번호의 향배를 결정하였고, 크게 보면 동아시아사의 흐름을 바꾼 역사적 의미를 갖는 중요한 일전이었다.

제4절. 조선의 藩胡 상실

누르하치가 오갈암 전투에서 승리한 후 더 이상 그를 견제할 세력이 없었다. 이제 누르하치는 본격적으로 두만강 유역의 번호를 거두어 가기 시작하였다. 오갈암 전투 직후인 선조 40년(1607) 9월 선전관 이복광의 보고에 의하면, 누르하치의 병사 6~7백 명이 경원 등지에 모여 번호를 거두어 갈 때까지 주둔한다고 하였다. 또한, 종성의 방원보를 기점으로 두만강 상류의 번호는 거의 없고, 그 하류는 아직 남아 있다고 하였다.[146]

이처럼 누르하치는 오갈암에서 승전을 거둔 이후에도 번호를 거두어 가고 있었다. 그런데 번호 가운데 일부는 아래와 같이 고향을 떠나기 싫어하는 자도 있었다.

(10) 각종 번호가 일시에 부락을 모두 철수했는데도 섬을 수색하고 묻어놓은 곡식을 파내기까지 하였으니 위엄으로 억제하고 협박한 실상은 낱낱이 들지

---

145) 稻葉岩吉, 앞의 책, 1933, 112쪽.
146) 『선조실록』 권209, 40년 9월 13일 계묘.

않아도 충분합니다. 안락한 거처를 생각하여 못 잊는 것은 인정상 필연으로, (누르하치가) 보낸 오랑캐를 (번호가) 몰래 죽여 강물에 던져 흔적을 없앴으니 원망하는 심정을 알 수 있고, 길을 막고 울부짖어 이사시키지 말기를 애원하니 참으로 그 정상이 가련합니다.[147)

심지어 번호 가운데 일부가 조선의 경내로 도망가자, 누르하치의 군사는 이들을 잡기 위해 쫓아오기까지 하였다.[148) 번호가 사라지자 비변사는 "육진의 백성은 본디 번호와 서로 의지하여 생활했는데, 번호가 이미 없으니 의지할 곳이 없다"며 아쉬움을 표하였다.[149) 후일 광해군도 번호가 없어 위급한 일이 생겨도 대적할 수 없다며 안타까워하였다.[150)

광해군대에도 누르하치는 번호를 계속 거두었다. 광해군 원년(1609) 4월에 올린 비변사의 보고에 의하면 누르하치는 선조 40년에 데려 간 번호를 백두산 아래로 옮겼는데, 작년 봄에 이들을 赫圖阿拉으로 이주시켰다고 한다.[151) 그런데 누르하치는 광해군 원년 2월에 두만강 유역의 번호 가운데 조선에 들어가 사는 자가 있다며 명에 이들의 쇄환을 요청하였다. 이에 명은 조선에 유지를 내려 누르하치가 1천여 호를 거두어 갔다.[152)

누르하치가 명을 이용하여 조선의 영토 안에 사는 번호까지 거둔 것은 중요한 의미가 있다. 그동안 조선은 누르하치가 두만강 밖에 거주하는 번호를 데려가는 것에 암묵적으로 동의하였지만, 조선의 영토 안에 거주한 번호의 쇄환에는 비협조적이었다. 비록 이때 명을 통한 쇄환 교섭이 있었다고 하더라도 1천여 호에 이르는 번호가 사라진 것은 조선이

---

147) 『선조실록』 권217, 40년 10월 27일 병술.
148) 『선조실록』 권219, 40년 12월 18일 병자.
149) 『선조실록』 권217, 40년 10월 27일 병술 ; 권218, 40년 11월 13일 임진.
150) 『광해군일기』 권13, 1년 2월 23일 을해.
151) 『광해군일기』 권15, 1년 4월 21일 임진.
152) 『淸太祖實錄』 卷3, 己酉, 春2月 癸丑朔.

더 이상 번호에 대한 영향력을 확보할 수 없다는 것을 의미한다.

그렇다면 조선은 왜 번호를 순순히 누르하치에게 돌려주었을까? 먼저, 당시 조선의 지배층은 명에 대한 사대의식이 강화되었던 점을 들 수 있다.[153] 따라서 조선은 명에 별다른 문제제기 없이 누르하치에게 번호를 돌려주었을 것이다.[154] 다음으로, 조선은 누르하치의 능력을 자각했을 것이다. 조선군은 울라군보다 몇 배나 많은 군사를 거느리고 공격했다가 건가퇴에서 대패하였다. 하지만 누르하치군은 적은 군사로 울라군을 궤멸시켰다. 이러한 복합적인 상황에서 조선은 누르하치의 요청에 따를 수밖에 없었을 것이다.

누르하치가 번호 흡수에 혈안이 된 것은 통일과정에 필요한 병력을 확보하기 위해서였다.[155] 그러나 광해군 원년 9월에 누르하치는 최대 경쟁자인 여허를 공격하다가 대패하였다. 누르하치는 복수를 위해 병력 증강을 꾀하였고, 휘하 장수를 두만강 유역으로 보내 번호부락에서 기마병을 뽑아 오게 하였다.[156]

이후에도 광해군 3년(1611) 6월에 누르하치가 장군 3명을 보내 종성 성밖에 거주하는 都斗舍 등을 붙잡으러 왔으나, 도두사 등이 미리 도망가서 잡지 못하고 돌아갔다.[157] 동년 8월에도 누르하치의 병사가 경원 아산보

153) 한명기, 앞의 책, 1999 ;「임진왜란 시기 '재조지은'의 형성과 그 의미」,『동양학』29, 1999 ;「명청교체기 동북아 질서와 조선 지배층의 대응」,『역사와 현실』37, 2000 ;「16, 17세기 明淸交替와 한반도-'再造之恩', 銀, 그리고 쿠데타의 변주곡」,『명청사연구』22, 2004.
154) 이러한 점은 관련 내용이『광해군일기』에는 나타나지 않고,『淸太祖實錄』에만 등장하는 것에서도 알 수 있다.
155) 광해군 원년의 기록에 의하면 누르하치가 번호를 거두어 간 뒤 정병 5, 6천 명을 얻었다고 한다.(『광해군일기』권23, 1년 12월 19일 병인)
156) 이 전투에서 동생 슈르하치는 화살을 맞았고, 둘째 아들 他之貴와 누르하치의 이복동생인 也可赤은 싸움에 패해 죽었으며, 그 외 거느리고 간 군병들은 반이 패해서 죽었다고 한다.(『광해군일기』권20, 1년 9월 21일 기해)
157)『광해군일기』권42, 3년 6월 19일 정해.

경내에서 번호를 수색, 노략하였다.[158] 이처럼 누르하치는 두만강 건너편 뿐만 아니라 조선의 경내에 사는 번호까지 마음대로 잡아가며 얼마 남아 있지 않은 번호까지 거두었다. 그 결과 두만강 유역의 번호 체제는 완전히 붕괴되다시피 하였다. 광해군 9년경에 이르면 두만강 유역에 번호가 거의 남아있지 않아서 적의 출입 사실조차 알 수 없게 되었다.[159]

누르하치에게 강제로 잡혀 간 번호 가운데 일부는 누르하치를 원망하고, 조선을 그리워하기도 하였다.[160] 조선과 번호 모두 예전을 그리워하더라도 당시는 薩爾滸 전투 이후 후금의 세력이 하루가 다르게 전성기를 향해 치닫고 있었다. 이에 상응하여 두만강 유역에 번호가 거의 남지 않았고, 인조 초년에 이르면 "함경도 육진의 번호가 모두 철수하여 深處로 들어가 정세가 전일과 달라졌다"는 말이 나올 정도였다.[161] 물론 약간의 번호도 남아 있었다.

> (11) 상이 묻기를 "건너편 번호의 부락이 몇 호인가?"하니, 심열은 아뢰기를, "회령 건너편에는 20여 호가 있고 경흥 건너편에는 30여 호가 있습니다. 5~6일정을 가면 부락이 매우 많습니다."[162]

인조 2년(1624) 4월에 모문룡이 군대를 함흥으로 보내 두만강 건너편을 공격할 것이라는 보고가 있었다. (11)은 여기에 대한 대책을 마련하는 과정에서 인조와 심열이 나눈 대화이다.[163] 이때 심열이 두만강 건너편

---

158) 『광해군일기』 권44, 3년 8월 12일 기묘.
159) 『광해군일기』 권118, 9년 8월 29일 신유.
160) 『광해군일기』 권147, 11년 12월 17일 병인. 이는 강홍립의 奴子가 번호에게 들은 말로 이를 전적으로 믿을 수 없지만, 하나의 사례 정도로는 이용할 수 있을 것이다.
161) 『인조실록』 권2, 1년 6월 23일 임오.
162) 『인조실록』 권5, 2년 4월 16일 기해.
163) 그러나 모문룡은 후금을 공격하기는커녕 그 휘하인 時可達·王輔 등이 군사를 거느리고 함경도를 돌아다니며 조선의 백성들에게 큰 피해를 주었다. 특히 이들은

에 남아 있는 번호부락의 숫자를 말하였는데, 조선 전기에 비하면 그 수
가 대폭 감소하였다.

한편, 정묘호란 이후 조선은 후금과 강화를 맺었다. 후금이 조선에 침
입한 중요 동기 중 하나는 조선으로부터 물자를 얻는 것이었다.[164] 따라
서 후금은 합법적인 물자교역을 원하였지만, 조선은 이를 최대한 회피하
고자 하였다. 하지만 조선은 후금의 강경한 태도에 무역을 승인할 수밖
에 없었다. 그 결과 인조 6년(1628) 정월에 조선과 후금은 中江開市의
개설에 합의하여 정식으로 무역을 시작하였다.[165]

후금은 인조 6년 2월과 3월에도 회령에 직접 사신을 보내어 개시를
요구하였다.[166] 조선은 이를 원하지 않았기에 여러 핑계를 대며 상황을
모면하려 하였다. 특히 전에는 번호가 많았기 때문에 가능했지만, 지금
은 번호가 없어서 매매하지 못한지 오래되었다면서 난감해 하였다.[167]
하지만 끊임없는 후금의 압박에 동년 5월부터 회령개시가 개설되었
다.[168] 비록 회령개시가 개설되었지만, 조선이 번호의 감소를 개시 불가
의 주요 원인으로 지적할 정도로 번호가 남아있지 않았다.

정묘호란 이후 후금은 더욱 적극적으로 번호를 쇄환하였다.[169] 앞서
살펴보았듯이 번호 가운데 일부는 고향을 떠나고 싶어 하지 않았고, 일

정평 이남에서 군사를 풀어놓아 백성에게 횡포를 부리면서 소와 말을 약탈하고
집에 감춘 것까지 찾아내어 갈 정도였다.(『인조실록』 권6, 2년 6월 8일 경인)

164) 한편, 기존의 설명과 달리 후금 내부의 권력관계의 변화와 관계가 있음을 살펴본
연구도 있다.(송미령, 「天聰年間(1627-1636年) 支配體制의 確立過程과 朝鮮政策」,
『中國史硏究』 54, 2008)

165) 김종원, 『근세 동아시아관계사 연구』, 혜안, 1999, 96~132쪽.

166) 『인조실록』 권18, 6년 2월 22일 갑인.

167) 『인조실록』 권18, 6년 2월 22일 갑인 ; 3월 16일 정축 ; 23일 갑신.

168) 『인조실록』 권18, 6년 6월 5일 병술.

169) 인조 10년에도 胡差 狼革이 거느린 胡人 170명가 말 1백여 필을 거느리고 육진
에 숨은 번호를 쇄환하였다.(『인조실록』 권10, 10년 3월 29일 병인)

부는 조선에 귀화하여 살고 있었다. 하지만 후금은 인조 12년(1634) 2월
에 사신을 회령에 보내 번호 가운데 조선에 사는 자들까지 모조리 쇄환
해 가겠다고 통보하였다.[170] 이와 관련된 자세한 내용은 다음과 같다.

> (12) 接應使 김대건이 치계하였다. "胡差 大宋阿郎革 등이 말하기를 '여러
> 해 전에 번호를 모두 본고장으로 들여보낼 때 더러는 빠져 그대로 있는 자도
> 있고, 혹은 낙후되어 있다가 곧바로 돌아온 자도 있다. 이들이 모두 조선에
> 살면서 장가들고 시집가서 아들 손자를 낳았지만 원래 번호의 종족으로 귀국
> 과 관계가 없으므로 쇄환하도록 청한 것이 한두 번이 아니었는데, 아직 말한
> 대로 따르지 않았으므로 지금 대관을 보내어 결말을 지으려 한다'라고 하기
> 에, 신이 대답하기를 '번호를 철거하여 돌아갈 때 유기된 아이들이 없지 않았
> 다. 살리기를 좋아하고 죽이는 것을 싫어하는 것이 인간의 상정이므로 우리
> 나라 사람이 어린아이가 죽게 된 것을 애처롭게 여겨 간혹 거두어 기르면서
> 아버지라 부르고 아들이라 부르며 자기가 낳은 자식보다 더 소중히 여기고
> 있으니, 지금 와서 결코 따를 리가 없다' …(중략)… 大胡가 대답하기를 '만
> 일 끝내 조사하여 보내주지 않으면 해를 넘기더라고 결코 돌아갈 수 없다'라
> 고 하였습니다."[171]

위에 말한 여러 해 전에 번호를 들여보냈다는 것은 광해군 원년(1609)
에 누르하치가 명을 통해 1천여 호를 데려간 사실을 말한다. 이때 조선
에서 무려 1천여 호를 송환하다 보니 더러는 누락된 자도 있고, 혹은 낙
오되었다가 돌아온 자들도 있었다. 이들은 시간이 흘러 조선에 살며 조
선인과 결혼하여 살고 있었다. 그러나 후금은 이들이 원래 자신의 종족
으로 조선과 관계없다며 여러 차례 쇄환을 요구하였고, 조선에서 따르지
않았기 때문에 사신을 보내 결말을 지으려 하였다.

이에 접응사 김대건은 인지상정으로 우리나라 사람이 죽을 지경에 이
른 어린아이를 거두어 키웠으므로 다시 돌려보내기 쉽지 않다고 말하였

---

170) 『인조실록』 권29, 12년 2월 28일 을유.
171) 『인조실록』 권29, 12년 2월 29일 병술.

다. 하지만 大宋阿郎革은 조사하여 보내주지 않으면 돌아가지 않겠다며 조선을 압박하였다. 이후에도 후금은 조선으로 도망간 번호 등을 쇄환하도록 사신을 회령에 보내겠다고 하였다.[172] 이처럼 후금은 계속해서 번호를 데려갔고, 조선은 병자호란 등을 거치며 번호를 대부분 쇄환해 주었을 것이다.[173]

이후 두만강 유역에 번호가 살지 않으면서 이 지역의 중요성은 상대적으로 낮아졌다. 조선 초기 다른 지역과 달리 함경도와 평안도는 변경의 개척과 군사적 업무를 위해 都護府가 증설되었다.[174] 특히 육진 지역은 모두 종3품의 都護府使가 머물며 업무를 담당하였다.[175] 여기에 부령을 제외한 경원·회령·종성·온성·경흥 등 5진에는 종5품의 判官까지 두어 부사의 업무를 돕게 하였다.

5진은 국경 방어의 일선으로 적의 침입 방지가 최우선이었다. 또한, 조선 전기에 변장이 번호의 내조 인원, 회차 등을 정하였고, 때가 되면 번호에게 잔치를 베풀어주었다. 그리고 변장은 번호가 흉년 등으로 생활에 어려움을 겪으면 각종 물품을 내려주는 등 대여진 업무도 상당히 많았다. 그런데 번호가 사라지면서 5진 지역의 업무량이 크게 줄었다. 이러한 상황은 다음의 자료에 잘 드러난다.

(13) 함경감사 이안눌이 치계하기를, "육진이 이미 극도로 피폐하고, 번호를

---

172) 『인조실록』 권29, 12년 3월 15일 신축. 그 결과는 기록에 없어 알 수 없지만, 몇 명이라도 돌려줬을 것으로 보인다. 앞서 후금의 압력에 전 함경병사 김준룡과 전 부사 신경호가 조정에 물어보지도 않고, 독단으로 10여 명을 보낸 적이 있었다.(『인조실록』 권29, 12년 2월 29일 병술) 마찬가지로 이때에도 몇 명 정도를 보내는 선에서 마무리했을 것이다.

173) 『인조실록』 권37, 16년 8월 21일 신해.

174) 윤경진, 「朝鮮初期 郡縣體制의 개편과 運營體系의 변화」, 『한국사론』 25, 1991, 127~132쪽.

175) 『세종실록』 지리지 함경도 ; 『經國大典』 吏典 卷1, 外官職, 永安道.

접대하는 일도 없어졌으니, 종성과 경원의 두 고을 판관은 실로 불필요한 관
직이 되었습니다. 우선 이들을 줄여 邊民을 소생시키는 기반으로 삼으소서."
하니, 상이 모두 따랐다.176)

(13)은 인조 9년(1631) 10월에 함경감사가 육진의 피폐와 함께 번호를
접대하는 일이 없으므로 종성과 경원 두 고을의 판관이 필요 없다며 이
를 줄이자고 주장한 내용이다. 인조는 이안눌의 의견에 따랐고, 두 곳의
판관은 감원된 것으로 보인다. 실제로 조선말에 편찬된 『大典會通』에
의하면 함흥부와 경성부에 판관을 두고, 기존의 영흥·경원·회령·종성·
온성·북청 등의 판관을 모두 감원하였다.177) 이처럼 기존 5진의 판관을
감원한 중요 요인은 국방의 안정과 더불어 번호의 철폐 때문이다.

번호가 사라지고, 조선과 청의 관계가 안정적으로 운영되면서 특히
두만강 유역의 국방은 조선 전기만큼 긴요하지 않았다. 따라서 주요 鎭
堡와 北兵營 등의 移設과 革去 논의가 이어졌고, 실제로 몇 군데는 실
현을 이루기도 하였다.

예를 들어, 경종 3년에 端川의 吾乙足堡를 胡打里로 이설하였다. 오
을족보는 원래 번호가 내왕하던 요충이었으나, 번호가 사라진 뒤로 虛
鎭이 되었기 때문이다.178) 이 외에도 정조 10년(1786)에 비변사는 함경
북도의 행영을 이주하는 일로 논의하였다. 이에 정조는 이제 번호가 작
란하는 우환이 없다며 반대하였다.179)

---

176) 『인조실록』 권25, 9년 10월 6일 병오.
177) 『大典會通』 卷1, 吏典, 外官職, 咸境道.
178) 『경종실록』 권12, 3년 4월 13일 임술.
179) 『정조실록』 권21, 10년 1월 22일 정묘. 이후에도 정조 21년과 22년에 북도의
    행영을 옮기는 문제로 논의하였는데, 행영의 이전을 주장하는 사람들은 '번호가
    없어 변경에 걱정이 없고, 병사가 행영을 이주하느라 백성에게 폐만 끼칠 뿐'이
    라는 논지를 펼쳤다. 하지만 정조는 병영을 옮기지 않았다.(『정조실록』 권46, 21
    년 2월 25일 병신 ; 권48, 22년 3월 11일 을해)

 이처럼 조선 후기에 번호가 사라지면서 함경도 육진 지역의 국방 및 행정체제 등에 큰 변화가 나타났다. 그리고 그 중심에는 200여 년 넘게 조선과 긴밀한 관계를 맺었던 번호의 상실이 자리한다.

결론

　본 연구는 조선 전기 대여진 관계와 조선이 구축하고자 한 외교질서를 살펴보기 위하여 여진인 내조를 중심으로 그 현황 파악, 정책의 운용 추이, 실상 등에 대해 고찰하였다. 또한, 여진인 내조가 종언을 고하는 과정과 조선의 외교질서 안에 편입했던 번호의 상실까지 검토하였다. 지금까지의 내용을 정리하면서 그 의미를 살펴보면 다음과 같다.

　太祖 이성계는 東北面 출신으로 이 지역 여진인과 밀접한 관계를 맺었고, 이들은 조선 건국에 일정한 역할을 하였다. 태조는 두만강 유역과 그 이북에 거주하던 여진인을 초유하여 兀良哈과 吾都里, 骨看兀狄哈 등이 조선에 내조하였다. 이들은 왜구와 달리 한 차례도 조선을 침입한 적이 없을 정도로 태조대의 여진 관계는 원만하였다.

　그러나 明 永樂帝가 두만강 유역 여진인을 초유하면서 양자 관계에 균열이 생겼다. 영락제는 계속 이 지역 여진의 초유를 시도했고, 결국 童猛哥帖木兒와 劉把兒遜 등이 명에 내조하였다. 이를 계기로 양자의 관계는 냉각되어, 한동안 여진인의 내조가 거의 없었다. 이후 太宗 9년 12월부터 동맹가첩목아 등의 내조 재개로 이때부터 이들은 명과 조선에 兩屬 관계를 맺게 되었다.

　태종 10년에 嫌進兀狄哈 등이 조선을 침략하자 태종은 정벌을 단행하였다. 이를 통해 태종은 이들의 침략 방지와 더불어 영향력을 회복하였다. 두만강 유역 여진인 역시 적극적으로 조선에 내조하여 경제적 이득과 안전을 보장받고자 하였다. 이와 같은 양자의 이해가 맞물렸기 때문에 정벌 이후 이들의 내조가 급증하였다.

이 시기 조선의 의례정비 과정과 맞물리며, 正朝·冬至가 부각되었다. 태종은 여진인을 정조와 동지하례에 참석하게 하여 조선을 중심으로 하는 외교질서에 편입하고자 하였다. 실제로 여진인은 11, 12, 1, 2월에 주로 내조하였다. 이를 통해 태종은 여진에 대한 외교구상을 마련할 수 있었다.

世宗은 집권 초반기에 태종의 여진인 내조정책을 계승하였다. 하지만 태종의 승하와 더불어, 태종 11년에 개원으로 이주했던 동맹가첩목아가 회령으로 환거하면서 이들의 내조도 증가하였다. 이처럼 여진인 내조가 급증하자 조선은 여러 규정을 제정하며 여진인 통제책을 마련하였다.

이러한 관계는 세종 15년의 婆猪江 정벌과 동맹가첩목아의 피살로 전환점을 맞이하였다. 세종은 이를 계기로 육진 개척의 초석을 마련하였고, 여진인의 내조를 적극적으로 수용하며 조선의 영향력을 강화하였다. 한편, 세종 19년부터 홀라온올적합이 전격적으로 내조하였다. 세종은 이전에 홀라온과 교류가 없었으므로 이들에 대한 정보를 파악하고, 침입을 방지하기 위한 목적으로 내조를 수용하였다. 하지만 이들의 신분 모칭, 書契 위조 등 통교위반 사례가 급증하였고, 조선에 큰 재정적 부담을 주었기 때문에 세종은 홀라온을 강력하게 통제할 필요성을 느꼈다.

이 과정에서 조선은 세종 27년에 '을축약조'를 제정하였고, 그 내용은 대체로 잘 지켜졌다. 여기에 당시 불안한 요동 정세도 영향을 끼쳐 이 기간 여진인의 내조가 대폭 감소하였다. 또한, 세종은 여진·일본·유구 등 隣國에 대한 의례를 정비하여, 『世宗實錄』 五禮를 완성하였다.

세종은 正至賀禮에서 명에 망궐례를 행한 뒤, 여진·일본·유구 등의 사신이 조선의 신료들과 함께 참석하게 하였다. 이 특별한 의례공간은 조선과 이들의 정치적 종속관계를 재형성하는 중요한 의미가 있다. 즉 세종은 선왕대와 마찬가지로 내조와 조회를 통하여 조선 중심의 외교질 서를 실현하려고 한 것이다.

世祖는 집권과정에서 명분과 정통성 등의 문제를 안고 있었다. 따라서 그는 이를 해결하기 위해 여러 가지 왕권강화책을 구사하였다. 그 가운데 세조는 여진인과 왜인에게 내조를 독려하며 후대하였다. 그 결과 세조 초년의 내조 횟수가 급증하였고, 이는 세조의 정권 안정과 여진 통제책으로 작용하였다.

여진인 내조자가 증가하고, 이들을 후하게 접대하면 그만큼 많은 비용이 소요되었다. 하지만 세조는 이러한 폐단에도 불구하고, 계속해서 이들을 상경시키도록 했다. 이에 따라 한동안 단절되었던 건주삼위, 홀라온올적합과의 관계도 세조가 즉위하면서 변화하기 시작하였다. 이를 통해 세조는 기존보다 더 많은 세력에게 군왕으로서의 권위를 체현할 수 있었다.

세조는 명의 간섭으로 建州三衛와 관계를 단절하였으나 오히려 두만강 유역의 여진인에게 영향력을 강화하였다. 그는 신숙주를 파견하여 전부터 사이가 좋지 않던 제 종족의 화해에 적극적으로 개입하였다. 이외에도 세조는 '浪孛兒罕 사건'을 강력하게 처리하였고, 이에 대한 반발을 진압하기 위해 이듬해 '毛憐衛 정벌'을 단행하여 조선의 무력적 우위를 보였다. 한편, 세조는 정벌에 참여한 여진인에게 내조허가와 함께 대대적으로 授職하였다. 이처럼 세조는 내조를 이용하여 그들에 대한 통제를 강화하였고, 여진인도 자신의 안전 등을 위해서 순응하였다.

세조는 여진인의 내조 시기까지 조절하여 조선을 중심으로 한 국제질서를 구현하였다. 내조자들을 세력별로 분석하면 토착여진, 알타리, 골간올적합과 같이 조선의 영토 안에 거주하거나 가까이에 거주하는 자들이 11, 12, 1, 2월에 내조하는 비율이 높았다. 이는 조선과 가까이, 혹은 영토 안에 거주하는 여진인이 조선의 통제에 잘 따랐음을 보여준다.

成宗은 조선 초부터 계속된 강온양면책을 기반으로 여진 정책을 추진하였다. 특히 성종은 내조를 적극적으로 추진하여 재정 등에 많은 부담을 느꼈다. 결국, 성종은 재위 초반 여진인 내조에 대한 각종 규정을 제정하였고, 1년에 수용하는 여진인의 내조 횟수 및 인원, 접대규정 등을 정하고자 노력하였다. 그리고 그 내용은 『經國大典』과 『國朝五禮儀』 등에 성문화 되었다. 이러한 규정은 명이 여진인에게 행한 것과 거의 같은 양상을 보인다. 물론 성종은 정벌 등과 같은 예외적인 상황이 발생하면 전처럼 탄력적으로 운영하였다.

규정의 재정비에 힘입어 성종대는 선대왕들과 달리 여진인의 내조를 정한 범위 내에서 수용하는 양상을 보이고 있다. 특히 이전보다 여진인의 내조 시기가 11월, 12월, 1월, 2월에 집중되는 비율이 더 높았다. 이는 성종대의 여진 정책이 더욱 강력하게 이루어졌음을 증명한다. 그리고 여진인도 조선의 외교정책에 순응하고 있었음을 의미한다. 이러한 정책은 후대 왕에게 영향을 미쳐 여진인 내조 수용의 전범을 마련했다고 볼 수 있다.

연산군대부터 명종대에 이르는 시기는 대여진 관련 사료 자체가 전보다 큰 폭으로 감소하였다. 여진인 내조 기록도 마찬가지로, 이 때문에 선행 연구에서는 이 시기에 여진 관계가 변화하면서 여진인의 내조가 감소한 것으로 보았다. 하지만 본문에서 검토한 것과 같이 사료상 직접적인 내조 기록은 감소했지만, 여전히 이들의 내조가 계속된 정황을 찾을 수 있었다.

燕山君代 여진인의 피로인 쇄환, 여진인 내조자가 北平館에 머문 사

례, 연산군 8년 1월 1일의 회례연에 참석한 사실 등을 통해 이들의 내조 가 계속되었음을 알 수 있다.

中宗代에도 여진인 가운데 조선에 공을 세우거나 조선인을 쇄환하면 내조할 자격을 얻었다. 또한, 내조자는 조선으로부터 관직을 받거나 回 賜品·賞賜品을 받았다. 결정적으로 조선이 여진인의 내조 시기, 횟수, 인원을 풍흉년에 따라 조절하였고, 심지어 祿까지 지급하고 있었다. 여진 인의 빈번한 내조는 조정에 큰 부담을 주었음에도 불구하고 중종은 이들 을 藩胡와 藩籬로 만드는 데 유용했기 때문에 계속 내조를 수용하였다.

明宗代에도 위에서 확인한 사례들이 등장하며 여전히 여진인의 내조 가 계속되었음을 유추할 수 있었다. 그리고 이 시기에 제작된 『攷事撮 要』의 여진인 상경 횟수와 인원 등은 전대의 규정과 같다. 따라서 당시 에도 여진인의 내조가 빈번하게 이루어지고 있었고, 이전의 여진 정책은 크게 변하지 않았음을 의미한다고 생각한다.

여진인 내조 기록이 감소한 이유는 당시 『실록』의 편찬자들은 여진인 의 내조 자체를 중요하지 않은 常例라고 여겼기 때문일 것이다. 그리고 이는 16세기에 변화된 대명관계 및 위정자들의 의식 변화 등을 통해 유 추할 수 있다. 즉 당대 조선의 위정자들은 여진과 왜인에 대한 기록 자 체를 『실록』에 적게 기재했을 가능성이 매우 높다.

宣祖代에도 여진인에 관한 기록 자체가 적다. 하지만 여진인이 북평 관에서 불법으로 무역하며 폐단을 일으킨 사실 등의 사실을 통해 이들의 내조가 계속되었음을 알 수 있다. 이러한 가운데 선조 16년(1583)에 발 생한 '니탕개의 난'은 변장의 폭정 등과 같이 기존에 응축되었던 여진인 의 불만이 드러난 사건이었다. 조선이 이들의 반란을 진압한 후 정확하 게 藩胡가 내조한 기록은 없지만, 여러 정황상 壬辰倭亂의 발발 전까지 이들이 조선에 내조했을 가능성이 높다.

그런데 임진왜란으로 양자의 관계에 큰 변화가 나타났다. 선조가 義州로 피난하는 상황에서 육진의 관사를 분탕하는 번호도 있었다. 하지만 조선은 번호의 내조를 수용하지 못하는 것을 염려하여 약간의 물품이라도 나눠주고자 하였고, 공이 있는 추장에게 賞賜를 내렸다. 반면 조선을 공격하는 번호는 군사를 동원하여 응징하였다.

임진왜란이 종식된 후 조선은 번호의 내조를 허락하였다. 하지만 한양이 전란으로 파괴된 상황에서 이들이 留宿할 공간조차 없었고, 전과 같이 조회를 실시할 수도 없었다. 게다가 노토 등은 여전히 조선의 변경과 번호를 공격하여, 근본적인 대책이 필요한 시점이었다. 결국, 조선은 번호의 경제적 욕구를 충족해주는 방식으로 대여진 정책을 선회하였다. 이는 기존의 성격과 다른 것으로 여진인 내조의 終焉을 뜻한다. 이후 조선이 더는 여진인의 내조를 수용하지 못하였다.

조선이 번호의 내조를 수용하지 못하면서 기존의 영향력을 확보하기 쉽지 않았다. 이때 누르하치와 경쟁 관계에 있던 홀라온올적합(울라)의 布占泰가 선조 36년과 선조 38년에 조선과 두만강 유역의 번호를 약탈하였다. 이에 북병사 김종득은 울라군을 공격하였다가 오히려 대패하였다. 조선은 번호를 부잔타이의 침입으로부터 지켜주지 못했고, 부잔타이는 오히려 대조선 관계에서 주도권을 쥐었다.

부잔타이가 번호를 강압적으로 철거하는 가운데 縣城의 번호가 끝까지 저항하였고, 이들은 누르하치에게 도움을 청하였다. 누르하치는 흔쾌히 지원군을 보내 선조 40년(1607)에 鍾城의 烏碣巖에서 누르하치군과 부잔타이군이 乾坤一擲의 승부를 겨루었다. 이 전투에서 누르하치가 승리를 거두어 두만강 유역의 번호를 획득하였고, 東海渥集部까지 진출하였다. 반면 조선은 자신의 영토에서 벌어진 전투를 방관하며, 번호를 상실할 수밖에 없었다. 누르하치는 오갈암 전투 이후 계속하여 번호를 철거하였고, 인조대에 이르러 남아있는 번호가 거의 없을 정도에 이르렀다. 따라서 이 지역에 대한 중요성은 조선 전기보다 감소되었다.

　이상의 내용에서 살펴본 바와 같이 조선은 국내·외의 상황과 국왕의 의지 등에 따라 여진인의 내조를 탄력적으로 운영하였다. 이를 토대로 조선시대 여진인 내조의 특징을 다음과 같이 정리할 수 있다.

　첫째, 조선은 여진인 통교규정을 계속 만들었다. 조선은 태종대부터 여진인의 내조 규정을 갖추었고, 세종대에 '을축약조'로 대표되는 통교체제를 마련하였다. 이는 여진인 통교체제의 전범으로 작용하였다. 이후 성종 초년에 다시 여진인 내조 횟수와 인원을 정하였다. 이때의 규정은 인원과 횟수뿐만 아니라 풍년과 흉년에 따라 세분화하는 특징을 보인다. 이후 규정을 약간 손질하였고, 중종대부터 정형화되어 『攷事撮要』와 『春官志』에도 그 인원 및 횟수 등이 기재되었다.

　둘째, 조선은 수 회의 여진 정벌 이후 내조를 이용하여 이들을 위무하거나 자신의 영향력 아래에 편입시켰다. 태종은 여진 정벌을 통해 두만강 유역의 여진인에 대한 영향력 강화하였다. 또한, 세종은 파저강 정벌 이후에 자신감을 가지고 건주위의 내조를 수용하였다. 세조대와 성종대에는 종군한 여진인에게 포상의 개념으로 내조를 수용하였다. 이처럼 조선은 여진인에게 정벌이라는 강경책과 더불어 내조라는 회유책을 이용하여 조선을 중심으로 하는 외교체제를 수용하도록 하였다.

　셋째, 조선은 내조를 통하여 두만강 유역의 여진인을 藩籬 혹은 藩屛으로 구축하였다. 조선은 이들을 현재의 목단강과 수분하 상류에 거주한 혐진(니마차)올적합 등의 침입으로부터 구원해주고, 흉년과 같은 경제적 곤란 등을 해소해주면서 이들을 점차 울타리로 구축해 나갈 수 있었다. 특히 조선이 두만강 유역 여진인의 내조를 정례적으로 수용한 점 등 역시 이러한 사실을 잘 반영한다.

　넷째, 조선은 여진인이 내조하면 철저히 조선의 의례를 따르게 하였다. 여진인의 내조 경향을 살펴보면, 양자 사이에 특별한 사건 등이 발생하지 않는 한 대부분 11, 12, 1, 2월에 집중되었다. 또한, 여기에 참석하지 못하더라도 여진인은 왕을 알현하는 朝會에 참석하며 조선의 의례를 준용하였다. 이러한 점은 조선이 여진인의 내조를 조선의 외교질서 구축에 중요 수단으로 이용하였음을 보여준다.

다섯째, 왜인보다 여진인이 조선의 통제에 순응하는 양상을 보인다. 왜인들은 빈번하게 통교 위반을 하였고, 왜관 등에서의 범죄, 심지어 삼포왜란까지 일으키며 조선의 통제에 반발하였다. 이후 임진왜란이 발발할 때까지 일본과 조선의 관계는 거의 단절되다시피 하였다. 하지만 여진은 조선의 통제에 비교적 잘 따랐다. 두 세력은 조선 중심의 외교질서의 양축이라고 해도 모자람이 없다. 결과적으로 두만강 유역의 여진인은 조선 중심의 외교질서를 실현해 주는 중요한 존재였다.

그렇다면 조선이 여진인의 내조를 수용한 것은 동아시아의 역사 전개에서 어떤 의미를 지니고 있을까? 주지하듯이 당시의 동아시아는 명을 정점으로 하는 국제질서로 편제되었다. 그리고 이를 실현하는 수단은 朝貢·册封이었다. 조선은 건국 초부터 명에 대한 사대를 천명하여 명으로부터 '禮儀之國'이라는 평가를 받을 정도였다.

반면 조선이 주변의 여진과 일본 등에게 보인 태도는 명과 전혀 다르다. 바로 조선이 여진인과 왜인에게 조공·책봉을 적용한 것이다. 즉 조선은 이들로부터 내조를 수용하고, 관직을 제수하며 조선을 중심으로 하는 외교질서의 실현을 이룰 수 있었다. 이러한 점은 앞서 살펴본 것처럼 왜인보다 두만강 유역의 여진인에게 더욱 선명하게 드러난다.

조선이 명의 질서에서 벗어나지 않으면서 조선 중심의 외교질서를 추구한 것은 당시의 동아시아에서 명의 일원적인 위계질서가 통용되지 않은 점을 여실히 보여준다. 실제로 당시 몽골 부족들은 조공·책봉을 기반으로 한 명과 '복종' 관계라는 형식을 수용하면서도 내용은 거부하였다.

이러한 사실을 근거로 명을 정점으로 하는 질서가 과연 동아시아에서 철저히 지켜졌는지 의문을 제기한 연구가 주목된다.[180]

당시 명의 가장 충순한 조공국이라고 자타가 공인했던 조선이 조공·책봉을 적용하여 자신의 질서를 구축하였다는 점은 시사하는 바가 크다. 이러한 사실 역시 당시의 동아시아가 명을 정점으로 한 일원론적 세계였다고 설명할 수 없을 것이다.

명이 '명 중심의 일원론적 질서'를 추구 하였다면, '조선 중심의 외교질서'를 승인할 수 없다. 하지만 조선이 여진과 일본의 대마도를 비롯한 중소영주에게 군주의 입장을 강요하는 것에 명은 초기에만 잠시 간섭했을 뿐 이후 암묵적으로 동의하였다.[181]

실상 명은 자신의 질서에 가장 잘 순응하는 조선을 굳이 통제할 필요가 없었다. 어차피 조선은 명의 질서에서 벗어날 기미를 보이지 않았으므로 명은 조선의 외교질서를 묵인하였다. 사실 명 중심의 국제질서가 동아시아에서 튼튼히 유지된 데에는 조선의 호응과 역할이 중요하게 작용하였다.[182] 따라서 명은 자신의 질서를 공고히 하기 위해서라도 조선의 독자적 외교질서를 묵인하였을 것이다.

만약 명이 조선에 지나친 간섭을 하면 조선 초 '요동정벌론'과 같은 갈등을 야기할 소지가 있다. 최악의 경우 명은 가장 충실한 번속국인 조선을 잃게 될지도 모르는 일이다. 그러므로 명은 자신의 국제질서를 인정하는 조선과 굳이 대립각을 세우면서 간섭할 필요가 없었기에 조선의 외교질서를 묵인했을 가능성이 높다.

---

180) 토마스 바필드(Thomath J. Barfield) 著/윤영인 역, 『위태로운 변경』, 동북아역사재단, 2009.

181) 물론 명이 夷以制夷의 방침으로 이를 용인한 측면도 있다.(于曉光, 『明朝與朝鮮圍繞女眞問題交涉硏究』, 山東大學 博士學位論文, 2006)

182) 계승범, 「15-17세기 동아시아 속의 조선」, 『동아시아 국제질서 속의 한중관계사』, 동북아역사재단, 2010, 277~278쪽.

결국 조선 전기의 국제질서는 명을 정점으로 하고, 그 속에서 다시 조선을 중심으로 하는 질서가 존재하였다고 할 수 있다. 그리고 조선은 명중심의 국제질서에 잘 순응하는 한편, 중화의 조공·책봉과 外夷의 접대 규정 등을 조선에 맞게 변용하였다. 이를 통하여 조선은 독자적인 "조선의 길"을 추구하였다.

본 연구는 조선에 내조한 여진인의 현황을 분석하여 양자 관계를 시기별로 검토하였다. 또한, 조선이 여진인 내조와 관련한 여러 제도들을 언제 어떻게 정비하고, 그 제도들을 어떤 방식으로 운영하였는지에 대해 살펴보았다. 이를 통해 조선이 여진인의 내조를 수용한 목적을 밝혀낼 수 있었고, 한발 더 나아가 조선이 구축하고자 했던 국제질서의 구체적인 내용과 성격을 증명하였다.

마지막으로 본 연구는 조선과 여진의 관계에 초점을 맞춰 진행하였다. 하지만 동아시아의 구성원인 명·일본·유구·몽골 등을 살펴보지 못한 한계가 있다. 당시 국제질서의 양상을 깊이 이해하기 위해서는 외교의 또 다른 축인 명·일본 등에 대한 고찰이 필요하다. 이에 대해서는 향후의 연구 주제로 삼고자 한다.

Ⅰ. 기본사료

『高麗史』, 『高麗史節要』, 『朝鮮王朝實錄』, 『龍飛御天歌』, 『樂學軌範』. 『經國大典』, 『國朝五禮儀』, 『北征錄』, 『西征錄』, 『新增東國輿地勝覽』, 『四佳集』, 『吏文』, 『攷事撮要』, 『制勝方略』, 『亂中雜錄』, 『建州紀程圖記』, 『向化人謄錄』, 『事大文軌』, 『國朝征討錄』, 『北關志』, 『北路紀略』, 『春官志』, 『國朝人物考』, 『大典會通』, 『明史』, 『明實錄』, 『撫安東夷記』, 『(萬曆)大明會典』, 『大明集禮』, 『遼東志』, 『全遼志』, 『外夷朝貢考』, 『清太祖實錄』, 『滿州實錄』, 『滿文老檔』, 『(欽定)滿洲源流考』

Ⅱ. 저서

1. 국문

강석화, 『조선후기 함경도와 북방영토의식』, 경세원, 2000

강성문, 『韓民族의 軍事的 傳統』, 봉명, 2000

구범진 역주, 『이문역주』(중)·(하), 세창출판사, 2012

국립민속박물관, 『조선대 세시기』 1, 국립민속박물관, 2003

국방군사연구소, 『국토개척사』, 국방군사연구소, 1999

국방부 군사편찬연구소, 『國朝征討錄』, 2009

국사편찬위원회, 『한국사』 15·22·29, 1995

권선홍, 『전통시대 동아시아 국제관계』, 부산외국어대학교출판부, 2004

계승범, 『조선시대 해외파병과 한중관계』, 푸른역사, 2009

_____, 『중종의 시대: 조선의 유교화와 사림운동』, 역사비평사, 2014

김구진, 『13C-17C 女眞 社會의 研究』, 고려대학교 박사학위논문, 1989

김돈, 『조선전기 군신권력관계 연구』, 서울대출판부, 1997

김돈, 『조선중기 정치사 연구』, 국학자료원, 2009

김범, 『朝鮮前期의 王權과 政局運營-成宗·燕山君·中宗代를 중심으로-』, 고려
       대학교 박사학위논문, 2005

_____, 『연산군-그 인간과 시대의 내면』, 글 항아리, 2010

김종원, 『근세 동아시아관계사 연구』, 혜안, 1999

김주원, 『조선왕조실록의 여진족 족명과 인명』, 서울대학교출판부, 2008

김한규, 『中國의 天下思想』, 민음사, 1988

_____, 『한중관계사』 Ⅰ·Ⅱ, 아르케, 1999

_____, 『요동사』, 문학과지성사, 2004

_____, 『천하국가』, 소나무, 2005

남의현, 『明代遼東支配政策研究』, 강원대학교출판부, 2008

渡辺信一郎 著/문정희·임대희 공역, 『천공의 옥좌』, 신서원, 2007

도현철, 『조선전기 정치 사상사』, 태학사, 2013

동북아역사재단 편, 『한중 외교관계와 조공·책봉』, 2005

_____, 『한중일 학계의 한중관계사 연구와 쟁점』, 2009

_____, 『동아시아 국제질서 속의 한중관계사』, 2010

류재춘·남의현·한성주, 『근세 동아시아와 요동』, 강원대출판부, 2011

민덕기, 『前近代 동아시아 세계의 韓·日관계』, 경인문화사, 2007

박옥걸, 『고려시대 귀화인 연구』, 국학자료원, 1996

박원호, 『明初朝鮮關係史研究』, 일조각, 2002

방경일, 『朝鮮前期 오도리族의 成長過程』, 한국학중앙연구원 박사학위논문, 2009

방동인, 『韓國의 國境劃定研究』, 일조각, 1997

백산학회, 『大陸關係史 論考』, 백산자료원, 2000

西嶋定生 著/이성시 편/송완범 역, 『일본의 고대사인식-동아시아세계론과 일본』, 역사비평사, 2008

서병국, 『宣祖時代女直交涉史研究』, 교문사, 1970

세종대왕출판기념회, 『세종문화사대계』 3, 2001

송웅섭, 『조선 성종대 公論政治의 형성』, 서울대학교 박사학위논문, 2011

손승철, 『朝鮮時代 韓日關係史研究』, 지성의 샘, 1994

孫進己 著/임동석 역, 『東北民族原流』, 동문선, 1992

오영교 외, 『조선 건국과 경국대전체제의 형성』, 혜안, 2004

오종록, 『朝鮮初期 兩界의 軍士制度와 國防體制』, 고려대학교 박사학위논문, 1992

_____, 『여말선초 지방군제 연구』, 국학자료원, 2014

왕영일, 『李之蘭에 대한 연구』, 고려대학교 박사학위논문, 2003

劉小萌 著/이훈·이선애·김선민 역, 『여진 부락에서 만주 국가로』, 푸른역사, 2013

이규철, 『조선초기의 對外征伐과 對明意識』, 가톨릭대학교 박사학위논문, 2013

이동희, 『朝鮮初期 承政院의 政治的 役割 研究』, 전북대학교 박사학위논문, 1991

이범직, 『韓國中世禮思想研究』, 一朝閣, 1991

이상협, 『朝鮮前期 北方徙民研究』, 경인문화사, 2001

이인영, 『韓國滿洲關係史의 研究』, 을유문화사, 1954

이춘식, 『事大主義』, 고려대학교출판부, 1997

이화자, 『한중국경사 연구』, 혜안, 2011

장창하, 『세종대의 여진 정벌에 관한 연구』, 한국학중앙연구원 박사학위논문, 2006

전해종, 『韓中關係史研究』, 一朝閣, 1970

정두희, 『朝鮮初期 政治支配勢力 研究』, 일조각, 1983

정두희 외, 『임진왜란 동아시아 삼국전쟁』, 휴머니스트, 2007

정재훈, 『조선의 국왕과 의례』, 지식산업사, 2010

최소자, 『명·청시대 중한관계사 연구』, 이화여자대학교 출판부, 1997

최승희, 『朝鮮初期 政治史研究』, 지식산업사, 2002

최정용, 『조선조 세조의 국정운영』, 신서원, 2000

최호균, 『조선 중기 대여진 관계 연구』, 성균관대학교 박사학위논문, 1995

패멀라 카일 크로슬리(Pamela Kyle Crossley) 著/ 양휘웅 역, 『만주족의 역사 : 변방의 민족에서 청 제국의 건설자가 되다』, 돌베개, 2013

토마스 바필드(Thomath J. Barfield) 著/ 윤영인 역, 『위태로운 변경』, 동북아역사재단, 2009

하우봉, 『조선시대 한국인의 일본관』, 혜안, 2006

한문종, 『조선전기 향화·수직왜인 연구』, 국학자료원, 2001

_____, 『朝鮮前期 對日外交政策 研究』, 전북대학교 박사학위논문, 1996

한명기, 『임진왜란과 한중관계』, 역사비평, 1999

_____, 『정묘·병자호란과 동아시아』, 푸른역사, 2009

한석정 외, 『만주, 동아시아 융합의 공간』, 소명출판사, 2009

한성주, 『조선전기 수직여진인 연구』, 경인문화사, 2011

한형주, 『朝鮮初期 國家祭禮 研究』, 一朝閣, 2002

사회과학출판사, 『조선인민의 반침략투쟁사(리조편)』(개정판), 2010
과학백과사전출판사, 『조선단대사(리조사4)』(개정판), 2011

2. 日文

江嶋壽雄, 『明代淸初の女直史研究』, 中國書店, 1999
稻葉岩吉, 『光海君時代の滿鮮關係』, 大阪屋號書店, 1933
_____, 『滿洲發達史』, 大阪屋號, 1915
東京帝國大學校文學部,   『滿鮮地理歷史研究報告』,   東京帝國大學校文學部,
       1915-1941
白鳥庫吉 等, 『滿洲歷史地理』 2, 南滿洲鐵道株式會社, 1913
夫馬進 編, 『中國東アジア外交交流史の研究』, 京都大學學術出版會, 2007
三田村泰助, 『淸朝前史の研究』, 同朋舍, 1965
愛新覺羅 烏拉熙春, 『明代の女眞人』, 京都大學學術出版會, 2008
園田一龜, 『明代建州女直史研究』, 東京國立書院, 1948
_____, 『明代建州女直史研究』(續篇), 東京國立書院, 1953
中村榮孝, 『日鮮關係史の研究』 上, 吉川弘文館, 1965
津田左右吉, 『朝鮮歷史地理』 下, 南滿洲鐵道株式會社, 1913
池內宏, 『滿鮮史研究』(近世編), 中央公論美術出版, 1972
荷見守義, 『明代遼東と朝鮮』, 汲古叢書, 2014
河內良弘, 『明代女眞史の研究』, 同朋舍, 1992
和田淸, 『東亞史研究』(滿洲篇), 東京國立書院, 1954

2. 中文

寧夢辰, 『東北地方史』, 遼寧大學出版社, 1999
姜龍範·劉子敏, 『明代中朝關係史』, 黑龍江朝鮮民族出版社, 1999
國家文物局 主編, 『中國文物地圖集-吉林分册-』, 中國地圖出版社, 1993
譚其驤, 『中國歷史地圖集』 第七册, 中國地圖出版社, 1982
董萬崙, 『東北史綱要』, 黑龍江人民出版社, 1987
戴逸, 『簡明淸史』, 人民出版社, 1980

孟森,『滿洲開國史講義』, 中華書局, 2006

____,『淸朝前紀』, 中華書局, 2008

孫乃民 外,『吉林通史』2, 吉林人民出版社, 2008

孫進己 外,『女眞史』, 吉林文化出版社, 1987

_____,『女眞民族史』, 廣西師範大學出版社, 2010

楊暘 外,『明代奴兒干都司及其衛所研究』, 中州書畫社, 1982

楊暘,『明代遼東都司』, 中州古籍出版社, 1988

____,『明代東北疆域研究』, 吉林人民出版社, 2008

于曉光,『明朝與朝鮮圍繞女眞問題交涉研究』, 山東大學 博士學位論文, 2006

王臻,『朝鮮前期與明建州女眞關係研究』, 中國文史出版社, 2005

王鐘翰,『滿族簡史』, 中華書局, 1979

閻崇年,『努爾哈赤傳』, 北京出版社, 1983

袁閭琨 外,『淸代前史』上·下, 瀋陽出版社, 2004

李建才,『明代東北』, 遼寧人民出版社, 1986

李雲泉,『朝貢制度史論』, 新華出版社, 2004

鄭岩,『明前期建州女眞歷史考察』, 中央民族大學 博士學位論文, 2010.

鄭弘英,『朝鮮初期與明朝政治關係演變研究』, 延邊大學 博士學位論文, 2011

中國文物局 主編,『中國文物地圖集-遼寧分冊-』上·下, 西安地圖出版社, 2009

陳放,『朝鮮與女眞·滿族諸政權關係變遷研究』, 延邊大學 博士學位論文, 2012

刁書仁,『明淸中朝日關係史研究』, 吉林文化出版社, 2001

____,『明淸東北亞史論』, 吉林文化出版社, 2006

黃枝連,『天朝禮治體系研究』下, 中國人民大學出版社, 1995

Ⅲ. 논문

1. 국문

강석화,「조선후기 함경도 육진의 방어체계」,『한국문화』36, 2005

강성문,「世宗朝 婆豬野人의 征伐研究」,『육사논문집』30, 1986

____,「조선시대 여진 정벌에 관한 연구」,『군사』18, 1989

강신엽,「조선중기 이일의 관방정책」,『학예지』5, 1997

강제훈,「조선 초기의 조회 의식」,『조선시대사학보』28, 2004

_____, 「조선 世宗조의 조회」, 『한국사연구』 128, 2005

_____, 「조선 世祖代 朝會와 王權」, 『사총』 61, 2005

_____, 「조선 성종대 朝會儀式과 朝會 운영」, 『한국사학보』 27, 2007

_____, 「조선 초기 朝儀의 의례구조와 상징」, 『한국사연구』 137, 2007

_____, 「조선 초기 正至會禮 의식의 정비와 운용」, 『한국사학보』 34, 2009

_____, 「조선 『世宗實錄』 「五禮」의 편찬경위와 성격」, 『사학연구』 107, 2012

구도영, 「中宗代 對明외교의 추이와 정치적 의도」, 『역사와 현실』 62, 2007

_____, 「中宗代 事大認識의 변화」, 『조선시대사학보』 54, 2010

_____, 「16세기 對明私貿易의 정책 방향과 굴레-中宗代 明의 '조선사행단 출입제한 조치'를 중심으로」, 『조선시대사학보』 62, 2012

계승범, 「파병 논의를 통해 본 조선전기 對明觀의 변화」, 『대동문화연구』 53, 2006

_____, 「15-17세기 동아시아 속의 조선」, 『동아시아 국제질서 속의 한중관계사』, 2010

_____, 「향통사 하세국과 조선의 선택 : 16-17세기 한 여진어 통역관의 삶과 죽음」, 『만주연구』 11, 2011

_____, 「임진왜란 중 조명관계의 실상과 조공·책봉관계의 본질」, 『한국사학사학보』, 2012

_____, 「16-17세기 明·朝鮮 관계의 성격과 조선의 역할」, 『정치와 평론』 10, 2012

_____, 「조선 전기사 연구의 현황과 과제(2011-2012)」, 『역사학보』 219, 2013

김경록, 「中宗反正이후 承襲外交와 朝明關係」, 『한국문화』 40, 2007

_____, 「조선시대 서울의 외교활동 공간」, 『서울학연구』 31, 2008

_____, 「조선시대 국제질서와 한중관계의 전개양상」, 『중국학보』 60, 2009

_____, 「조선시대 국제질서와 조명관계」, 『문화로보는한국사』, 이태진교수정년기념논총, 2009

_____, 「홍무제의 대외인식과 조공제도의 정비」, 『명청사연구』 37, 2012

김구진, 「吾音會의 斡朶里 女眞에 대한 연구」, 『사총』 17, 1973

_____, 「麗末鮮初 豆滿江流域의 女眞分布」, 『백산학보』 15, 1973

_____, 「初期 毛憐兀良合 研究」, 『백산학보』 17, 1974

_____, 「骨看 兀狄哈 硏究」, 『사총』 20, 1976

_____, 「公險鎭과 先春嶺碑」, 『백산학보』 21, 1976

_____, 「尹瓘9城의 範圍와 朝鮮6鎭의 開拓-女眞 勢力 關係를 中心으로-」, 『사총』 21·22, 1977

_____, 「명대 여진사회의 경제생활양식과 그 변화」, 『동양사학연구』 17, 1982

_____, 「조선전기 대여진 관계와 여진사회의 실태」, 『동양학』 14, 1984

_____, 「明代 女眞社會의 貢勅과 書契」, 『(宋甲鎬敎授停年退任)紀念論文集』, 1993

_____, 「明代 女眞의 중국에 대한 公貿易과 私貿易」, 『동양사학연구』 48, 1994

_____, 「여진과의 관계」, 『한국사』 22, 국사편찬위원회, 1995

_____, 「조선 초기에 韓民族으로 동화된 土著女眞」, 『백산학보』 58, 2001

_____, 「조선전기 여진족의 2대 종족-兀良哈과 兀狄哈」, 『백산학보』 68, 2004

_____, 「조선 시대 6鎭 방어 전략-制勝方略체제의 연구-」, 『백산학보』 71, 2005

_____, 「만주사 연구의 새로운 방향 모색」, 『만주학회』 3, 2005

_____, 「조선시대 女眞에 대한 정책」, 『백산학보』 88, 2010

김두현, 「입관전 청사의 연구방향 모색」, 『10-18세기 북방민족과 정복왕조 연구』, 동북아역사재단, 2009

김범, 「조선 중종대 역사상의 특징과 그 의미」, 『한국사학보』 17, 2004

_____, 「조선시대 사림세력 형성의 역사적 배경」, 『국학연구』 19, 2011

김상오, 「李施愛의 亂에 對하여」(上·下), 『전북사학』 2·3, 1978·1979

김선민, 「한중관계사에서 변경사로」, 『만주연구』 15, 2013

김성규, 「『大唐開元禮』所載 外國使 관련 諸儀禮의 재검토」, 『中國古中世史硏究』 27, 2012

김성균, 「朝鮮中期의 對滿關係」, 『백산학보』 24, 1978

김순남, 「조선 燕山君代 여진의 동향과 대책」, 『한국사연구』 144, 2009

_____, 「조선 成宗代 兀狄哈에 대하여」, 『조선시대사학보』 49, 2009

_____, 「조선 성종대의 建州三衛」, 『대동문화연구』 68, 2009

_____, 「조선 中宗代의 북방 野人 驅逐」, 『조선시대사학보』 54, 2010

_____, 「조선전기의 만포진과 만포첨사」, 『사학연구』 97, 2010

_____, 「16세기 조선과 野人 사이의 모피 교역의 전개」, 『한국사연구』 152, 2011

_____, 「조선전기 5진 藩胡 동향의 추이」, 『역사와 실학』 46, 2011

_____, 「15세기 중반~16세기 조선 북방 軍役의 폐단과 軍額 감소」, 『조선시대사학보』 61, 2012

김해영, 「조선초기 禮制 연구와 『국조오례의』의 편찬」, 『조선시대사학보』 55, 2010

남의현, 「永樂帝의 "漠北親征"의 정치사적 의의」, 『강원사학』 10, 1994

_____, 「明代 兀良哈·女眞의 成長과 遼東都事의 危機」, 『만주연구』 3, 2005

_____, 「遼東都司 방어체계와 지배력의 한계」, 『동양사학연구』 93, 2005

_____, 「15세기 明의 女眞地域 進出試圖와 女眞의 成長-奴兒干都司와 建州女眞을 중심으로-」, 『강원사학』 26, 2006

_____, 「明과 女眞의 관계-명나라는 압록강 북쪽을 다 차지하였는가?-」, 『고구려연구』 29, 2007

_____, 「明代 "土木의 變"과 北邊 防禦戰略의 변화-河套와 遼東 지역을 중심으로-」, 『중국학보』 56, 2007

_____, 「元末明初 朝鮮·明의 요동쟁탈전과 국경분쟁 고찰」, 『한일관계사연구』 42, 2012

_____, 「16-17세기 豆滿江 邊境地帶 女眞의 성장과 국제질서의 변화」, 『명청사연구』 41, 2014

노기식, 「滿洲의 흥기와 東아시아 秩序의 변동」, 『중국사연구』 16, 2001

_____, 「元明 교체기의 遼東과 女眞」, 『아시아문화』 19, 2003

_____, 「중국학계의 명대동북 및 조선관계 인식」, 『한국사론』 40, 2004

노영구, 「세종의 전쟁수행과 리더십」, 『오늘의 동양사상』 19, 2008

도현철, 「고려말기 사대부의 대외관」, 『진단학보』 86, 1998.

민덕기, 「조선시대 交隣의 理念과 국제사회의 交隣」, 『민족문화』 21, 1998

_____, 「임진왜란기 조선의 북방 여진족에 대한 위기의식과 대응책」, 『한일관계사연구』 34, 2009

_____, 「임진왜란 직전 조선의 국방 인식과 대응에 대한 재검토-동북방 여진에 대한 대응을 중심으로-」, 『역사와 담론』 57, 2010

_____, 「이율곡의 십만양병설은 임진왜란용이 될 수 없다-동북방의 여진 정

세와 관련하여-」,『한일관계사연구』41, 2012

_____, 「임진왜란용이 되어버린 율곡의 십만양병설」,『역사와 담론』65, 2013

박병호, 「≪경국대전≫의 편찬과 계승」,『한국사』22, 1994

박정민, 「태종대 제1차 여진 정벌과 동북면 여진 관계」,『백산학보』80, 2008

_____, 「조선초기의 여진 관계와 여진인식의 고착화」,『한일관계사연구』35, 2010

_____, 「세조대의 여진 관계와 정책-여진인 내조를 중심으로-」,『한국사연구』151, 2010

_____, 「조선 세조대의 여진인 내조와 여진인 귀속문제」,『전북사학』41, 2012

_____, 「조선 건국기 여진인 내조와 조선의 외교구상」,『역사학연구』49, 2013

_____, 「조선 성종대의 여진인 "來朝" 연구」,『만주연구』15, 2013

_____, 「조선 세종대 여진인 통교체제의 정비」,『한국사연구』163, 2013

_____, 「연산군~명종대 여진인 來朝의 재검토」,『역사학보』222, 2014

_____, 「임진왜란과 여진인 '來朝'의 종언」,『만주연구』18, 2014

_____, 「누르하치의 두만강 유역 진출과 조선의 藩胡 상실」,『인문과학연구』43, 2014

박원호, 「永樂年間 明과 朝鮮間의 女眞問題」,『亞細亞研究』85, 1991

_____, 「근대 이전 한중관계사에 대한 시각과 논점」,『한국사시민강좌』40, 2007

박현모, 「세종의 변경관과 북방영토경영 연구」,『정치사상연구』13, 한국정치사상학회, 2007

방기철, 「朝鮮初期 交隣國 使臣의 位次」,『사학연구』79, 2005

서근식, 「朝鮮時代 '向化' 개념에 대한 研究」,『동양고전연구』37, 2009

서병국, 「宣祖 二十五年頃의 建州女眞」,『백산학보』9, 1970

_____, 「李之蘭研究」,『백산학보』10, 1971

_____, 「童猛哥帖木兒의 建州左衛研究」,『백산학보』11, 1971

_____, 「凡察의 建州右衛研究」,『백산학보』13, 1972

_____, 「朝鮮前期 對女眞關係史」,『국사관논총』14, 1990

송기중, 「≪太祖實錄≫에 등장하는 蒙古語名과 女眞語名(1)」,『진단학보』66,

1988

_____, 「≪龍飛御天歌≫에 登場하는 北方民族語名」, 『진단학보』 67, 1989

_____, 「≪龍飛御天歌≫에 登場하는 北方民族語名」, 『진단학보』 69, 1990

_____, 「≪太祖實錄≫에 등장하는 蒙古語名과 女眞語名(2)」, 『진단학보』 73, 1992

_____, 「朝鮮朝 建國을 後援한 勢力의 地域的 基盤」, 『진단학보』 78, 1994

송미령, 「天聰年間(1627-1636年) 支配體制의 確立過程과 朝鮮政策」, 『중국사연구』 54, 2008

송우혜, 「조선 선조조의 니탕개란 연구」, 『역사비평』 72, 2005

유봉영, 「王朝實錄에 나타난 李朝前期의 野人」, 『백산학보』 14, 1973

유재춘, 「朝鮮前期 行城築造에 관하여」, 『강원사학』 13·14, 1998

_____, 「15세기 明의 東八站地域占據와 朝鮮의 對應」, 『朝鮮時代史學報』 18, 2001

_____, 「15세기 전후 조선의 북변 양강지대 인식과 영토문제」, 『조선시대사학보』 39, 2006

_____, 「麗末鮮初 朝·明간 女眞 귀속 경쟁과 그 意義」, 『한일관계사연구』 42, 2012

유지원, 「淸代 前期 東北의 邊城 寧古塔-建置過程 및 住民生活의 變化를 중심으로-」, 『명청사연구』 11, 1999

_____, 「누르하치와 赫圖阿拉(Hetu ala)城」, 『명청사연구』 11, 1999

_____, 「사르후(薩爾滸,Sarhu)전투와 누르하치」, 『명청사연구』 13, 2000

_____, 「조선인의 기록을 통해 본 滿洲의 都城」, 『열린정신 인문학연구』 42, 2012

_____, 「淸代 吉林烏拉의 형성과 漢人 移住에 따른 변화」, 『동북아역사논총』 37, 2012

유창규, 「李成桂의 軍事的 基盤」, 『진단학보』 58, 1984

윤경진, 「朝鮮初期 郡縣體制의 개편과 運營體系의 변화」, 『한국사론』 25, 1991

윤호량, 「선조 16년(1583) '尼湯介의 난'과 조선의 대응」, 『군사』 82, 2012

윤훈표, 「朝鮮前期 北方開拓과 領土意識」, 『한국사연구』 129, 2005

원창애, 「향화인의 조선 정착 사례 연구-여진 향화인을 중심으로」, 『태동고전연구』 37, 2009

이규철, 「세조대 모련위 정벌의 의미와 대명인식」, 『한국사연구』 158, 2012

_____, 「세조대 건주위 정벌과 명의 출병 요청」, 『역사와 현실』 89, 2013

_____, 「조선 태종대 대명의식과 여진 정벌(征伐)」, 『만주연구』 17, 2014

_____, 「세종대 對外征伐 정책의 본격화와 對明意識」, 『한국문화』 67, 2014

_____, 「조선 성종대 대외정벌 정책의 한계와 국왕의 위상 약화」, 『역사와 현실』 92, 2014

이동희, 「李施愛 亂에 있어서 韓明澮·申叔舟의 역모 연루설」, 『전라문화논총』 7, 1994

_____, 「朝鮮初 院相制下의 承旨」, 『전북사학』 19·20, 1997

이인영, 「鮮初女眞貿易考」, 『진단학보』 8, 1937

_____, 「廢四郡問題管見」, 『靑丘學叢』 29, 1937

_____, 「申忠一의 建州紀程圖記에 대하여」, 『진단학보』 10, 1939

이선희, 「吉尙事件을 통해 본 17세기 초 向化胡人 관리 실태와 한계 -『向化人謄錄』을 중심으로」, 『동양고전연구』 37, 2009

이장희, 「임난전의 서북변계 정책」, 『백산학보』 12, 1972

_____, 「鄭文孚의 義兵活動」, 『사총』 21·22, 1977

이춘식, 「朝貢의 基源과 그 意味」, 『中國學報』 10, 1969

이태진, 「'小氷期'(1500~1750년)의 天體 現象的 원인-『朝鮮王朝實錄』의 관련 기록 분석-」, 『국사관논총』 72, 1996

_____, 「외계충격 대재난설(Neo-Catastrophism)과 인류역사의 새로운 해석」, 『역사학보』 164, 1999

이원명, 「조선중기 鹿屯島 확보와 北兵使 李鎰에 관한 일고찰」, 『백산학보』 83, 2009

이현종, 「朝鮮初期 서울에 온 倭野人에 對하여」, 『鄕土서울』 10, 1960

이현희, 「朝鮮前期 來朝野人의 政略的 待遇에 對하여」, 『史學硏究』 18, 1964

_____, 「朝鮮前期 留京侍衛野人攷」, 『鄕土서울』 20, 1964

_____, 「朝鮮前期 野人의 誘京綏懷策攷」, 『一山金斗鐘博士 稀壽紀念論文集』, 1966

_____, 「朝鮮時代 北方野人의 社會經濟的 交涉考」, 『백산학보』 3, 1967

_____, 「朝鮮王朝時代의 北平館 野人-그 綏撫策 一斑-」, 『백산학보』 11, 1971

_____, 「朝鮮王朝의 向化野人 交涉考-接對問題의 用例-」, 『성신여자대학교

연구논문집』 10, 1977

_____, 「對女眞貿易-對野人 交涉政策의 背景」, 『韓國史論』 11, 1982

이홍두, 「朝鮮初期 野人征伐과 騎馬戰」, 『군사』 41, 2000

임민혁, 「조선 초기 국가의례와 왕권」, 『역사와 실학』 43, 2010

임상훈, 「明初 朝鮮 貢女 親族의 政治的 成長과 對明外交活動」, 『명청사연구』 39, 2013

임학성, 「17세기 전반 戶籍자료를 통해 본 귀화 野人의 조선에서의 생활 양상
-蔚山戶籍(1609)과 海南戶籍(1639)의 사례 분석-」, 『고문서연구』 33, 2008

전해종, 「한대의 조공제도에 대한 일고찰」, 『동양사학연구』 6, 1973

_____, 「조선전기 한중관계의 몇 가지 특징적인 문제」, 『동양학』 14, 1984

정다함, 「朝鮮初期 野人과 對馬島에 대한 藩籬·藩屛認識의 형성과 敬差官의 파견」, 『동방학지』 141, 2008

_____, 「麗末鮮初의 동아시아 질서와 朝鮮에서의 漢語, 漢吏文, 訓民正音」, 『한국사학보』 36, 2009

_____, 「'事大'와 '交隣'과 '小中華'라는 틀의 초시간적인 그리고 초공간적인 맥락」, 『한국사학보』 42, 2011

_____, 「조선 초기의 '征伐'-천명, 시계, 달력 그리고 화학무기-」, 『역사와 문화』 21, 2011

_____, 「征伐이라는 戰爭/征伐이라는 祭祀-世宗代 己亥年 "東征"과 婆猪江 "野人征伐"을 중심으로-」, 『한국사학보』 52, 2013

정동훈, 「명대의 예제 질서에서 조선국왕의 위상」, 『역사와 현실』 84, 2012

정태헌, 「世祖의 李施愛亂 收拾政策」, 『사학연구』 38, 1984

정하명, 「조선초기의 체탐」, 『육사논문집』 32, 1987

정해은, 「16세기 동아시아 속의 조선과 『國朝征討錄』의 편찬」, 『장서각』 29, 2013

조영록, 「壬亂前 明鮮時代의 滿洲女眞史」, 『백산학보』 22, 1977

최승희, 「세조대 왕위의 위약성과 왕권 강화책」, 『조선시대사학보』 1, 1997

_____, 「成宗期의 國政運營體制와 王權」, 『조선사연구』 10, 2001

최종석, 「고려시대 朝賀儀 의례 구조의 변동과 국가 위상」, 『한국문화』 51, 2010

최재진, 「고려말 동북면의 정치와 이성계 세력 성장」, 『사학지』 26, 1993

Peter Yun, 「몽골 이전 동아시아의 다원적 국제관계」, 『만주학회』 3, 2005

한명기, 「임진왜란 시기 '재조지은'의 형성과 그 의미」, 『동양학』 29, 1999

_____, 「조선과 명의 사대관계」, 『역사비평』 50, 2000

_____, 「명청교체기 동북아 질서와 조선 지배층의 대응」, 『역사와 현실』 37, 2000

_____, 「16, 17세기 明淸交替와 한반도-'再造之恩', 銀, 그리고 쿠데타의 변주곡」, 『명청사연구』 22, 2004

_____, 「"再造之恩"과 조선후기 정치사」, 『대동문화연구』 59, 2007

_____, 「이여송과 모문룡」, 『역사비평』 90, 2010

_____, 「임진왜란 직전 동아시아 정세」, 『한일관계사연구』 43, 2012

한문종, 「朝鮮初期의 倭寇政策과 對馬島征伐」, 『전북사학』 19·20, 1997

_____, 「조선전기 한일관계와 1407년의 의미」, 『지역과 역사』 22, 2008

_____, 「『海東諸國紀』의 倭人接待規定과 朝日關係」, 『한일관계사연구』 34, 2009

_____, 「조선전기 왜사의 연향접대와 여악」, 『한일관계사연구』 36, 2010

_____, 「임진란 시기 항왜의 투항 배경과 역할」, 『인문과학연구』 36, 2013

_____, 「조선전기 한일관계와 對馬」, 『동북아역사논총』 41, 2013

한성주, 「조선초기 受職女眞人 연구-세종대를 중심으로」, 『조선시대사학보』 36, 2006

_____, 「조선초기 조·명 이중수직여진인의 양속문제」, 『조선시대사학보』 40, 2007

_____, 「두만강지역 여진인 동향 보고서의 분석」, 『사학연구』 86, 2007

_____, 「조선 세조대 毛憐衛 征伐과 여진인의 從軍에 대하여」, 『강원사학』 36, 2008

_____, 「朝鮮前期 '字小'에 대한 고찰-對馬島 倭人 및 女眞 勢力을 중심으로-」, 『한일관계사연구』 33, 2009

_____, 「조선전기 두만강 유역 '女眞 藩籬·藩胡'의 형성과 성격」 『한국사학보』 41, 2010

_____, 「조선전기 女眞 僞使의 발생과 處理 問題에 대한 고찰」, 『사학연구』 100, 2010

_____, 「朝鮮前期 豆滿江流域에 나타나는 두 개의 '朝鮮'」, 『명청사연구』 37, 2012

_____, 「조선 명종대 豆萬江 以北지역에 대한 '鎭' 설치 시도」, 『한일관계사연구』 42, 2012

_____, 「조선 세조대 '女眞和解事' 연구」, 『동북아역사논총』 38, 2012

_____, 「조선 연산군대 童淸禮의 建州三衛 파견에 대하여」, 『만주연구』 14, 2012

_____, 「세조대(1467년) 朝鮮과 明의 建州女眞 협공에 대한 연구」, 『한일관계사연구』 45, 2013

_____, 「조선 변경정책의 허와 실-두만강 유역 女眞 藩胡의 성장과 발전-」, 『명청사연구』 42, 2014

한형주, 「朝鮮初期 朝賀儀禮에 대한 考察」, 『명지사론』 13, 2002

_____, 「대명의례를 통해서 본 14세기 明-朝관계」, 『역사민속학』 28, 2008

한희숙, 「野人勝捷 朝賀儀禮」, 『朝鮮時代 卽位儀禮와 朝賀儀禮의 硏究』, 문화재관리국, 1996

허인욱, 「李安社의 全州 出去에 관한 연구」, 『한국인물사연구』 21, 2014

허흥식, 「고려말 이성계(1335-1408)의 세력기반」, 『고병익 선생 회갑 기념사학논총』, 1984

홍성구, 「'청사공정'의 '청조흥기사' 서술방향」, 『중국 역사학계의 청사 연구동향』, 동북아역사재단, 2009

황선희, 「세조 초기의 여진 관계와 북정」, 서강대학교 석사학위논문, 2007

리순신, 「14세기말-15세기초 우리나라와 녀진과의 관계」, 『력사과학』 1967-2

2. 日文

江嶋壽雄, 「明正統期に於ける女直朝貢貿易の制限」, 『東洋史學』 6, 1952

_____, 「明初女直朝貢に二三の問題」, 『史淵』 58, 1953

_____, 「明代女直朝貢貿易の槪觀」, 『史淵』 77, 1958

_____, 「明末女直の朝貢に就て」, 『淸水博士追悼記念明代史論叢』, 1962

高橋公明, 「外交儀禮よりみた室町時代の日朝關係」, 『史學雜誌』 91-8, 1982

_____, 「朝鮮遣使ブームと世祖の王權」, 『日本前近代の國家と對外關係』, 吉川弘文館, 1987

_____, 「朝鮮外交秩序と東アヅア海域の交流」, 『歷史學研究』 573, 1987

旗田巍,「吾都里族の部落構成-史料の紹介を中心として」,『歷史學硏究』5-2, 1935

稻葉岩吉,「建州女直の原地及び遷住地」,『滿洲歷史地理』2, 南滿洲鐵道株式會社, 1913

_____,「明代毛憐衛指揮使司之印の出土」,『靑丘學叢』15, 1934

木村拓,「十五世紀前半朝鮮の女眞人への授職と羈縻」,『朝鮮史硏究會論文集』46, 2008

_____,「朝鮮王朝世宗による事大・交隣兩立の企圖」,『朝鮮學報』221, 2011

_____,「朝鮮王朝世宗代における女眞人・倭人への授職の對外政策化」,『韓國朝鮮文化硏究』11, 2012

三田村泰助,「朝鮮側史料より見た初の疆域」,『朝鮮學報』21・22, 1961

岩井茂樹,「明代中國の禮制覇權主義と東アジア秩序」,『東洋文化』85, 2005

奧村周司,「高麗における八關會的秩序と國際環境」,『朝鮮史硏究會論文集』16, 1979

池內宏,「鮮初の東北境と女眞の關係」1,『滿鮮地理歷史硏究報告』1, 1915

_____,「鮮初の東北境と女眞の關係」2,『滿鮮地理歷史硏究報告』2, 1916

津田左右吉,「朝鮮に於ける豆滿江方面の經略」,『朝鮮歷史地理』下, 南滿洲鐵道株式會社, 1913

荷見守義,「咨文と勅書-成化三年の役をめぐる中朝關係」,『社會文化史學』41, 2000

_____,「世祖靖難と女眞調査-一四五五年四月の人名記錄に見る中朝關係」,『明代史硏究會創立三十五年記念論叢』, 2003

河內良弘,「李朝初期の女眞人侍衛」,『朝鮮學報』14, 1959

_____,「溫河衛考」,『朝鮮學報』37・38, 1966

_____,「忽刺溫兀狄哈の朝鮮貿易」上・下,『朝鮮學報』59・61, 1971

_____,「明代東北アジアの貂皮貿易」,『東洋史硏究』30-1, 1971

_____,「朝鮮の建州左衛再征と也先の亂」,『朝鮮學報』67, 1973

_____,「童凡察と建州左衛」,『朝鮮學報』66, 1973

_____,「朝鮮世祖の觀兵示威と成化3年の役」,『天理大學學報』93, 1974

_____,「朝鮮世祖の字小主義とその挫折」,『朝鮮學報』73, 1974

_____,「申叔舟の女眞出兵」,『朝鮮學報』71, 1974

_____,「燕山君時代の朝鮮と女眞」,『朝鮮學報』81, 1976

_____,「中宗·明宗時代の朝鮮と女眞」,『朝鮮學報』82, 1977

_____,「阿速江衛について」,『內田吟風博士頌壽記念東洋史論集』, 1978

_____, 「李朝時代女眞人の朝鮮入京について」, 『天理大學學報』 138, 1983

_____,「李朝成宗時代の女眞と朝鮮」,『朝鮮學報』133, 1989

Kenneth R. Robinson,「一四五五年三月の人名記錄にみる朝鮮王朝の受職野人」,『年報朝鮮學』6, 1997

_____,「朝鮮王朝-受職女眞人の關係と'朝鮮'」,『歷史評論』592,

3. 中文

戴光宇,「兀狄哈諸部落及其分布」,『滿族研究』2011年 02期

董萬崙,「明末淸初圖們江內外瓦爾喀硏究」,『民族研究』2003年 1期

欒凡,「試論貿易對明代女眞經濟的影響」,『延邊大學學報哲學社會科學版』1996年 02期

____,「建國以來明代女眞經濟問題研究述評」,『中國史研究動態』1997年 03期

____,「明代女眞族多元經濟的特點及影響」,『黑龍江民族叢刊』54, 1998年 03期

____,「明代女眞族的貿易關系網及社會效應」,『北方文物』61, 2000年 01期

____,「明的羈縻政策與文化邊緣地區的文化嬗變」,『社會科學戰線』2002年 03期

____,「明代治理邊疆思想的時代特征」,『學習與探索』164, 2006年 03期

____,「明朝對中國朝貢的組織管理及其影響」,『西南大學學報』33-5, 2007

____,「明代的中國與朝鮮」,『明淸史事』2010年 04期

____,「以羈縻論明末遼東之存亡」,『社會科學戰線』2011年 06期

____,「敕書, 朝貢, 馬市－明代女眞經濟的發展契機」,『哈爾濱師範大學社會科學學報』2011年 02期

李善洪,「猛哥帖木儿与朝鮮關系述略」,『史學集刊』1999年 03期

文鍾哲,「淺談明代女眞族與朝鮮人之間的邊境貿易」,『滿族研究』1996年 02期

苗威,「建州毛怜二衛設置后同李氏朝鮮的關系」,『東疆學刊』2001年 03期

邊佐卿,「試論丁亥之役」,『滿族研究』1994年 4期

楊暘,「明代尼麻車·都骨兀狄哈部族社會經濟形態考察」,『北方文物』4, 1987

王兆蘭,「明廷對楊木答兀叛逃官兵的招撫」,『長春師範學院學報』1994年 03期

王臻,「明代女眞族與朝鮮的邊貿考述」,『延邊大學學報社會科學版』2002年 01期

＿＿＿,「朝鮮太宗與明朝爭奪建州女眞所有權述論」,『延邊大學學報社會科學版』
　　　 36-3, 2003

＿＿＿,「明朝與李朝在郎葡爾罕問題上的政策之比較研究」,『史學集刊』2006年
　　　 01期

＿＿＿,「建州女眞李滿住部與朝鮮王朝的關系探析」,『滿族研究』2007年 04期

＿＿＿,「建州女眞凡察部與朝鮮關系述論」,『東北史地』2008年 01期

＿＿＿,「建州女眞童山部與朝鮮王朝的關係述論」,『北方文物』2008-3

＿＿＿,「明前期建州女眞與朝鮮明朝的關系探析」,『遼寧大學學報哲學社會科學
　　　 版』2008年 04期

＿＿＿,「古代中朝關系史中"事大"與"字小"問題的認識論」,『學術界』2013年 03
　　　 期

蔣秀松,「『李朝實錄』中的兀良哈」,『黑龍江文物叢刊』1983年 01期

＿＿＿＿,「從兀良哈與兀狄哈的比較中看女眞各部發展的不平衡性」,『社會科學
　　　　 戰線』1984年 1期

＿＿＿＿,「毛憐衛的變遷」,『社會科學輯刊』1984年 1期

＿＿＿＿,「明代建州女眞興起原因略探」,『東北史地』2008年 05期

刁書仁·張春,「論明初高麗王朝與明朝的關系」,『北華大學學報』1-1, 2000

刁書仁·崔文植,「明前期中朝東段邊界的變化」,『史學集刊』2000年 2期

刁書仁,「元末明初朝鮮半島的女眞族與明,朝鮮的關系」,『史學集刊』2001年 3期

＿＿＿,「論明前期斡朵裏女眞與明·朝鮮的關系」,『中國邊疆史地研究』12-1,
　　　 2002

＿＿＿＿,「論後金建立前與朝鮮的關系」,『社會科學戰線』2004年 01期

＿＿＿＿,「正統年間建州左衛西遷考實」,『東北中國邊疆史地研究』2010年 04期

＿＿＿＿,「成化年間明與朝鮮兩次征討建州女眞」,『史學集刊』1999年 2期

＿＿＿＿,「明成化初年對建州三衛用兵考述」,『中國邊疆史地研究』18-4, 2008

＿＿＿＿,「明代女眞與朝鮮的貿易」,『史學集刊』2007年 03期

＿＿＿＿,「中朝邊界沿革史研究」,『中國邊疆史地研究』2001年 4期

＿＿＿＿,「明代女眞與朝鮮的貿易」,『史學集刊』2007年 03期

何溥瀅,「李朝初期對女眞的政策」,『滿族研究』1999年 02期

4. 영문

Kenneth R. Robinson, 「From Raiders to Traders: Border Security and Border Control in Early Chosŏn, 1392-1450」, 『Korean Studies』 16, 1992

_____, 「Centering the King of Chosŏn : Aspects of Korean Maritime Diplomacy, 1392-1592」, 『The Journal of Asian Studies』 59, 2000

John B. Duncan, 「Hyanghwain : Migration and Assimilation in Chosôn Dynasty Korea」, 『Acta Koreana』 3, 2000

ABSTRACT

A Study of the Jurchen's mission to
Hanyang in the Joseon Dynasty

This study examines the diplomatic relation between the Jurchen and Joseon, and also analyses the diplomatic system which Joseon tried to establish during the early times. To this end, the emphasis is placed on Jurchen envoys sent to Hanyang, the capital of Joseon, and the operation and the raelities of the policy, especially from earliest days of the Joseon to the reign of King Injo.

Jurchen played an important role to the foundation of Joseon by Lee Sung gye. Jurchen sent to Hanyang since then. But during King Teajong's reign, Emperor Youngrak(永樂帝) of Ming dynasty started to conciliate the Jurchen, and then they sent an envoy to Ming Dynasty. As a result, Joseon and the Jurchen were not in good conditions. At last, King Teajong decided to launch a campaign against the Jurchen and he succeeded restore leverage over the Jurchen.

King Sejong maintained the foreign policy of his predecessor,

King Taejong. The Joseon government granted Jurcheon envoys, audiences to the king, and even made the ritual to accept the practice, which was included in the Ore of the Sejong Silok. In this way, Joseon controlled the dispatch of envoys from the Jurchen, and succeeded to accommodate them into his system. The conclusion of treaty in 1445(ulchukyakjo ; 乙丑約條) reflected the confidence of the government with which Sejong could take an initiative to grasp the relationship between the two countries. Taking advantage of the envoys of the Jurchen or Japanese pirates, Joseon proceeded to establish his foreign system

King Sejo had some problems of legistimacy in the process of the accession to the throne, and he implemented several polices to strength royal authority. One of them is that he opened the door wider to the mission of the Jurchen to Hanyang. He received the Gunjusamyu that had been disconnected for a while, and the misson of Hulaon-Udike to Hanyang. To the meet, he enhanced the influence over the Jurchen of Duman River Basin.

Seongjong reestablished all sort of regulations about the Jurchen's mission to Hanyang on a like this foundation based Sejong's accomplishment. This was codified in the 『Gyeonggukdaejeon』 and become a model for a later period. Especially Joseon protected the Jurchen in Duman River Basin from the invasion of Nimaca-Udike. In addition, Joseon helped them by giving the necessities of life during a bad year. The Jurchen of Duman River Basin were under the influence of Joseon, so they notified Jurchen let Joseon the invasion from the outside. In this way the Jurchen the Joseon built by order. Therefore, Joseon made them as Beonli(藩籬) and Beonbyong(藩屛). Joseon made the reception rule and time of envoy about the mission to Hanyang of Jurchen. They are very similar to Ming's.

The record of the Jurchen mission to Hanyang had decreased after the reign of Yeonsan. On closer examination to the Annals of the Joseon Dynasty, however, the Jurchen mission must be continued although the Annals didn't have clear records such as the mission to Hanyang. And Joseon still to maintain the independent diplomatic order.

But Imjinwaeran broked down such order. Joseon couldn't accept the mission to Hanyang from the Jurchen any more. Therefore Joseon changed the place of hospitality from Hanyang to Hamhung in Hamkyungdo. And Joseon lost the Jurchen of Duman River Basin to Nurhaci. As a result, Joseon lost the influence over the Jurchen.

Meanwhile, Joseon granted the Jurchen the audience by the king, and notified them that he would be receive their mission to Seoul only on New Year's Day and the winter solstice, and that they could attend the ceremonies. The participation to the ceremonies meaned that they would become vassals of Joseon, because the subjects of Joseon attended such ceremonies and swore allegiance to the king. After all, the international order of the early Joseon was a dual system in that Ming China was the center of the world while Joseon was the other center of the world except Ming.

Joseon successfully adapted himself to the international order by Ming, and yet he changed the tributary system of China and the regulations of the reception toward surrounding barbarians to better adjust to the changing realities. Therefore it can be said that Joseon tried to walk the independent line.

keywords : Joseon, Jurchen, misson to Hanyang(來朝), Duman River Basin, ulchukyakjo(乙丑約條), diplomatic system

【별표】 조선시대 여진인 내조자 목록[1)]

1. 태조대의 내조자 목록

연번	연월일	종족	성명	사례	비고
1	1년 8월 15일 갑자	兀良哈		來	
2	1년 윤12월 14일 경인	兀良哈		來獻方物	
3	2년 1월 1일 정미	斡都里 (斡朶里)		獻生虎	
4	2년 5월 16일 경신	吾郞哈 (兀良哈)	等 5人(宮富大)	賜衣各一襲	

---

1) 이 표는 女眞人의 내조 사례를 정리한 것이다. 내조 건수의 산정 기준은 다음과 같다.

  1. 『조선왕조실록』에 기재되어있는 女眞 종족과 대표자를 우선으로 함.

  2. 같은 날 여러 종족이 내조한 경우, 종족이 다르면 다른 건수로 기재함.

  3. 동일인 혹은 동일 부족이 중복으로 기재되어 있는 경우, 두 건수가 10일 이내의 것이면 건수는 1회로 간주함.

태종 14년 2월 19일 계해	兀良哈	3人
태종 14년 2월 26일 경오	兀良哈	3人

  4. 같은 이름이 사료에는 다르게 기재된 경우, 일일이 검토하여 이름을 찾아냄. 예) ① 波所, 八乙速, 劉八八禾는 모두 劉把兒遜이다. 따라서 그의 이름 옆에 (劉把兒遜)이라고 기재하였다. ② 骨看兀狄哈 李多弄介(哈)은 태종 1년 11월 11일에 李多弄介으로 기재되었지만, 태종 9년 12월 27일에 李多弄哈으로 기재. ③ 동일인인데 성이 빠진 경우는 [ ]표시. 뒤에 이름이 다르게 표현된 부분은 ( )로 표시. 예) [馬]金波老, 李多弄介(哈)

  5. 실록에 종족이 잘못 기재된 경우 검색을 통하여 바로 잡음. 예) 者容可는 骨看兀狄哈이나 태종 11년 윤12월 4일의 기사에는 兀良哈으로 기재되어 이를 兀良哈(骨看兀狄哈)으로 수정.

  6. 종족의 경우 사료에서 단순히 '野人'이라 기재된 부분을 검색하여 실제 종족명을 기재. 예) 野人(兀良哈)

  7. 兀狄哈의 경우 사료에 '兀狄哈'이라고만 기재되어 있는 경우가 많으나 검색하여 실제 종족명을 추가. 예) (尼麻車)兀狄哈

  8. 兀狄哈의 경우 사료상 亏未車兀狄哈이라 기재되어 있는 경우, 이는 니마차와 같으므로 니마차로 통일함.

5	2년 11월 11일 임자	吾郎哈 (兀良哈)		來	
6	3년 12월 14일 기묘	多完	夫彦	來獻方物	
7		吾都里	童所吾 等		
8	4년 1월 6일 신축	吾郎改 (兀良哈)	萬戶 蒙尙, 千戶 甫里 等	來獻土物	
9	4년 1월 19일 갑인	吾郎哈 (兀良哈)	萬戶 波所(劉把兒遜), 千戶 照乙怪·李都介 等	來獻土物	
10	4년 2월 7일 신미	吾都里	等 10人	來獻土物	
11	4년 윤9월 8일 기사	吾都里	上萬戶 童猛哥帖木兒 等 5人	來獻土物	
12	4년 12월 14일 계묘	吾郎哈	等 4人	來	
13		水吾狄介 (骨看兀狄哈)			
14	5년 10월 18일 임인	幹都里	所乙, 痲月者(馬月者)	來獻方物	
15	6년 1월 24일 정축	(兀良哈)	八乙速(劉把兒遜), 甫里, 仇里老, 甫乙吾, 高里多時 等 5人	물품하사	
16		吾都里	童猛哥帖木兒, 童所吾, 馬月者, 童於割周, 豆乙於 等 5人		
17	7년 1월 1일 기유	吾都里	萬戶(於何里-於虛里 等 4人)	獻方物	
18		吾郎哈	萬戶		

2. 정종대의 내조자 목록

연번	연월일	종족	성명	사례	비고
1	1년 1월 9일 경진	兀良哈	2人	來	
2		女眞	2人		
3		吾都里	萬戶 童所老		

3. 태종대의 내조자 목록

연번	연월일	종족	성명	사례	비고
1	2년 1월 1일 갑신	兀良哈	5人	獻毛皮箭羽	
2	2년 1월 4일 정해	兀良哈	8人	來獻方物	
3	3년 1월 14일 임진	吾都里 (斡朶里)	(童猛哥帖木兒)	其萬戶欲來朝	
4	3년 2월 24일 신미	兀良哈	6人	告還, 물품하사	
5	4년 3월 7일 무신	吾都里	童猛哥帖木兒 等 3人	來朝	
6	5년 1월 8일 을사	骨看兀狄哈	萬戶 金豆稱介	물품하사	
7		嫌眞兀狄哈	萬戶 童難		
8	5년 9월 22일 갑인	土着女眞	千戶 阿乙多不花, 百戶 好時不花	上送	
9	6년 1월 1일 임진	兀良哈	(萬戶 甫里, 千戶 古里 等 3人)	與朝	
10		吾都里			
11	6년 1월 21일 임자	吾都里	千戶 金回大	來獻正朝土物	
12		兀良哈	千戶 金著和 等 6人		
13	6년 4월 21일 신사	兀良哈	萬戶 甫里 使 其弟 古里	來朝	
	6년 6월 1일 기미	吾都里	童所乙吾, 李好心波, 童於虛主 等 7人	來	내조 아님
14	9년 12월 29일 병인	建州衛 (吾都里)	指揮 童猛哥帖木兒 遣使	來獻禮物	
15	10년 1월 3일 경오	謙眞(嫌眞) 兀狄哈	萬戶 於應朱	款塞 請朝許之	
16	10년 1월 10일 정축	建州衛 (吾都里)	指揮 猛哥帖木兒 遣使	獻土物	
17	10년 1월 26일 계사	兀良哈 [毛憐衛]	指揮 寶乙者(甫乙吾), 千戶 吾哈主(吾看主) 等 9人	來獻土物	
18	10년 5월 1일 정묘	(吾都里)	童猛哥帖木兒 遣 李大豆	來	

19	10년 7월 13일 무인	骨看兀狄哈	指揮 豆稱介 等 7人	來獻土物	
20	10년 7월 21일 병술	吾都里	千戶 張權子 等 5人	來朝	
21	10년 11월 28일 경인	兀良哈	5人	來	
22	10년 12월 29일 신유	吾都里	指揮 童猛哥帖木兒 遣使	獻禮物	
	11년 1월 1일 임술	吾都里	指揮 童猛哥帖木兒 使人	獻熊鹿皮各 一張	위와 중복
23	11년 2월 26일 정사	兀良哈 [毛憐衛]		來獻土物	
24	11년 3월 12일 임신	兀良哈 (吾都里)	童於虛出(於虛里) 率子	來朝	
25	11년 7월 5일 갑자	兀良哈	崔古時帖木兒 等 4人	來獻禮物	
26	11년 7월 16일 을해	骨看兀狄哈	等 12人	來	
27	11년 11월 18일 을해	兀良哈	崔沙顏不花 等 3人	來獻土物	
28	11년 12월 15일 신축	吾都里	千戶 崔於夫介, 馬大愁 等 2人	獻鷙馬	
29	11년 12월 21일 정미	兀良哈	甫乙看 指揮, 甫乙吾 指揮 遣人	來朝	
30	11년 윤12월 4일 경신	兀良哈 (骨看兀狄哈)	指揮 者容可 等 14人	來獻土物	
31	11년 윤12월 9일 을축	兀良哈	千戶 也吾可 等	來獻土物	
32	11년 윤12월 13일 기사	吾都里	指揮 童多音波老 等 9人	來獻土物	
33	11년 윤12월 18일 갑술	骨看兀狄哈	達賓介 等	來獻土物	
34	11년 윤12월 22일 무인	建州衛 吾都里	(金希周)	來獻土物	
35	12년 3월 6일 경인	建州衛 吾都里		來獻土物	
36	12년 3월 9일 계사	建州衛 (吾都里)	指揮 童於虛周, 童所羅 等	來獻土物	
37	12년 4월 22일 병자	兀良哈	豆叱加茂 等 2人	來朝	
38	12년 11월 10일 신묘	兀良哈		來獻土宜	
39	12년 11월 16일 정유	建州衛 吾都里	千戶 童甫知, 白顏豆(土), 百戶 多龍介	來獻土宜	

40		骨看兀狄哈	阿吾實 等	
41	12년 12월 10일 신유	骨看兀狄哈		來獻土宜
42		建州衛 吾都里		
43	13년 1월 3일 계미	吾都里		來獻土物
44		兀良哈		
45	13년 1월 12일 임진	吾都里	指揮 李好心波 等	來獻土物
46	13년 6월 23일 경오	建州衛 (吾都里)	指揮 童風只	來獻土物
47	13년 11월 9일 을유	建州衛 (吾都里)	千戶 金希珠 使人	獻土物
48	13년 12월 6일 신해	兀良哈	千戶 8人	來獻土物
49	13년 12월 12일 정사	兀良哈	千戶 加乙多 等 4人	來獻土物
50	13년 12월 23일 무진	骨看兀狄哈	3人	來獻土物
51		女眞		
52	14년 1월 16일 신묘	骨看兀狄哈	指揮 豆稱介, 時應介 等 9人	來獻土物
53	14년 1월 23일 무술	兀狄哈	千戶, 百戶 7人	來獻土物
54	14년 1월 25일 경자	骨看兀狄哈	5人	來獻土物
55		兀狄哈	指揮, 千戶 等 4人	
56	14년 2월 2일 병오	吾都里	千戶	來獻土物
57		骨看兀狄哈		
58		建州衛 (吾都里)	百戶 各 1人	
59	14년 2월 6일 경술	兀良哈	千戶 6人	來獻土物
60	14년 2월 13일 정사	兀良哈	千戶 馬大愁 等 4人	來獻土物
61	14년 2월 19일 계해	兀良哈	3人	來獻土物
	14년 2월 26일 경오	兀良哈	3人(千戶 於夫老 等)	來獻土物	위와 중복
62	14년 3월 8일 신사	吾都里	指揮(童於虛周), 千戶, 百戶 幷4人	來獻土物
63	14년 4월 10일 계축	吾都里	李好心波 等	還
64	14년 9월 16일 병술	吾都里	千戶 1人	來獻土物及 鷹一連

65	14년 11월 21일 경신	骨看兀狄哈		來獻土物	
66	14년 12월 15일 갑신	骨看兀狄哈		來獻土物	
67		兀良哈			
68	14년 12월 24일 계사	兀良哈	指揮, 千戶 等	來獻土物	
69	14년 12월 30일 기해	兀良哈	千戶 等 12人	來獻土物	
70	15년 1월 13일 임자	兀良哈	千戶 等 14人	來獻土物	
71	15년 10월 16일 경진	兀良哈	千戶 等	來獻土物	
72	15년 12월 22일 을유	兀狄哈	千戶 汝及甫容我	來獻土物	
73	17년 1월 26일 계축	兀狄哈		來獻土物	
74		兀良哈			
75	18년 1월 4일 을묘	骨看兀狄哈		來獻土物	
76	18년 1월 22일 계유	兀良哈	9人	來獻土物	
77		骨看兀狄哈			

4. 세종대의 내조자 목록

연번	연월일	종족	성명	사례	비고
1	1년 1월 5일 경술	斡朶里	指揮 李好心波	來朝獻土物	
2		吾郞哈	指揮 謝伊帖木兒		
3		骨看亐知哈	指揮 [金]豆稱哈		
4		嫌進亐知哈	指揮 巨兒帖哈(巨乙加介)		
5		吾都里	李都兒(乙)赤 等		
6	1년 1월 15일 경신	骨看亐知哈	指揮 照非	來獻土物	
7		兀良哈	千戶 者安帖木兒		
8	1년 12월 23일 계사	吾郞哈	千戶 大伊加茂 等 7人	來	
9	2년 1월 5일 갑진	骨看亐知哈	都千戶 照郞哈	來獻土宜	
10	2년 1월 10일 기유	吾都里	指揮 伯顏帖木兒, 阿河	來獻土宜	
11		吾郞哈	千戶 都老 等		
12	2년 11월 25일 기축	兀良哈	要非 等 4人	來獻土宜	
13	2년 12월 1일 을미	(骨看)亐知哈	[金]豆稱哈	來獻土宜	

14	2년 12월 17일 신미	女眞	10人	來獻土宜	
15	3년 1월 10일 계유	野人		來獻土宜	
16	3년 2월 10일 계묘	兀良哈	好所老	來獻土宜	
17	4년 1월 5일 계해	(骨看)亏知哈	伐同哈	來獻土物	
18	4년 1월 26일 갑신	兀良哈	指揮 加伊主, 千戶 所乙之	來獻土物	
19	4년 2월 7일 갑오	兀良哈	千戶 金甫老	來獻土物	
20	4년 2월 25일 임자	兀良哈	千戶 堆帖木兒	來獻土宜	
21		吾都里	於靈取	來獻土物	
22	4년 11월 17일 경오	吾郎哈	甫古金	來朝	
23	4년 12월 21일 갑진	兀良哈	波難, 豆難	拜辭, 물품하사	
24	4년 12월 28일 신해	兀良哈	指揮 阿伊帖木兒	拜辭, 물품하사	
25	4년 윤12월 2일 을묘	(骨看)亏知哈	骨只乃 等	拜辭, 물품하사	
26	4년 윤12월 6일 기미	兀良哈	千戶 也吾哈	來獻土宜	
27		(骨看)亏知哈	指揮 時應巨		
28		女眞	千戶 羅同哈		
29	4년 윤12월 10일 계해	兀良哈	其宋哈 等	拜辭, 물품하사	
30	4년 윤12월 14일 정묘	兀良哈	指揮 8人	拜辭, 물품하사	
31	4년 윤12월 23일 병자	兀良哈	千戶 金何山 等 8人	來朝	
32	5년 1월 6일 무자	兀良哈	指揮 也甫 等 13人	來獻土物	
33	5년 1월 10일 임진	兀良哈	千戶 羅吾乃, 仇音波, 者音赤 等	來獻土物	
34	5년 1월 15일 정유	兀良哈	千戶 懷叱大, 古音波, 百戶 彥隱多	來獻土物	
	5년 2월 6일 정사	兀良哈	指揮 也甫 等 13人	來獻土物	1,6중복
35	5년 2월 10일 신유	兀良哈	三下, 豆難 等	來獻土物	
36	5년 6월 17일 병인	斡朶里	童猛哥帖木兒 管下 童家吾下 等 4人	來獻土物	
37	5년 7월 3일 신사	野人(斡朶里)	童猛哥帖木兒 管下 千戶 也叱大 等	來獻土物	
38	5년 7월 13일 신묘	斡孕里	千戶 李都乙赤	來獻土宜	

39	5년 11월 8일 을유	斡朶里	金希主	물품하사	
40	5년 12월 6일 계축	(骨看) 兀狄哈	指揮 所乙古大, 都乙其應哈, 千戶 諸之應哈, 石龍哈 等	來獻土宜	
41	5년 12월 9일 병진	兀良哈	指揮 甫多, 千戶 好時應我, 都乙溫, 於乙加茂 等	來獻土宜	
42	5년 12월 13일 경신	(骨看)兀狄哈	指揮 甫同哈, 千戶 豆仇信, 權者麻, 止應哈, 百戶 波可大, 無知應哈	來獻土物	
43		斡朶里	指揮 李權豆, 千戶 童末乙大, 崔於夫哈,		
44		(骨看兀狄哈)	千戶 時伐應哈, 加舍應哈		
45		兀良哈	千戶 余弄哥, 愁古 等		
46	5년 12월 19일 병인	兀良哈	指揮 伯顔土, 千戶 伊者下, 古音波, 老毛多吾	來獻土物	
47		(骨看)兀狄哈	指揮 豆稱哈, 千戶 臥者吾, 麻時應哈, 要時應哈 等		
48	5년 12월 20일 정묘	兀狄哈	千戶 照郞將同哈, 百戶 虛里應哈, 宋當應哈 等	來獻土宜	
49	6년 1월 5일 임오	(骨看) 兀狄哈	指揮 直時應哈, 千戶 吾通哈, 於乙非哈 等	來獻土宜	
50	6년 1월 21일 무술	(骨看) 兀狄哈	千戶 先主, 照項哈, 照照哈 等	來獻土宜	
51		兀良哈	巾加茂, 於墟茂, 百戶 退土 等		
52	6년 2월 3일 기유	(骨看) 兀狄哈	千戶 汝下 等三人	來獻土宜	
53	6년 3월 3일 기묘	斡朶里	千戶 張所乙吾, 童甫老	來朝	
54	6년 12월 11일 임자	兀良哈	千戶 舍安土 等 6人	來獻土宜	
55	6년 12월 18일 기미	斡朶里	千戶 童阿直 等	來獻土宜	

			三名		
56		兀良哈	百戶 時乙非乃		
57	6년 12월 21일 임술	兀良哈	千戶 古心波 等	來獻土宜	
58	6년 12월 26일 정묘	(骨看) 兀狄哈	指揮 時里應哈	來獻皮物	
59		闊兒干兀狄哈	指揮 卜同哈 等 8人		
60	6년 12월 27일 무진	斡朶里	指揮 李張家 等 7人	來獻土宜	
61	6년 12월 29일 경오	兀良哈	指揮 洪所老 等 6人	來獻土宜	
62	6년 12월 30일 신미	斡孕里	千戶 多非 等 6人	來獻土宜	
63	7년 1월 6일 정축	(骨看) 兀狄哈	指揮 者容哈(介), 千戶 者邑同哈 等 9人	來獻土宜	
64	7년 1월 16일 정해	斡朶里	童猛哥帖木兒 使送 斡朶里 指揮 馬佐和 等 2人, 千戶 阿加乃 等 2人	來獻土宜	
65		兀良哈	千戶 所之羅吾乃, 多陽哈, 於虛取, 羅守, 仇老, 百戶 仁多好		
66		斡朶里	千戶 諸里仇音波 等		
67	7년 7월 22일 기축	兀良哈	千戶 加伊主, 百戶 權豆 等	來獻土宜	
68	7년 11월 10일 을사	兀良哈	指揮 李貴豆, 千戶 多音波老 等	來獻土宜	
69	7년 11월 24일 기미	兀良哈	指揮 也甫, 千戶 毛當可 等 7人	來獻土宜	
70	7년 12월 4일 기사	兀良哈	千戶 李月盧, 舍籠可, 百戶 亏時 等 3人	來獻土宜	
71	7년 12월 7일 임신	斡朶里	指揮 李土甫下, 千戶 時吾沙, 百戶 都論帖木兒	來獻馬及 土宜	
72		兀良哈	千戶 毛多哈, 白安帖木兒, 百戶 斜土哈		

73		(骨看) 兀狄哈	千戶 先主 等		
74	7년 12월 10일 신사	斡朶里	李家吾下	來獻馬及 土宜	
75		女眞	松古老 等 10人		
76	7년 12월 18일 계미	斡朶里	指揮 愁虛	來獻土宜	
77		兀良哈	指揮 者音舍 等 14人		
78	7년 12월 20일 을유	(骨看) 兀狄哈	千戶 時伐應哈, 所應哈, 波可大, 古里應哈	來獻土宜	
79		女眞	指揮 土溫, 千戶 毛多好, 節乙可 等		
80	7년 12월 24일 기축	闊兒看兀狄哈	千戶 黜良哈 等	來獻土宜	
81	7년 12월 26일 신묘	兀良哈	指揮 也吾乃	來獻土宜	
82		斡朶里	千戶 亐乙主 等 6人		
83	8년 1월 1일 병신	兀良哈	指揮 時於	來獻土宜	
84		女眞	千戶 甫乙古所		
85	8년 1월 7일 임인	兀良哈	指揮 添守	來獻馬及 土宜	
86		斡朶里	百戶 多非 等 19人		
87	8년 1월 13일 무신	斡朶里	指揮 也時乃	來獻土宜	
88		兀良哈	千戶 甫老 等 8人		
89	8년 1월 21일 병진	兀良哈	千戶 豆稱哈 等 3人	來獻土宜	
90	8년 2월 2일 병인	(骨看) 兀狄哈	都指揮 豆稱哈 及 其子 古邑同哈 等	使人獻土 物	
91	8년 11월 14일 계묘	斡朶里	指揮 權豆 及 子 千戶 馬波 等 11人	來進土物 及馬	
92	8년 11월 23일 임진	斡朶里	千戶 加乙者 等 4人	來獻土宜	
	8년 12월 2일 신유	斡朶里	千戶 加乙者 等 3人	來獻土宜	11.23 중복
93	8년 12월 8일 정묘	兀良哈	千戶 也時應哈 等 6人	來獻土物	
94	8년 12월 16일 을해	兀良哈	千戶 毛多哈 等 18人	來獻土物	
95	8년 12월 18일 정축	兀良哈	指揮 毛老 等 12人	來獻土物	
	8년 12월 23일 임오	兀郎哈	千戶 也時應哈 等	來獻土物	12.8

			4人		중복
96		斡朶里	忘加土, 吾同哈 等 6人		
97	9년 1월 3일 임진	兀良哈	指揮 大也乃, 千戶 巾加茂	來獻土宜	
98		女眞	指揮 於夫老		
		兀良哈	指揮 也時應哈		12.8 중복
99	9년 1월 9일 무술	(斡朶里)	千戶 月乙虛	來獻土宜	
100		(骨看) 兀狄哈	指揮 古邑同哈, 都者磨		
101		斡朶里	指揮 貴伊波 等 29人		
	9년 1월 14일 계묘	女眞	指揮 於夫老, 所羅, 毛多吾	來獻土宜	於夫老 1.9중복
		兀良哈	指揮 都乙好, 也時應哈, 千戶 古伊波, 於虛茂, 多下老, 加加乃, 百戶 凡察, 沙安萬		也時應哈 12.8 중복
		(骨看) 兀狄哈	指揮 古邑同哈, 月下乃, 時仇多吾, 阿伊項介, 都者麻, 無知哈, 豆伊忘阿		1.9 중복
		斡朶里	指揮 貴伊波, 里豆忘羅多, 音波老, 千戶 月乙虛, 東叱氏, 阿郎離時, 所古老, 里應哈, 仁之夫下 等		1.9 중복
102	9년 1월 21일 경술	兀良哈	千戶 都乙溫	來獻土宜	
103		女眞	指揮 波伊大		
104		(骨看) 兀狄哈	指揮 者用哈 等 10人		
105	9년 1월 22일 신해	兀良哈	千戶 伐乙多乃, 班大, 於虛里, 仇音夫, 百戶 班大	進馬及土宜	
106		女眞	指揮 夫哈		
107		(骨看)	指揮 沙堂阿		

108	9년 2월 22일 경진	兀狄哈		來獻土宜	
		斡朶里	千戶 盧老阿		
109		兀良哈	千戶 余弄哈 等		
110	9년 2월 25일 계미	兀良哈	劉甫乙看 等 7人	來獻土宜	
111	9년 5월 26일 계축	斡朶里	金希周	來獻土宜	
112	10년 1월 12일 을미	斡朶里	都督僉事 童孟哥帖木兒, 千戶 童末乙大 等 3人	各獻皮物	
113		闊兒看兀狄哈	千戶 照郞哈 等 2人		
	10년 1월 16일 기해	斡朶里	都督僉事 童猛哥帖木兒 遣千戶 童末乙大, 百戶 安取古乙豆	來獻土物	1.12 중복
		(骨看) 兀狄哈	千戶 照郞哈		1.12 중복
114		斡朶里	千戶 馬大愁, 百戶 肖波好, 肖多甫, 仇音甫下 等 10人		
115	10년 1월 17일 경자	斡朶里	千戶 好伊大 等 3人	來獻土物	
116	10년 1월 21일 갑진	斡朶里	千戶 良家	來獻土物	
117		兀良哈	千戶 好心波 等 9人		
118	10년 1월 25일 무산	闊兒看兀狄哈	指揮 時里應介, 千戶 汝下 等 7人	來獻土物	
119	10년 1월 29일 임자	斡朶里 (建州左衛)	千戶 乃伊羅好 等 6人	來獻土物	
120	10년 1월 29일 임자	斡朶里 (建州左衛)	指揮 童權豆 使千戶 童道老, 伊思麿 等	來獻土物	
121	10년 2월 1일 계축	兀良哈	指揮 甫郞只, 千戶 都乙溫等 3人	來獻土物	
122	10년 2월 4일 병진	斡朶里	指揮 也時應介 等 3人	來獻土物	
123		兀良哈	千戶 甫吾大 等 3人	來獻土物	
124		斡朶里	指揮 童權豆 遣千戶 好時乃 等	來獻土宜	

			2人		
125	10년 2월 18일 경오	斡朶里	指揮 都好隱 等 4人	來獻土物	
126		兀良哈	千戶 昆伊 等		
127	10년 2월 21일 계유	斡朶里	指揮 李好心波 等 3人	來獻土物	
128		闊兒看兀狄哈	千戶 其宗介		
129	10년 2월 22일 갑술	斡朶里	千戶 加下者	來獻土物	
130		兀狄哈	開相介 等		
131	10년 2월 28일 경진	斡朶里	千戶 童亐乙主 等 3人	來獻土物	
132	10년 12월 15일 임진	兀良哈	指揮 伊孫可 等 14人	來獻土物	
133		斡朶里	千戶 蒙古道 等 4人		
134	10년 12월 20일 정유	斡朶里	權豆 遣千戶 原時無 等 3人, 童猛哥帖木兒 遣指揮 也吾乃 等 5人, 馬佐和 等 3人	來獻土宜	
135		兀良哈	千戶 巨乙加介 等 2人, 於虛茂 等 2人, 甫邑同哈 等 8人		
136	11년 1월 2일 기유	斡朶里 (建州左衛)	千戶 豆許阿下, 忘應, 乃舍豆	來獻土物	
137		女眞	千戶 毛多好, 伊里介, 乃伊		
138		兀良哈	千戶 古赤甫下, 凡察, 伊羅介, 都波下, 指揮 於夫老, 百戶 夫乙巨 等		
139	11년 1월 3일 경술	(骨看) 兀狄哈	指揮 豆稱介 等 4人	來獻土物	
140		女眞	指揮 於夫老 等 3人		
141	11년 1월 8일 을묘	兀良哈	指揮 白安土, 千戶 也郎哈, 黃家老, 於巾加茂, 亐郎巨 等	來獻土物	

142	12년 3월 19일 기미	斡朶里	崔老好乙取	來獻土宜	
143	13년 1월 5일 경오	野人(骨看)	都指揮 豆稱介, 甫同介 等 6人	來獻土宜	
144	13년 1월 9일 갑술	斡朶里	童權豆 等 7人	來獻海青 及土宜	
145	13년 1월 12일 정축	(骨看) 兀狄哈	指揮 者用介 等	來獻土宜	
146	13년 1월 14일 기묘	斡朶里	千戶 童阿里, 百戶 於虛取, 羅守	來獻土宜	
147	13년 1월 17일 임오	兀良哈	千戶 也時應介	來獻土宜	
148	13년 1월 18일 계미	兀狄哈	千戶 伊項介 等	來獻土宜	
149	13년 1월 21일 병술	兀良哈	千戶 末令巨 等	來獻土宜	
150	13년 1월 24일 기축	兀良哈	千戶 亏下 等	來獻土宜	
151	13년 1월 26일 신묘	斡朶里	千戶 阿羅介, 阿都赤	來獻土宜	
152		女眞	毛多好 等 9人		
153	13년 1월 30일 을미	兀狄哈	千戶 豆難	來獻土宜	
154		女眞	指揮 波伊大 等		
155	13년 2월 1일 병신	斡朶里	指揮 馬佐化, 崔沙安, 甫下, 亡乃 等	來獻土宜	
		兀良哈	千戶 好心波, 豆難, 加乙伊 等		1.30 중복
		女眞	指揮 波伊大		1.30 중복
156		(骨看) 兀狄哈	千戶 照音將介 等		
157	13년 2월 6일 신축	斡朶里	千戶 馬大所, 亏乙主, 加下仇, 赤甫下, 阿下, 伊麿乃, 衆多 等 7人	來獻土宜	
158	13년 2월 11일 병오	斡朶里	千戶 阿甫 等 5人, 加下車 等 2人	來獻土宜	
159	13년 2월 26일 신유	兀良哈	千戶 都乙溫 等 4人	來獻土物	
160	13년 6월 12일 갑진	兀良哈	指揮 孫多	捕進土豹 二口	
161	13년 7월 17일 기묘	兀良哈	千戶 也吾家 等	來獻土宜	

162	13년 12월 2일 계사	(斡朶里)	凡察 及 管下野人 11名	被虜唐人 男婦共八 十二名, 回自咸吉 道	
163	14년 1월 26일 병술	(斡朶里)	童猛哥帖木兒 遣人	來獻土宜	
164	14년 2월 6일 을미	兀良哈	千戶 而羅加茂 等 5人	來獻土宜	
165	14년 2월 16일 을사	野人(兀良哈)	班大 等	來獻土宜	
166	15년 1월 21일 을해	兀良哈	指揮 所古老	遣人獻馬	
167	15년 6월 15일 병신	吾都里	童猛哥帖木兒 父子 遣 馬佐和 等 4人	獻土宜	
168	15년 9월 7일 병술	婆猪江野人 (建州衛)	王半車, (甫介) 等 2人	來	
169	15년 12월 14일 병신	毛憐衛 (建州衛)	賜 李撒滿答失里	내조기록은 없지만 하사와 조회참여로 내조로 봐야함	
170		建州衛	李滿住 米各二十石 16일 조회에도 참여		
171	15년 12월 21일 경오	婆猪江野人 (建州本衛)	李滿住 使送 指揮 王答兀, 劉撒禿	來獻土宜	
172	16년 1월 11일 기축	野人	指揮 李甫丹 等 26人	來獻土宜	
173	16년 1월 16일 갑오	野人	(賜 野人 指揮 甫安豆 等 2名, 千戶 巨所 等 14名 衣服笠靴)	來獻土宜	
174	16년 2월 중	野人	指揮 李波音河 等 5人	물품하사	
175	16년 3월 16일 계사	毛憐衛 (建州衛)	指揮 李撒萬答失里 使千戶 童完者帖木兒	來獻土宜	
176	16년 5월 26일 임인	婆猪江野人 (建州本衛)	指揮 沈吒納奴 使送人 等	來獻土宜	
177	16년 8월 6일 경술	(斡朶里)	凡察 使人(千戶 童昆赤 等 2人)	來獻土宜	8.18
178	16년 11월 25일 기해	野人 (建州本衛)	李滿住 使送人 劉洪 等	來獻土宜	
179	16년 12월 16일 기미	(建州本衛)	李滿住 使送 王卜納蘇 等 5人	來獻土宜	
180	16년 12월 26일 기사	(建州本衛)	李滿住 使人 等	來獻土宜	
181	17년 1월 2일 갑술	(建州本衛)	李滿住 遣指揮	來獻土物	

			黃起奴兒 等 5人		
182	17년 1월 5일 정축	兀良哈 (建州本衛)	李滿住 送指揮 馬照好 等 20人	來獻土物	
183	17년 1월 14일 병술	野人(斡朶里)	李好心波	來獻土宜	
184	17년 1월 26일 무술	(建州本衛)	李滿住 送指揮 馬照好 等 20人	來獻土物	
185	17년 2월 6일 무신	(建州本衛)	李滿住 遣金羅老 等 3人	來獻土物	
186	17년 2월 28일 경오	野人(兀良哈)	指揮 李洪所老 等 4人	來獻土宜	
187	17년 4월 16일 정사	野人(斡朶里)	千戶 金巨波 等 3人	來獻土物	
188	17년 5월 26일 정유	骨看亏狄哈	吾昌哈 等 2人	來獻土物	
189	17년 6월 6일 병오	野人 (建州本衛)	千戶 楊阿難多茂[梁阿難 多茂] 等 3人	來獻土宜	
190	17년 9월 8일 병자	兀良哈	都指揮 劉甫兒看, 僉指揮 高古麿古, 千戶 亏老可兒, 伊巨乃 等	來獻土宜	
191	17년 9월 12일 경진	兀良哈	崔甫也 等	來獻土宜	
192	17년 9월 16일 갑신	兀良哈	千戶 波難 等	來獻土宜	
193	17년 10월 3일 신해	兀良哈	千戶 所乙非 等 3人	來獻土物	
194	17년 11월 24일 신묘	野人(兀良哈)	指揮 忘古 等 4人	來獻土物	
195	17년 12월 1일 무술	野人(兀良哈)	指揮 尙哈 等 6人	來獻土物	
196	17년 12월 6일 계묘	兀良哈	指揮 時羅哈 等 6人	來獻土宜	
197	17년 12월 6일 계묘	建州(本)衛	李滿住 遣指揮 金納奴 等 10人	獻土宜	
198	17년 12월 11일 무신	(骨看)兀狄哈	指揮 豆郞哈	來獻土物	
199	17년 12월 19일 병진	(骨看)兀狄哈	指揮 照良哈 等 3人	來獻土物	
200	17년 12월 22일 기미	兀狄哈	指揮 金吾馬	來獻土宜	
201		女眞	千戶 伊郞哈 等 5人		
202	18년 1월 6일 임신	(骨看) 兀狄哈	指揮 時方哈 等 4人	來獻土宜	
203		兀良哈	都指揮 劉卜兒罕		

			等 2人		
204		女眞	指揮 於夫老 等 3人		
205	18년 1월 28일 갑오	(骨看)兀狄哈	指揮 多弄哈 等 8人	來獻土宜	
206		兀良哈	千戶 多音波老 等 3人		
207	18년 2월 26일 임술	建州衛	李滿住 送 指揮 高豆里吐 等 6人	來獻土宜	
208	18년 4월 21일 정사	野人	千戶 赤下里 等	來獻土物	
209	18년 5월 24일 기축	(建州本衛)	李滿住 使送 指揮 金納奴 等 4人	來獻土宜	
210	18년 윤6월 2일 병인	(建州本衛)	李滿住 使 指揮 佟觀音奴 等 6人	來獻土宜	
211	18년 윤6월 4일 무진	兀良哈 (建州本衛)	童豆里不花	來獻土宜	
212	18년 7월 8일 신축	野人(女眞)	指揮 波伊太(大) 等 3人	來獻土宜	
213		(兀良哈)	吾看主 等 2人		
214	18년 11월 26일 정사	骨看兀狄哈	指揮 先主 等 4人	來獻土宜	
215	18년 12월 1일 임술	建州衛	都指揮 李滿住 遣人	來獻土宜	
216	18년 12월 29일 경인	野人(斡朶里)	都指揮 童末乙大 等 11人	來獻土宜	
217	19년 4월 2일 신유	斡朶里	章所奴帖木兒 等 5人	來獻土物	
218	19년 6월 6일 갑자	愁濱江野人 (南訥兀狄哈)	指揮 多弄哈 等 5人	來獻土宜	
219	19년 7월 1일 기축	建州衛 (斡朶里)	都督 凡察 率 管下 16人	來朝	
220		兀良哈	都指揮僉事 都兒溫 等 5人		
221	19년 9월 11일 무술	忽剌溫	(嘔罕衛) 都督 乃要昆 遣 指揮 亐將介 等 6人	來朝	
222		忽剌溫	(肥河衛) 都督 伐兒哥 遣 都指揮 吾寧應哈 等 6人		
223	19년 9월 16일 계묘	忽剌溫兀狄哈	(兀者左衛) 毛多吾哈	來朝	
224	19년 9월 21일 무신	忽剌溫	(者左衛) 都督	來獻土宜	

			羅邑大 遣 指揮 莫只 等 5人		
225		忽剌溫	指揮 松其羅 遣 指揮 苦榮哥 等 6人		
226		忽剌溫	指揮 家音間 遣 指揮 厚時 等		
227	19년 10월 1일 정사	兀良哈	都指揮 劉甫兒看 率其子 蘇應哥 及 管下 10人	來獻土宜	
228		忽剌溫兀狄哈	指揮 加音間 遣 沙羅哈		
229	19년 10월 16일 임신	骨看兀狄哈	諸用哈(者用介) 等	來獻土宜	
230	19년 10월 21일 정축	忽剌溫	指揮 厚伊 等 9人	來獻土宜	
231		斡朶里	千戶 童所古		
232	19년 11월 1일 정해	南訥兀狄哈	豆羅大	來獻土宜	
233		兀良哈	李洪所老 等		
234	19년 11월 16일 임인	兀良哈	千戶 馬波羅 等	來獻土宜	
235	19년 12월 4일 신유	斡朶里	千戶 (馬)大愁	來獻土宜	
236	19년 12월 19일 병자	斡朶里	童阿下大, 童所老帖木兒 等	來獻馬	
237	20년 1월 1일 병술	斡朶里	馬佐化 等 40餘人	來獻土宜	
238	20년 1월 11일 병신	忽剌溫野人	指揮 於郎哈 等 11人	來獻土宜	
239	20년 1월 16일 신축	愁濱江兀狄哈 (南訥)	者郎哈 等 2人	來獻土宜	
240	20년 1월 26일 신해	忽剌溫	甫堂哈 遣子 安充哈 等 12人	來獻土宜	
241			月下 遣 阿下大 等 5人	來朝	
242		闊兒看兀狄哈	指揮 所下大 等 5人	來獻土宜	
243	20년 2월 1일 정묘	忽剌溫兀狄哈	加堂哈 遣 指揮 厚時波 等5人	來獻土宜	
	20년 2월 6일 경신	(忽剌溫) 兀狄哈	(都督 答失里 使送)早化 等 9人	來獻土宜	3.1 중복
244	20년 2월 21일 을해	兀良哈	尙哈 等 4人	來獻土宜	
245		斡朶里	馬仇波 等 5人		
246	20년 2월 26일 경진	斡朶里	童亡乃 等 19人	獻土宜	

247			大愁 使送 都乙赤 等 2人		누락
248	20년 3월 1일 을유	忽剌溫	通吐 使送 蘇里應哈 等 3人	물품하사	
249			加多哥 使送 好心波 等 2人		
250			都乙甫老 使送 伊里應哥 等 2人		
251			所音巾 使送 法提 等 3人	내조	
252	20년 3월 16일 경자	忽剌溫	亏乙加茂, 無應巨 等 2人	來獻土宜	
253	20년 6월 28일 경진	忽剌溫	也吾時 等 11人	獻土物	
254			沙弄哈 送 其弟		
255		斡朶里	多毛赤 等 2人		
256	20년 7월 1일 계미	斡朶里	童倉 等	來獻土宜	
257	20년 7월 6일 무자	忽剌溫	吾魯河衛 指揮僉事 雙管奴 等 2人	獻土宜	
258			刺郎吉衛 指揮 捨籠哈所 送 指揮僉事 多不落 等 3人		
259			亦馬何衛 指揮 殺殺所 送 付羊古 等 2人		
260	20년 8월 1일 계축	兀良哈	都指揮 劉卜兒看 子 仇羅 等 2人	來獻馬	
261	20년 9월 21일 임인	忽剌溫	指揮 也時 等 7人	來朝	
262	20년 10월 6일 정사	忽剌溫兀狄哈	家音間 遣 指揮 沙羅哈	來獻土宜	
263	20년 11월 6일 병술	骨看兀狄哈	金加所應哈 等	來獻土宜	
264	20년 11월 16일 병신	忽剌溫兀狄哈	毛多吾 等 5人	來獻土宜	
265		斡朶里	大也吾羅 等 7人		
266	20년 11월 21일 신축	忽剌溫	指揮 監守 等 9人	來獻土宜	
267	20년 11월 26일 병오	忽剌溫	指揮 所郞巨 等 22人	來獻土宜	
268	20년 12월 1일 신해	斡朶里	千戶 豆難 等 4人	來獻土宜	
269	20년 12월 11일 신유	忽剌溫	(兀者右衛) 都指揮事 桑吉塔	來獻土宜	

			等 遣 都里也 等 5人		
270	20년 12월 16일 병인	兀良哈	指揮 都時 等 4人	來獻土宜	
271	20년 12월 21일 신미	忽剌溫	指揮 毛堂哈 等 13人	물품하사	
272		忽剌溫	指揮 都里也老奴好		
273		骨看亏知哈	指揮 時仇時方哈		
274	21년 1월 1일 경진	吾都里	千戶 甫古老	獻土物	
275		吾郎哈 (兀良哈)	指揮 都時於古, 老甫老, (金)波乙大, 麿古 等 35人		
276	21년 1월 10일 기축	忽剌溫兀者衛	指揮僉事 都兒也		예조에서 보고
277	21년 1월 11일 경인	亏未車(嫌進) 亏知哈	英應巨 等 3人	獻土物	
278		吾郎哈	指揮 蔣家 等 9人		
279	21년 1월 16일 을미	吾都里	指揮 童倉 等 9人, 護軍 童所老加茂 等 5人, 千戶 禹亡乃 等 6人, 指揮 童吾沙介 等 6人	獻土物	
280		骨看亏知哈	指揮 波泰 等 7人		
281	21년 1월 21일 경자	吾郎哈	指揮 仇里, 千戶 好乙多孫 等 9人	獻土物	
282		吾都里	李也叱大 等 6人		
283	21년 2월 6일 을묘	婆猪江 (建州本衛)	指揮 童搭赤 等 8人, 都指揮 李將家 子 指揮 李豆滿 等 8人	獻土物	
284	21년 윤2월 1일 을묘	東良北吾郎哈	都事 劉甫乙看 等 7人, 指揮事 金吾間主 等 6人	隨班辭	
285		婆猪江 (建州衛)	李滿住 所遣 所羅哥 等 4人		
286	21년 4월 26일 계묘	忽剌溫兀狄哈	斡朶輪衛 指揮同知 都隱土 遣 指揮 甫也大	獻土物	
287			速塔兒何衛 指揮		

288			阿羅孫 遣 指揮 阿下		
			兀里奚山衛 指揮同知 吾知其 遣 指揮同知 沙伊間, 指揮僉使 阿下可 等		
289	21년 5월 11일 무오	忽剌溫兀狄哈	阿亏河衛 都事 阿知羅 遣 指揮同知 所乙非 等 2人	獻土物	
290			夫都好衛 指揮同知 也時他 遣 指揮僉事 也吾乃		
291			家下衛 指揮 沙充哥 遣 指揮 朱赤 等 2人		
292	21년 6월 6일 임오	忽剌溫兀狄哈	忽石門衛 指揮 油龍可 遣 指揮 衣成可	隨班辭	
293			撒剌兒衛 指揮 甘多 遣 指揮 忘乃		
294			馬剌衛 指揮 無扎 遣 指揮 蒙古道		
295			塔麻速衛 指揮 好心波 遣 指揮 毛伊乃		
296			木興河衛 指揮 速申哈 遣 指揮 朴時		
297			兀里奚山衛 指揮 兀昇哈 遣 指揮 伊沙應可 等 6人		
298	21년 6월 11일 정해	忽剌溫兀狄哈	(木里河衛) 指揮同知 多羅可 遣 指揮 大陽可 等 2人 (把河衛) 指揮 八兒速不花 遣 指揮 軍有 等 2人	來獻土物	6.26 중복
299	21년 6월 16일 임진	忽剌溫	兀魯罕河衛 指揮 加多孫 遣 指揮	隨班	

			也時乃		
300			卜魯兀衛 指揮 沙多吾 遣 指揮 昌守		
301			亦迷河衛 指揮 時羅毛 遣 指揮 伊弄哈		
302			和卜羅衛 指揮 狂只老 遣 指揮 阿羅孫		
303			朶兒必河衛 指揮 於乙巨 遣 指揮 也叱大 等		
304	21년 6월 17일 계사	忽剌溫	兀者左衛 都督 羅邑大 使送 麿氣	김종서의 보고	
305			(嘔罕衛)都督 那要看(乃要昆) 遣 指揮僉事 亏將可		
306			(葛林衛)指揮 澄的奴 遣 指揮僉事 也令哈 等 5人		
307	21년 6월 21일 정유	忽剌溫	指揮僉事 者當哈 等 2人	來獻土物	
308			指揮僉事 牙失答 遣 指揮 牙當吉 等 3人		
309			指揮僉事 剌哈 遣 指揮 兀長加 等 2人		
			指揮僉事 忽失苦 遣 指揮 十八		7.1 중복
310			兀里奚山衛 歡出哈 遣 指揮 大愁		
311	21년 6월 26일 임인	忽剌溫	忽忽八河衛 指揮 阿當哈 遣 軍有	隨班拜辭	
312			把河 指揮衛 八兒速不花 所遣 指揮 所亏多 等		
313	21년 7월 26일 임신	野人(忽剌溫)	塔河衛 指揮同知 者里 遣 指揮僉事 朶令哈	獻土物	

314			阿剌山衛 指揮同知 咬納 遣 指揮僉事 把郎哈		
315			把河衛 指揮僉事 考兀 遣 指揮僉事 剌打兀		
316			的河衛 指揮僉事 忽失帖木 遣 指揮僉事 亦令哈		
317			古里河衛 指揮僉事 鬼迷 遣 指揮僉事 奴兒非		
318			葛林衛 指揮同知 伐里哥 遣 指揮僉事 把打		
319	21년 8월 5일 신사	(忽剌溫)	兀里奚山衛 指揮 斡的其 遣 阿應哥	隨班辭	
320			亦馬忽山衛 指揮僉事 羅因加茂 遣 指揮 阿堂可		
321			剌麻剌衛 指揮 法甫西 遣子 實蒙巨古		
322			魯渾山衛 指揮 波沙羅 遣 指揮 太者灘		
323			兀川衛 指揮 毛都好 遣弟 舍人達里		
324	21년 8월 25일 신축	(忽剌溫)	水萬衛 指揮 波叱大 子 加時仇	獻土物	
325			加河衛 指揮 所同可 遣 指揮 古赤		
326			兀此河衛 指揮 必欒 遣 指揮 義實哈		
327			兀也吾衛 指揮 孫保 遣 指揮 時方巨		
328			兀他河衛 指揮 亏云甫 遣 指揮		

			斜隱致 等		
329			阮里河衛 指揮 其方可 遣子 指揮 亏里應可		
330			伊乙漢河衛 指揮 同可 遣 指揮 仇乙好土		
331			列門河衛 指揮 沙隆阿 遣 指揮 大甫下		
332	21년 9월 11일 병진	忽剌溫	石城衛 指揮 失弄可 遣 指揮 阿羅孫	獻土物	
333			虛味河衛 指揮 者和 遣 千戶 阿古里		
334			兀者石衛 指揮 波乙愁 遣指 揮蒙古		
335			兀列河衛 指揮 官音奴 遣 多時應可		
336			弗朶兀河衛 指揮 阿古察 遣 指揮 班車		
337	21년 9월 21일 병인	忽剌溫亏知介	指揮 於時應巨 遣 指揮 君土 等 8人	來獻土物	
338	21년 9월 26일 신미	忽剌溫亏知介	都指揮 卓時 遣 指揮 羅下取 等 4人	來獻土物	
339	21년 10월 1일 병자	忽剌溫	實山衛 指揮 澄可 遣 指揮 阿羅豆	隨班辭	
340			遣 指揮僉事 所乙古 等 2人	獻土物	
341	21년 10월 6일 신사	忽剌溫亏知介	把河衛 都指揮 加羅所 遣 指揮 雄時老	隨班辭	
342			木束河衛 指揮 者音波 遣 指揮 月乙下		
343	21년 11월 1일 을사	忽剌溫亏知介	都事 愁下料弄可(愁下斜	獻土物	

			弄可) 遣 親弟 指揮 都都甫老 等 11人		
344	21년 11월 8일 임자	忽刺溫	指揮 多非羅 等 2人	獻土物	
345	21년 11월 12일 병진	吾良介	金指揮 大豆介 等 3人	來獻土物	
346	21년 11월 26일 경오	忽刺溫	指揮 下澄介 等 11人	獻土物	
347	21년 12월 6일 경진	忽刺溫亏知介	指揮 於巨里 等 16人	獻土物	
348		忽刺溫	凡者衛 都事 王忙乃, 阿下夕 等	辭	
349	21년 12월 16일 경인	忽刺溫	指揮 於里巨 等 16人	獻土物	
350		吾都里	指揮 童豐只 等 11人		
351	21년 12월 21일 을미	忽刺溫	納木河衛 指揮 伐乙加豆 遣 指揮 松古老	獻土物	
352			薛列河衛 指揮 家乙多茂 遣 指揮 加乙愁 等		
353	22년 1월 1일 갑진	吾都里	都督 童凡察 等 8人	來獻土物	
354	22년 2월 1일 갑술	忽刺溫	碧河衛 都事 羅伊昆 遣 指揮 於乙赤	來獻土物	
355			都事代乙介 遣 指揮 忘家阿里 等		
356	22년 2월 26일 기해	忽刺溫兀狄哈	察河衛 指揮 可里甫下 所遣 指揮 赤乙多	獻土物	
357			古城衛 指揮 豆乙古 所遣 指揮 古乙麿嘉		
358			吉河衛 都事 汝乙豆 所遣 指揮 多時麿		
359			吉河衛 指揮 臥里大 所遣 指揮 多里應可 等		
360	22년 7월 6일 병오	吾良介	指揮 仇赤 等 14人	來獻土物	

361	22년 7월 21일 신유	吾都里	馬佐化, 馬仇音波, 童也吾他, 哥哥時波	獻土物	
362		吾郎介	仇赤 等		
363	22년 7월 27일 정묘	吾郎介	浪甫乙看 等 10人	來獻土物	
364		吾都里	阿下里 等 4人		
365	22년 8월 2일 신미	吾郎哈	金都乙溫	來朝	
366	22년 9월 5일 갑진	吾都里	指揮 (童)吾沙介	隨班	
367	22년 10월 21일 경인	忽剌溫	指揮 者里	獻土物	
368	22년 11월 16일 을묘	兀良哈	護軍 仇難 等 5人	獻土物	
369	22년 11월 18일 정사	兀良哈	指揮 所衆巨 等 4人	獻土物	
370	22년 11월 21일 경신	吾都里	李甫乙赤	來獻土物	
371	22년 11월 26일 을축	兀良哈	護軍 金波乙大 等 4人, 金班車 等 3人	來獻土物	
372		吾都里	指揮 童亡乃 等 4人, 指揮 童也叱大 等 4人, 指揮 童毛珍 等 3人		
373	23년 1월 11일 기유	吾都里	(馬)遊德 等 10人	來獻土物	
374	23년 1월 21일 기미	兀良哈	千戶 阿同哈 等 3人	來獻土物	
375	23년 1월 27일 을축	闊兒看	指揮 時里主 等 4人	來獻土物	
376		吾良哈	巨也老 等 3人		
377	23년 2월 6일 계유	吾良哈	指揮 照陽介 等 4人	來獻土物	
378		吾都里	訥於赤 等 3人		
379	23년 2월 11일 무인	吾良哈	指揮 林波也	獻土物	
380		吾都里	童毛多吾赤 等 4人		
381	23년 2월 16일 계미	吾都里	他伊叱仇 等 4人	獻土物	2.6 중복
		吾良哈	指揮 照陽哈 等 4人		
382	23년 3월 1일 무술	吾都里	也吾大 等 2人, 司直 吾同古, 千戶 他伊叱仇 等 4人	獻土物	
383		女眞	亐乙主 等		
384	23년 3월 16일 계축	吾都里	金波老 等 2人	來獻土物	

385	23년 4월 17일 계미	吾都里	童所老加茂	물품하사	
386	23년 5월 7일 임인	兀良哈	指揮 林好心波	물품하사	
387		女眞	多家老		
388	23년 5월 21일 병진	愁下 闊兒哈(嫌進) 亏狄哈	巨乙加介 子 土豆, 亏豆, 伊里亏溫, 昌可 等 4人	隨班朝謁	
389	23년 5월 26일 신유	吾都里	松古老, 夫里介 等	獻土物	
390	23년 6월 16일 신사	女眞	指揮 也吾時 等 11人	來獻土物	
391	23년 8월 16일 경진	吾良哈	充賞 等 3人	獻土物	
392	23년 8월 26일 경인	骨看兀狄哈	昌介 等 2人	獻土物	
393	23년 9월 1일 갑오	吾良哈	都指揮同智(知) 浪卜兒罕 等 11人	獻土物	
394	23년 9월 21일 갑인	吾良哈	都指揮僉事 都乙溫 等 4人	獻土物	
395	23년 11월 1일 갑오	吾郎哈	指揮 仇赤 等 6人	獻土物	
396	23년 11월 6일 기해	女眞	毛多好 等	辭 賜衣帶靴 笠	
397	23년 11월 16일 기유	吾郎哈 (建州衛)	朱甫非	受朝	
398			也吾乃 遣 指揮 色奇 等 2人		
499			於知乃 遣 指揮 於里		
400			李甫皮羅 遣 指揮 帶涯哥 等 2人		
401			指揮 數吒 遣 亞龍哥		
402	23년 11월 21일 갑인	忽剌溫	垂稱哥 遣 指揮 多時應哥	獻土物	
403			將哥 遣 指揮 假丁哥		
404			黃加老 遣 倪是 等 2人		
405			苦石臙 遣 指揮 吉塘哥		
406			加來 遣子 帶壯 等		
407	23년 윤11월 11일 갑술	骨看亏知介	回陽介 等 7人	獻土物	

408		吾都里	護軍 童於虛里 等 6人		
409	23년 12월 1일 계사	女眞	波音夫 等 2人	獻土物	
410	23년 12월 11일 계묘	骨看亐知介	時羅主 等 6人	獻土物	
411		吾良哈	指揮 所衆可 等 10人		
412	23년 12월 21일 계축	骨看亐知介	指揮 時方介 等 5人	獻土物	
413		五良哈	指揮 也尙介 等		
414	24년 1월 10일 임신	兀良哈	曼阿可, 澄羅亐 等	來獻土物	
415	24년 1월 16일 무인	斡朶里	童哥時波 等 3人	隨班辭	
416		兀良哈	月下乃 等 2人		
417	24년 1월 18일 경진	女眞	副司直 吾乙賓介	來獻土物	
418		斡朶里	指揮 吾沙介 等 5人, 司直 李甫乙赤 等 10人		
419	24년 1월 21일 계미	兀良哈	指揮 吾郎(看)主 等 6人	來獻土物	
420	24년 2월 1일 임진	斡朶里	指揮 童三波老, 護軍 金波老 等 8人	獻土物	
421	24년 2월 5일 병신	斡朶里	指揮 童因豆 等	來朝	
422	24년 2월 11일 임인	兀良哈	伊時可 等 4人	來獻土物	
423	24년 2월 13일 갑진	斡朶里	千戶 加加羅 等 9人	來獻土物	
424	24년 2월 16일 정미	斡朶里	指揮 好心波 等 4人	隨班獻土物	
425	24년 5월 1일 경신	吾都里	沮里 等 9人	來獻土物	
426		忽剌溫	指揮僉事 格曾可 等 14人		
427	24년 5월 11일 경오	(斡朶里)	都萬戶 僉知中樞院事 童所老加茂 等 5人	獻土物	
428	24년 5월 21일 경진	忽剌溫	指揮 加弄介 遣子 忘家 等 4人(伴人 仇赤羅)	來獻土物	
429		吾郎哈	指揮 金權老 等 6人		
	24년 5월 30일 기축	(忽剌溫)	加籠介 所遣 親子	예조에서	5.21

			忘家, 伴人 仇赤羅		중복
431			毛都好 遣子 波下多, 伴人 也時 等	접대	
432	24년 8월 26일 계축	吾郎哈	阿赤郎耳, 伐伊 處等 住居 3人	來獻土物	
433	24년 10월 16일 계묘	忽剌溫	艾因塔 等 6人	獻土物	
434	24년 11월 6일 임술	吾都里	指揮 童風只 等 3人	來獻土物	
435		吾郎哈	指揮 林加乙軒 等 4人		
436	24년 12월 11일 정해	忽剌溫	加籠介 遣 仇赤羅 等 9人	獻土物	
437	24년 12월 16일 임인	忽剌溫	敎化 等 6人	獻土物	
438		吾郎哈	指揮 吐時 等 7人		
439		吾郎哈	大頭麿 等 7人	獻土物	
440		骨看亏知介	指揮 伊頂介 等 7人	獻土物	
441	24년 12월 26일 임자	吾郎哈	都司 婁時可 等 4人, 指揮 好心波 等 3人	獻土物	
442		骨看(兀狄哈)	指揮 沙其大 等 7人	獻土物	
443		骨看亏知介	非升加 等 3人	獻土物	
444	25년 1월 1일 정사	幹朶里	馬仇音波 等	獻土物	
445	25년 1월 6일 임술	忽剌溫	指揮 色重哥 等 7人	獻土物	
446	25년 1월 11일 정묘	女眞	副司直 殷淡波老 等 7人	來獻土物	
447	25년 2월 7일 계사	(建州左衛)	童倉 遣 阿里 等 3人	來獻土物	
448		(建州右衛)	凡察 遣 亡乃 等 2人		
449	25년 2월 11일 정유	吾郎哈 (兀良哈)	指揮 仇赤甫下 等	獻土物	
450		忽剌溫	指揮 吾嘆可 遣子 海僧哥 等 6人		
451	25년 2월 16일 임인	忽剌溫	改達蘇 遣弟 大平 等 4人	來獻土物	
452		幹朶里	者里可 等 5人		

453	25년 4월 12일 정유	(嫌進)亏知介	土豆 等 2人	來獻土物	
454	25년 6월 1일 갑신	忽剌溫	昌哥老 遣弟 長家 等 7人	來獻土物	
455	25년 6월 24일 정미	忽剌溫	羅吾乃 等	來獻土物	
456		吾都里	加羅 等		
457	25년 11월 12일 계해	忽剌溫	指揮 伐宋 等 7人	來獻土物	
458	25년 11월 29일 경진	斡朶里	加可(羅) 等 8人	來獻土物	
459	26년 1월 1일 신해	野人(兀良哈)	浪卜兒罕 等 49人	강녕전에서 잔치	
460	26년 2월 17일 정유	野人	里陋可 等 37人	賜送	
461	27년 2월 3일 정미	兀良哈	金昌古里, 吾靑, 相豆	수직, 물품하사	
462	27년 3월 11일 갑신	兀良哈	都萬戶 浪甫(卜)兒罕	來朝	
463	27년 12월 14일 계축	吾都里	都萬戶 童因豆 等 5人	來獻土物	
464		兀良哈	都司 婁時可 等 7人		
465	27년 12월 22일 신유	兀良哈	都萬戶 拜麻剌哈, 指揮 亏弄哈 各率其子	來朝	
466	28년 1월 2일 경오	吾都里	都萬戶 童亡乃 等 11人	來朝	
467		兀良哈	萬戶 (浪)婁時介 等 10人		
468		骨看	指揮 李阿時阿 等 4人		
469	28년 1월 16일 갑신	吾都里	都萬戶 童加時波 等 5人	來獻土物	
470		骨看	萬戶 所雍介 等 5人		
471	28년 1월 17일 을유	吾都里	萬戶 童也吾大 等 10人	물품지급, 수직	
472		骨看	萬戶 劉時里主 等 12人		
473		兀良哈	指揮 李舍土 等 3人		
474	28년 1월 18일 병술	吾都里	司直 童南羅 等 3人	來獻土物	
475	28년 2월 10일 무신	野人(吾都里)	童伊麟哈	來朝	

476	28년 12월 28일 신유	骨看	萬戶 金時具 等	來獻土物	
477	29년 1월 25일 무자	骨看	副萬戶 劉無澄介, 司直 李汝於加, 司直 李都之麿	수직	
478		吾都里	司直 童敦道		
479	29년 1월 25일 무자	(吾都里)	童所老加茂	來獻馬	
	29년 2월 2일 갑오	野人(骨看)	萬戶 金時具 等 7人	來獻土宜	28.12.28 중복
480	29년 11월 27일 병진	兀郞哈	萬戶 金權老, 子 伐伊應可	수직	
481	29년 12월 12일 경오	(嫌進)兀狄哈	護軍 亐豆, 姪 甫要麿 等	來獻土物	
482	30년 2월 29일 을유	兀良哈	上護軍 金大豆麿, 每下	來朝	
483	30년 11월 27일 기유	兀良哈	指揮 所古 等	來獻土物	
484	32년 1월 20일 병신	吾都里	童所老加茂	來獻土物	
485	32년 1월 27일 계묘	兀良哈	厚時茂, 毛下禮 等	수직	
486	32년 2월 13일 무자	塔山衛	指揮使	遣親男報 聲息 兼進禮物	

5. 문종대의 내조자 목록

연번	연월일	종족	성명	사례	비고
1	즉위년 2월 24일 무술	吾都里	都萬戶 童仁豆 父子 等	來朝	
2	즉위년 10월 3일 계유	吾郞哈	李甫赤 等 15人	亦詣闕賀	부령 청암
3	즉위년 12월 5일 을해	骨看	副萬戶 李汝汝於 等 5人, 萬戶 右虛乃	來獻土物	
4		吾郞哈	萬戶 李舍土 等8人		
5	즉위년 12월 23일 계사	骨看	萬戶 劉伊項介 等 4人	來獻土物	
6		骨看	金哥羊哈 等 4人		
7		吾郞哈	都萬戶 劉妻時可 等 5人		
8		吾郞哈	都指揮使 伐伊處 等 5人		

9		骨看	指揮 卓必 等 5人		
10	1년 1월 7일 정미	骨看	萬戶 劉無澄介 等 4人	來獻土物	
11		幹朶里	上護軍 李貴也 等 5人		
12	1년 1월 11일 신해	骨看	副萬戶 李都乙之 等 4人	來獻土物	
13	1년 1월 28일 무진	兀良哈	都萬戶 良甫兒罕 等 8人	來獻土物	
14	1년 2월 10일 기묘	吾都里	萬戶 童因豆 等 2人	來獻土物	
15	1년 10월 3일 무진	吾郞哈	大護軍 李甫赤 等 31人	賀誕辰 肅拜 命饋之	

6. 단종대의 여진인 내조

연번	연월일	종족	성명	사례	비고
1	즉위년 11월 13일 신미	兀良哈	愁州 指揮僉事 班車(凡察) 等 5人	來獻土物	
2	즉위년 11월 22일 경진	兀良哈	訓春 護軍 金刺哈, 都指揮僉事 也克 等	來獻土物	
3	즉위년 11월 26일 갑신	兀良哈	東良北 都萬戶 金吾看主 等	來獻土物	
4	즉위년 12월 1일 기축	兀良哈	愁州 司直 宋束兒只	來獻土物	
5		兀良哈	阿赤郞貴 愁兒豆 等		
6	즉위년 12월 2일 경인	骨看	都萬戶 金時具 等	來獻土物	
7	2년 1월 2일 갑인	兀良哈	都萬戶 金管婁 等	來獻土物	
8	2년 1월 13일 을축	兀良哈	(廬包)指揮僉事 忽失塔(時) {指揮僉事 忽失塔, (爲) 副萬戶(2.2.6정해) ; 忽失塔時 爲 副萬戶(2.2.29경술)}	來獻土物	
9		兀良哈	(伐引) 阿哈 等 {(爲)		

			副萬戶(2.2.6정해 ; 2.2.29경술)}		
10	2년 1월 16일 무진	斡朶里	萬戶 童阿下 等10人 {萬戶 童阿下 爲)宣略將軍, 馬遊德 (爲) 大護軍, 副司正 童肯陽介 (爲) 司正, 童莫舍, 馬甫郞介 (爲) 副司正(2.2.6정해)}	來獻土物	
11	2년 2월 6일 정해	兀良哈	(阿赤郞貴) 副萬戶 末老(時) 爲 萬戶, 副司正 李羅吾化, 金所時古 (爲) 司正, 沈松古老, 劉松土, 馬巨車多, 乃都邑道, 兒赤斜的 (爲) 副司正 {副萬戶 末老時 爲 萬戶(2.2.29경술)}	관직제수	
12	2년 3월 26일 정축	野人 (吾都里)	中樞院副使 童速魯帖木兒 遣人	來獻土物	
13	2년 11월 14일 신유	兀良哈	萬戶 伊里哥 等 6人	來獻土物	
14	2년 11월 17일 갑자	斡朶里	萬戶 李貴也 等 6人	來獻土物	
15	2년 11월 21일 무진	兀良哈	萬戶 浪甫兒罕, 大護軍 浪伊升巨 等 16人	來獻土物	
16	2년 11월 27일 갑술	野人 (兀良哈)	副萬戶 加乙軒	來獻土物	
17	2년 11월 28일 을해	兀良哈	都萬戶 裵磨剌哈(裵麻羅可), 副司直 吾未乃	來獻土物	
18	2년 12월 9일 을유	斡朶里	萬戶 童亡乃 等 7人	來獻土物	
19	2년 12월 10일 병술	斡朶里	中樞 童速魯帖木兒 等 11人	來獻土物	
20		兀良哈	都指揮僉事 金多弄介 等 4人		
21	2년 12월 19일 을미	斡朶里	護軍 童南羅 等 4人	來獻土物	

22	2년 12월 24일 경자	斡朶里	萬戶 馬仇音波 等 9人	來獻土物	
23	2년 12월 27일 계묘	斡朶里	上護軍 馬朱音波 等 4人	來獻土物	
24	2년 12월 28일 갑진	野人 (斡朶里)	都萬戶 金仇赤 等 6人	來獻土物	
	3년 1월 5일 신해	斡朶里	都萬戶 金仇赤 等 24人	來獻土物	2.12.28 중복
25	3년 윤6월 5일 기유	建州本衛	李豆里	世祖見豆里 於議政府	

7. 세조대의 내조자 목록

연번	연월일	종족	성명	사례	비고
1	1년 11월 6일 정축	斡朶里	都萬戶 童吾沙介 等 7人	來獻土物	
2	1년 11월 9일 경진	兀良哈	都萬戶 金都乙溫 等 12人	來獻土物	
3	1년 11월 11일 임오	骨看兀狄哈	上護軍 李多弄介(哈) 等 7人	來獻土物	
4	1년 11월 12일 계미	斡朶里	護軍 浪愁音佛 等 6人	來獻土物	
5	1년 11월 14일 을유	兀良哈	指揮僉事 毛多吾 等 6人	來獻土物	
6	1년 11월 16일 정해	兀良哈	指揮 所證巨, 豆末應	來獻土物	
7		斡朶里	護軍 童吾沙, 副司正 童無乃也 12人		
8	1년 11월 21일 임진	兀良哈	上護軍 柳乃也, 指揮 無里可	來獻土物	
9		骨看兀狄哈	金可尙介(金哥尙可), 都萬戶 金時具 等 12人		
10	1년 11월 22일 계사	斡朶里	都萬戶 童亡乃	來獻土物	
11	1년 11월 28일 기해	斡朶里	都萬戶 馬仇音波, 上護軍 馬金波(老)	來獻土物	
12		骨看兀狄哈	果毅將軍		

			劉無澄介(哈), 金哥羊介(哈), 副萬戶 劉好土, 金眞哥 等 16人		
13	1년 11월 29일 경자	女眞	萬戶 [元]好時乃	來獻土物	
14		兀良哈	司直 李沙吾里		
15		(南訥) 兀狄哈	加乙多可(介) 等8人		
16	1년 12월 2일 계묘	兀良哈	指揮 伊時應可, 萬戶 阿哈 等 11人	來獻土物	
17	1년 12월 5일 병오	兀良哈	司直 於沙巨, 副司正 [馬]金波老, 副萬戶 愁伊應可, 副司正 金阿乙沙, 甫乙介, 指揮 肯陽介 等 18人	來獻土物	
18	1년 12월 7일 무신	兀良哈	中樞 浪孛兒罕, 護軍 於虛茂, 萬戶 因多只, 金伊下	來獻土物	
19		斡朶里	上護軍 童三波老, 司直 元都毛下 等 29人		
20	1년 12월 8일 기유	兀良哈	上護軍 浪仇難, 護軍 亏老可, 副司直 金時時介, 副司正 阿未大 等 13人	來獻土物	
21	1년 12월 9일 경술	兀良哈	指揮 阿陽可, 副司直 麻可 等 6人	來獻土物	
22	1년 12월 11일 임자	女眞	副萬戶 金毛多吾	來獻土物	
23		兀良哈	護軍 同良哈 等 17人		
24	1년 12월 13일 갑인	兀良哈	萬戶 金沙魯哈 等 13人	來獻土物	
25	1년 12월 15일 병진	兀良哈	萬戶 童劉豆 等 8人	來獻土物	
26	1년 12월 16일 정사	兀良哈	都萬戶 金把兒歹 等 23명	來獻土物	
27	1년 12월 17일 무오	女眞	宣略將軍 金家化	來獻土物	
28		骨看兀狄哈	李汝乙於 等 14人		
29	1년 12월 18일 기미	兀良哈	萬戶 好心波	來獻土物	

30		骨看兀狄哈	司正 李多陽介		
31		斡朶里	都萬戶 李貴也 等 22人		
32	1년 12월 21일 임술	兀良哈	都萬戶 金權老 等 19人	來獻土物	
33	1년 12월 22일 계해	骨看兀狄哈	萬戶 劉權者 等 6人	來獻土物	
34	1년 12월 23일 갑자	兀良哈	大護軍 金豆難代 等 8人	來獻土物	
35	1년 12월 24일 을축	斡朶里	中樞 童速魯帖木兒 等 18人	來獻土物	
36	1년 12월 26일 정묘	野人 (兀良哈)	都萬戶 裴麻羅可 等 9人	來獻土物	
37	1년 12월 27일 무진	兀良哈	中樞 柳尙冬哈(介) 等 25人	來獻土物	
38	2년 1월 2일 임신	斡朶里	護軍 童夫里可 等 10人	來獻土物	
39	2년 1월 3일 계유	斡朶里	司直 浪金西(世) 等 10人	來獻土物	
40	2년 1월 4일 갑술	斡朶里 (兀良哈)	護軍 柳要時老 等 9人	來獻土物	
41	2년 1월 5일 을해	斡朶里	副司直 童常時 等 7人	來獻土物	
42	2년 1월 6일 병자	斡朶里	宣略將軍 朴和羅孫 等 8人	來獻土物	
43	2년 2월 3일 임인	建州本衛	都萬戶 李豆里, 指揮 李阿具 等	來獻土物	
44	2년 2월 4일 계묘	建州本衛	李滿住	各遣人 來獻土物	
45		建州左衛	童山		
46		建州右衛	都督 童羅郞只		
47	2년 2월 9일 무신	兀良哈	指揮 伊時哥 等 5人	來獻土物	
48	2년 2월 18일 정사	兀良哈	指揮 呂巨, 千戶 湯宋可, 百戶 都乙只	來獻土物	
49	3년 1월 2일 정묘	兀良哈	萬戶 林加乙獻, 指揮 塞列乙, 之弄可, 副司直 於夫乃, 副司正 於夫可 等	來獻土物	

50	3년 1월 4일 기사	兀良哈	司正 李波乙時, 副萬戶 浪松古老, 都指揮 不顔禿, 司直 滿禿哈 等	來獻土物	
51	3년 1월 6일 신미	女眞	護軍 金余薩哥	來獻土物	
52		骨看兀狄哈	指揮僉事 金咬哈		
53	3년 1월 7일 임신	兀良哈	上護軍 李舍土, 指揮 元多沙, 副司正 李所時右 等	來獻土物	
54	3년 1월 8일 계유	女眞	指揮 權阿龍, 副司正 金者羅老 等	來獻土物	
55	3년 1월 9일 갑술	兀良哈	都萬戶 金多弄哈, 副萬戶 土時 等	來獻土物	
	3년 1월 11일 병자	野人 (兀良哈)	副萬戶 浪松古老 等 51人	來獻土物	3.1.4 중복
56	3년 1월 13일 무인	骨看兀狄哈	萬戶 劉所其大	來獻土物	
57	3년 1월 21일 병술	火剌溫 兀狄哈	甫當可 等 23人	隨班獻土 物	
58	3년 2월 8일 임인	斡朶里	童於乙加茂	來獻土物	
59	4년 1월 15일 갑술	建州右衛	都司 羅郎可 等 (8人) 遣使	來獻土物	
60	4년 1월 30일 기축	建州左衛	都督 童倉 等 (6人) 遣使	來獻土物	
61	4년 4월 26일 계미	建州本衛	中樞 李豆里, 指揮 王三哈, 趙豆乙於, 指揮同知 於乙多, 指揮 吾都古, 副萬戶 斜澄巨, 亦里哈 等 7人	來獻土物	
62	4년 6월 26일 임오	野人 (建州本衛)	伊澄巨 等 11人	來獻土物	
63	4년 6월 27일 계미	野人 (建州本衛)	指揮 孽衆巨(薛衆巨), 厚時	來獻土物	
64	4년 7월 10일 을미	建州左衛	童倉	遣人來獻 土物	
65		建州右衛	童羅郎可		
66	4년 7월 26일 신해	建州本衛	都萬戶 [李]阿具 等	來獻土物	

67	4년 7월 27일 임자	建州左衛	都督 童倉	各遣使來獻土物	
68		建州右衛	[童]羅郞可		
79		毛憐衛(兀良哈)	指揮 王羅朱 等 3人	來獻土物	
70	4년 7월 28일 임자	建州本衛	都萬戶 李阿具, 指揮 李古納哈 等 5人	來獻土物	
71	4년 8월 1일 병진	建州本衛	都督 李古納哈 等 9人	來獻土物	
72	4년 8월 5일 병진	野人(斡朶里)	童者音彼 等 13人	來獻土物	
73	4년 8월 8일 계해	毛憐衛(兀良哈)	副萬戶 巨九 等 2人	來獻土物	
74		建州衛	指揮 石兒可 等4人		
75	4년 8월 11일 병인	野人(미상)	巨里 等 6人	來獻土物	
76	4년 8월 22일 정축	建州 本衛	指揮 沈伊里多	來獻土物	
77	4년 9월 23일 정미	野人(建州左衛)	都指揮 權赤 等 13人	來獻土物	
78	4년 12월 10일 을축	斡朶里	都萬戶 劉無澄介 等 3人	來獻土物	
79	4년 12월 11일 계묘	毛憐衛(兀良哈)	浪孛兒罕 等 15人	來獻土物	
80	5년 1월 4일 정해	野人(兀良哈)	指揮 於夫乃, 吾看主 等	來獻土物	
81	5년 1월 5일 무자	兀良哈	中樞 金權老 等 6人	來獻土物	
82	5년 1월 6일 기축	野人(斡朶里)	童亡乃 等 12人	來獻土物	
83	5년 1월 25일 무신	建州本衛	中樞 李豆里	來獻土物	
84	5년 4월 22일 계유	南訥兀狄哈	副司正 乃也哈 等	來獻土物	
85	5년 6월 12일 임술	(尼麻車)兀狄哈	也堂其(只) 等 3人	來獻土物	
86	5년 9월 23일 임인	兀良哈	柳尙多哈 等 3人	來獻土物	
87	5년 9월 28일 정미	兀良哈	尼應加大 等 10人	來獻土物	
88	5년 10월 5일 계축	兀良哈	護軍 金舍弄介, 司正 劉羅松介,副萬戶 大伊舍, 司正 馬巨車, 護軍	來獻土物	

			李波乙時, 副司直 劉豆升巨, 副司正 金大豆, 金多乃 等		
89		女眞	都萬戶 元好時乃, 副萬戶 [權]阿龍		
90		兀良哈	都萬戶 李舍土, 司直 於乙遊巨		
91	5년 10월 12일 경신	女眞	指揮 也良哈, 副司直 殷仇音波	來獻土物	
92		兀良哈	李者多, 副司直 金班車, 副萬戶 金者叱同介(者叱同 合) 等		
93	5년 10월 13일 신유	兀良哈	柳奴好赤, 林多伊, 舍只翁可, 指揮 撒出格, 也邑時	來獻土物	
94	5년 10월 14일 임술	野人 (兀良哈)	指揮 克戈里, 副萬戶 官禿 等	來獻土物	
95	5년 10월 15일 계해	野人 (兀良哈)	副萬戶 劉阿赤哈(劉阿赤介), 攝司直 金所時, 右副司直 劉豆伊應巨	來獻土物	
96		亐未車(尼麻 車)兀狄哈	加雙可, 夫之應可, 加郎介		
97	5년 10월 17일 을축	骨看兀狄哈	萬戶 金眞哥我, 金馬申哈, 大護軍 金吾昌哈, 副萬戶 金木哈尙, 看吾者吾, 金阿剌, 金乞都革, 指揮同知 你哈, 安成哥, 指揮 弗魯額, 司正 金伊郎哈, 李也吾時哈 等	來獻土物	
98	5년 10월 19일 정묘	骨看兀狄哈	副司直 李多陽介, 金照乙同介, 李阿伊多介, 李羅下 等	來獻土物	

99	5년 10월 20일 무진	野人 (兀良哈)	指揮 舍隱土 等	來獻土物	
100	5년 11월 23일 신축	(火剌溫) 兀狄哈	伊乙之右	來獻土物	
101	5년 12월 1일 기유	(尼麻車) 兀狄哈	指揮 也多好 等 5人	來獻土物	
102	5년 12월 1일 기유	骨看兀狄哈	都萬戶 金阿剌 等 7人	來獻土物	
103	5년 12월 13일 신유	兀狄哈	也乙古	來獻土物	
104	5년 12월 18일 병인	兀狄哈	波鱗介	來獻土物	
105	5년 12월 22일 경오	(骨看) 兀狄哈	阿羅介 等 8人	來獻土物	
106	5년 12월 29일 정축	(尼麻車) 兀狄哈	護軍 金亐豆(亐豆) 等 7人	來獻土物	
107	6년 1월 7일 을유	火剌溫 兀狄哈	指揮 照麟可 等 5人	來獻土物	
108	6년 1월 16일 갑오	(兀良哈)	金波乙大 等	음복연에 참가	
109		(斡朵里)	浪婁時哈 等		
110	6년 2월 3일 경술	(斡朵里)	李家紅 等	인견	
111	6년 2월 19일 병신	(尼麻車 兀狄哈)	非舍 等	음복연에 참가	
112	6년 3월 18일 을미	(尼麻車 兀狄哈)	指揮同知 阿仁加茂(阿仁帖木)	인견	
113	6년 4월 5일 신해	兀良哈	都萬戶 林高古, 上護軍 李伊里可, 金豆雞代, 莽剌, 指揮 塔魯哈, 寧捨, 司正 巨伊老, 學生 老要古, 金毛下里 等	來獻土物	
114	6년 4월 8일 갑인	(尼麻車) 兀狄哈	千戶 簡里 等 2人	來獻土物	
115	6년 4월 9일 을묘	兀良哈	指揮僉事 浪將家老 等 5人	來獻土物	
116	6년 4월 13일 기미	兀良哈	萬戶 浪羅守 等 5人	來獻土物	
117	6년 4월 22일 무진	兀良哈	萬戶 浪松古老 等 9人	來獻土物	
		(尼麻車)	千戶 簡里 等 3人		4.8

		兀狄哈			중복
118	6년 5월 9일 갑신	兀良哈	護軍 多里可	來獻土物	
119	6년 5월 10일 을유	兀良哈	李沮里, 光時大, 毛多吾, 斜老亐代, 李昌阿 等	來獻土物	
120	6년 5월 17일 임진	兀良哈	都萬戶 李麻具 等 2人		
121	6년 6월 7일 임자	尼麻車 兀狄哈	澄乃 等 7人	來獻土物	
122	6년 6월 28일 계유	尼麻車 兀狄哈	昆伊, 亐乙豆, 都乙之 等	來獻土物	
123		(火剌溫) 兀狄哈	毛多吾可 等		
124	6년 6월 29일 갑술	火剌溫 兀狄哈	亐多可 等 4人	來獻土物	
125	6년 7월 12일 병술	尼麻車 兀狄哈	時隱多, 大夫下, 多隱充 等	來獻土物	
126	6년 9월 22일 을미	(尼麻車) 兀狄哈	上護軍 金亐豆	來獻土物	
127		(尼麻車) 兀狄哈	指揮 甫要麻 等 4人		
128	6년 9월 24일 정유	(尼麻車) 兀狄哈	也堂只, 也郎可右, 時應巨, 林多, 亐證巨	來獻土物	
129		(南訥) 兀狄哈	加乙多介, 仍伊可 等		
130	6년 10월 5일 정미	兀良哈	所衆介 等 6人	來獻土物	
131	6년 11월 18일 경인	火剌溫 兀狄哈	指揮 間都 等 5人	來獻土物	
132	6년 11월 20일 임진	火剌溫 兀狄哈	指揮 軍有 等 6人	來獻土物	
133	6년 윤11월 12일 갑인	骨看兀狄哈	知中樞院事 李多弄介 等 9人	來獻土物	
	6년 윤11월 16일 무오	骨看兀狄哈	僉知中樞院事 李多弄介 等 10人	來獻土物	위와 중복
134		兀良哈	司直 李多乃 等 6人		
135	6년 윤11월 18일 경신	骨看兀狄哈	都萬戶 金哥尙介 等	來獻土物	

				10人		
136	6년 윤11월 19일 신유	野人 (兀良哈)		司正 所羅 等 10人	來獻土物	
137	6년 윤11월 20일 임술	野人 (兀良哈)		護軍 李多陽介 等 10人	來獻土物	
138	6년 윤11월 29일 신미	兀良哈		護軍 梁阿同介 等 10人	來獻土物	
139	6년 12월 3일 을해	野人 (兀良哈)		中樞 金權老, 馬仇音波 等 20人	來獻土物	
140	6년 12월 8일 경진	野人(女眞)		都萬戶 元好時乃 等 10人	來獻土物	
141	6년 12월 8일 경진	野人(骨看 兀狄哈		都萬戶 金哥羊哈(介) 等 14人	來獻土物	
142	6년 12월 10일 임오	尼麻車 兀狄哈		豆里應巨 等 8人	來獻土物	
143	7년 1월 12일 계축	尼麻車 兀狄哈		上護軍 也多好 等	來獻土物	
144	7년 1월 15일 병진	兀良哈		都萬戶 柳要時老 等	來獻土物	
145	7년 2월 6일 정축	火剌溫 兀狄哈		上護軍 照麟可 等	來獻土物	
146	7년 2월 22일 계사	兀良哈		汝羅豆 等	來獻土物	
147	7년 3월 2일 계묘	兀良哈		大護軍 [金]者叱同介 等	來獻土物	
148	7년 3월 8일 기유	兀良哈		上護軍 權豆 等	來獻土物	
149	7년 3월 14일 을묘	兀良哈		都萬戶 金阿羅哈(介) 等	來獻土物	
150	7년 3월 18일 기미	斡朶里		豆里	來獻土物	
151		兀良哈		老古 等		
152	7년 3월 23일 갑자	兀良哈		副司正 南羅 等	來獻土物	
153	7년 4월 4일 갑술	斡朶里		中樞 浪樓時哈 等	來獻土物	
154	7년 4월 15일 을유	兀良哈		副萬戶 者羅大, 司正 愁堂巨	來獻土物	
155		斡朶里		萬戶 李光應時大		
156	7년 5월 11일 경술	兀良哈		中樞 柳尙同介 等	來獻土物	
157	7년 5월 16일 을묘	兀良哈		上護軍 [柳]於麟哈(可) 等	來獻土物	

158	7년 5월 22일 신유	兀良哈	上護軍 好心波 等	來獻土物	
159	7년 7월 1일 기해	尼麻車 兀狄哈	阿仁帖木	來獻土物	
160	7년 7월 11일 기유	尼麻車兀狄哈 (兀良哈)	知中樞院事 金波乙大 等	來獻土物	
161	7년 8월 3일 경오	兀良哈	上護軍 汝羅豆 等	來獻土物	
162	7년 8월 7일 갑술	兀良哈	中樞 金多弄哈 等	來獻土物	
163	7년 8월 12일 계유	尼麻車 兀狄哈	上護軍 八里 等	來獻土物	
164	7년 8월 22일 기축	尼麻車 兀狄哈	護軍 歹松哈 等	來獻土物	
165	7년 9월 25일 임술	火剌溫 兀狄哈	上護軍 阿充可 等	來獻土物	
166	7년 11월 25일 신유	(火剌溫) 兀狄哈	指揮同知 加雄巨 等	來獻土物	
167	7년 12월 2일 무진	尼麻車 兀狄哈	土麟哈 等	來獻土物	
168	7년 12월 11일 정축	兀良哈	上護軍 同良哈(介) 等	來獻土物	
169	8년 2월 8일 계유	尼麻車 兀狄哈	[金]丂豆 等	來獻土物	
170	8년 2월 23일 무자	兀良哈	都事 汝羅豆 等	來獻土物	
171	8년 3월 2일 정유	兀良哈	大護軍 [金]者叱同合(介) 等	來獻土物	
172	8년 3월 12일 정미	兀良哈	都萬戶 金阿羅哈 等	來獻土物	
173	8년 3월 13일 무신	兀良哈	上護軍 權豆 等	來獻土物	
174	8년 3월 17일 임자	斡朵里	豆里	來獻土物	
175		兀良哈	老古		
176	8년 3월 23일 무오	兀良哈	南羅 等	來獻土物	
177	8년 3월 30일 을축	斡朵里	(中樞)浪婁時哈 等	來獻土物	
178	8년 4월 15일 경진	兀良哈	萬戶 者羅大	來獻土物	
179	8년 5월 11일 을사	兀良哈	中樞 柳尙同介 等	來獻土物	
180	8년 5월 22일 병진	兀良哈	上護軍 好心波 等	來獻土物	
181	8년 8월 5일 정묘	斡朵里	上護軍 汝羅豆 等	來獻土物	

		(兀良哈)			
182	8년 8월 6일 무진	野人 (兀良哈)	中樞 金多弄哈 等	來獻土物	
183	8년 9월 24일 을묘	兀良哈	都萬戶 (浪)亏老哈(介) 等	來獻土物	
184	9년 1월 12일 임인	尼麻車 兀狄哈	司正 許應家愁 等 3人	來獻土物	
185	9년 1월 22일 임자	兀良哈	都萬戶 元時好乃 等 5人	來獻土物	
186	9년 1월 25일 을묘	(尼麻車) 兀狄哈	上護軍 澄乃 等 5人	來獻土物	
187	9년 2월 3일 임술	尼麻車 兀狄哈	都萬戶 阿仁帖木 等 4人	來獻土物	
188	9년 2월 14일 계유	兀良哈	知中樞 金權老 等 4人	來獻土物	
189	9년 2월 21일 경진	兀良哈	上護軍 稱豆 等 5人	來獻土物	
190	9년 2월 22일 신사	尼麻車 兀狄哈	上護軍 甫要麻 等 2人	來獻土物	
191	9년 3월 4일 계사	斡朶里	都萬戶 馬金波老 等	來獻土物	
192	9년 3월 13일 임인	兀良哈	大護軍 多伊乃 等 10人	來獻土物	
193	9년 윤7월 8일 을축	斡朶里	童也且(可赤) 等 3人	來獻土物	
194	9년 9월 17일 계유	兀良哈	知中樞院事 浪亏老哈 等 5人	來獻土物	
195	9년 9월 20일	女眞	(都萬戶)元好時乃	수직	
196	9년 9월 23일 기묘	兀良哈	(知中樞院事)金波乙 大 等 3人	來獻土物	
197	9년 11월 15일 기사	火剌溫 兀狄哈	大護軍 軍有 等 3人	來獻土物	
198	9년 12월 17일 신축	斡朶里	副司正 李處虛乃 等 4人	來獻土物	
199	9년 12월 24일 무신	骨看兀狄哈	(都萬戶)金哥尙可 (介) 等 3人	來獻土物	
200		女眞	(副萬戶)金伊郞哈 等 2人		
201	9년 12월 27일 신해	骨看兀狄哈	(知中樞院事)李多弄	來獻土物	

			哈 等 5人		
202	10년 1월 15일 무진	骨看兀狄哈	中樞 金麻尙哈 等 6人	來獻土物	
203	10년 1월 22일 을해	兀良哈	(大護軍)同良介 等 5人	來獻土物	
204	10년 1월 30일 계미	兀良哈	(副萬戶)劉阿赤介 等 6人	來獻土物	
205	10년 2월 2일 무진	兀良哈	(中樞府知事)柳要時老 等 5人	來獻土物	
206	10년 10월 14일 갑사	骨看兀狄哈	(副司正)李玉	來獻土物	
207	10년 12월 16일 을미	火剌溫 兀狄哈	(護軍) 多伊舍 等 3人	來獻土物	
208	10년 12월 24일 계묘	斡朶里	(知中樞院事)馬仇音波 等 7人	來獻土物	
209	11년 1월 5일 계축	尼麻車 兀狄哈	(知中樞院事)金亐豆 等 8人	來獻土物	
210	11년 1월 7일 을묘	兀良哈	(副萬戶)金沙弄介 等 4人	來獻土物	
211	11년 1월 9일 정사	兀良哈	都萬戶 柳於麟可 等 5人	來獻土物	
212	11년 1월 16일 갑자	骨看兀狄哈	上護軍 李阿時阿 等 11人	來獻土物	
213	11년 1월 22일 경오	兀良哈	上護軍 毛伊乃 等 6人	來獻土物	
214	11년 1월 23일 신미	兀良哈	副司直 多弄哈 等 5人	來獻土物	
215	11년 1월 25일 계유	斡朶里	童也可赤 等	來獻土物	
216	11년 2월 2일 기묘	兀良哈	李於運介 等 4人	來獻土物	
217		兀狄哈	愁氷介 等 3人		
218	11년 4월 2일 무인	女眞 (兀良哈)	中樞 柳尙冬哈 等 4人	來獻土物	
219	11년 4월 19일 을미	尼麻車兀狄哈	萬戶 八里 等 5人	來獻土物	
220	11년 5월 21일 정묘	兀良哈	指揮 仇伊赤 等 3人	來獻土物	
221	11년 11월 25일 기사	兀良哈	副萬戶 馬巨車 等 4人	來獻土物	

222	11년 11월 28일 임신	兀良哈	都萬戶 金阿羅介 等 6人	來獻土物	
223	11년 11월 29일 계유	兀良哈	副司正 豆應巨 等 6人	來獻土物	
224	11년 12월 4일 정축	女眞	副萬戶 金徹魯哈 等 5人	來獻土物	
225	11년 12월 8일 신사	斡朶里	大護軍 馬千里 等 5人	來獻土物	
226	11년 12월 16일 기축	尼麻車 兀狄哈	(知中樞院事)金亐豆 等 7人	來獻土物	
227	11년 12월 30일 계묘	骨看兀狄哈	萬戶 李訥仇於 等 6人	來獻土物	
228	12년 2월 3일 을해	兀良哈	中樞府知事 柳要時老 等 6人	來獻土物	
229	12년 2월 20일 임진	女眞	都萬戶 元好時乃 等 5人	來獻土物	
230	12년 11월 16일 갑신	尼麻車 兀狄哈	(中樞)阿仁加茂, 阿漢主 等	來獻土物	
231	12년 12월 4일 신축	火剌溫 兀狄哈	都萬戶 阿充介 等 4人	來獻土物	
	12년 12월 5일 임인	兀良哈	都萬戶 阿充介 等 4人	來獻土物	위와 중복
232	12년 12월 8일 을사	未詳	副萬戶 麻乙其乃 等 6人	來獻土物	
233	12년 12월 16일 계축	兀良哈 (骨看兀狄哈)	(知中樞院事)李多弄介 等 8人	來獻土物	
234	12년 12월 17일 갑인	骨看兀狄哈	(資憲大夫)金麻尙哈 等 6人	來獻土物	
235	12년 12월 18일 을묘	女眞	(副萬戶)[權]阿龍 等 6人	來獻土物	
236	12년 12월 19일 병진	兀良哈	(都萬戶)柳於麟可 等 6人	來獻土物	
237	12년 12월 21일 무오	骨看兀狄哈	金無巨應於 等 7人	來獻土物	
238	12년 12월 22일 기미	火剌溫 兀狄哈	(都萬戶)照隣可 等 4人	來獻土物	
239	12년 12월 23일 경신	骨看兀狄哈	(同知中樞院事)劉無澄哈 等 7人	來獻土物	

240	12년 12월 24일 신유	兀良哈	(中樞院僉知事)劉阿赤哈 等 8人	來獻土物	
241	12년 12월 26일 계해	骨看兀狄哈	李小冬哈 等 8人	來獻土物	
242	12년 12월 28일 을축	兀良哈	(同知中樞院事)柳尙冬哈 等 6人	來獻土物	
243	12년 12월 30일 정묘	火刺溫兀狄哈	沙乙古大 等 4人	來獻土物	
244		女眞	(萬戶)之下里 等 3人		
245	13년 1월 20일 정해	幹朶里	知中樞院事 馬金波老 等 10人	來獻土物	
246	13년 1월 22일 기축	骨看兀狄哈	上護軍 劉甫澄哈 等 8人	來獻土物	
247	13년 2월 6일 임인	骨看兀狄哈	副萬戶 金尙長哈 等 18人	來獻土物	
248	13년 2월 7일 계묘	兀良哈	知中樞院事 浪亐老哈 等 10人	來獻土物	
249	13년 2월 8일 갑진	兀良哈	知中樞院事 柳要時老 等 9人	來獻土物	
250	13년 2월 17일 계축	幹朶里	僉知中樞院事 文加乙巨	來朝	
251	14년 1월 1일 임술	兀良哈	劉也吾時於可(劉也吾時應可)	來朝者參(席)	
252		骨看兀狄哈	劉都老老		
253		幹朶里	(都萬戶)馬游德 等		
254	14년 1월 8일 기사	兀良哈	中樞院僉知事 劉阿赤介 等 8人	來獻土物	
255	14년 1월 10일 신미	尼麻車兀狄哈	中樞院副使 箭里 等 8人	來獻土物	
256	14년 1월 11일 임신	兀良哈	都萬戶 金河羅哈 等 8人	來獻土物	
257	14년 1월 16일 정축	兀良哈	中樞府知事 浪亐老介(哈) 等 10人	來獻土物	
258	14년 1월 23일 갑신	火刺溫兀狄哈	中樞府僉知事 軍有 等 6人	來獻土物	
259	14년 1월 28일 기축	骨看兀狄哈	中樞府知事 金馬尙哈 等 9人	來獻土物	

260	14년 1월 30일 신묘	兀良哈	上護軍 李乙非 等 8人	來獻土物	
261	14년 2월 23일 갑인	斡朶里	中樞府知事 馬金波老 等 10人	來獻土物	
262	14년 2월 28일 기미	兀良哈	都萬戶 金沙弄介 等 8人	來獻土物	

8. 예종대 내조자 목록

연번	연월일	종족	성명	사례	비고
1	1년 1월 12일 정묘	骨看兀狄哈	李多弄介 等9人	來獻土物	
2		斡朶里	馬多弄哈 等8人		
3		女眞	元好時乃 等7人		
4	1년 1월 16일 신미	兀良哈	副司正 金大伊乃 等 8人	來獻土物	
5	1년 1월 17일 임신	兀良哈	中樞府知事 柳尙冬哈 等 9人	來獻土物	
6	1년 1월 21일 병자	野人	中樞府同知事 權豆 等 9人	來獻土物	
7	1년 2월 2일 정해	兀良哈	知事 金多弄介 等 8人	來獻土物	
8	1년 2월 4일 을축	兀良哈	上護軍 豆升巨 等 8人	來獻土物	
9	1년 2월 6일 신묘	兀良哈	萬戶 金塞古特 等 8人	來獻土物	

9. 성종대 내조자 목록

연번	연월일	종족	성명	사례	비고
1	즉위년 12월 7일 병진	兀良哈	都萬戶 劉阿赤介 等 8人	來獻土宜	
2		女眞	僉知 金之下里 等 9人	來獻土宜	
3	즉위년 12월 9일 무오	兀良哈	同知中樞 林時乙豆 等 10人	來獻土宜	

4	즉위년 12월 16일 을축	南訥兀狄哈	司直 回伊波 等 5人	來獻土宜	
5	즉위년 12월 18일 정묘	兀良哈	中樞 柳要時好(老) 等 7人	來獻土宜	
6		火剌溫兀狄哈	護軍 者里 等 2人		
7	즉위년 12월 19일 무진	斡朶里	(僉知中樞院事) 文果(加)乙太(太/巨) 等 6人	來朝寓館	
8	즉위년 12월 26일 정축	(尼麻車)兀狄哈	中樞 箚里 等 12人	來獻土宜	
9	즉위년 12월 30일 기묘	嫌眞(骨看)兀狄哈	上護軍 金乞都革 等 8人	來獻土宜	
10	1년 1월 2일 신사	兀良哈	豆未應巨 等 9人	來獻土物	
11	1년 5월 27일 갑진	斡朶里	都萬戶 李阿尹多可 等 3人	來獻土宜	
12	1년 11월 14일 무자	兀良哈	指揮 阿(乙)豆(吐) 等 16人	來獻土宜	
13	1년 11월 24일 무술	兀良哈	中樞 柳於嚴可 等 10人	來獻土宜	
14	1년 12월 1일 갑진	(尼麻車)兀狄哈	(都萬戶) 澄乃 等	獻土宜	
		兀良哈	阿乙豆(吐) 等		11.14 중복
15	1년 12월 6일 기유	兀良哈	李多乙非 等 18人	來獻土宜	
16	1년 12월 11일 갑인	兀良哈	僉知 時時介(哈) 等 7人	來獻土宜	
17	1년 12월 14일 정사	骨看兀狄哈	僉知 金進巨應阿 等 7人	來獻土宜	
18		兀狄哈	司猛 阿乙吐下 等 7人	來獻土宜	
19	1년 12월 18일 신유	骨看兀狄哈	中樞 李多弄介 等 11人	來獻土宜	
20	1년 12월 19일 이전	火剌溫兀狄哈	沙乙古大 等 9人	인견, 물품하사	
21		(火剌溫兀狄哈)	(中樞府同知事) 阿充介(哈) 等 4人		
22		骨看兀狄哈	(中樞府知事)		

			金麻(馬)尙哈 等 6人		
		骨看兀狄哈	金進巨應阿 等 7人		12.14 중복
23	1년 12월 20일 계해	斡朶里	中樞 李加(家)紅 等 9人	來獻土宜	
24		兀良哈	都邑道 等 7人		
25		(女眞)	朴撒塔木 等 7人	물품하사	
26	1년 12월 21일 갑자	斡朶里	馬加無羅 等 8人		
		兀良哈	時時介(哈) 等 7人		12.11 중복
27		兀良哈	(司正) 南介 等 7人	來獻土宜	
28	1년 12월 22일 을축	女眞	(副護軍) 金箚禿 等 6人		
29	1년 12월 23일 병인	尼麻車兀狄哈	(上護軍) 也堂只(其) 等	來獻土宜	
30	1년 12월 25일 무진	骨看兀狄哈	(中樞府僉知事) 李多陽介 等 7人	來獻土宜	
31	2년 1월 1일 갑술	(兀良哈)	(中樞) 金波乙大	회례연 참석	
32	2년 1월 14일 정해	斡朶里	(都萬戶) 浪都郞可(哈)	수직	
33	2년 2월 21일 갑자	(尼麻車)兀狄哈	中樞 金亐豆 等 6人	來獻土宜	
34	2년 11월 23일 신유	兀狄哈(兀良哈)	(僉知) 都邑道 等 7人	來獻土宜	
35		火剌溫兀狄哈	中樞 阿充介 等 4人		
36	2년 11월 29일 정묘	骨看兀狄哈	中樞 金麻尙哈 等 6人	來獻土宜	
37		女眞	護軍 朴撒塔木	來獻土宜	
38	2년 12월 3일 경오	斡朶里	馬加無羅 等 15人	來獻土宜	
39	2년 12월 11일 무인	兀良哈	僉知 時時哈 等 7人	來獻土宜	
40	2년 12월 14일 신사	骨看兀狄哈	中樞 金進巨應阿 等 7人	來獻土宜	
41	2년 12월 18일 을유	兀良哈	(中樞府僉知事)	來獻土宜	

			阿乙吐(豆) 等 7人		
42	2년 12월 20일 정해	兀良哈	金多良哈 等 8人	來獻土宜	
43	2년 12월 22일 기축	女眞	護軍 金箭禿 等 13人	來獻土宜	
44	2년 12월 25일 임진	骨看兀狄哈	僉知 李多陽哈 等 7人	來獻土宜	
45	3년 1월 5일 임인	兀良哈	多大 等 15人	來獻土宜	
46	3년 1월 7일 갑진	骨看兀狄哈	金爾哈塔 等 7人	來獻土宜	
47	3년 1월 17일 갑인	斡朶里	忘子 等 8人	來獻土宜	
48	3년 1월 25일 임술	斡朶里	(副萬戶) 童者吐(土) 等 8人	來獻土宜	
49	3년 9월 18일 신해	建州衛	童阿亡哈(伊忘哈) 等 8人	來獻土宜	童淸周의 아우, 童淸禮의 형
50	3년 10월 24일 정해	兀良哈	中樞 劉阿赤介 等 9人	來獻土宜	
51	3년 11월 4일 병신	兀良哈	中樞 金阿羅哈 等 8人	來朝	
52	3년 11월 10일 임인	骨看兀狄哈	中樞 李都弄吾 等 7人	來朝	
53	3년 11월 19일 신해	斡朶里	護軍 金昌巨 等 8人	來朝	
54	3년 11월 29일 신유	骨看兀狄哈	都萬戶 李小通阿 等 7人	來朝	
55	3년 12월 1일 계해	兀良哈	中樞 豆升巨 等 9	來獻土宜	
56	3년 12월 4일 병인	兀良哈	(都萬戶) 金波乙多尙 等 8人	來獻土宜	
57	3년 12월 8일 경오	兀良哈	護軍 金羅果 等 8人	來朝	
58	3년 12월 11일 계유	火剌溫兀狄哈	萬戶 洪多伊哈 等 7人	來獻土宜	
59	3년 12월 14일 병자	兀良哈	上護軍 舍吾大 等 9人	來朝	
60	3년 12월 17일 기묘	火剌溫兀狄哈	中樞 軍有 等 13人	來獻土宜	
61	3년 12월 24일 병술	斡朶里	萬戶 童尙時 等 8人	來獻土宜	
62	3년 12월 27일 기축	火剌溫兀狄	中樞 者里 等 6人	來朝	

		哈			
63	4년 2월 11일 임신	兀良哈	甫多時 等 7人	來獻土宜	
64	4년 2월 18일 기묘	斡朶里	僉知 亦失哈 等 5人	來朝	
65		斡朶里	僉知 文果乙大		
66	4년 10월 10일 무진	兀良哈	執介	來獻土宜	11,17 授四品職
67		女眞	都萬戶 金之下里		
68		(兀良哈)	僉知 馬巨車 等 32人		
69	4년 10월 22일 경진	骨看兀狄哈	上護軍 劉甫澄哈	來獻土宜	
70		斡朶里	中樞 李家紅 等 19人		
71	4년 10월 25일 계미	兀良哈	指揮僉使 柳的米哈 等 9人	來獻土宜	
72	4년 11월 4일 신묘	女眞	都萬戶 朴也郞哈 等 9人	來獻土宜	
73	4년 11월 10일 정유	骨看兀狄哈	中樞 劉無澄哈 等 8人	來朝	
74	4년 11월 13일 경자	兀良哈	司猛 軍伊 等 9人	來獻土宜	
75	4년 11월 16일 계묘	斡朶里	中樞 馬多弄哈(可) 等 10人	來朝	
76	4년 11월 18일 을사	兀良哈	護軍 金何時介 等 10人	來朝	
77	4년 11월 22일 기유	兀良哈	都萬戶 李打兒非 等 9人	來獻土宜	
78	4년 11월 24일 신해	兀良哈	大護軍 卓時 等 8人	來獻土宜	
79	4년 11월 26일 계축	兀良哈	司正 者乙道 等 10人	來朝	
80	4년 12월 1일 정사	骨看兀狄哈	上護軍 李阿時阿 等 8人	來獻土宜	
81	4년 12월 6일 임술	斡朶里	都萬戶 馬千里 等 18人	來獻土宜	
82	4년 12월 19일 을해	(火剌溫) 兀狄哈	中樞 照麟可 等 13人	來獻土宜	
83	4년 12월 27일 계미	(火剌溫)	僉知	來獻土宜	

			將其大(將只大)		
		兀狄哈	護軍 伊澄介		
			副萬戶 加雄巨 等 20人		
84	4년 12월 30일 병술	(尼麻車) 兀狄哈	中樞 金丐豆 等 9人	來朝	
85	5년 1월 1일 정해	兀良哈	(知中樞院事) (柳)要時老	入參	
86	5년 1월 11일 정유	斡朶里	副萬戶 伊里可 等 11人	來獻土宜	
87	5년 1월 13일 기해	兀狄哈	司猛 加應只乃 等 2人	來獻土宜	
88	5년 1월 23일 기유	斡朶里 (건주좌위)	李巨羅茂 等 6人	來獻土宜	
89	5년 2월 9일 갑자	(尼麻車) 兀狄哈	中樞 阿仁加募(茂,民) 等 24人	來獻土宜	
90	5년 8월 30일 임자	斡朶里	中樞 馬仇音波 等 7人	來獻土宜	
91	5년 9월 10일 임술	兀良哈	僉知 都邑道 等 7人	來朝	
92	5년 9월 15일 정묘	兀良哈	大護軍 都塔哈 等 7人	來朝	
93	5년 9월 20일 임신	骨看兀狄哈	都萬戶 金木(尙)哈 等 7人	來獻土宜	
94	5년 10월 4일 병술	兀良哈	司正 松古老 等 6人	來獻土宜	
95	5년 10월 8일 경인	兀良哈	中樞 柳尙同介	來獻土宜	
96	5년 10월 10일 임진	兀良哈	中樞 (劉)阿赤介	來獻土宜	
97	5년 10월 14일 병신	兀良哈	大護軍 哈散哈 等 7人	來獻土宜	
98	5년 10월 20일 임인	骨看兀狄哈	都萬戶 金阿剌 等 7人	來獻土宜	
99	5년 10월 29일 신해	兀良哈	中樞 權豆 等 7人(회령)	來獻土宜	
100	5년 11월 5일 병진	兀良哈	(中樞) (柳)於麟可 等 22人	獻土宜	
	5년 11월 12일 계해	兀良哈	劉阿稱介, 哈撒哈 等 22人		10.10; 10.14

					중복
101	5년 11월 13일 갑자	尼麻車兀狄哈	僉知 也堂其(只) 等 9人	來獻土宜	
	5년 11월 29일 경진	兀良哈	中樞 柳於麟介 等 22人		11.5 중복
102	5년 12월 1일 임오	火刺溫兀狄哈	指揮 創加 等 9人	來獻土宜	
103	5년 12월 9일 경인	尼麻車兀狄哈	(萬戶) 八里 等 11人	來獻土宜	
104	5년 12월 11일 임진	兀良哈	僉知 阿乙豆 等 7人	來獻土宜	
105	5년 12월 12일 계사	尼麻車兀狄哈	(中樞院副使) 箇里 等 4人	來獻土宜	
106	5년 12월 21일 임인	火刺溫兀狄哈	僉知 沙乙古大 等 12人	來獻土宜	
107	6년 6월 26일 정유	兀良哈	都萬戶 金波乙多尙	來獻土宜	
108	6년 9월 24일 경오	兀良哈	中樞 馬金波老 等 7人	來朝	
109	6년 10월 3일 기묘	兀良哈	都萬戶 時時哈 等 7人	來獻土物	
110	6년 10월 9일 을유	(尼麻車)兀狄哈	上護軍 其當可	來獻土宜	
111		兀良哈	司猛 所古 等 7人		
112	6년 10월 17일 계사	兀良哈	中樞 元好時乃 等 7人	來獻土宜	
113	6년 10월 27일 계묘	骨看兀狄哈	中樞 李多弄介 等 8人	來獻土宜	
114	6년 11월 1일 병오	火刺溫兀狄哈	(都萬戶) 阿充哈(介) 等 7人	來獻土宜	
115	6년 11월 11일 병진	斡朶里	都萬戶 童速時 等 7人	來獻土宜	
116	6년 11월 15일 경신	兀狄哈	下稱介 等 7人	來獻土宜	
117	6년 11월 21일 병인	(尼麻車)兀狄哈	僉知 阿乙愁 等 7	來獻土宜	
118	6년 12월 1일 병자	骨看兀狄哈	(中樞) 金麻尙哈 等 7人	來獻土宜	
119	6년 12월 21일 병신	(南訥)兀狄哈	副萬戶 回伊波 等 3人	來獻土宜	

120	7년 1월 15일 경신	斡朶里	中樞 馬游德 等 7人	來獻土宜	
121		兀良哈	僉知 毛伊乃 等 7人	來獻土宜	
122	7년 1월 26일 신미	斡朶里	都指揮 馬申哈, 加乙多時 等 3人	來獻土宜	
123	7년 2월 1일 을해	斡朶里	指揮 阿哈出 等 11人	來獻土宜	
124	7년 10월 18일 무자	斡朶里	中樞 文加乙巨 等 7人	來獻土宜	
125	7년 10월 27일 정유	兀良哈	都指揮 使老童 等 8人	來獻土宜	
126	7년 11월 5일 을사	兀良哈	護軍 阿速 等 7人	來獻土宜	
127	7년 11월 14일 갑인	兀良哈	司果 阿羅 等 7人	來朝	
128	7년 11월 16일 병진	骨看兀狄哈	中樞 李小通哈 等 7人	來朝	
129	8년 1월 1일 경자	兀良哈	副萬戶 阿哈 等 10人	獻土宜	
130		兀良哈	中樞 金波(乙)多尙 等 11人	회례연 참여	
131	8년 1월 19일 무오	(尼麻車) 兀狄哈	中樞 阿仁加民(茂,募) 等 4人	來獻土宜	
132	8년 11월 5일 무진	兀良哈	(中樞) 柳要時老 等 8人	來獻土宜	
133	8년 11월 12일 을해	兀良哈	雄古小 等 8人	來獻土宜	
134	8년 11월 21일 갑신	兀良哈	(中樞) 金阿羅哈 等 8人	來獻土宜	
135	8년 11월 23일 병술	斡朶里	高崇禮	來獻土宜	
136	8년 12월 6일 기해	兀良哈	中樞 時加具 等 8人	來朝	
137	8년 12월 10일 계묘	兀良哈	都萬戶 舍吾大 等 8人	來獻土宜	
138	8년 12월 15일 무신	(火剌溫) 兀狄哈	中樞 軍有 等 4人	來獻土宜	
139	8년 12월 19일 임자	兀良哈	上護軍 永守 等 8人	來朝	
140	9년 1월 8일 신미	兀良哈	僉知 莽剌 等 8人	來朝	
141	9년 1월 16일 기묘	兀良哈	中樞 伊時乃 等 8人	來獻土宜	
142	9년 8월 23일 임자	兀良哈	萬戶 金波乙多尙	來獻土宜	

143	9년 12월 2일 기축	斡朶里	朴家老 等 6人	來獻土宜	
144	9년 12월 8일 을미	兀良哈	馬毛多赤 等 8人	來獻土宜	
145	9년 12월 10일 정유	兀良哈	中樞 柳尙同介 等 6人	來獻土宜	
146	9년 12월 16일 계묘	兀良哈	司果 金雙古大 等 6人	來獻土宜	
147	10년 1월 5일 임술	兀良哈	都萬戶 巨應仇乃 等 6人	來獻土宜	
148	10년 1월 10일 정묘	兀良哈	大護軍 達魯花哈 等 6人	來獻土宜	
149	10년 1월 16일 계유	女眞	中樞 朴也郞哈 等 6人	來獻土宜	
150	10년 1월 24일 신사	兀良哈	大護軍 金大豆麻 等 6人	來獻土宜	
151	10년 2월 4일 신묘	尼麻車兀狄哈	中樞 箭里 等 4人	來獻土宜	
152		兀良哈	中樞 浪時波 等 6人		
153	10년 12월 11일 임술	兀良哈	中樞 時時介 等 8人	來獻土宜	
154		兀良哈	護軍 金沙下禮 等 8人	來獻土宜	
155	10년 12월 16일 정묘	骨看兀狄哈	中樞 金木哈尙 等 8人	來獻土宜	
156	10년 12월 27일 무인	尼麻車兀狄哈	僉知 麻里 等 2人	來獻土宜	
157		兀良哈	司果 權羅 等 6人	來獻土宜	
158	10년 12월 29일 경진	女眞	僉知 金麻只乃 等 8人	來獻土宜	
159	11년 1월 15일 병신	斡朶里	中樞 童尙時 等 8人	來獻土宜	
160	11년 1월 17일 무술	斡朶里	都萬戶 果乙太(文果乙大) 等 8人	來獻土宜	
161	11년 1월 19일 경자	兀良哈	中樞 所衆介 等 8人	來獻土宜	
162	11년 1월 22일 갑진	斡朶里	中樞 李肖陽介 等 8人	來獻土宜	
163	11년 10월 20일 병인	兀狄哈	都可車	今來朝	
164	11년 10월 27일 계유	斡朶里	子加乙巨 等 7人	來獻土宜	

165	11년 11월 1일 정축	斡朶里 (兀良哈)	中樞 舍吾大 等 7人	來獻土宜	
166	11년 11월 7일 계미	兀良哈	上護軍 阿速 等 6人	來獻土宜	
167	11년 11월 26일 임인	兀良哈	僉知 管禿 等 14人	來獻土宜	
168	11년 12월 2일 정미	兀良哈	司果 餘毛 等 7人	來獻土宜	
169	11년 12월 14일 기미	女眞	僉知中樞 銷里必 等 7人	來獻土宜	
170	11년 12월 19일 갑자	骨看兀狄哈	同知中樞 劉甫澄哈 等 7人	來獻土宜	
171	11년 12월 21일 병인	(火剌溫) 兀狄哈	中樞 軍有 等 7人	來獻土宜	
172	11년 12월 23일 무진	斡朶里	都萬戶 朴毛都吾 等 7人	來獻土宜	
173	11년 12월 27일 임신	兀良哈	僉知中樞 所亏大 等 7人	來獻土宜	
174	12년 1월 1일 병자	兀良哈	中樞 阿伊多介 等 11人	來獻土宜	
175	12년 1월 9일 갑신	(火剌溫) 兀狄哈	都萬戶 沙乙古大	來獻土宜	
176	12년 11월 1일 신미	兀良哈	司果 羅陽羅 等 6人		
177		斡朶里	同知中樞 馬毛多赤 等 7人	來獻土宜	
178	12년 11월 6일 병자	女眞	僉知 金塞古持 等 6人	來獻土宜	
179	12년 11월 9일 기묘	兀良哈	中樞 柳尙同介 等 7人	來獻土宜	
180	12년 12월 1일 신축	兀良哈	僉知 老童 等 6人	來獻土宜	
181	13년 11월 4일 무술	兀良哈	同知中樞 豆升巨 等 14人	來獻土宜	
182	13년 11월 15일 기유	兀良哈	(上護軍) 阿速 等 7人	來獻土宜	
183	13년 11월 21일 을묘	兀良哈	都萬戶 南羅 等 7人	來獻土宜	
184	13년 11월 22일 병진	兀良哈	(副萬戶) 金下乙伊(里) 等 7人	來獻土宜	
185	13년 12월 1일 을축	骨看兀狄哈	同知中樞 李都弄吾 等 7人	來獻土宜	

186	13년 12월 4일 무진	(尼麻車)兀狄哈	同知中樞 也堂只(其) 等 6人	來朝	
187	13년 12월 23일 정해	(火剌溫)兀狄哈	上護軍 所弄巨 等 5人	來獻土宜	
	14년 1월 4일 정유	(尼麻車)兀狄哈	也堂其(只) 等 6人	來獻土宜	12.4 중복
		兀良哈(骨看兀狄哈)	同知中樞 李都弄吾 等 7人	來獻土宜	12.1 중복
188	14년 1월 17일	建州本衛	幹黑能 等 4人	來獻土宜	
189	14년 3월 14일 병오	建州本衛	李巨右 等	來獻土宜	
190	14년 4월 15일 정축	兀良哈(幹朶里)	中樞 文加乙巨 等 4人	來獻土宜	
191	14년 9월 4일 갑오	建州本衛	都指揮 李多之哈 等 5人	來獻土宜	
192		建州右衛	都指揮 趙伊時哈 等 8人	來獻土宜	
193	14년 9월 15일 을사	建州左衛	李木長哈		10.11 인견; 10.19 하직
194	14년 11월 7일 병신	幹朶里	中樞 馬多弄可(哈) 等 8人	來獻土宜	
195	14년 11월 11일 경자	兀良哈	中樞 巨應仇乃 等 7人	來獻土宜	
196	14년 11월 15일 갑진	兀良哈	中樞 李肯陽介 等 8人	來獻土宜	
197	14년 11월 22일 신해	兀良哈	(都萬戶) 柳乃也 等 2人	來獻土宜	
198		幹朶里	(護軍) 金昌巨 等 8人		
199	14년 11월 29일 무오	兀良哈	中樞 馬毛多赤 等 8人	來獻土宜	
200	14년 12월 6일 을축	女眞	都萬戶 朴丹用阿 等 8人	來獻土物	
201		幹朶里	中樞 馬千里 等 7人		
202	14년 12월 9일 무진	女眞	(中樞) 朴也郎哈 等 7人	來獻土宜	

203	14년 12월 19일 무인	斡朶里	中樞 童尙時 等 8人	來獻土宜	
204		(尼麻車) 兀狄哈	中樞 阿仁加茂 等 7人	來獻土宜	
205	14년 12월 28일 정해	(骨看) 兀狄哈	中樞 金麻尙哈 等 14人	來獻土物	
206	15년 1월 9일 정유	斡朶里	中樞 李阿多介 等 8人	來朝	
207	15년 2월 9일 병인	兀良哈	僉知 句赤格 等 10人	來朝	
208	15년 5월 9일 을미	斡朶里	赤羅右 等 4人	來獻土宜	
209	15년 6월 29일 갑신	建州右衛	護軍 之阿大右(馬阿多 右) 等 7人	來獻土宜	
210	15년 11월 21일 갑진	建州左衛	吐老 遣 童吾乙都古	來獻土宜	
211		建州右衛	甫花土 遣 童哈答	來獻土宜	
212	15년 12월 8일 신유	建州本衛	達罕의 長子 都指揮 李包羅多, 者羅太 等 6人	來獻土宜	
213	15년 12월 중	火剌溫兀狄 哈	(中樞) 沙乙古大	永安道 來野人	
214	15년 12월 21일 갑술	兀良哈	中樞 老童	來朝	
215		兀良哈	中樞 伊時介 等 15人		
216	15년 12월 28일 신사	兀良哈	(上護軍) 阿速 等 7人	來獻土宜	
217	16년 1월 2일 을유	兀良哈(南 訥兀狄哈)	護軍 回伊波 等 7人	來朝	
218	16년 1월 5일 무자	兀良哈	中樞 柳尙同介 等 7人	來朝	
219	16년 1월 6일 기축	兀良哈	僉知 於夫介 等 7人	來獻土宜	
220	16년 1월 11일 갑오	兀良哈	中樞 李打兒非 等 8人	來獻土宜	
	16년 1월 15일 무술	兀良哈	中樞 李打兒非 等 8人	來獻土宜	위와 중복
221	16년 1월 18일 신축	兀良哈(斡 朶里)	中樞 浪都郎哈(介) 等 8人	來朝	

222	16년 1월 23일 병오	(尼麻車) 兀狄哈	中樞 其堂可 等 8人	來獻土宜	
223	16년 2월 5일 정사	骨看 (兀狄哈)	中樞 李把剌 等 8人	來朝	
224	16년 2월 9일 신유	(尼麻車) 兀狄哈	中樞 也堂其(只) 等 8人	來朝	
225	16년 2월 12일 갑자	斡朶里	副萬戶 浪於乙巨 等 2人	來獻土宜	
226	16년 2월 18일 경오	兀良哈	指揮 綽郞哈 等 8人	來獻土宜	
227	16년 2월 25일 정축	兀良哈	護軍 羅松介 等 7人	來獻土宜	
228	16년 3월 7일 무자	兀良哈	副司果 李吾道 等 7人	來朝	
229	16년 윤4월 3일 계미	斡朶里	上護軍 李昌阿 等 7人	來朝	
230	16년 10월 24일 신축	兀良哈	中樞 永守 等 8人	來獻土宜	
231	16년 11월 8일 을묘	兀狄哈 (兀良哈)	中樞 南羅 等 8人	來朝	
232	16년 11월 18일 을축	兀良哈	中樞 舍吾大 等 16人	來獻土宜	
233	16년 11월 30일 정축	兀良哈 (建州本衛)	達罕 使 都指揮同知 李柳時哈 等 5人	來獻土宜	
234	16년 12월 6일 계미	斡朶里 (建州右衛)	羅下 使 童巨右同 等 5人	來獻土宜	
235	16년 12월 16일 계사	斡朶里 (建州左衛)	土老 使 童羅稱可 等 5人	來獻土宜	
236	16년 12월 22일 기해	斡朶里 (建州右衛)	甫花土 使 王沙里 等 5人	來獻土宜	
237	17년 1월 19일 병인	(尼麻車) 兀狄哈	都萬戶 也郞哈 等 6人	來獻土宜	
238	17년 11월 24일 을축	兀良哈 (建州衛)	李多之哈 等 5人	來獻土宜	
239	17년 11월 29일 경오	斡朶里	中樞 馬千里 等 7人	來朝	
240	17년 12월 13일 갑신	斡朶里 (建州右衛)	甫花土 遣 尙郞可 等 5人	來獻土宜	
241	17년 12월 17일 무자	兀良哈	司直 尼加大 等 7人	來朝	
242	17년 12월 21일 임진	兀良哈	中樞 所衆介 等 7人	來朝	

243	17년 12월 22일 계사	兀良哈	僉知 李麻具 等 7人	來獻土宜	
244	17년 12월 24일 을미	建州右衛	羅下 遣 童甫伊多 等	來獻土宜	
245	17년 12월 30일 신축	尼麻車兀狄哈	中樞 阿仁加茂 等 8人	來朝	
246	18년 1월 7일 무신	兀良哈	中樞 巨夫介 等 14人	來朝	
247	18년 1월 10일 신해	兀狄哈 (兀良哈)	中樞 莽刺 等 7人	來朝	
248	18년 1월 17일 무오	斡朶里	中樞 童束時 等 7人	來朝	
249	18년 1월 22일 계해	斡朶里 (建州左衛)	童久(夫)亐馬 等 5人	來獻土宜	
250	18년 1월 24일 을축	斡朶里	副護軍 童背陽介 等 7人	來朝	
251	18년 2월 6일 병자	火刺溫兀狄哈	僉知 所弄巨 等 4人	來朝	
252	19년 윤1월 1일 병인	兀良哈 (斡朶里)	中樞 童尙時 等 7人	來獻土物	
253	19년 윤1월 3일 무진	兀良哈	上護軍 愁隱豆 等 7人	來獻土宜	
254	19년 윤1월 4일 기사	兀良哈	中樞 文果乙大 等 7人	來獻土宜	
255	19년 윤1월 9일 갑술	兀良哈	司猛 沙代應巨 等 7人	來獻土宜	
256	19년 윤1월 17일 임오	斡朶里	護軍 李光應時大 等 7人	來獻土宜	
257	19년 2월 13일 정미	兀良哈	都萬戶 良介 等 14人	來獻土宜	
258	19년 2월 22일 병진	骨看兀狄哈	中樞 李都弄吾 等 7人	來獻土宜	
259	19년 2월 23일 정사	火刺溫兀狄哈	上護軍 洪多伊舍 等 5人	來獻土宜	
260	19년 2월 24일 무오	兀良哈	上護軍 引速哈 等 7人	來獻土物	
261	19년 11월 26일 을유	斡朶里	中樞 李阿多介, 都萬戶 克的 等 16人	來獻土宜	

262	19년 12월 6일 을미	兀良哈	大護軍 童都答哈 等 14人	來獻土宜	
263	19년 12월 16일 을사	骨看	中樞 金阿剌 等 8人	來獻土宜	
264		兀良哈	中樞 伊時介 等 8人		
265	19년 12월 22일 신해	兀良哈	都萬戶 旬赤格 等 7人	來獻土宜	
266	19년 12월 28일 정사	兀良哈	副護軍 阿令(郎)介 等 8人	來獻土宜	
267	20년 1월 6일 을축	女眞	僉知 木當可 等 15人	來朝	
268	20년 1월 10일 기사	兀良哈	僉知 時郞介 等 7人	來朝	
269	20년 1월 18일 정축	兀良哈	僉知 木哈 等 7人	來朝	
270	20년 1월 27일 병술	尼麻車兀狄哈	都萬戶 也郞介 等 7人	來獻土宜	
271	20년 2월 8일 병신	南訥兀狄哈	大護軍 回伊波 等 6人	來朝	
272	20년 11월 16일 경오	兀良哈	中樞 管禿 等 8人	來朝	
273	20년 11월 20일 갑술	兀良哈	中樞 亦塔忽 等 8人	來朝	
274	20년 11월 26일 경진	兀良哈	中樞 永守 等 7人	來朝	
275	20년 12월 2일 을유	兀良哈	中樞 南羅 等 8人	來朝	
276	20년 12월 8일 신묘	女眞	中樞 朴丹用阿 等 8人	來獻土宜	
277	20년 12월 16일 기해	斡朶里	中樞 李肖陽介 等 7人	來朝	
278		兀良哈	中樞 舍吾大 等 7人		
279	20년 12월 21일 갑진	兀良哈	中樞 阿速 等 8人	來朝	
280	20년 12월 28일 신해	兀良哈	中樞 良哈 等 7人	來朝	
281		火剌溫兀狄哈	中樞 沙乙古大 等 10人		
282	21년 1월 8일 신유	兀良哈	上護軍 金沙下禮 等 8人	來獻土宜	
283	21년 1월 17일 경오	兀良哈	僉知 李伊里可 等 7人	來獻土宜	
284	21년 2월 9일 신묘	兀良哈	護軍 吉堂可 等 6人	來獻土宜	
285	21년 2월 30일 임자	尼麻車兀狄哈	都萬戶 也郞介 等 5人	來獻土宜	

286	21년 11월 12일 경인	兀狄哈(兀良哈)	中樞 舍吾大 等 16人	來獻土宜	
287	21년 11월 23일 신축	兀良哈	都萬戶 哈撒哈 等 8人	來獻土宜	
288		骨看兀狄哈	中樞 金麻尙哈 等 8人		
289	21년 11월 26일 갑진	兀良哈	副護軍 麻哈 等 8人	來獻土宜	
290	21년 12월 3일 경술	兀良哈	護軍 尼加大 等 7人	來獻土宜	
291	21년 12월 17일 갑자	骨看兀狄哈	中樞 李都弄吾 等 7人	來獻土宜	
292	21년 12월 19일 병인	兀良哈	中樞 亦塔忽 等 7人	來獻土宜	
293	21년 12월 24일 신미	斡朶里	中樞 童尙時 等 8人	來獻土宜	
294	21년 12월 28일 을해	斡朶里	中樞 李阿伊多可 等 7人	來獻土宜	
295	22년 1월 3일 경진	斡朶里	中樞 文加乙巨 等 7人	來獻土宜	
296	22년 1월 22일 기해	火剌溫兀狄哈	上護軍 伊時可 等 8人	來獻土宜	
297	22년 1월 24일 신축	斡朶里	李爾哈 等 2人	來獻土宜	
	22년 4월 22일 정묘	火剌溫兀狄哈	上護軍 伊時可 等 8人	來獻土宜	1.22 중복
298	23년 1월 21일 임진	兀良哈	中樞 南羅等8人	來朝	
299		斡朶里	中樞 童尙時 等 8人		
300	23년 1월 25일 병신	兀良哈	中樞 永守 等 8人	來朝	
301	23년 2월 5일 병오	斡朶里	中樞 李阿伊多可 等 8人	來朝	
302	23년 2월 11일 임자	兀良哈	中樞 奇大 等 7人	來朝	
303	23년 2월 15일 병진	兀良哈	大護軍 阿令(郞)介 等 7人	來朝	
304	23년 2월 21일 임술	火剌溫兀狄哈	(僉知) (所)弄巨 等 7人	來獻土宜	
305	23년 2월 25일 임술	兀良哈	中樞 汝弄巨 等 8人	來朝	
306	23년 3월 1일 신미	兀良哈	中樞 浪時波赤 等 6人	來朝	
307	23년 3월 5일 을해	兀良哈	副護軍 羅陽介 等 7人	來朝	

308	23년 11월 6일 계유	兀良哈	中樞 時郞介 等 10人	來朝	
309		斡朶里	僉知 引速哈 等 7人		
310	23년 11월 11일 무인	兀良哈	護軍 尼加大 等 7人	來朝	
311	23년 11월 21일 무자	兀良哈	上護軍 撤哈連 等 7人	來朝	
312	23년 11월 23일 경인	斡朶里	中樞 浪都郞哈 等 7人	來朝	
313	23년 12월 1일 정유	兀良哈	僉知 沙主 等 14人	來朝	
314	23년 12월 11일 정미	兀良哈	都萬戶 李麻具 等 14人	來朝	
315	23년 12월 15일 신해	兀良哈	中樞 巨應仇乃 等 7人	來朝	
316	23년 12월 24일 경신	兀良哈	副司正 加麻耳 等 7人	來朝	
317	24년 1월 1일 정묘	兀良哈	僉知 羅松介 等 14人	來獻土宜	
318		兀良哈	上護軍 伊充應巨	來朝	
319	24년 1월 11일 정축	骨看兀狄哈	中樞 李把剌速 等 14人		
320	24년 1월 26일 임진	兀良哈	都萬戶 阿哈 等 8人	來朝	
321	24년 2월 21일 병진	火剌溫兀狄哈	司猛 有川 等 6人	來朝	
322	24년 11월 4일 을미	斡朶里	中樞 奴木哈 等 7人	來朝	
323	24년 11월 11일 임인	兀良哈	中樞 卓時 等 14人	來朝	
324	24년 11월 25일 병진	兀良哈	中樞 阿哥 等 7人	來朝	
325		斡朶里	中樞 李肖陽介 等 7人	來朝	
326	24년 12월 3일 계해	兀良哈	中樞 李巨夫介 等 7人		
327	24년 12월 11일 신해	兀良哈	司猛 土伊土 等 7人	來朝	
328	24년 12월 18일 무인	(女眞)	(僉知) 木當可 等 7人	來獻土物	
329	24년 12월 21일 신사	斡朶里	上護軍 童者土(吐) 等 7人	來朝	

330	24년 12월 25일 을유	兀良哈	中樞 所亐大 等 7人	來朝	
331	25년 1월 11일 신축	兀良哈	上護軍 刺古 等 14人	來獻土宜	
332	25년 1월 21일 신해	斡朶里	上護軍 克的 等 7人	來獻土宜	
333		兀良哈	中樞 伊時乃 等 14人		
334	25년 1월 28일 무오	火剌溫兀狄哈	中樞 照麟可 等 10人	來獻土宜	
335	25년 2월 5일 갑자	火剌溫兀狄哈	中樞 沙乙古大 等 9人	來獻土宜	
336	25년 2월 11일 경오	火剌溫兀狄哈	僉知 伊時可 等 6人	來獻土宜	
337	25년 8월 19일 을해	女眞 (溫河衛)	副萬戶 金主成可 等 2人	來獻土宜	
338	25년 11월 12일 정유	兀良哈	僉知 巨夫介 等 7人	來獻土宜	
339	25년 11월 17일 임인	兀良哈	中樞 亦塔忽 等 8人	來獻土宜	
340	25년 11월 30일 을묘	兀良哈	中樞 阿令介 等 8人	來獻土宜	
341	25년 12월 3일 무오	女眞	中樞 朴也郞哈 等 8人	來獻土宜	
342	25년 12월 7일 임술	斡朶里	上護軍 浪甫良介 等 7人	來獻土宜	
343	25년 12월 10일 을축	兀良哈	護軍 管禿 等 14人	來獻土宜	
344	25년 12월 19일 갑술	女眞	上護軍 撒塔木 等 7人	來獻土宜	

10. 연산군대의 내조자 목록 : 〈표 5-1〉참조

11. 중종대의 내조자 목록 :〈표 5-2〉참조

12. 명종대의 내조자 목록 :〈표 5-3〉참조

13. 선조대의 여진인 내조

연번	연월일	종족	성명	사례
1	6년 1월 6일 정해	胡人		上京胡人等, 黑角貿易下去
2	16년 2월 10일 계사	藩胡(慶源)		上京藩胡等
3	21년 1월 29일 계축	藩胡(時錢)		上京者五人
4	33년 3월 22일 을축	胡人		今此向化胡人等, 昨日已到東城外

박정민(朴正珉)

전북 전주시에서 태어나 전북대학교 사학과를 졸업하고, 같은 대학원에서 한국사를 전
공하여 문학박사 학위를 취득하였다. 한국고전번역원 전주분원을 수료하고, 전북대학
교 사학과 조교, 中國 延邊大學校 民族研究院 訪問研究員을 거쳐 전북대학교 강사로
재직 중이다. 주요 논문으로는 「조선과 제종올적합의 관계 검토-성종대를 중심으로」,
「누르하치의 두만강 유역 진출과 조선의 번호 상실」, 「임진왜란과 여진인 내조의 종언」,
「연산군~명종대 여진인 來朝의 재검토」, 「조선 세종대 여진인 통교체제의 정비」 등이
있으며 조선시대 대여진관계사를 공부하고 있다.

조선시대 여진인 내조 연구
값 28,000원

2015년 7월 10일 초판 인쇄
2015년 7월 17일 초판 발행

저　　자 : 박 정 민
발 행 인 : 한 정 희
발 행 처 : 경인문화사
서울특별시 마포구 마포대로4다길 8 (마포동 324-3)
전화 : 718 - 4831~2, 팩스 : 703 - 9711
이메일 : kyunginp@chol.com
홈페이지 : http://kyungin.mkstudy.com
등록번호 : 제10 - 18호(1973. 11. 8)

ISBN : 978-89-499-1074-1　93910